KB111093

한자로 이해하는 **문화인류학**

藏在稱號中的漢字

한자로 이해하는 문화인류학
호칭에 숨어 있는 한자의 비밀

2020년 8월 21일 초판 1쇄 발행

지은이 | 장이칭張一清, 푸리富麗, 천페이陳菲
옮긴이 | 김태성
펴낸곳 | 여문책
펴낸이 | 소은주
등록 | 제406-251002014000042호
주소 | (10911) 경기도 파주시 운정역길 116-3, 101동 401호
전화 | (070) 8808-0750
팩스 | (031) 946-0750
전자우편 | yeomoonchaek@gmail.com
페이스북 | www.facebook.com/yeomoonchaek

ISBN 979-11-87700-37-1 (03720)

이 도서의 국립중앙도서관 출판시도서목록(cip)은 e-CIP 홈페이지(http://www.nl.go.kr/ecip)
에서 이용하실 수 있습니다(CIP 제어번호: 2020032484).

한자로 이해하는 **문화인류학**

장이칭·푸리·천페이
지음

－

김태성
옮김

호 칭 에 숨 어 있 는 한 자 의 비 밀

여문책

차례

| 옮긴이의 말 | 호칭에서 찾는 문화의 유전자 — 8

제1부 성씨의 뿌리를 찾아서

제1장 성姓과 씨氏의 유래
一. 성은 어디에서 왔나 — 13
二. 상고시대부터 전해 내려온 성에는 어떤 것들이 있나 — 16
三. 성과 씨는 같은 것인가 — 23
四. 성이 같으면 반드시 혈연관계인가 — 27

제2장 홍동현洪洞縣에 가서 근거를 찾다
一. 홍동현은 누구의 고향인가 — 35
二. 홍동에서 빠져나온 조趙씨 성 — 41
三. 태양과 관련이 있는 양楊씨 성 — 43
四. 전 세계 화인華人은 한 가족이다 — 47

제3장 조상에 관한 일들
一. 성씨는 우리가 어느 나라 사람인지 말해준다 — 55
二. 성씨는 조상이 어디에서 살았는지 말해준다 — 60
三. 성씨는 조상들이 어떤 벼슬을 했는지 말해준다 — 65
四. 성씨는 조상들의 직업이 무엇이었는지 말해준다 — 69

제4장 성씨의 변화
一. 조상과 성이 다를 수도 있다 — 75
二. 성씨는 금은보다 귀하다 — 79
三. 성을 바꿀 것인가, 목이 잘릴 것인가 — 85
四. 소수민족 혈통 — 89

제5장 백가성百家姓에서 천가성千家姓까지

一. '백성百姓'의 유래 　　　　　　　　　　　　　　　97
二. 누구나 다 아는 『백가성』 　　　　　　　　　　102
三. 국위를 드높인 『황명천가성』 　　　　　　　　　107
四. 공자와 유가를 숭상한 『어제백가성』 　　　　　111

제6장 성씨의 만화경

一. 사람들에게 잘 알려지지 않은 성씨 　　　　　　116
二. 왜 복성復姓이 발생하는 것일까 　　　　　　　120
三. 함부로 읽어선 안 되는 성 　　　　　　　　　　125
四. 12지도 성에 유입될 수 있다 　　　　　　　　　130

제2부 이름 속의 다양한 세계

제7장 명名, 자字, 호號의 어제와 오늘

一. '명'과 '자'의 유래 　　　　　　　　　　　　　137
二. '명'과 '자'의 연관성 　　　　　　　　　　　　144
三. 이름을 중시하는 이유 　　　　　　　　　　　149
四. 이름 이외의 호칭 　　　　　　　　　　　　　156

제8장 시대적 흐름 속의 이름

一. 소박하고 화려하지 않은 작명 　　　　　　　　164
二. 포부를 드러내는 작명 　　　　　　　　　　　167
三. 품행에 착안한 작명 　　　　　　　　　　　　172
四. 조상에 대한 숭배를 표현한 작명 　　　　　　177
五. 배움에 정진하고 옛 가르침에 따르는 작명 　　181

제9장 이름에도 남녀의 구별이 있다

一. 가볍고 부드러운 아름다움을 나타내는 이름 　　188
二. 강인함의 아름다움을 체현하는 이름 　　　　　194
三. 이성異性의 아름다움을 추구하는 이름 　　　　202
四. 운명적인 아름다움을 나타내는 이름 　　　　　209

제10장 이름 속의 좋은 글자들

一. 부귀를 강조한 이름　　　　　　　　　　　　216

二. 장수를 강조한 이름　　　　　　　　　　　　220

三. 아름다운 옥을 이용한 이름　　　　　　　　　225

四. 준마를 이용한 이름　　　　　　　　　　　　231

제11장 작명에서의 피휘

一. 황권의 압력에 의한 작명 피휘　　　　　　　240

二. 가족의 이름에 대한 피휘　　　　　　　　　245

三. 성현과 같은 이름을 피하다　　　　　　　　252

四. 부정적인 의미의 글자를 피하다　　　　　　258

제12장 이름 속의 대천세계

一. 화초와 수목에 기탁한 이름　　　　　　　　266

二. 고산대천에 뜻을 둔 이름　　　　　　　　　273

三. 무예와 건장함을 지향한 이름　　　　　　　278

四. 우주와 창궁을 품은 이름　　　　　　　　　283

제3부 친소親疎와 장유長幼의 관계를 나타내는 이름

제13장 친척에 대한 복잡한 호칭

一. '구족九族'이란 무엇인가　　　　　　　　　291

二. '친척'은 어떻게 형성되는가　　　　　　　　293

三. '가속家屬'과 '가권家眷'은 같은 의미인가　　296

四. 친연관계의 맥락　　　　　　　　　　　　　300

五. 고대사회의 혼인관과 가족 성원의 지위　　302

六. 같은 처마 안의 친속　　　　　　　　　　　306

七. 소가족 주변의 친속　　　　　　　　　　　310

제14장 모든 친속관계에 따라 달라지는 부부의 호칭

一. 영원히 한마음으로 연결된 부부　　　　　　314

二. 거안제미擧案齊眉의 '부부'　　　　　　　　317

三. 정통 혼인에서 유리된 '부부' — 323

四. 우러러봐야 하는 '부군夫君' — 328

五. 고개를 숙이고 내려다봐야 하는 '낭자娘子' — 332

六. 겸손한 배우자 호칭 — 337

제15장 모든 사람에게 가장 친근한 호칭

一. 나를 낳고 길러주신 부모님 — 342

二. 아버지와 어머니에 대한 호칭 — 345

三. 영원한 부모 — 349

四. 강함과 부드러움을 두루 갖춘 부모 — 356

제16장 연배의 상하에 따른 호칭

一. 부모의 양친 — 364

二. 부모와 같은 연배의 친척들 — 369

三. 우리의 다음 세대 — 372

四. 아들딸 세대와 관련된 호칭 — 375

五. 어쩌면 얼굴 한 번 보지 못할 수도 있는 친척 — 380

제17장 형제자매와 관련된 호칭

一. 나의 형제자매들 — 387

二. 아름다운 나무와 착한 짐승들로 비유할 수 있는 형제 — 391

三. 형제자매의 서열 — 396

四. 이성 형제자매 — 401

제18장 족보와 종족사당 안에서의 조상

一. 족보상의 역대 조상들 — 407

二. 자손, 후대의 계승 — 411

三. 사당 안의 조상 — 416

四. 대가족의 항렬에 관련된 한자 — 420

五. 사람과 호칭 사이의 다양한 관계 — 426

| 주요 참고문헌 | — 431

호칭에서 찾는 문화의 유전자

언어는 문화의 가장 중요한 담지체이고 문자는 언어의 유일한 표기부호다. 상형象形, 회의會意, 지사指事, 형성形聲, 전주轉注, 가차假借 등 이른바 '육서六書'라 불리는 조자造字법칙을 통해 수천 년에 걸쳐 단계적으로 발전해온 표의문자인 한자는 그 자체가 중국 문화의 유전자라고 할 수 있다. 문화가 발전하면서 끊임없이 새로운 글자가 탄생하는 것은 다른 언어에서도 마찬가지겠지만 주로 표음문자로 이루어지는 다른 언어와 달리 고대 중국어, 즉 한자는 글자 하나가 독립된 단어로서 완전하게 한 가지 이상의 의미를 갖기 때문에 그 용례의 발전과 변화는 고스란히 중국 문화와 역사의 발전과 변화를 반영하게 된다. 개인과 가족에서 지역 전체와 국가에 이르기까지 점차 확장되는 사회단계에서의 갖가지 관계에 반영된 호칭을 이해하는 것은 문화인류학 영역의 일이고, 이러한 이해를 통해 우리가 얻을 수 있는 지식도 호칭이 반영하는 사회와 역사, 문화로 무한대로 확장된다.

이 책에서는 고대부터 현대에 이르기까지 중국어에서 쓰이는 호칭의 변화와 유형, 특징, 독특한 풍속 등을 서술하고 있다. 중요한 것은 이런 호칭의 형성과 사용, 변천에 담긴 사회적·문화적·역사적 배경을 통해 세밀하고 체계적인 문화인류학적 이해가 가능하다는 것이다. 동일한 한자문화권 안에 있고 한자가 언어의 기초가 되고 있는 우리는 중국과 문화적 친연성을 넘어 동근성同根性을 갖고 있다. 이를 부정한다면 우리는 중국 문화뿐만 아니라 우리 문화에 대한 정확한 이해도 불가능할 수밖에 없다. 우리가 사용하는 한자가 바로 고대 중국어로서 역사적인 요인에 따라 발음만 달라져 있을 뿐이기 때문이다. 그런 의미에서 이 책은 우리가 고대 중국을 이해할 수 있는 참신한 경로인 동시에 우리와 중국의 문화적 친연성을 이해하고 우리의 고대 문화를 함께 이해할 수 있는 중요한 도구가 될 것이다.

이 책에서 설명하는 숱한 호칭 가운데는 우리도 한때 사용했거나 지금까지 쓰고 있는 것들도 많다. 의미와 용례가 동일한 것도 있고 역사적·사회적·지리적 요인 탓에 약간의 편차를 보이는 것들도 있다. 그리고 이런 호칭이 갖는 문화인류학적 흐름을 좌증하기 위해 무수한 고전 저작과 시구, 역사적 인물들과 사건들이 거론된다. 이 가운데는 우리에게 잘 알려진 것들도 있고 생소한 것들도 있다. 그 때문에 이 책에 담긴 수많은 세부적인 사실들이 독자들에게는 일종의 도전이자 과제가 될 수 있다. 호칭만을 이해하고자 한다면 무시하고 넘어가도 되겠지만 인터넷을 비롯한 다른 자료들을 이용하여 더욱 심층적으로 보완해가면서 이 책을 읽는다면 훨씬 큰 수확을 보장받을 수 있으리라 생각된다.

이 책에는 고문古文도 상당히 많이 인용되고 있다. 고문의 독해에는 어느 정도 신축성이 있는 데다 대부분 예증을 위한 부분적 인용이기 때문에 독자들의 이해를 위해 아주 드물게 불필요한 부분을 제외하고는 대부분 원문을 병기했다. 호칭뿐만 아니라 한자와 한문을 제대로 읽도록 도와주는 책이기 때문이다.

이런 이유로 이 책에서는 인명과 지명에 쓰인 한자의 발음을 현대 중국어의 발음이 아닌 우리 국어의 발음으로 표기했다. 책의 주요 내용인 호칭과 이에 관련된 방증자료들이 우리가 배운 한자의 범위 안에 있고, 일부 중국 현대인들의 인명도 21세기 이전에는 대부분 우리말 발음으로 소개되었기 때문에 책 전체의 통일성을 담보하고 독자들의 혼란을 막기 위해 채택한 방식이다.

이 책을 통해 우리 문화의 원류를 품고 있는 담지체인 한자에 대한 더욱 깊이 있는 이해와 활용이 부활되기를 기대한다. 정부의 한자·한문교육 정책이 일관성을 상실하면서 수많은 한자 공백 세대가 발생해왔다. 대단히 위험하고 우려되는 일이다. 물론 언어는 시대를 반영하면서 변화하는 것이 당연히다. 하지만 그 변화가 왜곡이나 망각의 과정이 되어서는 안 된다. 한자와 한글의 연계에 관한 이해의 부족으로 '득템' 같은 단어가 국어 단어로 정착되는 일은 없어야 할 것이다.

제 1 부

성씨의 뿌리를 찾아서

제 1 장

성姓과 씨氏의 유래

이번 장에서는 다음의 한자들에 대해 이야기를 나누려고 한다.

姓	柏	姬	姜	姚	嬴	姒
성 성	측백나무 백	계집 희	성 강	예쁠 요	찰 영	동서 사

姙	氏	如	羌	孔	乙	鳦
아이 밸 임	각시 씨	같을 여	종족이름 강	구멍 공	새 을	제비 을

一. 성은 어디에서 왔나

현대사회에서는 모든 사람이 독립된 개체로만 존재하지는 않는다. 사회에서 맡은 일정한 역할과 사람들과의 소통이 필요하기 때문이다. 그리고 대인관계에서는 자기를 소개하고 상대방을 이해하는 것이 필수적이다. 그래야만 서로 쉽게 부르고 기억할 수 있기 때문이다. "성함이 어떻게 되십니까?", "저는 김○○이라고 합니다." 이는 사람들이 처음 만나 인사를 나눌 때 흔히 하는 말이다.

현대를 사는 모든 개인에게 성씨는 사회적 교류에서 없어서는 안 될 '겉옷'이라 할 수 있다. 동시에 성씨는 혈연관계의 중요한 표시이기도 하다.

중국에는 1,000년 넘게 자식들이 아버지의 성을 계승하는 전통이 있어왔다. 성이 같은 사람들은 공동의 조상을 가질 가능성이 크다. 성씨가 이렇게 중요한 것이라면 그것이 어떻게 생겨난 것인지 그 유래를 생각해봐야 하지 않을까?

우선 '姓'이라는 글자를 살펴보자. 갑골문에서는 이를 🔣으로 표시한다. 오른쪽은 땅 위에서 생장하고 있는 식물을 나타내는 '生'자이고 오른쪽은 두 손을 한데 모은 채 무릎을 꿇고 있는 여자의 형상이다. 『설문해자說文解字』에서는 '姓'자와 관련하여 "姓은 사람이 태어나는 것을 말한다. 고대의 신성한 어머니는 하늘에 감응하여 아들을 낳았기 때문에 이를 천자天子라 칭했다. '女'와 '生'이 합쳐져 '姓'이 된 것이다"라고 설명하고 있다. 『춘추전春秋傳』에서는 "천자는

姓
싱 성

태어나면서 성을 하사받는다"라고 했고, 청대 단옥재段玉栽의 『설문해자주說文解字注』에서는 "『오경이의五經異義』나 『시경』 제齊, 노魯, 한韓, 『춘추공양春秋公羊』 등에서는 성인들 모두 아버지가 있어 하늘에 감응하여 태어났다"라고 기록하고 있다. 여기서 말하는 '신성'이나 '성인'이 가리키는 것은 복희伏羲와 후직后稷, 황제黃帝, 전욱顓頊, 요堯, 우禹 등 중화민족의 발전에 뛰어난 공헌을 했던 인물들이다. 중국 고대의 문헌기록에 따르면 이들의 탄생은 보통사람들과 다르다. 예컨대 사마천의 『사기史記』에서는 "주周나라 후직은 이름이 기棄다. 그의 어머니는 유태씨有邰氏 부족의 딸로 이름이 강원姜嫄이었다. 강원은 제곡帝嚳의 정비였다. 강원은 들판에 나갔다가 거인의 발자국을 발견하고는 몹시 신이 나서 따라가보고 싶었다. 거인의 발자국을 밟는 순간 그녀는 아기를 갖게 되었고 열 달을 기다려 아이를 낳았으나 불길하다고 여겼다"라고 기록하고 있다. 이 이야기는 후직의 모친 강원이 들판에서 거인의 발자국을 밟고 임신하여 그를 낳았음을 말해준다.

또한 『시경』에는 상商나라의 선조인 설契의 모친이 현조(玄鳥: 검은 새)의 알을 먹고 그를 임신하여 낳았다는 기록이 있다. 사실 성인들이 하늘에 감응하여 태어났다는 전설은 중국에만 있는 것이 아니라 다른 나라에서도 얼마든지 찾아볼 수 있다. 심지어 종교에서도 찾아볼 수 있다. 예컨대 동정녀 마리아가 성령의 감화를 받아 아들을 낳았다는 기독교의 전설도 있다. 후대 학자들의 연구를 통해 이른바 '하늘의 감화로 아이를 낳았다'는 전설은 대부분의 상고 인류가 보편적으로 모계 씨족사회를 거쳤다는 인류발전사의 중요한 사실을 설명하는 증거로 판명되었다. 모계사회의 사람들은 어머니만 알고 아버지는 몰랐다. 심지어 임신에서 분만까지의 생육과정을 전부 여성이 독립적으로 담당하는 것으로 생각했다. 한 어머니에게서 나온 자식들이 한데 모여 대가족을 이루었기 때문에 '성'은 같은 모계 부족 사람들이 동일한 혈연관계를 나타내는 부호로 작용했다. 그래서 '姓'이 '女'자와 '生'자의 결합으로 이루어지게 되었다.

동시에 '하늘에 감응하여 태어났다'는 설화는 '성'의 유래가 원시사회의 토템숭배와 직접적인 관련이 있다는 사실을 암시한다. 원시시대 초기에는 자연계에 대한 인간의 인식에는 한계가 있었다. 동식물을 비롯하여 기타 자연물들이 당시의 인류에게는 신비하고 예측이 불가능한 힘이었다. 고대의 전적典籍 도처에 나타나는 '하늘에 감응하여 생겨났다'는 전설은 원시시대 씨족들 대부분이 자신들이 어떤 동물이나 식물, 기타 자연물에서 기원했다고 믿었고, 이러한 사물을 자신들의 수호신으로 받들었다는 사실을 설명한다. 이렇게 신화神化된 사물들이 바로 우리가 흔히 말하는 토템이다.

이런 토템을 각종 표시로 여기저기 새기거나 장식물로 가공하여 몸에 패용함으로써 서로 다른 씨족들과 교류하고 왕래하는 과정에서 신분을 나타내고 자신을 다른 씨족과 구별했다. 토템이 변화와 발전을 거쳐 나타난 씨족명이 바로 성씨의 원형이다. 고증에 따르면 지금까지도 토템에서 유래한 성씨가 남아 있다. 예컨대 '백柏'자는 나무의 이름이지만 여러 성씨의 기초로 쓰였다. 그 가운데 하나가

柏
측백나무 백

상고시대 한 동방 부락으로서, 이 부락의 토템이 바로 '측백나무(柏樹)'였다. 이 부락 우두머리의 이름은 '백지柏芝'였고 그의 후대 자손들은 백씨 성을 갖게 되었다.

요컨대 '성'은 모계 씨족에서 유래하며 모친 일계의 혈연관계를 대표한다는 것이 현재 학계에서 보편적으로 인정되는 견해다. 여기서 우리는 맨 처음 모계 혈통의 표시였던 '성'과 현재 부계 혈통을 대표하는 '성'이 그 함의에 있어서 확연히 다르다는 것을 인식해야 한다. 이는 분명한 사실이다. 그렇다면 초기의 '성'은 어떤 특징들을 갖고 있을까? 초기의 '성'들 가운데 지금까지 계속 사용되고 있는 것은 없을까? '성'의 함의상의 변화는 어떻게 발생했을까? 이러한 문제들에 관해서는 뒤의 각 장과 절에서 하나하나 설명하기로 한다.

二. 상고시대부터 전해 내려온 성에는 어떤 것들이 있나

그동안 우연에 의한 고고학 발견과 사료기록의 제한 때문에 고대 중국의 성에 대해 깊이 있는 연구를 진행할 수 없었지만 적어도 두 가지 사실은 분명하다. 첫째는 초기 성의 수가 그리 많지 않았다는 것이고, 둘째는 지금 우리가 알고 있는 별처럼 많은 성씨가 바로 그 수가 많지 않았던 고대의 성씨를 기초로 점차 발전, 생산되었다는 것이다. 그렇다면 사람들이 호기심을 갖지 않을 수 없는 문제는 고대에 대체 어떤 성들이 존재했을까, 그 가운데 어떤 성씨가 언제부터 지금까지 계속 쓰이고 있을까 하는 것이다.

일부 학자들의 의견에 따르면 姬(희), 姜(강), 姚(요), 嬴(영), 姒(사), 姙(임) 嬀(규), 妘(운), 姞(길) 등 아홉 개 성이 상고시대에 존재했던 오래된 성씨라고 한다.

'姬'자에 대해 『설문해자』에서는 "황제黃帝가 희수姬水에 거했기 때문에 이를 성으로 삼았다"라고 해석하고 있다. 간단한 한마디 안에 여러 차원의 의미가 담겨 있다. 우선 '姬'는 고대의 강 이름인데 성씨로도 쓰이고 있다. 둘째 '姬'가 성이 된 것은 거주지의 명칭(희수)에 따른 것이다. 거주지가 성이 되는 것도 고대 사람들이 성씨를 갖게 되는 한 가지 방식이었음을 알 수 있다. 또한 '姬'자는 아주 오래전부터 성씨로 쓰였고 그 의미에 대한 다른 설명이 없다. 하지만 실제로 '姬'자는 성씨 위에 여러 가지 실질적인 의미를 갖고 있다. 그리고 그 의미는 종종 그 부수가 대표하는 여성적 함의와 연관되어 있다. 예컨대 '姬'가 고대 문헌에서는 부녀자들에 대한 미칭 혹은 미녀를 가리키는 단어로 쓰였다. '妖姬(요희)'와 '麗姬(여희)', '曼姬(만희)', '瓊姬(경희)' 같은 단어들이 전부 미인을 가리키는 말이었다. 예컨대 남조南朝 진후주陳後主는 「옥수후정화玉樹後庭花」라는 시에서 "미인의 얼굴은 꽃이 이슬을 머금은 것 같고, 아름다운 나무는 빛을 흘려 뒤뜰을 비추네妖姬臉似花含露, 玉樹流光照後庭"라고 노래하고 있다. 물론 여기에서도 '姬'자는 좋은 의미를 갖고 있다. 그 때문에 용모와 재주가 출중한 여인들의 이름에 '姬'자가 많이 쓰이고 있다. 예컨대

姬

항우項羽의 애첩이었던 虞姬(우희)와 동한東漢 시기의 문학가인 班姬
(반희)와 蔡文姬(채문희) 등이 그렇다.

　다시 '姬'자가 성씨 자체로 사용되는 문제로 돌아가보자. 지금은
'姬' 성이 자주 눈에 띄지는 않지만 화하華夏족의 조상이자 '오제五
帝'의 우두머리인 황제黃帝의 성으로서, 상고시대에는 한동안 그 지
위가 대단했다. 사료의 기록에 따르면 나중에 황제의 적계嫡系 자손
들이 '姬' 성을 승계했고 비적자 자손들은 다른 성으로 바꿨다고 한
다. 그리고 지금 상용되고 있는 성씨 중에는 '姬' 성에서 파생되어
나온 것이 아주 많다.

姜
성 상

　이에 비해 상대적으로 '姜' 성은 지금도 흔히 볼 수 있다. 그러다 보
니 사람들은 이 성이 그렇게 오랜 시대를 거쳐 유전되어온 것이라는
사실을 생각하지 못한다. '姜'자에 대한 『설문해자』의 해석도 "신농
神農이 강수姜水에 거하면서 이를 성으로 삼았다"라는 한마디에 불
과하다. 신농은 황제와 '황염이제'로 병칭되는 염제炎帝를 말한다. 이
로써 '姜' 성도 '姬' 성과 마찬가지로 상고시대 한 위인의 성이 이어져
온 것임을 알 수 있다. 게다가 '姬' 성과 '姜' 성 둘 다 고대의 대성大姓
이었고, 이에 따라 귀족 부녀자나 미인을 지칭하는 '희강姬姜'이라는
단어가 생겨났다. 예컨대 『좌전左傳』에 "귀족의 미녀들이 있다 해도
못난이들을 버려선 안 된다雖有姬姜, 無棄蕉萃"라는 구절이 나온다.

姚
예쁠 요

　'姚' 역시 오늘날 흔히 볼 수 있는 성이다. 『설문해자』에서는 "우
순虞舜이 요허姚虛에 거하여 이를 성으로 삼았다"라고 해석하고 있
다. '姚' 성도 오제 가운데 하나인 순에게서 나왔다는 것을 의미한

다. 현재 '姚'자는 성씨로 쓰이는 것을 제외하면 다른 용도나 의미를 찾아볼 수 없다. 하지만 이 글자도 고대에는 아름다움의 뜻을 지니고 있었다. 고대 문헌에서는 '아름다움'과 '요염함'을 의미하는 '요야妖冶'라는 단어를 쉽게 찾아볼 수 있다. 예컨대 『순자荀子』에서는 "지금 세상을 어지럽히는 군왕들과 시골의 약삭빠른 사람들은 하나같이 예쁘고 멋지며……今世俗之亂君, 鄕曲之儇子, 莫不美麗姚冶……"라는 구절을 찾아볼 수 있고, 청나라 때 공자진龔自珍의 시에서도 "치켜올린 눈썹화장 같은 봄 산이, 내게는 얼굴을 가볍게 찡그린 것처럼 요염하기만 하네一抹春山螺子黛, 對我輕顰妖冶"라고 노래하고 있다. '妖冶'가 인물의 아름다움뿐만 아니라 풍경의 아름다움을 표현할 때도 쓰인다는 것을 알 수 있는 구절이다.

이 밖에도 중국 고대의 시사詩詞에서는 '요황위자姚黃魏紫'나 '위자요황魏紫姚黃' 같은 표현을 흔히 볼 수 있고, 이를 줄인 '요위姚魏'나 '위요魏姚' 같은 단어도 볼 수 있다. 전하는 바에 따르면 요황은 송나라 때 '姚' 성을 가진 집안에서 기른 천엽황화千葉黃花 모란이고 위자는 같은 시대 위인포魏仁浦의 집에서 기르던 천엽육홍화千葉肉紅花 모란으로 자홍색을 띠고 있었다고 한다. 이 두 가지 꽃은 모란 중에서도 가장 유명하고 진귀한 품종으로 알려져 있다. 그래서 나중에는 '요황위자'와 '위자요황', '요위'와 '위요' 모두 모란꽃을 지칭하게 되었다. 예컨대 송나라 때 범성대范成大의 시에는 "열 길의 모란은 비단을 덮는 것 같고, 인간 세상의 아름다움이 서로 봄을 다투네十丈牧丹如錦蓋, 人間姚魏却爭春"라는 구절이 있고, 같은 송나라 때 시인

모란

양만리楊萬里의 시에도 "한식과 청명이 헛되이 지나가니, 모란도 계절을 알지 못했네寒食淸明空過來, 姚黃魏紫不曾知"라는 구절이 있다.

지금 '嬴' 성은 그다지 흔한 성이 아니지만 대부분의 사람에게 낯설게 느껴지지 않는다. 진시황의 성이 바로 '嬴'이었기 때문이다. 하지만 진시황에서 조금만 더 거슬러 올라가면 화하족의 조상인 소호小昊에게 이미 '嬴' 성이 있었다는 사실을 알 수 있다. 『설문해자』에서도 "嬴은 소호小昊씨의 성이다"라고 밝히고 있다. '嬴' 성은 진秦나라의 국성國姓이 되면서 한 시대를 풍미하며 거의 진나라의 대명사로 사용되었다. 이른바 '영진嬴秦'은 진나라를 의미했고 '영녀嬴女'는 진나라 여자, '영대嬴臺'는 진나라의 누대를 의미했다.

고대에 '嬴'자는 성뿐만 아니라 '증가'나 '잉여', '가득 참'의 의미로도 쓰이면서 글자 하반부가 '月, 女, 凡'이 아니라 '月, 貝, 凡'인 '贏'자와 통용되었으나 지금은 하반부가 '月, 女, 凡'인 '嬴'자는 파생적 의미 없이 성씨로만 쓰이기 때문에 혼용하지 않도록 조심해야 한다.

'姒'는 치수의 영웅 대우大禹의 성이다. 『통지通志』에는 "여인이 물 속에서 달의 정령을 구하려다 율무같이 생긴 신주神珠를 삼키고 마침내 하우夏禹를 낳았다"라는 기록이 남아 있다. 대우는 이런 출생 배경 때문에 '姒' 성을 갖게 되었다. '姒'자를 성으로 선택한 것은 아마도 '苡(이)'자와 비슷하기 때문일 것이다.

'姒'자도 성 외에 또 다른 함의를 지니고 있다. 고대에는 친형제의 아내들 가운데 형의 아내를 '姒'라고 하고 동생의 아내를 '娣(제)'라고 했다. 후자가 전자를 부를 때도 '姒'라고 했다. 한 남자에게 여러 명의 처첩이 있을 경우에는 연장자를 '姒'라고 하고 상대적으로 어린 사람을 '娣'라고 했다. 그래서 '姒娣' 혹은 '娣姒'는 동서의 의미를 갖게 되었고, 때로는 한 남자의 처첩들이 서로를 부르는 호칭이 되었다. 당唐나라 때 이고李翶의 『양열부전楊烈婦傳』에는 "부인의 여자로서의 덕이 훌륭하여 부모와 시부모를 잘 섬겼고 제사娣姒들과도 화목했다"라는 대목을 찾아볼 수 있다. 여기서 말하는 '제사'는 동서를 말한다. 고대에는 동서들과의 화목도 여인의 덕행을 평가하는 중요 기준 가운데 하나였음을 알 수 있다.

'妊'자가 성으로 쓰이기 시작한 원류는 황제의 막내아들인 우양禹陽에게서 비롯된다. 『당서唐書』의 기록에 따르면 우양이 황제에게서 하사받은 성이 '妊'이었다고 한다. 하지만 길고 긴 발전과정을 거치면서 '妊' 성은 점차 오늘날의 '任' 성으로 변하고 '妊'자 자체는 성으로 쓰이지 않고 '임신'의 뜻으로 '임신妊娠'이나 '임부妊婦' 같은 단어

姒
동서 사

妊
아이 밸 임

에서만 쓰이게 되었다.

　상고시대의 또 다른 세 가지 성 '嬀(규)', '妘(운)', '姞(길)'은 앞에서 설명한 성들보다 비교적 이른 시기의 글자라 성으로 쓰였든 단독적인 단어로 쓰였든 간에 지금은 용례를 찾아보기 어렵다. 하지만 세 성 모두 당시에는 대단히 빛나는 명문호족의 성이었다. 이 가운데 '嬀' 성은 지금도 그대로 연용되고 있지만 '妘' 성과 '姞' 성은 '女'부가 떨어져 나가 오늘날에는 '云' 성과 '吉' 성으로 쓰이고 있다.

　姬(희), 姜(강), 姚(요), 嬴(영), 姒(사), 姙(임), 嬀(규), 妘(운), 姞(길) 등 아홉 개의 성을 자세히 살펴보면 이들 성 모두 '女'자를 포함하고 있다는 사실을 알게 될 것이다. 이는 중국 초기의 성씨가 모계사회와 직접적인 관계가 있음을 증명하는 사례라 할 수 있다.

　상고시대에 이미 출현했던 이 성씨들 가운데 지금까지 유전되고 있는 것도 있지만 대부분의 경우는 다른 성씨로 변화하거나 발전했다. 연구결과에 따르면 우리가 오늘날 알고 있는 대다수의 성씨는 그 안에 '뿌리'를 담고 있는 것으로 나타났다. 따라서 일부 학자들은 이 성씨들이야말로 중국 성씨의 원류라고 규정하고 있다.

　하지만 모두가 아는 바와 같이 수천 년의 세월이 흐르면서 중국인들의 성씨가 반영하는 것은 대부분 부계 혈연관계다. 그렇다면 이런 사실은 성이 초기에 모계사회를 대표하던 상황과 어떤 관계가 있는 것일까? 그리고 어째서 지금 우리는 성과 씨를 병칭하여 '성씨'라고 말하게 된 것일까? 성과 씨 사이에 어떤 차이와 관계가 존재하는 것일까? 다음 이야기에서 확실한 해답을 찾아보자.

三. 성과 씨는 같은 것인가

오늘날 우리는 어떤 사람의 성씨에 관해 이야기할 때 성과 씨를 굳이 구분하려 하지 않는다. 하지만 진秦나라 이전에는 성과 씨가 완전히 서로 다른 개념이었고 양자 간의 구별이 분명했다.

성이 먼저 출현하고 씨는 성을 기초로 하여 나중에 발생했다. 앞에서도 설명한 바 있지만 성은 모계 씨족사회에서 동일 씨족조직의 호칭으로 발생했다. 성이 같다는 것은 같은 모계 혈연관계를 갖고 있다는 것을 의미했다.

씨족사회의 발전에 따라 인구가 갈수록 증가하고 씨족의 규모도 팽창하게 되면서 심지어 일부 성원들 사이에는 혈연관계를 찾기조차 어려워졌다. 이런 상황에서 규모가 큰 씨족에 분화가 생겨 부계의 혈연관계에 따라 하위단계의 조직을 결성하게 되었고, 여기서 서로 다른 부락의 분화가 발생했다. 이러한 부락의 분화에는 표식으로 삼기 위한 특수한 호칭이 필요했다. 이것이 바로 '씨'가 발생하게 된 연유다. 이로써 '씨'는 '성'과 정반대로 부계 혈연관계를 대표한다는 것을 알 수 있다. '씨'는 '성'의 분기로서 '성'과 '씨'는 상하관계에 있는 셈이다.

다시 '氏'자를 살펴보자. '氏'의 갑골문은 **♪**이다. 혹자는 이 글자가 손에 뭔가를 들고 옆으로 서 있는 사람의 형상이라고 해석한다. 그리고 이 글자의 최초의 뜻은 이미 고증이 불가능한 것으로 결론이 났지만 혹자는 물건이 한쪽으로 기울어진 것을 받치고 있는 형

氏
각시 씨

상이라고 해석한다. '지支'자의 원래 자형이라는 것이다. 지금까지 밝혀진 바로는 이 글자가 종종 계통을 나타내는 호칭으로 쓰였다고 한다. '성'의 분기로서 자손들의 혈연을 구분하는 데 쓰였다는 것이다. 남조南朝 양梁나라의 고야왕顧野王이 편찬한 자서『옥편玉篇』에서는 "氏는 성씨다"라고 설명하고 있다. 진秦나라 이전에는 '성'과 '씨'가 구분되었고 '성'이 '씨'의 뿌리였으며 '씨'는 '성'에서 나왔다. 하夏, 상商, 주周 3대에는 '씨'가 '성'의 하위계통이었고 자손의 출생에 따라 구별했다. 이로써 고대 중국의 '성'과 '씨'의 관계를 명확하게 정리할 수 있다.

성과 씨의 구별은 공리적인 차이에 기인하기도 한다.『통지』에서는 "삼대 이전에 성과 씨가 둘로 분리되어 남자는 씨로 칭하고 여자는 성으로 칭했다. 씨는 귀천의 차이에 따라 귀족만이 씨를 가질 수 있었고 천민은 이름은 있지만 씨를 갖지 못했다……"라는 기록을 찾아볼 수 있다. 하, 상, 주 3대 이전에는 귀족에게만 씨가 있고 평민에게는 씨가 없었으며 남성은 씨로 칭하고 여성은 성으로 칭했음을 알 수 있는 대목이다. 씨는 신분의 귀천과 지위의 고하를 나타내는 데 쓰이고 성은 혼인을 구별하는 데 쓰였기 때문이다. 그래서 '동성同姓'과 '이성異姓', '서성庶姓' 등의 용어가 생긴 것이다. 상고시대에는 이른바 '동성불혼'의 원칙이 있었다. 모계의 혈통이 같은 사람들끼리는 혼인을 할 수 없었던 것이다. 씨가 같아도 성이 다르면 혼인할 수 있지만 성이 같으면 무조건 통혼이 불가능했다. 이러한 성과 씨의 확연한 구별은 당시 봉건종법제도의 권위와 엄밀함을 반영하고 있다.

하지만 성과 씨의 구별은 서한西漢 시기에 이르러 완전히 사라졌다. 이때부터 '성'이나 '씨' 하나만 쓰든 '성씨'를 함께 쓰든, 전부 한 가족의 이름을 대표하게 되었다. 게다가 위로는 천자에서 아래로는 서민들에 이르기까지 전부 성을 가질 수 있게 되었고 성씨의 응용에 남녀의 구분도 없게 되었다.

우리가 오늘날 쓰는 '성'은 실제로는 진秦 이전의 '씨'에 해당하는 것으로 부계 혈통의 표식이다. 이 점을 이해하고서 다시 우리에게 익숙한 옛사람들의 이름을 살펴보면 현재의 성씨 개념으로 이해할 수 없다는 것을 알게 된다. 예컨대 무왕武王을 도와 주紂를 토벌한 강태공姜太公의 '姜'은 그의 어머니의 성이고 '呂(여)'는 아버지의 성이며 '尙(상)'이 이름이다. 따라서 엄격한 의미에서의 그의 이름은 '呂尙(여상)'이 아니라 '姜尙(강상)'이 되어야 한다. 또한 진시황은 어머니의 성이 '嬴(영)'이고 아버지의 성이 '趙(조)'이며 이름이 '政(정)'이다. 하지만 우리에게 익숙한 그의 이름은 '조정'이 아니라 '영정'이다.

한 가지 언급하고 넘어가야 할 것은 '씨'가 성씨를 나타내는 함의 외에 사람의 호칭과 관련된 또 다른 용례를 갖고 있다는 사실이다. 상고시대 전설에 등장하는 인물들은 종종 '모모씨'라고 불린다. 예컨대 '神農氏(신농씨)', '燧人氏(수인씨)', '伏羲氏(복희씨)' 등이 그렇다. 학술의 대가나 유명인사에 대해서도 사람들은 종종 이름 뒤에 '氏' 자를 붙였다. 예컨대 『설문해자』의 저자로서 동한의 뛰어난 문자학자인 허신을 '허씨'라 칭했다.

고대 중국에서 흔히 볼 수 있는 '氏'자의 용례는 기혼 부녀자의 아버지 성 뒤에 붙이는 것이다. 성이 '張'인 사람은 '張氏'라고 부르고 성이 '李'인 사람은 '李氏'라고 불렀다. 그뿐만 아니라 아버지의 성 앞에 남편의 성을 붙이기도 했다. 예컨대 '張'씨 집안의 딸이 '王'씨 집안으로 시집을 가면 '王張氏'라고 불렀다. 고대 중국에 '王張氏'가 얼마나 많았을지, 그리고 당시 부녀자들에게 이런 중복 칭호가 얼마나 많았을지 충분히 상상할 수 있을 것이다.

성명은 한 사람의 신분을 대표한다. 하지만 봉건예교의 속박 아래서 자기만의 독립적인 성명이 없이 '남편의 성+아버지의 성+씨'의 방식으로 자신의 신분을 나타냈던 것으로 미루어 고대 중국 여성들의 지위가 얼마나 낮았는지 짐작할 수 있다. 이러한 방식에는 "집에 있을 때는 아버지를 따르고, 출가하면 남편을 따르고, 남편이 죽으면 아들을 따라야 한다"는 이른바 '삼종사덕三從四德'의 가치관이 담겨 있다. 이러한 종법예교는 실제로 한자에 그대로 체현되고 있다. 가장 전형적인 글자가 바로 '如(여)'자다.

如
같을 여

누구나 아는 바와 같이 '如'자는 '女'와 '口'가 합쳐진 글자지만 최초의 뜻이 '순종'과 '준수', 즉 남의 말을 듣고 따르는 것이었다는 사실을 아는 사람은 많지 않다. 여성에게는 자기만의 이름이 없었고 발언권은 더욱 없었다. '아버지를 따르고 남편을 따르고 아들을 따르면서' 모든 것을 남성들의 결정에 따라야 했던 것이다. 다행히 우리는 새로운 사회에 살고 있고 이런 상황이 또다시 존재할 가능성도 없다. 하지만 이런 삶의 기억은 한자 속에 그대로 남아 계속 유전되고 있는 것이다.

다시 성씨로 돌아가보자. '성'과 '씨'에는 원래 상하 계층의 관계가 있었고 서로 분명한 구별이 있었으나 점차 발전하면서 구별이 사라졌고 동일한 뜻으로 통용되기에 이르렀다. 이에 따라 '성'의 함의도 모계 혈통을 대표하던 것에서 부계 혈통을 대표하는 것으로 바뀌었지만 옛날에는 개념의 차이가 있어 서로 혼용할 수 없었다.

四. 성이 같으면 반드시 혈연관계인가

중국인들은 성씨를 매우 중시한다. 그래서 자신과 성씨가 같은 사람을 만나면 몹시 반가워하고 '한집안'이라고 하면서 친절하게 대한다. 이런 사실은 대부분 사람들의 의식 속에 보편적으로 성씨가 같으면 조상이 같다는 것을 의미한다는 생각이 존재함을 설명해준다. 다시 말해 성이 같은 사람들 사이에는 많든 적든 혈연관계가 존재한다는 것이다. 정말 그럴까?

성과 씨가 결합되기 전에는 성이 같다는 것은 확실히 공동의 조상과 혈연관계를 공유하고 있음을 의미했다. 예컨대 상고시대에는 성이 '姬'인 사람들은 전부 황제의 자손이었고 성이 '姜'인 사람들은 전부 염제의 자손이었다.

하지만 성과 씨가 결합된 이후로 성씨의 뿌리는 갈수록 다양하고 복잡해졌으며 성이 같은 사람들도 더는 단일한 관계가 아니었다. 성이 같다고 해서 반드시 같은 혈연관계를 갖고 있지 않은 것이다. 이는 대부분의 새로운 성이 이전의 씨에서 파생되어 나온 것이고, 더 이전으로 거슬러 올라가면 이 씨들 역시 각자 다양한 연원을 갖고 있기 때문이다. 다시 말해 연원이 다른 씨들이 같은 한자를 쓰면서 계속 변화하여 오늘날과 같은 성으로 발전한 것이다.

이번에도 '姜' 성을 예로 들어보자. 맨 처음 '姜' 성은 염제에서 시작되었고, 이 맥락은 오늘날까지 이어져 '姜' 성의 한 지류를 구성하고 있다.『통지』의 기록에 따르면 '姜' 성의 또 다른 지류로 당나라 때의 '桓(환)' 성에서 변한 것이 있다. 소수민족 사람들이 한족의 이름으로 개명하면서 여러 개의 '姜' 성이 생겨났다. 예컨대 만주족의 '姜佳(강가)'['姜爾佳氏(강이가씨)'로 불리기도 함] 성도 '姜' 성으로 바뀌었다. 강족羌族이나 동족侗族, 요족瑤族, 이족彛族, 몽고족蒙古族의 일부도 전부 '姜' 성을 갖게 되었다. 그 가운데 일부 강족이 '姜' 성을 쓰기 시작한 것은 '羌'과 '姜'의 자형이 유사하기 때문이라고 한다. 자세히 살펴보면 확실히 두 글자는 유사한 점을 갖고 있다. 자형의 상반부가 둘 다 '羊'이라는 것이다. '姜'은 상반부의 '羊'과 하반부의 '女'가 결합된 것이 분명하고 '羌'은 기존의 자형에서는 쉽게 찾아내기 어렵지만 '羊'자 밑에 '人'자가 더해진 것임을 알 수 있다. 이 자형은 갑골문의 ⬚에서 찾아볼 수 있다.『설문해자』에서 "羌은 서쪽 오랑캐(西戎)의 양 치는 사람이다"라고 한 것을 보면 '羌'이 맨 처음에는 오늘날의 강족만 지칭하는 것이 아니라 중국 고대 서부의 유목민 전체를 보편적으로 지칭한 단어였음을 알 수 있다. '羌'자의 구

羌
종족이름 강

조에 이 민족이 유목을 위주로 생활했다는 사실이 반영되어 있다. 하지만 현대 한자의 시각에서 보면 '羌'과 '姜'은 쓰는 방법에 있어서 분명한 차이를 보인다. '姜'은 상반부가 '羊'이고 중간에 아래쪽으로 튀어나온 부분이 없지만 '羌'자는 중간이 옆으로 구부러지면서 아래쪽으로 잘리지 않는다.

'姜' 성에 이어 유명한 '孔' 성에 관해 살펴보자. '孔' 성은 공자 덕분에 세상에 두루 알려지게 되었지만 공자의 지파에 한정되는 것이 아니라 공자 외에도 수많은 출처가 있다. 예컨대 춘추시대에 정鄭나라에는 '姬' 성에서 분리되어 나온 '孔' 성이 있었다. 전해지는 바에 따르면 주周나라 여왕厲王 이후 진陳나라에 '姬' 성에서 분리되어 나온 '孔' 성이 있었다고 한다. 이는 우순虞舜의 후손들로 추정된다. 이 밖에 토가족土家族과 묘족苗族, 몽고족, 회족回族, 만주족 등 일부 소수민족들도 '孔' 성을 갖고 있다. 따라서 '孔' 성을 갖고 있다고 해서 전부 공자와 연관시켜 생각하는 것은 적절치 못하다.

공자의 성씨 문제에 관해서는 확실한 주장이 있다. 누구나 다 아는 것처럼 공자는 성이 '孔'이고 이름이 '丘(구)', 자가 '仲尼(중니)'다. 자세히 따져보면 '孔'은 그의 진짜 성이 아니다. 역사기록에 따르면 공자의 선조는 송宋나라 사람이고 송나라는 은상殷商의 후예다. 앞에서도 언급한 바 있지만, 전설에 따르면 상의 시조인 계는 그의 어머니 간적簡狄이 현조의 알을 먹고 임신하여 낳은 자식이기 때문에 '子' 성을 갖게 되었다고 한다. 상이 멸망한 뒤로 계의 후손은 주나라로부터 송을 분봉받아 송 왕실의 후손들이 제각기 다른 성을 갖

孔
구멍 공

게 되었다. 공자의 조상은 선조 공보가孔父嘉(여기서 '父'는 '사내 보'로 읽는다)의 자字인 '공보孔父'를 씨로 삼았다. 이로 미루어볼 때, 공자의 진짜 성은 '子'이고 씨가 '孔'임을 알 수 있다. 단지 진한秦漢 이전에는 성과 씨가 분리되어 있었고 남자는 성을 쓰지 않고 씨를 사용했지만 성과 씨가 합쳐진 뒤로 씨가 성으로 변하게 된 것일 뿐이다. 게다가 사마천이 『사기』에서 "공자는 성이 공씨였다"라고 기술하면서 모든 사람이 공자의 성이 '孔'이라고 알게 되었다.

이뿐만 아니라 공자의 성씨에 관해서는 적지 않은 주장들이 있다. '孔'이라는 글자만 놓고 보면, 누구나 다 아는 뜻은 '구멍'이다. 사실 고대 중국어에서 '孔'자는 수많은 의미와 용례를 갖고 있다. 우선 '孔'자의 자형을 살펴보면, 왼쪽은 '子'이고 오른쪽은 'ㄴ'로서 고대 중국어에서 '乙'과 같은 자이며 '乚'로 표기되기도 한다. '乙'을 옆에서 보면 고개를 숙이고 날개를 펴는 새의 모습과 흡사하다. 그 때문에 고대 중국인들은 '乙'자로 제비를 나타내기도 했다. 예컨대 『남제서南齊書』에는 하늘을 나는 기러기를 보고 월越나라 사람들은 들오리라고 하고 초楚나라 사람들은 제비라고 했다는 기록이 나온다. 이에 따라 후대 사람들은 확실히 알지 못해 서로 다른 주장을 고집하는 것을 가리켜 '월부초을越鳧楚乙'이라는 성어로 표현하게 되었다.

'孔'자는 '子+ㄴ'의 자형으로 제비가 날아온 덕분에 후손을 얻게 되었다는 것을 의미한다. 얼마나 아름다운 일인가! 따라서 '孔'자는 '기쁘고 아름답다'는 뜻도 갖게 되었다. '孔'자의 이런 의미는 고대 중국인들이 '嘉'자를 이름에, '子孔'을 자에 많이 사용했다는 사실로

乙
새 을

공작새

증명된다. 예컨대 사료의 기록에 따르면 초나라의 성가成嘉도 자가 '子孔'이었고 정나라 공자 가嘉도 자가 '子孔'이었다.

제비가 날아와 후손을 얻게 되었다는 사건에는 순조롭다는 의미도 내포하고 있다. 순조롭게 통과되려면 철판처럼 꽉 막혀 있으면 안 되고 반드시 구멍이 있어야 한다. '孔'자에 구멍이나 동굴의 의미가 더해진 것도 이런 연유에서다. 게다가 물체가 통과하려면 구멍이 너무 작아서는 안 되고 충분히 커야 한다. 따라서 '孔'자는 '크다', '비어 있다', '깊다' 등의 의미를 추가로 갖게 되었다. 예컨대 '공석孔碩'은 이 두 가지 의미를 다 갖춰 대단히 크다는 것을 의미하고 '공덕孔德'은 큰 덕을 의미한다. '공작孔雀'이라는 새의 이름도 몸집이 크기 때문에 붙여진 이름이다.

더 나아가 '孔'자는 추상적 의미로서 정도가 깊고 심한 것을 나타내기도 한다. 고대 중국어에서 흔히 사용되던 '孔嘉(공가)'라는 단어는 '대단히 아름답다'는 의미다. 『시경』에도 "신혼일 때는 아내가 대단히 아름다웠는데, 시간이 지나면서 어떻게 되었던가?其新孔嘉, 其舊如之何?"라는 구절이 나온다. 여기서 '孔'은 정도를 나타내는 부사고 '嘉'는 아름답다는 의미의 형용사다.

鳦
제비 을

　실제로 중국 한자에서 제비와 연관된 글자는 '乙' 외에 '鳦'자도 있다. 이 글자는 '鳥'와 '乙'이 결합된 형태로 제비를 지칭한다. 예컨대 청나라 때 정선정程先貞의 「한가로이 서쪽 정자에 앉아 홀로 술잔을 들다西亭閑坐獨酌有述」라는 시에서 "버드나무 가지가 막 초록으로 물드니, 제비들이 날아와 수다를 떠네柳色綠初成, 絮語來新鳦"라고 하여 초봄 버드나무 가지에 싹이 트니 제비가 날아오는 아름다운 풍경을 묘사하고 있다. 하지만 '鳦'자는 지금 거의 쓰이지 않는다.

　제비, 즉 '鳦'은 바로 앞에서 말한 '현조'로서 고서에서는 일률적으로 제비 같은 비금飛禽을 지칭했다. 현조는 상 왕조의 탄생과 직접적인 연관이 있는 새로서 은상 왕조의 토템으로 알려져 있다. 『시경』 「상송商頌」(『시경』의 내용을 크게 풍風, 아雅, 송頌 세 부분으로 나누는데 「상송」은 송 부분의 한 분류 목록을 가리킴)에도 「현조」라는 제목의 시가 있을 정도다. 그리고 공자는 은상 왕조의 후예다. 그의 성씨인 '子'자와 '孔'자 둘 다 어느 정도 현조와 관련이 있다. 하지만 한 가지 주의해야 할 사실은 '孔子'의 '子'자가 그의 성인 '子'와 아무런 관련도 없다는 점으로 그저 당시 남성에 대한 존칭일 뿐이다.

　다시 성씨의 화제로 돌아가보자. 姜이나 孔처럼 지계支系가 번다한 현대의 성씨가 아주 많은 것은 씨의 연원이 그다지 다양하지 않은 데다 나중에 여러 가지 씨가 성으로 전환되는 과정에서 서로 다른 연원의 성씨들 사이에 교잡이 이루어졌기 때문이다.

연원을 가지고 따져볼 때 출생지와 생활근거지가 성이 되는 경우가 가장 많다. 앞에서 언급한 바 있는 요姚나 동곽東郭, 서문西門 같은 복성을 예로 들 수 있다. 정鄭과 오吳, 월越처럼 국가나 지역 이름이 성이 된 경우도 있고 사마司馬나 상관上官처럼 관직명이 성이 된 사례도 있다. 또한 중국 고대에는 남명南明의 융무제隆武帝가 국성인 주朱를 정성공鄭成功에게 하사했던 것처럼 천자가 성을 하사하는 경우도 있고 피휘避諱(황제의 이름에 있는 한자를 관료와 평민들의 이름에 쓰지 못하는 것) 등의 이유로 성을 바꿔야 하는 경우도 있었다. 이는 뒷부분에서 자세히 설명하기로 한다.

성이 같다고 해서 반드시 같은 혈연을 갖는 것은 아니다. 반대로 성이 다른데도 조상이 같은 경우가 많다. 이치는 아주 간단하다. 성은 씨에서 나왔고 씨는 또 초기의 성에서 분리되어 나왔기 때문이다. 이것이 바로 현대 중국의 성과 씨가 실제로 같은 원류를 갖게 된 원인이다. 고증에 따르면 여呂와 허許, 사謝, 고高, 국國, 기紀, 구丘, 제齊, 강強, 상商 등 100가지가 넘는 성이 '姜' 성에서 파생되어 나온 것으로 판명되고 있다.

이상으로 미루어 성씨는 가족관계를 상징하는 코드일 뿐만 아니라 중화민족 전체를 연결해주는 하나의 유대라는 것을 알 수 있다. 성씨 변화의 역사는 중화민족의 발전사로서 중국인들의 성장과 번성의 족적을 기록하고 있다.

제 2 장

홍동현洪洞縣에 가서 근거를 찾다

이번 장에서는 다음의 한자들에 대해 이야기를 나누려고 한다.

解	判	半	趙	趨	趣	楊
풀 해	판가름할 판	반 반	나라 조	달릴 추	달릴 취	버드나무 양

暘	揚	鄭	陳	阜	東	丘
해돋이 양	오를 양	나라이름 정	펼 진	언덕 부	동녘 동	언덕 구

一. 홍동현은 누구의 고향인가

"우리 조상의 땅이 어디냐고 물으니 산서山西 홍동洪洞의 큰 홰나무 밑이라 하네. 조상의 옛 집이 어디에 있느냐고 하니 큰 홰나무 아래 오래된 움집이라고 하네." 이 민요는 한 동안 중국 북방지역에서 광범위하게 유행하여 모르는 사람이 없을 정

홰나무

도였다. 여기서 말하는 산서 홍동은 어떤 곳일까? '오래된 움집'에서는 조상들이 어떻게 살았을까? 이 이야기는 중대한 역사적 사건에서부터 시작된다.

역사기록에 따르면 명나라 초기에 중원지역에 노동력이 심각하게 부족하여 땅이 대규모로 황폐해지는 동시에 정부의 재정수입이 격감했다. 왕조의 통치를 공고히 하기 위해 주원장朱元璋은 명령을 내려 이민을 통한 둔전을 실시하게 되었다. 이로써 대규모 이민활동의 서막이 열리게 되었다.

당시 산서는 인구가 조밀한 지역에 속했고 홍동현은 산서 남부에서 인구가 가장 많은 현이었기 때문에 사람들이 외지로 이주하는 중점지역이 되었다. 당시 홍동현 성북의 광제사廣濟寺 옆에는 거대한 홰나무 한 그루가 있었다. 정부 관원들은 이 나무 아래 백성들을 모아놓고 이주할 사람들을 위한 수속을 진행하고 조책造冊 등록을

실시하면서 사람들에게 어서 출발할 것을 재촉했다.

수십만 명의 산서 농민들이 고향을 떠나 하남河南과 하북河北, 산동山東 등지로 떠났다. 이런 이민활동이 지역 간의 인구 불균형을 상당 부분 해소하고 농업의 발전을 촉진했던 것도 사실이다. 하지만 이주한 가구마다 고향을 등지고 처자식과 헤어지는 고통을 감수해야 했다. 당시의 이민조건은 '네 식구인 가족은 한 명만 남고, 여섯 식구인 가족은 두 명만 남으며, 여덟 식구인 경우 세 명만 남는 것'이기 때문이었다. 게다가 성이 같고 조상도 같은 사람들은 같은 지역으로 이주할 수 없었다. 이 때문에 얼마나 많은 가정이 각지로 뿔뿔이 흩어져야 했는지 충분히 상상할 수 있을 것이다.

지금 홰나무 마을의 후예들은 중국 전역에 분포해 있다. 심지어 일부는 멀리 동남아 국가 및 지역까지 진출해 있다. 그들의 선조가 홍동현 홰나무 밑에서 이주 수속을 했기 때문에 그들은 그 커다란 홰나무를 자신들의 고향이라고 말한다. 그래서 "우리 조상의 땅이 어디냐고 물으니 산서 홍동의 큰 홰나무 밑이라 하네"라는 민요가 지금도 사람들의 입에 오르내리고 있는 것이다.

전체 이민활동의 규모가 대단히 컸고 시간도 아주 길었으며 그간에 일어난 사건들도 많아 지금도 사람들이 자주 입에 올리는 무수한 전고典故를 남기게 되었다.

어떤 사람은 홍동의 큰 홰나무를 떠났던 이민자 후예들에게 '길을 걸을 때 등 뒤로 팔짱을 끼고, 엄지발가락의 발톱이 두 개'라는 특징이 있었다고 말한다. 등 뒤로 팔짱을 끼고 걷는 것은 강제 이주를 위해 먼 길을 가는 동안 이민자들의 팔이 뒤로 묶여 있었기 때문에 오랜 세월이 지나면서 습관으로 굳어버린 것이고, 엄지발톱이 두 개라는 것은 발톱에 무늬를 새겼기 때문에 두 개로 보이는 것뿐이다. 이렇게 무늬를 새긴 것은 이민자들이 도망치지 못하게 하기 위해 발톱 위에 일종의 표시를 하기 위해서였다. 혹자는 이민자들 초생 자녀들의 발톱에도 이로 깨문 듯한 무늬를 만들어 일종의 표식으로 삼았다고 한다. 또 혹자는 이민자들이 걸어서 험준한 산길을 가느라 발톱에 상처가 나서 두 가닥으로 갈라진 것이라는 주장을 하기도 한다. 따라서 오늘날까지도 중국 북방의 민간에는 발톱을 잘 살펴보면 큰 홰나무 마을 이민자의 후예인지 아닌지를 알 수 있다는 속설이 전해지고 있다.

이 밖에도 '해수解手'라는 단어가 간접적으로 화장실을 의미하게 된 것도 홍동현 홰나무에서의 이민활동과 관련이 있다.

이민과정에서 손이 뒤로 묶이다 보니 대소변을 보려면 관원에게 부탁하여 밧줄을 풀어야 했다. 이런 상황이 오래 계속되다 보니 사람들은 길게 말할 것 없이 간단하게 "손을 풀어줘요!解手!"라고 한마디만 하게 되었다. 이때부터 '해수'라는 단어가 대소변의 대명사로 쓰이기 시작했다.

사실 약간의 고증을 거치면 '해수'라는 단어의 이런 용례가 홍동현의 이민활동 이전에도 이미 나타났음을 알 수 있다. 『경본통속소설京本通俗小說』에는 "덥거나 춥다고 말하면서도 위생魏生은 일어나 해수解手하러 갔다"라는 구절이 나온다. 이 책의 출간 시기에 관해

학계에서는 아직 정론을 제시하지 못하고 있지만 이르면 원나라, 아무리 늦어도 명나라 때라는 설이 유력하다.

　동시에 학자들은 '解'자의 의미가 발전해온 맥락을 고찰한 결과, '해수'라는 단어에 대소변을 본다는 의미의 원류가 담겨 있다는 사실을 증명했다.

解
풀 해

　'解'자의 갑골문은 🦌이다. 상반부의 중간은 소뿔이고 양쪽에 각각 손이 하나씩 있다. 하반부는 소의 머리다. 이를 한데 합치면 두 손으로 소뿔을 잡아당겨 뽑는 것을 나타낸다. 그리고 맨 위에는 두 개의 점이 있다. 뿔을 뽑는 과정에서 피가 튄 것을 표현한 것 같다. 『설문해자』에서는 "解는 판判이다. 칼로 소뿔을 잘라내는 것을 말한다"라고 설명하고 있다. '判'자는 어떤 의미를 갖고 있을까? 우리

判
판가름할 판

는 '판단'이나 '판결' 같은 단어로 이 글자를 이해하고 있다. 하지만 이 글자의 자형을 자세히 살펴보면 왼쪽 절반은 '半'이고 오른쪽 절반은 '刀'인 것을 알 수 있다. 칼과 관련이 있음을 암시한다. 『설문해자』에서는 "判은 나누는 것을 말한다"라고 정의하고 있다. '判'의 최초의 의미가 '자르다', '나누다'라는 것임을 알 수 있다. 물론 여기에 쓰이는 도구는 칼이다. 칼로 무엇을 자른단 말인가? 해답은 바로 옆

半
반 반

에 있는 '반半'자에 담겨 있다. '半'의 고문자 형태는 ⚹이다. 상반부는 '八'이고 하반부는 '牛'다. 『한자 가족』을 읽은 독자들이라면 '八'의 최초의 뜻이 '分'이었다는 사실을 잘 알 것이다. 소 한 마리를 둘로 나누는 것이 바로 '半'자의 의미인 것이다. 그리고 '判'은 '半'자에 '刀'자가 더해져 같은 의미를 갖게 되었다. '判'자의 의미를 이해한 다음,

다시 '解'자에 대한 『설문해자』의 해석으로 돌아가보면 어렵지 않게 이 글자가 칼로 소뿔을 해체하는 의미를 갖고 있음을 알 수 있다. 좀더 정확히 설명하자면 이는 '解'자의 소전체小篆體인 解를 겨냥한 해석이다. 원래 갑골문에 있던 '手'자가 '刀'자로 바뀌면서 글자 전체가 '角+刀+牛'로 구성되게 되었고, 이러한 구성은 오늘날의 자형에까지 그대로 이어져 사용되고 있다.

소뿔을 손으로 자르든 칼로 자르든 둘 다 소의 지체를 분해한다는 의미를 갖고 있다. 이것이 바로 '解'자의 최초의 의미다. 이런 의미는 '포정해우(庖丁解牛: 포정이 소를 잡는다는 뜻으로 신기에 가까운 솜씨나 기술의 묘를 가지고 있음을 비유하는 말)'라는 성어에 그대로 보존되고 있다. '解'는 이런 구체적인 의미에서 점차 '다른 동물의 지체를 분해 혹은 분할'하거나 '속박 상태에 있거나 매어 있는 물건을 풀어주다'라는 뜻으로 발전하게 되었다. 예컨대 '해갑귀전解甲歸田'은 군인이 갑옷을 벗고 집으로 돌아가 농사에 전념한다는 뜻의 성어다. 이런 의미는 한걸음 더 나아가 해소와 해제, 폐지, 정지 등의 의미로 발전하여 구체적인 사물에만 적용되는 것이 아니라 추상적인 현상에도 쓰이게 되었다. 예컨대 당나라 때 시인 두보杜甫는 「팔애시八哀詩」에서 "전쟁이 언제나 끝나게 될까戰伐何當解"라고 노래한 바 있다. '解'자는 인체와 연관되어 쓰이면서 일찍부터 '배변'의 의미를 갖고 있었다. 배설은 인체 내부 신진대사의 폐기물을 배출하는 과정이기 때문이다. 예컨대 동한의 왕충王充은 『논형論衡』에서 "사람이 한기를 쐰 다음에는 약을 먹어 배변을 해야 한다人中於寒, 飮藥

行解"라고 했다. '解'자의 이런 의미와 용법은 계속 이어져 고대 문헌 자료에서 그 용례를 얼마든지 찾아볼 수 있다. 이런 사실은 '解'자가 배변의 뜻을 갖게 된 다음에 '해수'의 용법이 생겼음을 설명해준다. 이렇게 볼 때, '해수'가 용변의 대명사가 된 것은 한자의 의미가 진화하고 발전한 결과로서 이민활동과는 아무런 관계도 없다고 할 수 있다.

재미있는 것은 고대에는 '해수'라는 단어에 이런 뜻만 있었던 것이 아니라는 사실이다. 예컨대 송나라 때 시인 진관秦觀은 「둘째 운으로 두야정에서 쓰다次韻子由題斗野亭」라는 시에서 "아름다운 봄빛 속에서 벗들을 만나니 이별을 참을 수 없네不堪春解手"라고 노래한 바 있다. 여기서 '解手'는 이별을 의미한다. 이를 '화장실에 간다'는 의미로 이해한다면 정말 웃기는 일이 되고 말 것이다. 따라서 한자의 한두 가지 뜻만 이해했다가는 큰 실수를 저지르기 십상이다.

앞에서 말한 큰 홰나무를 떠난 이민자 후예들에게 '길을 걸을 때 등 뒤로 팔짱을 끼고, 엄지발가락의 발톱이 두 개'인 특징이 있다는 사실에 대해서도 좀더 깊이 있게 생각해보면 길을 걸을 때의 습관이나 발톱에 새긴 자국은 유전되지 않는다는 사실을 알 수 있다. 이처럼 그럴듯하면서도 사실이 아닌 주장들이 민간에 떠돌게 된 것은 홍동현 홰나무에서의 이민의 역사가 고향을 등지고 객지로 떠나야 했던 중국인들에게 여러 세대에 걸쳐 지우기 힘든 낙인을 남겼기 때문일 것이다. 그리고 사람들은 갖가지 방식으로 이를 기억하고 가슴에 담으려 했던 것이다.

二. 홍동에서 빠져나온 조趙씨 성

중국에서 '500년 전에는 모두가 한 가족'이었다는 말은 성이 같은 사람들끼리 친밀감을 부각하기 위해 흔히 쓰이는 말이다. 이 말의 연원 역시 수백 년 전 산서 홍동현 홰나무에서의 대규모 이민사건이라고 전해진다.

당시 이민자 후예들은 전국 각지로 흩어졌다. 사람들은 처음 만날 때마다 서로 고향이 어디인지 물어 홍동현이 고향이라는 사실을 알게 되면, 이어서 성을 물었다. 성이 같을 경우 물은 사람은 "우리가 500년 전에는 한 가족이었군요!"라고 말한다. 이리하여 성이 같은 사람들 사이에 '500년 전에는 모두가 한 가족'이었다는 말이 전파되기 시작했다. '500년 전에는 모두가 한 가족'이었다는 말은 당시 이민의 규모와 영향력이 얼마나 컸는지 잘 설명해준다. 통계에 따르면 당시의 이민에 연루된 성씨가 800개가 넘었다고 한다. 산서는 화하문명華夏文明(화하는 고대부터 중국인들이 자신들을 일컫는 명칭임)의 발원지 가운데 하나로 일부 성씨가 그곳에서 발원하여 이민 활동을 통해 전국 각지로 확산되었다. 이제는 이민자의 후예들이 자기 성씨의 오랜 '뿌리'를 찾기 위해 다시 고향으로 돌아오고 있다.

고증에 따르면 조趙 성의 발원지도 산서 홍동이라고 한다.

조 성의 시조는 조보造父다. 조보는 전욱顓頊의 후손인 백익伯益의 13대손이다. 그는 거마를 잘 몰고 반란을 진압해 공을 세웠다는 이유로 주周나라 목왕穆王에 의해 조성趙城에 봉해졌다. 조성은 바로

趙
나라 조

오늘날의 산서성 홍동현이다. 조보의 자손들은 봉읍을 성으로 삼게 되었다. 나중에 그 자손들은 '삼가분진(三家分晉: 춘추시대 초강대국이었던 진晉을 위魏, 조趙, 한韓의 세 씨족이 분할하여 할거하게 된 역사적 사건)'의 과정에서 조나라를 세움으로써 진秦, 제齊, 초楚, 연燕, 한韓, 위魏 등 여섯 제후국과 어깨를 나란히 하면서 '전국칠웅'의 하나로 자리 잡게 되었다. 조나라의 왕실과 백성들은 전부 국명을 성으로 삼았다. 이것이 바로 산서 조씨 혹은 '정종조성正宗趙姓'의 유래다.

현재 '趙'자에 대한 우리의 이해는 성씨와 국명의 한계를 벗어나지 않지만 이 글자도 고대 중국어에서는 다른 의미를 갖고 있다. '趙'자는 자형에 '走'자가 포함되어 있다. '走'자는 고대에 달린다는 의미로 쓰였다. 자형에 '走'가 들어간 글자는 대부분 달리거나 빨리 걷는 것과 관련이 있다. 예컨대 '趨'자의 맨 처음 뜻은 '빨리 걷다'였고, 여기서 발전되어 '추세', '달려가다' 등의 파생적 의미도 갖게 되었다. '趣'자도 고대에는 '빨리 걷다', '질주하다' 등의 의미를 갖고 있었다. 흥미, 취미, 지취志趣 등의 의미는 나중에 발전되어 나온 것이다. 그 외에 '赴(부)'나 '赶(간)' 같은 단어들의 상황도 대동소이하다. '趙'자도 이런 한자들과 마찬가지로 고대에는 '빨리 걷다', '질주하다' 등의 의미로 쓰였다. 서주西周 시기의 전적인『목천자전穆天子傳』에는 "천자의 북방 원정에서는 행군이 아주 빨랐다天子北征, 趙行□舍"라는 기록이 있다. 하지만 '趙'자의 이런 의미는 지금은 남아 있지 않고 자형에만 흔적으로 남아 있을 뿐이다.

'趙'는 성씨가 되면서 큰 성이 되었다. 조나라가 고대에는 제후국

趨
달릴 추

趣
달릴 취

이었다는 것도 아주 유명한 사실이다. '구슬을 온전히 조나라로 돌려보내고 위나라를 포위해서 조나라를 구한다完璧歸趙, 圍魏救趙'는 성어도 조나라와 관련이 있다. 또한 조나라는 항상 이웃나라였던 연燕나라와 병칭되곤 했고 '연조燕趙'라는 단어가 고대의 시사詩詞에 종종 등장한다. 『고시십구수古詩十九首』에는 "연나라와 조나라에는 아름다운 사람들이 많고 예쁜 여인의 얼굴은 옥과 같네燕趙多佳人, 美者顔如玉"라는 구절이 나온다. 고대에는 '燕趙'라는 단어가 미인이나 무녀, 가희歌姬의 대명사로 쓰이기도 했다. 예컨대 남조 양무제梁武帝의 「희작戲作」이라는 시에는 "연나라와 조나라 미인들의 수줍은 얼굴에, 서시와 달기가 향기로움을 부끄러워하네燕趙羞容止, 西妲慚芬芳"라는 구절이 있다. 여기서 '燕趙'와 '西妲(서달)'은 전부 미인을 지칭한다. 이와 동시에 '연조인燕趙人'이나 '연조녀燕趙女', '연조매燕趙妹' 같은 단어들도 전부 미인이나 무녀, 가희를 지칭하는 단어로 쓰였다.

三. 태양과 관련이 있는 양楊씨 성

홍동현에서 발원한 또 다른 큰 성으로 양楊 성을 꼽을 수 있다.

양 성의 연원은 아주 많지만 고증에 따르면 그 가운데 가장 중요한 연원이 산서 홍동현이라고 한다. 서주 시기에 성왕成王이 동생 숙우叔虞를 당후唐侯로 봉했다. 봉지는 고당국古唐國으로 지금의 산서

楊
버드나무 양

성 서남부에 해당한다. 이어서 주 선왕宣王의 아들 상보尚父가 유왕幽王 시기에 양후楊侯로 봉해졌지만 동주 시기에 이르러 양나라는 진晉에 멸망하고 말았다. 진 무공武公의 아들 백교伯僑가 다시 양楊에 봉해졌고, 그 후예들이 양 성의 조정으로 봉해지면서 양이라는 성을 갖게 되었다.

양 성을 가진 유명인사는 부지기수고 전고도 적지 않다. 중국인들에게 익숙한 말로 두 사람이 밀약을 지킬 것을 다짐할 때, "이 일은 하늘이 알고 땅이 알고 당신과 내가 안다"라고 말한다. 하늘과 땅, 당신과 나를 제외하고는 아무도 모른다는 뜻이다. 이 말도 양 성을 가진 유명한 사람의 입에서 나왔다. 다름 아니라 동한의 청빈한 관리였던 양진楊震이다. 양진은 임지로 가는 길에 창읍昌邑을 지나게 되었다. 당시 창읍 현령 왕밀王密은 양진이 천거한 인물이었다. 그는 양진이 왔다는 소식을 듣고 밤에 몰래 찾아가 황금으로 만든 선물을 건넸다. 그러자 양진이 그 자리에서 거절하며 말했다. "나는 옛 친구인 그대를 잘 이해하고 있는데 그대는 옛 친구인 나를 이해하지 못하고 있는 것 같구려. 이게 대체 무슨 짓이오?" 왕밀은 양진이 일부러 사양하는 척하는 것이라고 생각하고는 다시 말했다. "밤이라 아무도 모릅니다." 그러자 양진이 말했다. "하늘이 알고, 신이 알고, 내가 알고, 당신이 아는데 어째서 아무도 모른단 말이오?" 이때부터 이 말이 세상에 유전되면서 공명정대한 처신을 일깨우는 명구로 자리 잡게 되었다.

'楊' 성과 관련하여 특별히 주의해야 할 일이 있다. '楊' 성을 가진 사람들은 종종 자신을 소개할 때 "저는 성이 양입니다. 목木과 이易를 합친 양이지요"라고 말하다. 하지만 이는 틀린 방법이다. '楊'자를 자세히 살펴보면 왼쪽 부분은 '易(이)'가 아니라 '日, 一, 勿'이 합쳐진 '昜(양)'으로서 고대 중국어에서는 '陽'과 같은 글자였다. '湯', '揚', '場', '暢' 같은 여러 글자들의 우변이 '易'가 아니라 '昜'이라는 점에 유의해야 한다.

'楊'자는 아주 평범해 보이지만 실제로는 많은 사실을 담고 있다. 그 가운데 하나가 '楊'자 왼쪽의 '木'이 부상나무(扶桑樹)를 가리킨다는 것이다. 『산해경山海經』에는 "동쪽 바다에 탕곡湯谷이라는 곳이 있는데, 그곳에 부상나무가 자란다"라는 기록이 있다. 전해지는 바에 따르면 탕곡에 사는 원시 씨족은 태양이 부상나무 양쪽으로 떴다가 지는 것을 근거로 자신들의 역법을 제정했다고 한다. 이것이 이른바 '부상기역扶桑紀曆'이다. 이에 따라 이 원시 씨족은 '楊'이라 불리게 되었다. '楊'자는 부상나무를 의미하는 왼쪽의 '木'과 태양을 나타내는 오른쪽의 '昜'이 합쳐진 것으로, 탕곡에 해가 뜨고 지는 것을 의미했다.

고대 문헌에서는 탕곡을 '暘谷(양곡)' 혹은 '陽谷(양곡)'으로 쓰기도 했다. 둘 다 고대 전설에서 해가 뜨는 곳을 의미했다. '暘'자의 뜻은 원래 해가 뜬다는 것이지만 태양을 지칭하기도 했다. 예컨대 북송 채양蔡襄이 「어양역참에서 구주까지의 대설감회自漁梁驛至衢州大雪有懷」라는 시에서 "가벼운 바람이 봄날의 추위를 녹이고, 처음 떠오른 해가 새벽 비를 그치게 하네薄吹消春凍, 新暘破曉晴"라고 노래했

暘
해돋이 양

다. '陽'자는 물론 태양을 지칭하기도 한다. '楊', '暘', '陽' 세 글자 모두 왼쪽의 '昜'자와 관련이 있음을 알 수 있다.

揚
오를 양

　楊 성과 관련된 또 다른 성으로 '揚' 성을 들 수 있다. '楊'과 '揚'은 자형이 유사하고 부수가 다를 뿐이지만 지금은 엄연히 별개의 성씨로 쓰인다. 중국 한나라 때에 양웅揚雄이라는 유명한 문학가가 있었다. 그의 성이 '揚'인가 '楊'인가 하는 문제를 놓고 예로부터 논쟁이 끊이지 않았다. 어떤 학자들은 양웅의 본성이 '揚'이지만 고대에는 '楊'과 '揚'을 엄격히 구분하지 않았기 때문에 두 글자가 혼용되고 있는 것이라 주장하고 있고, 또 다른 학자들은 양웅 본인이 새로 가문을 세우기 위해 원래의 '楊' 성을 '揚' 성으로 바꾼 것이라고 주장하기도 했다. '楊'과 '揚'은 애당초 다른 성이었고 양웅은 원래부터 '揚' 성을 썼다고 주장하는 학자들도 있었다.

　일단 이러한 견해들의 진위 여부는 일단 접어두고 먼저 이 두 글자를 자세히 살펴보자. 고대에는 두 글자가 서로 통용되는 정황이 확인된다. 예컨대 『시경』의 한 편명인 「양지수揚之水」를 고대에는 「楊之水」로 혼용했다. 여기서 '楊'과 '揚'은 서로 통용되는 글자로서 둘 다 '감정이 격양激揚되다'라는 의미로 쓰였다. 또한 당나라 때 위장韋莊은 「금릉부의 밤 연회에 가다陪金陵府相中堂夜宴」라는 시에서 "잔치가 끝나면 푸른 나방들 흩어지고, 양자강 위의 달은 반쯤 기울겠지却愁宴罷青蛾散, 楊子江頭月半斜"라고 노래했다. 여기서 말하는 '楊子江'은 '揚子江', 즉 오늘날의 장강長江을 말한다.

　둘째, 근원을 따져보면 '揚' 성과 '楊' 성이 원래 연관이 있었음을 알 수 있다. 두 성 모두 '姬' 성에서 유래한 것으로 백교의 후예들이며 조상들의 봉지를 성으로 삼아 같은 종宗에 속한다. 따라서 양웅의 성이 '楊'이 아니라 하더라도 楊 성과 아주 밀접한 연관이 있는 셈이다. 하지만 양웅 본인이 楊 성을 쓰지 않고 揚 성을 쓴 이상, 우리는 본인의 의지를 존중해주는 게 바람직할 것이다. 게다가 양웅에서 시작하여 그 후손들은 전부 揚 성을 쓰고 있다. 오늘날 두 성은 완전히 분리되어 있고 揚 성의 인구가 楊 성에 비해 상대적으로 많지 않지만 독립적으로 존재하는 성씨임에는 틀림없다.

趙 성과 楊 성처럼 산서 홍동현에서 유래한 성씨는 아주 많다. 이러한 성씨를 가진 사람들은 지금 중국 전역에 분포하여 왕성하게 번성해가고 있다. 하지만 그들이 어디에 있든지 간에 홍동현의 커다란 홰나무는 영원히 그들의 '뿌리'의 소재가 될 것이다.

四. 전 세계 화인華人은 한 가족이다

중국 전체를 놓고 볼 때, 명나라 초기에는 산서 홍동이 하나의 중심이었다. 서로 다른 성씨들이 이곳을 기점으로 하여 전국 각지로 퍼져나갔다. 세계 전체를 범위로 하면 중국은 또 하나의 점이다. 1,000년이 넘는 세월 동안 무수한 중국인들이 나라 밖으로, 세계를 향해 나아갔고, 중화문명을 세계 구석구석에 전파했다.

중국은 해외 이민이 가장 많은 나라다. 전해지는 바에 따르면 중국인들의 해외 이민은 상나라 때부터 시작되었다고 한다. 그 뒤로 각 조대와 왕조마다 중국인들은 장사나 피난, 종교 등의 원인으로 해외로 나아갔다. 지금 이 해외 화인들 가운데는 각종 성씨가 다 망라되어 있다. 그 가운데 가장 주목을 끄는 성씨가 바로 정鄭과 진陳이다.

鄭
나라이름 정

중국인들은 鄭 성이 대단히 용감하고 진취적인 성씨라고 말한다. 왜 그럴까? 정 성은 원래 중원에서 발원했고 '천하의 정씨는 형양榮陽(하남성 개봉開封에 해당하지만 지금은 하남성 정주鄭州시 근처에 형양이라는 지명이 따로 있다)에서 시작되었다'는 설이 있다. 정 성의 시작은 희姬 성이고 조상은 정나라의 첫 번째 군주인 정鄭 환공桓公이다. 정 환공이 정 땅에 분봉되어 정나라를 세운 것이다. 지역은 대략 지금의 섬서陝西성 경내로 추정된다. 나중에 정나라 귀족의 후손들이 하남 개봉 일대로 이주하여 그곳에 정착하게 되었다. 그곳에는 형양이라는 군이 있었다. 그 때문에 형양이 있던 하남성 중부지역이 공인된 정 성의 발원지가 되었다. 하지만 정 성의 거주지역은 중원에 국한되지 않았다. 전국시대부터 그들은 주변의 사천四川과 산서, 산동 등지로 이주하기 시작했다. 위진남북조시대에 이르러서는 이미 대규모의 정 성 인구가 동남 연해지역으로 이주했다. 이 뒤로 정 성 사람들의 해외 이주는 지금까지도 멈추지 않고 있다. 원대 초년에 이미 정 성 사람들이 해외로 이주한 기록이 남아 있다. 명대에 이르러 정화鄭和가 일곱 번이나 서양을 항해하면서 출국의 문을 크게 열었고 세계로 나아가는 선구자가 되었다. 그때부터 수많은 정 성 사람들이 그의 발자취를 따라 세계 각지로 나아가서는 적지 않은 사람들이 돌아오지 않고 현지에 정착했다. 현재 중원에서 발원한 성씨들은 국내 주요 집단 거주지역이 광동廣東과 복건福建 일대로 확대되었을 뿐만 아니라 세계 각지에도 두루 분포하게 되었다. 특히 동남아지역과 한국, 일본 등에 적지 않은 정 성 인구가 정착하여 거주하고 있다. 그들이 현지의 다양한 영역에서 능력을 발휘함에 따라 정 성은 가장 영향력 있는 중국인의 성씨 가운데 하나가 되었다.

정 성을 가진 사람들은 용감하고 개척정신이 뛰어날 뿐만 아니라 '가무에도 능했다.' 이는 '정성鄭聲', '정음鄭音', '정무鄭舞' 등 일련의 명칭에 그대로 반영되고 있다. '정성'은 원래 춘추전국시대 정나라의 음악을 의미한다. 하지만 공자 같은 사람들이 제창한 이른바 '아악雅樂'과 다르다는 이유로 유가로부터 배척을 당했고, 그때부터 아악에 반대되는 음악, 심지어 일반 민간음악도 '정성'이라는 이름으로 배척되기 시작했다. '정음'은 '정성'과 같은 의미로 주로 속악俗樂을 지칭했다. 물론 '鄭'자 자체도 이때부터 '속되고 정통적이지 않음(不雅)'의 대명사가 되었다. 남조 양梁나라 유협劉勰은 『문심조룡文心雕龍』이라는 책에서 시와 음악이 전부 정통적인 기준에 맞지 않는다는 뜻으로 '시성구정詩聲俱鄭'이라 표현하기도 했다. 이 밖에 '아정雅鄭'이라는 단어도 쓰였다. 문자 그대로 아악과 정성이라는 뜻으로, 좀더 구체적으로 풀자면 '정正과 사邪', '고아함과 저열함'으로 해석할 수 있다. 『문심조룡』에는 "학문에는 깊고 낮음이 있고 습관에는 우아함과 저속함이 있다學有淺深, 習有雅鄭"라는 문구도 있다. '정'이 저속하다는 폄하의 뜻을 가진 사례다.

재미있는 것은 '鄭'자가 동시에 '정중하고 신중하다'는 뜻도 함께 갖고 있다는 점이다. 고대의 운서韻書 중 하나인『광아廣雅』에서는 "鄭은 무거움이다"라고 해석하고 있다. '정중하다'는 말은 오늘날에서 흔히 쓰이는 단어다. 그렇다면 '정통에 반대되고, 우아하지 않다'는 의미와 서로 모순되는 것이 아닐까? '정무'라는 단어에 대해서도 다른 해석이 존재한다. 예컨대『초사』에는 "여덟씩 두 줄로 벌려 선 무희들, 일제히 일어서서 정나라 춤을 추네二八齊容, 起鄭舞些"라는 구절이 나온다. 옛사람들의 주석에 따르면 '정무'는 '정나라 춤'이라는 뜻 외에 '정중하게 자세를 낮추는 춤'이라는 의미도 갖고 있다. 이런 점에서 '아雅'와 '속俗'은 서로 다른 윤리도덕의 기준이라 척도를 바꾸면 그 결과도 달라진다는 것을 알 수 있다.

'鄭'과 마찬가지로 '陳'도 해외에 영향력이 아주 큰 화인의 성이다. 순舜의 후예인 위완는 주 무왕에 의해 진陳 땅에 분봉되어 진나라를 세웠다. 오늘날의 하남성 회양淮陽현에 해당하는 지역이다. 진나라 후손들이 국명을 성으로 삼은 것이 '陳' 성의 유래다. 이런 이유로 하남 회양은 한족 '진' 성의 고향으로 공인되었다.

진 성도 중원을 고수하지 않았다. 당나라 때 이미 진 성 사람들은 두 차례에 걸쳐 남방의 복건으로 이주를 진행했고, 남송의 전란 시기에도 진 성 사람들이 대규모로 남쪽으로 이주하여 광동으로 들어갔다. 청나라 초기에는 적지 않은 진 성 사람들이 정성공을 따라 대만으로 이주하여 대만의 개발에 큰 공헌을 했다. 이 과정에서 남

陳
진 진

녀노소가 다 아는 진근남陳近南이라는 인물이 등장한다. 사실 그의 본명은 진영화陳永華다. 그는 정성공의 아들 정경鄭經이 크게 믿고 의지했던 인물로서 한동안 대만의 정무를 관장하기도 했다. 그가 통치하는 동안 대만은 일련의 교육시스템을 갖출 수 있었다. 진영화는 대만의 교육사업에 있어서 창업의 공을 세운 셈이다. 지금도 그는 대만 사회에서 길이 기억되고 있다.

진 성에는 대단한 일이 한 가지 더 있다. 일찍이 베트남에 170년 동안 존재했던 진陳 왕조가 바로 진 성 사람들이 13세기에 건립했던 나라다. 기록에 따르면 이 진씨 왕실은 중국 복건과 광서廣西 지방에서 베트남으로 이주한 것으로 확인된다. 이들은 어업을 시작으로 점차 발전하여 엄청난 경제실력을 갖춘 호족집단으로 성장했다. 지금은 베트남의 진씨 왕조가 멸망한 상태지만 진 성은 여전히 베트남의 10대 대성 가운데 하나로 자리 잡고 있다.

'陳'자는 대단히 정교한 글자다. 이 글자를 자세히 분석해보면 왼쪽 절반은 'ß'이고 오른쪽 절반은 '東'이다. 'ß'는 '阜'다. '阜'의 고문자형은 **Ε**로서 한 칸 한 칸의 계단 모양을 나타내고 있다. 이에 대해 혹자는 점차적으로 산꼭대기로 올라가는 것을 상징한다고 말하기도 하고, 혹자는 돌계단의 모양을 나타낸 것이라고 주장하기도 한다. 어쨌든 이 글자는 산세 혹은 지형의 높낮이와 관련이 있다. 원래 '阜'자는 산에 오르는 것을 의미했다. 이 글자에 대한 『설문해자』의 해석은 '산에 바위가 없는 것'이었다. 바위가 있는 것을 '산'이라 하고 바위가 없는 것을 '부'라고 했다는 것이다. 이것이 '산'과 '부'의 차이

阜
언덕 부

다. 예컨대 『순자』에는 "산부山阜에서 태어났다"라는 구절이 있는데, 여기서 '부'는 '토산土山'을 의미한다. 고대 사람들의 사상의식에서는 산의 형상은 항상 성대함이나 큼 등의 개념과 연관되어 있었다. 그렇기 때문에 '부'도 자연스럽게 이와 유사한 뜻을 갖게 되었다. 예컨대 '물부민풍(物阜民豊: 물건이 많아 백성들의 삶이 풍요로움)' 같은 단어에서 '부'는 많음과 풍부함을 나타낸다. '阜'가 해서체에서 왼쪽에 쓰일 때의 형태는 'ß'이다. 이 편방을 갖는 글자는 대부분 지세의 높고 낮음과 관련된 의미를 갖는다. 예컨대 '降(강)', '陟(척)', '陵(릉)' 같은 글자들이다.

'陳'의 오른쪽 절반은 '東'인데, 동서남북의 동과 어떤 관계가 있는 것일까? 동서남북의 동은 『설문해자』에서 '日'과 '木'이 합쳐진 것으로 해가 나무 위로 반쯤 솟아오른 모습을 나타내면서 동쪽을 의미한다고 해석하고 있다. 하지만 이런 분석은 소전체의 자형을 근거로 내린 판단이다. 후대 학자들은 이 글자의 갑골문 형태인 ✿을 관찰한 결과 뭔가를 가득 채운 형태라고 판단했다. 양쪽 끝을 묶은 커다란 자루 같다는 것이다. 따라서 '東'자가 원래 물건을 담는 자루나 자루 안에 든 물건을 나타낼 수 있다고 주장했다. 이 글자가 방위를 나타내는 단어로 쓰인 것은 자형을 차용한 결과일 뿐이라는 것이다. '陳'의 오른쪽 '東'을 자세히 살펴보면 '申'과 '木'이 결합된 것임을 알 수 있다. '申'은 독음을 나타내기 때문에 옛날에는 '陳'을 陣으로 표기했다.

『설문해자』에서는 '陳'이 고대 진陳나라의 소재지인 지금의 하남

東
동녘 동

성 회양현을 가리킨다고 해석하고 있다. 고대의 이름은 '완구宛丘'였다. 그런 완구라는 곳은 어떤 특징을 갖고 있었을까? 우선은 사방이 높고 가운데가 낮은 지형이라는 특징이 두드러졌다. '丘'의 최초의 의미는 '阜'와 비슷하여 작은 토산을 가리켰다. 그 갑골문 형태는 ∨로서, 평지 위에 솟은 두 개의 작은 산 모양이었다. 물론 혹자는 "사방이 높고 가운데가 낮은 것이 구丘다"라고 말했다. 나중에 '丘'는 보통 산이나 무덤, 폐허 등을 나타내는 단어로 쓰이기도 했다. 한편 '宛(완)'은 원래 둥글게 구부러졌다는 의미다. '宛丘(완구)'는 가운데가 둥글게 아래로 구부러지고 사방이 약간 높은 지형을 의미한다. '宛丘'라는 지명은 이러한 지세에 따라 얻게 된 이름이다. '虎丘(호구)'나 '商丘(상구)' 같은 유사한 지명도 많은데, 대부분 같은 지형적 특징을 갖고 있다. 완구에 건립된 제후국의 이름이 바로 진陳이었다. '陳'자 왼쪽의 '阝(阜)'가 나타내는 것이 바로 완구의 지형상 위아래로 기복하는 특징을 상징한다. 또한 전설에 따르면 완구는 복희씨가 목덕木德에 의지하여 천하를 통치하던 곳이라 '陳'자 오른쪽에 '木'이 들어가 있다고 한다. 진나라의 명명이 봉지의 지리와 역사적 특징을 고려하여 많이 고심한 끝에 이루어진 것임을 알 수 있다.

지금은 정 성과 진 성뿐만 아니라 서로 다른 많은 성씨의 화인과 화교들이 이미 세계 각지에 분포하고 있다. 그들은 현지에 뿌리를 내리고 가지를 뻗고 잎을 냈다. 게다가 대부분이 원래의 성씨를 그대로 보존하면서 화하의 혈맥을 계속 이어가고 있다.

丘
언덕 구

제 3 장

조상에 관한 일들

이번 장에서는 다음의 한자들에 대해 이야기를 나누려고 한다.

鄒	邑	口	國	或	域	衛
나라이름 추	고을 읍	나라 국	나라 국	혹 혹	지경 역	지킬 위

郭	城	門	戶	張	弛	李
성곽 곽	성 성	문 문	지게 호	넓힐 장	늦출 이	오얏 리

理	巫	靈	祝	施	㕛	
다스릴 리	무당 무	신령 영	빌 축	배풀 시	깃발 나부낄 언	

一. 성씨는 우리가 어느 나라 사람인지 말해준다

성씨는 신기한 부호다. 성씨는 혈연을 나타내줄 뿐만 아니라 가족 관계를 상징하기도 한다. 또한 성씨는 우리를 조상들의 세계로 데려가 그들의 시대와 인생을 이해할 수 있게 해준다.

하夏, 상商, 주周 3대에 걸쳐 왕실에서는 대대적으로 제후들을 봉했고, 크고 작은 제후국들이 중원 대지 전역에 분포하게 되었다. 이 제후국들의 명칭이 각 국가 후손들의 성씨가 되었다. 예컨대 앞에서 언급한 바 있는 조趙와 정鄭, 진陳 등이 다 그런 경우다. 제齊와 노魯, 송宋, 조趙, 진秦, 초楚, 위衛, 한韓, 위魏, 연燕 같은 제후국들의 국명도 현재 성씨로 쓰이고 있다.

추鄒나라는 전국시대에 노나라의 부속국이었다. 이 나라의 전신은 주루邾婁 혹은 주邾라고 불렸다. 주 무왕이 전욱顓頊의 후예인 조협曹挾에게 분봉한 나라로서 오늘날의 산동성 추성鄒城시에 자리잡고 있었다. 추나라는 나중에 초나라에 멸망했지만 이 나라의 유민들은 전부 추 성을 갖게 되었다. 이것이 오늘날 추 성의 중요한 기원이다.

한편 추는 추읍鄒邑이라 불리는 한 채읍采邑의 명칭이기도 했다. 추읍은 공자와 인연이 있는 정고보正考父의 채읍이다. 정고보의 후손들 가운데 한 지파가 추 성을 썼다.

'鄒'의 자형 구조에는 한때 국가 명칭 혹은 읍 명칭이었다는 정보가 숨어 있다. 오른쪽 절반의 'ß'이 바로 '邑'자의 변형이다.

鄒
나라이름 추

邑
고을 읍

口
나라 국

國
나라 국

或
혹 혹

域
지경 역

'邑'의 갑골문 자형은 🐾이다. 위에 있는 사각형 모양의 도형이 고대에는 한 글자로서 '口(국)'이라고 썼다. 이는 오늘날 사용되는 '圍(위)'자의 초기 형태다. '口'은 밀폐된 사각형으로 둘러싼다는 의미를 갖고 있으며, 고대 도시의 사방을 둘러싸고 있는 담장을 상징한다. 하, 상, 주 시대에는 이렇게 담장으로 둘러싸인 부분이 '방국邦國'을 의미했다. 그래서 '國'자의 바깥 부분이 '口'인 것이다. '國'자는 '或(혹)'자와 '口'자의 결합이다. '國'이 나라를 의미한다는 데는 의심의 여지가 없지만 고대에는 '或'자도 나라를 의미했다. 이 글자의 갑골문 형태는 🜚으로서 '口'과 '戈(과)'로 구성되어 있다. 戈(창을 의미함)는 고대에 상용되던 병기다. '戈'가 '口' 옆에 있는 것은 병기로 국가를 보위하는 것을 의미한다. 이것이 '或'자의 최초의 의미다. 나중에 사람들은 '或'자에 '土'를 더해 강역을 나타내는 '域'자를 만들어냈다. 따라서 '域'자의 최초 의미는 '國'자와 같았다. 사람들은 또 '或'자에 '口'자를 더해 '國'자를 만들었고 이때부터 '或'자는 더는 '國'의 의미로 쓰이지 않게 되었다.

'邑'은 '口'자 밑에 사람이 무릎을 꿇고 앉아 있는 형태로 사람들이 모여 사는 장소, 즉 '나라'를 의미한다. 그 때문에 『설문해자』에서는 "邑은 나라다"라고 규정하고 있는 것이다. 서주 시기 이전에는 큰 나라와 작은 나라의 구별이 없이 전부 '邑'이라고 칭했다. 『좌전』에서는 상대방 국가를 존칭하여 '대국大國'이라 하고 자기 나라를 '폐읍弊邑'이라고 부르는 사례가 나온다. '國'과 '邑'에 특별한 구별이 없었음을 말해주는 사례다. 나중에 '邑'에는 '국도國都', 즉 도읍이라는

56   제1부 | 남석의 꽉리를 찾아서

의미가 추가되었다. 예컨대『시경』에서 "상나라 도읍은 가지런했다 商邑翼翼"라는 구절을 찾아볼 수 있다. 세월이 지나면서 '邑'은 일반 적인 도시를 통칭하는 의미로도 쓰였다. 예컨대 송나라 때 소순蘇洵 은『육국론六國論』에서 "작게는 읍邑을 얻고, 크게는 성城을 얻는다" 라고 말했다. 여기서 읍과 성은 상대적인 개념이다. 읍은 일반적인 도시를 의미하고 성은 도읍의 성격을 띠는 대도시를 지칭한다.

'邑'이 우편방으로 쓰일 때는 'ß(방)'으로 표기한다. 'ß'이 들어간 한자는 대부분 도시나 지명에 관련된 의미를 갖고 있다. 예컨대 '都 (도)', '郭(곽)', '郡(군)' 같은 글자들이다. 다시 고개를 돌려보면 '鄒 (추)'자에도 'ß'이 들어가는 것을 알 수 있다. 이 글자가 고대 제후국 혹은 채읍의 이름, 즉 지명이었음을 말해주는 증거다.

위衛나라는 서주 초기에 분봉된 姬(희) 성의 제후국으로서 첫 번 째 국군國君은 주 문왕의 여덟째 아들인 강숙康叔이었다. 위나라가 망한 뒤에 그 자손들은 국명을 성으로 삼았다. 일설에 따르면 이 외 에 요姚 성에 속한 또 다른 위나라가 있었다고 한다. 어쨌든 연원이 서로 다른 이 두 가지 위衛 성은 둘 다 국명을 성으로 삼은 사례다.

'衛'자도 성진城鎭과 연관이 있다. 이 글자의 갑골문 자형은 (으)로 서 가운데 있는 사각형은 도시 혹은 일정한 구역을 대표한다. 위아 래 두 개의 발가락은 서로 상반된 방향을 향하고 있어 전부 합치면 주위를 순찰하는 모습을 나타낸다. 다시 말해 '보위'의 의미를 갖는 것이다. 고대 중국에서는 '위생衛生'이라는 단어가 생명을 지키는 것 혹은 양생養生을 의미했다.『장자莊子』에서 말하는 이른바 '위생지경

衛
지킬 위

衛生之經'은 양생의 방법을 의미한다. 이는 오늘날 개인 혹은 환경의 청결한 상태를 뜻하는 것과 확연히 다른 의미다. 하지만 오늘날의 '위생'도 일리가 전혀 없는 것은 아니다. 위생을 위해서는 몸을 깨끗이 해야 하고, 그래야 질병에 걸리지 않으니 이 또한 양생의 방법일 수 있는 것이다.

衛 성과 관련하여 가장 언급할 만한 전설적인 인물이 있다. 그 이름은 위개衛玠로 고대 중국의 4대 미남 가운데 하나였던 사람이다. 4대 미남이 대체 누구누구인가 하는 문제에 관해서는 줄곧 의론이 분분했지만 어떤 사람의 주장에도 위개는 빠지는 법이 없었다. 그의 외모에 논쟁의 여지가 없었음을 알 수 있는 대목이다. 그렇다면 그가 얼마나 잘생겼던 것일까? 『진서晉書』에는 위개에서 유래한 성어 '간살위개看殺衛玠'라는 말이 나온다. 한번은 위개가 수레를 타고 낙양洛陽에 갔다고 한다. 그의 외모에 관한 소문을 들은 적 있었던 현지 사람들이 그의 얼굴을 보기 위해 전부 거리로 쏟아져 나오는 바람에 길이 완전히 막혀버렸다. 위개는 원래 몸이 허약했던 터에 이런 상황을 겪고 나서는 피로를 이기지 못하고 이내 병사하고 말았다고 한다. 사람들은 위개가 구경꾼들 때문에 죽었다고 말했다. 그 뒤로 '간살위개'라는 성어는 위개처럼 사람들이 부러워해 마지않는 사람들을 칭송하는 말로 쓰이게 되었다.

물론 위개의 죽음에 관해서는 다른 주장들도 있지만 어쨌든 위개의 출중한 외모에는 의심의 여지가 없는 것 같다. 당시 사람들은 그가 진주나 옥과 같아 그 빛이 사람들을 비출 정도라고 말했다. 그리하여 위개와 관련하여 '빙청옥윤氷淸玉潤'이라는 성어도 생겨났다. 이 성어는 맨 처음에는 위개와 악부岳父 두 사람을 칭송하는 말이었다. 악부는 덕행이 고결하고 얼음처럼 맑고 순수했으며, 그 사위는 생긴 것이 옥처럼 아름답고 빛이 났다는 의미다. 이때 이후로 '빙청옥윤'은 장인과 사위를 동시에 칭송하거나 인품이 고상한 사람을 예찬하는 말로 쓰였다. 예컨대 청나라 때 진단생陳端生은 「재생연再生緣」이라는 시에서 "요조숙녀와 유능한 사내가 서로 배필이 되니, 빙청옥윤이 둘 다 만족하네淑女才郎同配匹, 氷淸玉潤兩周全"라고 노래했다. 여기서 '빙청옥윤'은 장인과 사위를 말한다. 명나라 때 고렴高濂의 『옥잠기玉簪記』에도 "그는 빙청옥윤인데 어떻게 세파에 따라 움직일 수 있겠는가?"라는 구절이 나오지만, 여기서 말하는 빙청옥윤은 사람의 인품을 의미한다. '옥윤'만 따로 떼어서 사위를 지칭하는 말로 쓰기도 한다. 예컨대 명나라 때 심영沈璟의 『의협기義俠記』에는 "그대를 청해다 옥윤이라 부르면 사랑하는 딸의 규방에서 영화를 보리라應招子婿稱玉潤, 會看愛女榮閨閫"라는 대목이 나온다.

위개와 관련된 재미있는 일화가 한 가지 더 있다. 고대 중국에서는 나귀를 관리하는 사람을 '위衛' 혹은 '위자衛子'라고 칭했다. 예컨대 청나라 때의 소설집인 『요재지이聊齋志異』에는 "하인이 위衛 두 명을 데려왔다"라는 구절이 나온다. 여기서 '위'는 '위병'이 아니라 나귀를 관리하는 '위' 혹은 '위자'를 말한다. 전해지는 바에 따르면 나귀를 관리하는 사람을 '위' 혹은 '위자'라고 부르게 된 것은 위개가 절름발이 나귀를 아주 즐겨 탔기 때문이라고 한다. 어떤 학자는 위나라 지역에 나귀가 아주 많았기 때문이라고 하고, 또 어떤 학자는 위 영공靈公이 나귀가 모는 수레를 즐겨 탔기 때문이라고 주장하기도 하지만, 어쨌든 '衛' 성은 이처럼 위나라와 불가분의 관계에 있다. 그러나 위개처럼 속세를 초월한 미남자가 절름거리는 나귀를 타고 길을 가는 장면을 상상하기란 쉽지 않을 것이다.

二. 성씨는 조상이 어디에서 살았는지 말해준다

성씨에는 국적만 담겨 있는 것이 아니다. 일부 성씨는 조상들이 살던 지역이 어디인지도 말해준다.

지명을 성씨로 전환하는 것은 중국인들만의 전유물이 아닌 것 같다. 이웃나라 일본인들도 이런 방법을 좋아했다. 다나카田中나 나카무라中村, 고바야시小林 같은 성이 전부 지명에서 따온 것이다. 중국인들의 성씨 가운데는 크게는 국가나 읍의 명칭에서 작게는 마을 이름까지, 심지어 특별히 구체적인 지점까지 성씨로 전환한 사례가 적지 않다. 국가나 읍의 명칭이 성씨로 전환된 사례는 앞에서 충분히 얘기했으니 여기서는 다른 상황을 살펴보기로 하자.

곽郭 성은 지명에서 온 대표적인 성씨라 할 수 있다. 이에 대해서는 몇 가지 다른 주장들이 있다. 그 가운데 하나가 거주지에서 왔다는 견해다. '郭'자의 오른쪽은 '邑'으로서 성진城鎭과 관련이 있음을 말해준다. 고대의 도시들은 방어전략의 일환으로 건설되었기 때문

郭
성씨 곽

에 통상적으로 사방에 높은 벽을 쌓았다. 그리고 비교적 큰 성에는 성벽을 쌓는 것만으로는 부족해 외곽에 또 한 겹의 벽을 쌓았다. 이 두 가지 성벽 가운데 안쪽에 쌓은 것을 '성城'이라 하고 바깥쪽에 쌓은 것을 '곽郭'이라 했다. 따라서 '城'과 '郭' 두 글자 모두 처음에는 성벽과 관련이 있었다.

고문의 '城'자는 𩫖으로 쓴다. 왼쪽 중간의 동그라미는 둥그렇게 쌓은 성벽을 의미하고 그 위와 아래는 성루를 대표한다. 오른쪽은 '成'자다. '成'의 갑골문 자형은 𢦏으로서 창이 왼쪽의 도끼머리와 몽둥이 모양의 병기를 향해 놓여 있는 모양으로 구성되어 있다. 한 편 왼쪽 아랫부분이 '豎(수)'자로서 쌀을 빻는 데 쓰는 절구라고 주장하는 학자도 있다. '成'이 '城'자의 오른쪽에 있는 것은 독음을 나타내는 동시에 병기로 도시를 호위한다는 의미를 갖는다. '城'자의 원래 의미는 성벽이다. '長城(장성)'에서의 '城'도 바로 이런 의미지만 나중에 성벽의 의미는 도시를 지칭하는 것으로 확장되었다.

'郭'자의 갑골문 자형은 𩫛으로서 중간에 성벽이 있고 위아래로 문루가 하나씩 있는 모양이다. 원래는 성 외곽에 구축한 장벽을 지칭했다. 『맹자』에는 "성城은 3리고 곽郭은 7리다"라는 구절이 나온다. '성'은 안쪽에 있고 '곽'은 바깥쪽에 있기 때문에 '성'은 상대적으로 '곽'보다 짧을 수밖에 없다. 또한 '성'으로 둘러싼 부분은 내성內城이라 칭하고 '성'과 '곽' 사이의 부분을 외성이라 칭했다. '성과 곽'이 분리되어 쓰일 때는 전자가 내성을, 후자가 외성을 의미했다. 예컨대 이백의 「친구에게送友人」라는 시에서는 "청산은 북곽을 횡으로 가

城
성 성

로지르고 백수가 동성을 휘감아도네靑山橫北郭, 白水繞東城”라고 노래하고 있다. '성'과 '곽'이 함께 연용될 때는 도시를 지칭한다. 예컨대 『옥대신영玉臺新咏』에 “동쪽 어느 집에 어진 처녀가 있어, 그 아리따움이 성 안팎에 두루 소문이 났네東家有賢女, 窈窕艶城郭”라는 시구가 나온다.

'곽'은 성벽의 의미에서 점차 물체의 주변 혹은 테두리를 지칭하는 것으로 확장되었다. 예컨대 '耳郭(이곽)'은 연골 부분으로 구성된 귓바퀴를 의미하며 '耳廓'이라 쓰기도 한다. 이런 의미로 쓰일 때는 '郭'과 '廓'이 혼용되기도 한다.

그럼 다시 '郭'이라는 성씨로 돌아가보자. '郭' 성을 가진 사람들은 거주지가 외성이었기 때문에 이런 성씨를 갖게 되었다.

동곽東郭선생과 늑대 이야기는 중국인이라면 다 아는 이야기로 명나라 때 마중석馬中錫이 쓴 『중산랑전中山狼傳』에서 유래한다. 동곽이라는 이가 사람들에게 쫓기던 중산랑이라는 늑대를 구해주었다가 결국에는 그 늑대에게 잡아먹혔다는 내용이다. 나중에 사람들은 선악을 구별하지 못하고 인정을 남발하는 사람들을 '동곽선생'이라 부르게 되었다.

『한비자』에는 남곽南郭선생의 남우충수(濫竽充數: 피리를 불 줄 몰라 소리 나지 않는 피리로 숫자를 채우는 것) 이야기가 나온다. 제齊나라 선왕宣王은 300명이 함께 연주하는 피리소리를 무척 좋아했다. 성이 남곽인 처사(處士: 벼슬을 하지 않은 선비)가 피리를 불 줄도 모르면서 잘 부는 척하고 이 악단에 들어가 봉록을 받았다. 제 선왕이 죽자

민왕潛王이 왕위를 이었다. 민왕은 피리 독주를 좋아했다. 남곽처사는 자신의 실력이 탄로날 것이 두려워 몰래 도망쳐버렸다. 이리하여 '남우충수'라는 성어가 생겨나게 되었고 '남곽선생'과 '남곽처사'는 진정한 실력을 갖추지 못했으면서 전문가들 틈에 끼어 그들과 대등한 혜택과 대우를 누리는 사람들을 지칭하게 되었다.

사실 동곽과 남곽은 이야기의 저자가 지어낸 것이 아니라 현실 속에 엄연히 존재하는 성씨였다. 그뿐만 아니라 서곽西郭과 북곽北郭도 성으로 쓰였다. 예컨대 동한 시기에는 서곽숭西郭嵩이라는 알자복사(謁者僕射: 고대의 관직이름)가 있었고 춘추시대 제나라에는 북곽자거北郭子車라는 대부가 있었다. 다시 말해 거주지가 외성의 어느 방향에 있느냐에 따라 동, 서, 남, 북 네 방향 모두에서 '郭'이 성씨로 쓰였던 것이다. 그러다가 복성 사용의 불편함 때문에 나중에는 전부 '郭' 성으로 축소되었다.

'郭'과 유사한 성씨로 '門(문)'이 있다. 전해지는 바에 따르면 동, 서, 남, 북 네 방향의 문이 전부 성씨로 사용되어 '동문'과 '서문', '남문', '북문'이라는 성이 있었다고 한다. 이는 대부분 춘추시대 성곽을 지키는 관병이나 장령, 혹은 성문 근처에 사는 주민들이 자신들이 거주하는 지역을 성씨로 삼은 사례다. 나중에는 이 네 성 모두 단성인 '門'으로 바뀌었다.

'門'자는 아주 간단하지만 약간의 설명을 덧붙일 필요가 있다. 옛날과 지금의 자형에 차이가 있기 때문이다. '門'자의 갑골문 자형은 **門**으로서 양쪽 문이 열린 상태를 나타낸다. 이는 고대 중국에

門
문 문

서네 호

서 흔히 볼 수 있는 보편적인 문의 형태다. '戶(호)'의 갑골문 자형은 日로서 외짝문의 모습이다. 고대 중국어에서는 '門'과 '戶'가 확연히 구별되었다. 한 짝만 있는 문을 '戶'라고 하고 두 짝 다 있는 선문을 '門'이라 했다. 혹은 청당廳堂이나 내실의 문을 '戶'라 하고 비교적 큰 공간에 있는 문을 '門'이라 하기도 했다. 『악부시집樂府詩集』에는 "목란이 방에서 베를 짜네木蘭當戶織"라는 시구가 나온다. 여기서 '戶'는 창문이 아닌 보통 방문을 가리킨다. '門'과 '戶'는 오늘날 둘 다 성씨로 쓰이고 있지만 양자 사이에 크고 작음의 차이는 없다.

'門戶(문호)'라는 단어는 맨 처음에 방이나 집의 출입구를 의미했다. 예컨대 송나라 때 유반劉攽이 쓴 「신청新晴」이라는 시에서는 "오직 남풍만이 오래전부터 잘 아는 사이라서, 살그머니 문을 열고 들어와서는 또다시 책장을 날리네惟有南風舊相識, 偸開門戶又翻書"라고 노래하고 있다. 남풍이 불어 방문이 열리고 책장이 바람에 펄럭이는 광경을 묘사하고 있다. '門戶'는 집이나 방의 출입구라는 의미를 벗어나 점차 가정이나 가문, 파벌 등의 의미로 발전했다. 예컨대 『홍루몽』에서는 "이제 집안이 영락하니 식구들이 전부 하늘의 별처럼 흩어졌네迄今門戶雕零, 家人星散"라는 구절이 나온다. '門戶'가 가정을 의미하는 사례다. 또한 청나라 때의 소설 『이각박안경기二刻拍案驚奇』에는 "초씨네는 평범한 사람들이라 집안이 미천하다焦家不過市井之人, 門戶低微"라는 구절이 나온다. 여기서의 '문호'는 집안의 사회적 지위나 등급을 말한다. 『신당서新唐書』에는 "지금 조정에는 산동 사람들이 많아 스스로 파벌을 이루고 있다今朝廷多山東人, 自作門戶"라는 구절이 있는데 여기서의 '문호'는 파벌을 말한다.

'門'은 원래 두 짝이 서로 대칭을 이루는 선문扇門이라는 구체적인 사물을 의미하는 단계에서 출발하여 집이나 울타리, 차나 배의 출입구를 의미하는 단계를 거쳐 '형상이나 기능이 문과 유사한 사물'을 통칭하는 단계로 발전했다. 예컨대『서하객유기徐霞客游記』에 나오는 "동굴 입구가 매우 좁았다洞門甚隘"라는 구절에서는 실제로 문은 없지만 문의 기능을 하는 입구를 '門'이라는 글자로 표현했다. 더 나아가 '門'은 문제를 해결하는 방법이나 비결을 의미하는 단어로 발전하기도 했다.

하나의 '門' 안에 있는 사람들은 대부분 가족이다. 그렇기 때문에 '門'은 가정 혹은 가족이라는 의미로도 쓰였다. 예컨대『삼국지三國志』에는 "우리 집안이 멸문의 화를 당할 수도 있으니 함부로 말하지 말라汝勿妄語, 滅吾門也"라는 구절이 나온다. 이런 발전 맥락을 따라 '門'은 학술사상이나 종교의 유파나 파벌 또는 각종 사물의 유별과 분류 등을 의미하게 되었다. 한나라 때 왕충이『논형』에서 공자와 그 제자들을 일컬어 '공문지도孔門之徒'라 칭했던 것이 바로 그런 사례라 할 수 있다.

三. 성씨는 조상들이 어떤 벼슬을 했는지 말해준다

누구나 자신의 조상들이 어떤 벼슬을 지냈는지 궁금할 것이다.

일부 성씨는 우리에게 이 부분에 관한 정보를 제공해준다. 예컨대 '장張'이나 '이李' 같은 성이 그렇다.

張
넓힐 장

　성이 '張'인 중국인들은 자기소개를 할 때 항상 '張'을 '궁弓'과 '장長'이 합쳐진 '張'이라고 설명한다. '궁장弓長'은 고대 중국의 관직명으로 주로 활이나 화살 같은 무기 제조를 관장했다. 고대 중국어에서 '長'과 '正'은 둘 다 관장官長 혹은 군장君長의 의미를 갖고 있었다. 따라서 이 직함의 정확한 명칭은 '궁정弓正'이라 해야 옳다. '張' 성을 갖는 사람들의 조상은 황제皇帝의 후손인 휘揮까지 거슬러 올라간다. 전해지는 바에 따르면 휘는 활과 화살을 발명하여 궁정이 되는 동시에 '張' 성을 하사받았다고 한다. 이것이 오늘날 '張' 성의 주요 연원이다.

　'張'자는 '弓'자와 '長'자가 합쳐서 이루어졌으며 맨 처음에는 활에 줄을 앉히는 것을 의미했다. 『설문해자』에서도 "張은 활에 줄을 앉히는 것이다"라고 설명하고 있다. 나중에는 여기에 활시위를 당긴다는 뜻이 추가되었다. '검발노장(劍拔弩張: 칼은 뽑혔고 활시위는 당겨졌다는 뜻으로 일촉즉발의 상황을 말함)'이라는 성어에서 '張'자가 바로 그런 의미다. 나중에 '張'자는 당기는 동작과 관련된 일련의 의미로 발전했기 때문에 정확한 의미를 알기 위해서는 구체적으로 어떤 맥락에서 쓰였는지를 고려해야 한다. '一張紙, 一張弓(종이 한 장, 활 하나)' 같은 표현에서 '張'자는 물건을 세는 양사로 쓰였다. 종이와 활은 둘 다 펼치거나 당기는 물건이라는 공통점이 있기 때문이다.

　'張' 성이 '궁정'이라는 관직에서 유래한 것이 아니라 해도 '張'자가

'弓'과 관련되어 있다는 점을 고려하면, '張' 성이 선조들이 종사했던 활과 화살 제조 분야의 일에서 유래했다는 추론은 충분히 근거가 있다고 할 수 있다.

'張'이 활에 줄을 앉히는 것이라면, 반대로 '활시위를 놓다'는 뜻의 한자는 무엇일까? 다름 아니라 '弛(이)'자다. 여기에서 '일장일이(一張一弛: 활시위를 당겼다 늦췄다 한다는 뜻으로 일이나 생활에 있어서 열정과 여유를 적절히 배합하면서 융통성 있게 대처하는 자세를 비유함)'라는 성어가 생겨났다. 『예기禮記』에서도 "관대함과 엄격함을 적절히 조정하는 것이 주周나라 문왕과 무왕의 치국의 도리였다一張一弛, 文武之道也"라고 하여 활과 화살로 국사를 비유하고 있다.

중국인들 가운데도 '弛(이)'자와 '馳(치)'자를 잘 구별하지 못하고 자주 혼용하는 사람들이 있다. 이런 혼돈을 예방하기 위해서는 '弛'자의 왼쪽에 '弓'이 있어 최초의 의미도 '弓'과 관련되어 있었다는 점만 기억하면 된다. '弛'자는 이완, 해제, 해방의 뜻으로 이 모든 의미가 '활시위를 놓는 것'에서 유래했다. 놀랍게도 '弛'자 또한 성씨로 쓰이고 있다.

弛
늦출 이

'李' 성에는 여러 가지 연원이 있지만 그 가운데 가장 중요한 견해는 관직과 관련이 있다는 것이다. 다름 아니라 이관理官(大理라고도 함)으로 사법과 형벌을 관장하는 직책이다. 오늘날의 법관에 해당한다고 할 수 있다. 하지만 '李'과 '理'는 완전히 다른 글자인데 어떻게 '李' 성과 '이관'이 연결될 수 있단 말인가? 이 문제는 '李' 성의 조상들을 살펴보면 풀릴 수 있다.

李
오얏 리

理
다스릴 리

전해지는 바에 따르면 '李' 성의 선조는 고요皐陶라는 인물이다. 고요는 순舜 임금 시기의 이관이었고, 그의 후손들이 이 관직을 세습하면서 '이理'를 성으로 삼게 되었다. 하지만 상商나라 때에 이르러 고요의 후손인 이징理徵이 산처럼 엄정하게 법을 집행하면서 여러 차례 직언을 했다가 주紂왕의 미움을 사는 바람에 죽임을 당하고 말았다. 이징의 처는 아들 이리정理利貞을 데리고 도망치다가 하마터면 굶어죽을 뻔했으나 간신히 오얏나무(李)에 달린 열매를 따먹고 목숨을 보전할 수 있었다. 목숨을 구해준 오얏나무의 은혜에 보답하는 동시에 관아의 추적을 피하기 위해 이리정은 성을 '理'에서 '李'로 바꾸었다. 그때부터 '李' 성은 지금까지 줄곧 이어져오고 있다. 역설적이게도 '李' 성은 이성理性이 가장 중시되는 관직에서 유래했지만 오히려 감성感性의 색채가 진한 사건을 거치며 오늘날의 성으로 바뀌게 되었다. 이는 이성에서 감성으로의 변화과정으로서 사람들에게 씁쓸한 웃음을 짓게 한다.

사실 '理'자도 맨 처음에는 그렇게 판에 박힌 것이 아니었다. 이 글자의 의미에는 아름다운 시작이 있었다. 『설문해자』에서는 "理는 옥을 다듬는 것이다"라고 설명하고 있다. 옥을 ㄱ 무늬에 따라 쪼개고 다듬는 것이 바로 '理'라는 것이다. '理'자의 왼쪽 절반은 '玉'으로서 맨 처음에는 옥석을 가공하는 것, 즉 옥석의 무늬에 따라 옥을 돌에서 분리하는 것을 의미했다. 이리하여 거칠고 투박한 옥석이 아름다운 옥으로 변하는 것이다. 예컨대 『한비자』에는 "왕이 옥장인들에게 박璞을 만들게 하여 보물로 여기면서 이를 '화씨지벽和

氏之璧'이라 칭했다"라는 구절이 나온다. '理'는 '옥을 다듬다'라는 뜻에서 발전하여 '치리', '관리', '처리', '정리' 등 유사하면서도 다양한 의미를 갖게 되었다. 옥석을 가공할 때는 옥석의 무늬에 따라 절단하기 때문에 '理'에는 '문리紋理', '조리條理' 등의 의미가 더해졌다. 그리고 이를 기초로 도리나 법률 등의 의미로까지 확대되었다.

'理' 성이 '李' 성으로 바뀐 탓인지 춘추시대나 한나라 때의 문헌에는 '李'자가 '理'자를 대신하는 상황을 쉽게 찾아볼 수 있다. 예컨대 『관자管子』에는 "고요는 이관이었다皐陶爲李"라는 구절이 나온다. 여기서 '李'는 '理'를 대신한 것이다. 마왕퇴馬王堆의 한나라 유적지에서 나온 『경법經法』에는 "사시에는 변화가 있고 천지에는 도리가 있는 법이다四時有變, 天地有李"라는 구절이 있다. 여기서도 '李'가 '理'를 대신하고 있다.

四. 성씨는 조상들의 직업이 무엇이었는지 말해준다

조상들이 어떤 일을 하고 살았는지, 어떤 재주와 능력을 갖고 있었는지 궁금할 때가 있다. 성씨에서는 이런 궁금증에 대한 해답도 찾아볼 수 있다. '巫(무)'와 '施(시)'가 이런 경우에 해당한다.

'巫' 성의 기원은 '巫(무당)'라는 오래되고 신비한 직업과 관련이 있다. 상고시대에는 '巫'가 기도와 제사, 점복 등의 활동을 담당하는

巫
무당 무

직업으로서 천문과 지리, 의술, 산술 등 다양한 분야의 지식을 겸비하고 있어 연계되지 않는 영역이 없었다. 전해지는 바에 따르면 '巫'성의 선조는 상나라 때의 무함巫咸이라는 사람이었다고 한다. 그는 점대(筮)를 가지고 점을 치는 기술을 발명하여 점성술에 능했으며, 당시로서는 대단히 중요한 대신이었다고 한다. 그의 후손들은 그의 직업인 '巫'를 성씨로 삼았다. 이것이 '巫' 성의 중요한 연원이다.

현대인의 사상의식에서는 '巫'를 종종 신이나 귀신을 가장하여 재물을 편취하는 등의 부정적인 일과 연관 지어 생각한다. 또한 여성이 비교적 큰 비중을 차지하다 보니 일반적으로 '무파巫婆'나 '여무女巫' 같은 호칭이 통용되었다. 하지만 이는 상고시대의 '巫'와는 천양지차의 지위다. 상고시대의 '巫'는 거의 모든 분야의 지식에 통달하여 인간의 대표로서 하늘과 소통했다. 하늘과 땅, 신과 인간의 중개자로 인식되었기 때문에 조정에서든 보통 백성들의 마음속에서든 상당히 높은 지위를 차지했다. '靈(영)'자가 이러한 '巫'에 대한 숭배를 여실히 설명해주고 있다. '靈'자 아랫부분에 바로 '巫'자가 있다. 『설문해자』에서 "靈은 영무靈巫로서 옥을 이용하여 신과 소통한다"라고 설명하고 있는 것으로 보아 '영'과 '무'의 의미가 서로 상통한다는 것을 알 수 있다. '巫'는 상고시대 사람들이 신성하고 정결한 물건으로 간주하는 옥을 통해 하늘과 땅, 신과 인간 사이의 소통을 중개했다. 이들이 했던 일들이 상고시대 사람들의 눈에는 대단히 숭고하고 신성했던 것이다. 게다가 '靈'의 또 다른 표기인 '靈'의 아랫부분은 '玉'자다.

靈
신령 영

실제로 '巫'자에도 '玉'이 들어가 있다. '巫'자의 갑골문 자형은 ✟이다. 일부 학자들은 이 자형이 서로 교차된 두 개의 긴 옥을 대표한다고 말한다. 허신은 『설문해자』에서 "巫는 축祝이다. 그녀는 형체가 없는 신을 섬기며 춤을 추어 신을 내려오게 하는 능력이 있었다"라고 설명하고 있다. 이는 무녀가 주로 했던 일을 설명하는 대목으로 상고시대 사람들이 '巫'에 대해 갖고 있던 인식과 상당한 거리가 있다.

'靈'과 '巫'는 원래 같은 의미를 갖고 있었지만 완전히 서로 다른 맥락에 따라 발전하면서 '靈'은 신령이나 영혼, 심령 등을 뜻하는 글자로 자리 잡았다. 예컨대 『초사楚辭』에서는 "신령님들이 구름처럼 내려온다靈之來兮如雲"라고 노래했다. '靈'자는 또 사리에 정통하거나 영성靈性을 가졌다는 의미로도 쓰였다. 예컨대 당나라 때 유우석劉禹錫은 「누실명陋室銘」이라는 글에서 "물은 깊지 않아도 용이 살면 영험해지는 것이다水不在深, 有龍則靈"라고 했다. '靈'자가 나타내는 이런 의미들은 대부분 신성함이나 아름다움의 의미를 함께 내포하고 있다.

한편 '巫'자는 정반대다. 과학기술의 발전에 따라 세계를 인식하는 사람들의 능력은 갈수록 높아졌고 무술巫術은 각종 과학의 영역에서 쫓겨나 기도와 점복 등의 기능으로 축소되면서 사람들의 마음속에서 과학과 서로 상치되는 미신활동의 대명사로 전락하고 말았다.

『설문해자』에서 "巫는 축祝이다"라고 규정한 것을 보면 '祝'자의 맨 처음 의미도 '巫'와 관련이 있다는 것을 알 수 있다. '祝'의 갑골문 자형은 _{이다}. 사람이 얼굴을 왼쪽으로 향하고 꿇어앉아 기도를 드리는 모습 같다. '祝'의 원래 의미는 '기도하는' 것이다. 예컨대『전국책戰國策』에서는 "제사를 올릴 때는 반드시 기도가 수반되어야 한다祭祀必祝之"라고 했다. 현재 '祝'자가 '축원'이나 '축복' 등의 의미로 쓰이는 것도 전부 '기도'의 의미에서 파생되어 나온 것이다.

제사활동에서 '기도'를 주재하는 사람은 대부분 남성이다. 그래서 '祝'자는 '男巫'를 의미했고 '巫'와 '祝'이 합쳐진 '巫祝'이라는 단어가 고대에 점복이나 제사를 관장하던 사람을 의미하는 통칭으로 쓰였다. 전해지는 바에 따르면 '祝' 성의 연원 가운데 하나는 그들의 조상이 '巫祝'에 종사했던 것과 관련이 있다.

'施' 성도 직업적 기능과 관련이 있다. 어떤 직업일까? 먼저 글자를 잘 살펴보자. '施'자는 '㫃(언)'과 '也(야)'가 결합되어 구성된 글자로서 그 의미는 '기치旗幟'다. 이 글자는 이미 쓰이지 않지만 '旗(기)', '旌(정)', '旅(여)', '族(족)', '施(시)' 등 많은 글자들이 이 글자로 구성되어 있다. 이 글자들의 최초의 의미는 기본적으로 깃발과 관련이 있다.

『설문해자』에서는 "施는 기모旗貌다"라고 했고 단옥재段玉裁의 『설문해자주』는 "施는 기의시旗旖施다"라고 했다. '施'는 원래 깃발이 바람에 펄럭이는 모양을 의미한다. '의시旖施'는 바로 '의이旖旎(바람에 나부끼는 모양)'다. 『사기』에도 "깃발이 바람에 따라 펄럭인다旖旎從風"라는 구절이 나온다. 깃발이 바람에 펄럭이다 보면 펴지기 마련이다. 그래서 '施'자는 '산포散布'나 '포진鋪陳'의 의미를 갖게 되었다.

祝
빌 축

施
배풀 시

㫃
깃발 나부낄 언

예컨대 『주역周易』에는 "구름과 비가 퍼진다雲行雨施"라는 구절이 있다. 한 걸음 더 나아가 '施'에는 '설치', '장착' 등의 의미도 있다. 예컨대 『시경』에서는 "숲속에 놓아두었다施於中林"라는 구절이 있다. 여기서 더 나아가 '施'자는 '시행', '시설', '추가' 등의 뜻도 있어 오늘날까지 흔히 통용되고 있다.

깃발은 고대의 전쟁에서 매우 중요한 역할을 했다. 깃발은 국가나 부락의 표식으로 쓰일 뿐만 아니라 승리를 상징하기도 했다. 그래서 깃발을 제작하는 것도 중요한 직업 가운데 하나였다. 사료에 따르면 상나라 때는 일곱 가지 중요한 업종이 있었는데, 이를 '칠족七族'이라 칭했다. 그 가운데 하나가 '시씨施氏'로 깃발을 제작하는 업종이었다. 이 일족은 나중에 직업을 성으로 삼아 오늘날 '施' 성의 중요한 한 지파가 되었다.

이처럼 성씨는 우리에게 조상에 관한 다양한 정보를 제공해준다. 우리에게 상고시대로 통하는 문을 열어주는 것 같다. 우리는 이 문을 통해 유기적으로 조상들의 맥박에 접촉할 수 있고 조상들의 숨결을 느낄 수 있다.

제4장

성씨의 변화

이번 장에서는 다음의 한자들에 대해 이야기를 나누려고 한다.

隨	辵	彳	隋	朱	侏	誅
따를 수	쉬엄쉬엄 갈 착	조금 걸을 척	수나라 수	붉을 주	난쟁이 주	벨 주

株	屬	厂	韋	韓	丘	邱
그루 주	잗 려	기슭 엄	다룸가죽 위	나라이름 한	언덕 구	땅이름 구

金	羅	网
쇠 금	새그물 라	그물

一. 조상과 성이 다를 수도 있다

중국 속담에 "걸을 때는 이름을 바꾸지 않고, 앉아서는 성을 바꾸지 않는다行不更名, 坐不改姓(정정당당하고 떳떳하게 행동하고 끝까지 책임진다는 뜻)"라는 말이 있다. 이 말은 원나라 때의 잡극『분아귀盆兒鬼』에서 유래하여『수호전水滸傳』에서는 무송武松 등의 영웅호걸들이 입에 올린 뒤로 자주 사람들 입에 오르내리는 명언으로 자리 잡았다. 무송 같은 양산박梁山泊의 호한들은 사람됨과 처세가 정정당당했기 때문에 연좌되어 치죄를 당하면서도 절대 자기의 실제 이름이나 성을 바꾸지 않았다. 그런 그들의 태도에 사람들은 경탄을 금치 못했다. 하지만 돌이켜 생각해보면 이름은 둘째 치고 조상 대대로 내려온 성씨를 함부로 바꾸는 것이 그렇게 간단하고 타당한 일은 아니었을 것 같다.

하지만 실제 상황은 그렇지 않았다. 중국 역사에서 수많은 성씨들이 변화를 거듭했다. 다시 말해 중국인들이 현재 쓰고 있는 성씨는 조상들의 성씨와 다를 가능성이 크다.

중국 역사에서 성씨의 변경이 가장 심했던 사례는 수隋 문제文帝 양견楊堅이 국호를 '隨'에서 '隋(수)'로 바꾼 것이다. 국호를 바꾼 것이긴 하지만 이전의 隨 양견과 그 아버지 隨 국공國公 양충楊忠의 수나라 사람들은 '隨'를 성으로 쓰다가 하는 수 없이 덩달아 성을 '隋'로 바꿔야 했다. 이리하여 성씨의 변경이 이루어지게 된 것이다.

그렇다면 양견은 왜 '隨'를 '隋'로 바꾸려 했던 것일까? '隨'자에

隨
따를 수

뭔가 안 좋은 의미라도 있는 것일까? 두 글자 가운데 '隋'자가 더 좋은 의미를 갖는 것일까? 이 두 글자를 자세히 살펴보자.

'隋'자는 고대 중국어에서 '隨(수)'로 쓰이기도 했다. '隋(수)'와 '辶(착)'이 결합된 형태다. '辶'은 단독으로 사용될 때는 '辵(착)'으로 쓰기도 한다. '辵'은 '彳(척)'과 '止(지)'로 구성된다. '彳'은 '작은 걸음으로 걷는' 것을 의미한다. 따라서 '彳亍(척촉)'이라는 단어도 작은 걸음으로 걷거나 혹은 걷다가 멈추기를 반복하는 것을, 더 나아가 결정을 내리지 못하고 주저하는 것을 의미한다. '止'자는 맨 처음에는 '발(脚)'을 의미했지만 나중에는 '정지'의 의미로 발전했다. '彳'과 '止'는 합쳐지면 '걷다가 멈추다'라는 의미를 갖는다. 이것이 바로 '辵'자가 갖는 원래의 의미다. 예컨대 『설문해자』에서는 "辵은 걷다가 멈추기를 반복하는 것이다"라고 설명하고 있다. '辵'은 '빨리 걷는 것'과 연관이 있기 때문에 '過(과)'나 '進(진)', '退(퇴)', '運(운)' 등처럼 '辶'자가 들어간 글자들은 대부분 어떤 행위의 동작을 나타낸다.

『설문해자』에서는 "隨는 종從이다"라고 정의했다. '隨'자의 맨 처음 의미는 '따라가는 것'이었지만, 이를 기초로 점차 '따르다', '순종하다', '~에 따라서' 등의 의미로 발전했음을 알 수 있다. '隨'자의 이런 의미들을 자세히 따져보면 "주관적인 생각 없이 남들이 말하는 대로 따른다"라는 의미가 내포되어 있음을 발견하게 된다. 예컨대 당나라 문인 한유韓愈는 「진학해進學解」라는 글에서 "학업은 근면함에서 정밀해지고, 노는 데서 거칠어진다. 행실은 생각을 통해 이루어지고 세상 풍속에 따름으로써 허물어진다業精於勤荒於嬉, 行

제1부 | 일씨의 뿌리를 찾아서

成於思毀於隨"라고 말했다. 여기서 맨 마지막 '隨'자는 자신의 확고한 생각 없이 세상의 풍속과 흐름에 따르는 것을 의미한다. 이처럼 '隨'자에는 상당 부분 부정적 의미가 내포되어 있다.

양견楊堅은 수隋 왕조를 세우기 전에 사방으로 돌아다니며 정벌전쟁을 진행한 바 있기 때문에 이리저리 정처 없이 떠돌아 다니는 생활에 진력이 나 있었다. 동시에 자신이 직접 세운 왕조의 국운이 느린 걸음으로(辶) 사라져버리지 않기를 바랐다. 그래서 '隨'자에서 '辶'을 뺀 '隋(수)'로 국호를 바꾸게 된 것이다.

사실 세심한 사람들은 이미 '隨'자의 의미에 아름답다는 뜻이 포함되어 있다는 점을 간파했을 것이다. 예컨대 '수화隨和'라는 단어는 '겸허하고 온순하다'는 뜻을 갖고 있다. 이 단어는 춘추전국시대에 가치가 성 하나와 맞먹는다는 진귀한 보물 수후주隨侯珠와 화씨벽和氏璧을 병칭한 데서 유래한다. 많은 사람이 화씨벽에 대해서는 잘 알고 있지만 수후주 역시 이에 뒤지지 않는 최고의 보물이라는 사실은 잘 모른다. 전해지는 바에 따르면 수나라 군주 수후가 상처를 입은 큰 뱀을 구해주자 뱀이 보은을 위해 수후에게 야명주夜明珠를 하나 보내주면서 자신이 '용왕의 아들'이라고 말했다고 한다. 이 때문에 수후주는 '영사지주靈蛇之珠'라는 별명을 갖게 되었다. 이처럼 '수화'라는 단어는 진귀한 보물과 관련이 있기 때문에 나중에 고결한 재능과 덕을 비유하는 말로 쓰이게 되었다. 예컨대 사마천은 「보임안서報任安書」에서 "신체상의 결함이 있어서 수화와 같은 뛰어난 재능을 갖고 있고 허유許由나 백이伯夷처럼 고귀한 품덕을 갖추고 있다 해도 결국 이를 영광으로 여길 수 없습니다"라고 말한 바 있다.

隋
수나라 수

그렇다면 양견이 '隋'자를 국호로 한 데는 어떤 의미가 있는 걸까? '隋'자의 오른쪽 하단부는 '肉'으로서 그 최초의 의미는 고대의 제사와 관련이 있다.『설문해자』에서는 "隋는 열육裂肉이다"라고 규정하고 있다. '열육'이란 무엇일까? 신령에게 제사를 지내기 위해 일정한 크기로 찢어놓은 고기를 말한다. 예컨대『주례』에서는 "제사가 끝나면 복장을 상자에 잘 넣어두고 제물을 땅에 묻는다旣祭, 則藏其隋與其服"라고 했다. 하지만 이런 사물들은 사람들에게 아름다움의 의미를 연상케 하지 못한다.

더 큰 문제는 고대에는 '隋'자가 몇 개의 다른 글자들과 통용되었다는 점이다. 예컨대 '墮(타)'자와 통용되어 '떨어지다'의 뜻으로 쓰였다.『사기』에서 "줄지어 서 있는 별들 서쪽에 다섯 개의 별이 드리워져 있다廷藩西有隋星五"라고 했는데, 여기서 드리워져 있다는 의미의 '隋'자가 바로 '떨어짐'을 의미한다. '隋'자는 또 '惰(타)'자와도 통용되어 '게으름'을 의미했다. 또한『회남자淮南子』에서는 "백성들이 게으르다民氣解隋"라고 했는데 여기서 '隋'자는 게으름을 의미한다. 한편『국어國語』에서는 "당신이 내리는 상금을 받는다면, 이는 그전에 했던 약속을 깨뜨리는 일입니다(是隋其前言)"라고 하여 '隋'자가 파괴의 의미로 쓰였다. '隋'자의 이처럼 다양한 의미에서는 아름다움의 뜻을 찾아볼 수 없다.

양견은 고심 끝에 국호를 바꿨지만 '隋'라는 별로 좋지 않은 의미의 글자를 선택하고 말았다. 그래서 혹자는 이것이 수 왕조가 단명한 원인이라고 말하기도 한다. 왕조의 흥망성쇠의 역사를 스스로 평가했다는 것이다. 어쨌든 양견이 국호를 '隨'에서 '隋'로 변경함에 따라 '隨'를 성으로 하던 사람들이 대거 '隋'로 성을 바꿨고, 지금도 '隋' 성이 이어지고 있는 것을 보면 그 영향력이 얼마나 대단한지 알 수 있다.

물론 '隨' 성을 쓰는 사람들이 전부 성을 '隋'로 바꾼 것은 아니다. 기존에 있던 '隨' 성의 또 다른 지파가 원래의 성씨를 지금까지 유지하고 있다. 결과적으로 오늘날에는 '隨' 성과 '隋' 성이 공존하고 있는 것이다.

二. 성씨는 금은보다 귀하다

성씨는 조상들이 물려준 것으로 가족과 혈연관계를 상징한다. 그렇기 때문에 성씨는 모든 사람에게 아주 소중한 것이다. 특히 고대 중국의 봉건왕조에서 '국성國姓'인 황족의 성씨는 지고무상의 황족 혈통을 상징했기 때문에 지극히 존귀했다. 역대 조대의 군주들은 포상과 은전, 회유 등의 목적으로 국성을 신하나 백성들에게 하사하곤 했다. 이런 상급이나 은전의 가치는 금은보화 같은 물질적 장려에 뒤지지 않았다.

중국 역사에서 가장 널리 알려진 사례는 남조南朝 융무제隆武帝가 국성인 '朱' 성을 정성공에게 하사한 사건일 것이다. '鄭' 성에 관해

朱
붉을 주

서는 앞에서 이미 설명한 바 있으므로 여기서는 '朱' 성에 관해서만 설명하기로 한다.

'朱' 성의 기원은 매우 복잡하다. 가장 중요한 가설은 전욱顓頊의 후예 조협曹挾이 건립한 주邾나라와 연관이 있다는 것이다. 역사적으로 주나라의 후예들이 주朱 성을 쓰게 된 원인에는 두 가지 해석이 가능하다. 첫째는 나라가 망해 땅이 없어지자 주나라 후손들이 '邾'자에서 국토를 상징하는 'ß'을 떼어버리고 '朱'로 성을 바꿨다는 것이다. 두 번째 견해는 주나라 제후의 방계 자손들이 적계 자손들과 구별하기 위해 'ß'을 떼어버렸다는 것이다.

이 밖에도 '朱' 성의 기원과 관련한 몇 가지 학설이 더 있다. 요제堯帝의 아들인 단주丹朱로 거슬러 올라간다는 주장이 있는가 하면 상商 주왕紂王의 형 미자계微子啓까지 거슬러 올라간다는 주장도 있다. 그의 자손들 가운데 주휘朱暉라는 인물이 있는데 바로 그가 '朱' 성의 시조라는 것이다. 또 다른 견해로 소수민족이 한족의 성으로 바꾸면서 '朱' 성을 쓰게 되었다는 설도 있다. 명나라의 국성 '朱'가 이 가운데 어느 지파에 해당하는지는 분명하게 밝혀지지 않았다.

주지하는 바와 같이 '朱'는 '붉다'는 의미를 지니고 있는 것으로 보아 나쁘지 않은 글자임을 알 수 있다. 그렇다면 이 글자가 '붉은색'을 의미하게 된 것은 어떻게 시작된 것일까?

'朱'의 갑골문 자형은 木로서 상부는 수관을 나타내고 하부는 뿌리를 상징한다. 중간 부분의 검은 점은 이 나무의 홍심紅心을 나타낸다. 그래서 『설문해자』에서는 "朱는 속이 붉은 나무로 소나무와 전나무가 이에 속한다"라고 설명하고 있다. '朱'는 원래 속이 붉은 소나무나 전나무 같은 나무를 지칭했으나 나중에는 붉은색을 지칭하는 글자로 자리 잡게 되었다. 좀더 구체적으로 말하자면 '朱'는 '주사朱砂'처럼 진한 붉은색을 말한다. 그 때문에 '朱'자는 종종 주사를 의미하기도 한다. 이른바 "주사에 가까이 있는 사람은 붉게 되고, 먹에 가까이 있는 사람은 검게 된다近朱者赤, 近墨者黑"라는 속담에서 '朱'는 주사를 의미한다.

고대 중국인들의 관념에서 진한 붉은색은 순정한 색깔로 붉은색 가운데 정색正色에 속했다. 그렇기 때문에 고대 황제들은 신하들이 올린 글을 읽고서 붉은색 물감으로 그 위에 자신의 생각을 표시했다. 이를 '주비朱批'라고 한다. 고대의 왕공귀족이 사는 저택의 대문도 붉은색으로 칠해 존귀함을 나타냈다. 이를 '주문朱門'이라 한다. 이처럼 붉은 칠을 한 대문은 아무나 설치할 수 있는 것이 아니라 맨 처음에는 제왕이 공후들에게 하사하는 일종의 특권으로서 높은 지위의 상징이었다. 따라서 '주문'이라는 단어는 왕공귀족을 칭하는 대명사로 쓰이다가 나중에는 권문세가를 통칭하게 되었다. 예컨대 당나라 시인 두보는 「경사에서 봉선현으로 가는 길에 속마음을 500자로 읊다自京赴奉先縣詠懷五百字」라는 시에서 "붉은 대문 안에서는 고기와 술이 썩어나지만 길가에는 동사한 사람들의 유골이 나뒹구네朱門酒肉臭, 路有凍死骨"라고 한탄한 바 있다.

한편 갑골문 '朱'자의 가운데 있는 검은 점에 '베다(砍)'의 의미가 담겨 있다는 견해도 있다. 나무가 베어져 허리가 잘리면 남는 부분

侏
난쟁이 주

은 키가 작아지게 된다. 그 때문에 '주유侏儒'라는 단어가 한때는 '朱儒'로 쓰여 '난쟁이'나 '키 작은 사람'을 가리켰다. '侏'자 자체에도 '侏儒'와 같은 뜻이 담겨 있다.

株
벨 주

'朱'자가 들어가는 '誅'자에는 '살육', '목숨을 빼앗다' 등의 의미가 담겨 있다. '주살誅殺'을 예로 들 수 있다. 또한 '侏'자에는 '제거하다', '삭제하다'의 의미도 들어 있다. 예컨대 청나라 때 운경惲敬은 「삼대인혁론三代因革論」이라는 글에서 "신농씨의 도움으로 백성들이 농사를 지어 먹고살 수 있었다. 거친 밭의 잡초를 베고(誅草萊) 모래와 자갈을 골라 각자 밭을 일구었다"라고 기술하고 있다.

株
그루 주

'朱'자가 들어간 또 다른 글자인 '株'의 맨 처음 뜻은 '땅 위의 나무 뿌리를 드러내다'라는 것이었으나 나중에는 '나무가 부러진 부분을 밖으로 드러내다'라는 뜻도 나타내게 되었다. 우리가 잘 아는 사자성어 '수주대토(守株待兎: 그루터기를 지키며 토끼를 기다린다는 뜻으로 고지식하고 융통성이 없어 구습과 전례만 고집하거나 노력하지 않고 요행만을 기대하는 것을 비유하는 말)'의 '株'가 바로 이에 해당한다.

'侏'와 '誅', '株' 세 글자의 뜻을 전부 '朱'와 연결시켜 살펴보면 '木' 위의 그 검은 점을 '베다'라는 뜻으로 이해하는 것도 일리가 있다고 볼 수 있다. 단지 이런 견해를 뒷받침할 수 있는 더 많은 근거가 발견되지 않고 있을 뿐이다.

어쨌든 정성공은 국성인 '朱'를 하사받아 백성들에게 '국성야國姓爺'로 불리고 있다. 그 지위의 존귀함을 짐작할 수 있는 대목이다.

중국 역사에는 국성을 하사함으로써 지극한 총애를 표현한 경우도 있지만 반대로 악성惡姓을 하사해 징벌을 나타낸 사례도 있었다.

『삼국지』의 기록에 따르면 성정이 거칠고 포악했던 오吳나라 군주 손호孫皓는 종친인 손수孫秀가 마음에 안 들었지만 어떻게 손을 쓸 수가 없어 그의 성을 '厲'로 바꿔버렸다고 한다. 손수의 후손 가운데는 오늘날까지도 이 성을 쓰고 있는 지파가 있는 것으로 알려져 있다.

그렇다면 '厲'자가 정말 그렇게 안 좋은 글자라서 손호는 이를 성으로 하사함으로써 자신의 분노를 해소하려 했던 것일까?

'厲'자에는 '厂(엄)'자가 포함되어 있다. 이 글자의 고대 중국어 독음은 hǎn이고 자형은 돌출된 절벽과 유사하여 그 밑에 사람이 살수 있는 형상이다. '厂'자가 들어가는 글자들은 '廚(주: 부엌)'나 '原(원: 벌판)', '厲(갈다)' 등과 같이 대부분 집이나 산간 절벽, 바위 등과 관련되어 있다.

'厲'자는 원래 '칼을 가는 돌'을 의미했다. 『시경』에 나오는 "굵은 돌과 잔돌을 주워다取厲取鍛"라는 구절은 바로 이를 설명한 것이다. 나중에 '厲'는 '칼을 가는 돌'에서 발전하여 '재난', '위험'의 뜻을 나타내게 되었다. 예컨대 『시경』에 "이처럼 큰 재난을 내리셨네降此大厲"라는 구절이 나오는데, 여기서 말하는 '大厲'가 바로 '큰 재앙'을 의미한다. 이를 기초로 '厲'자는 한 걸음 더 나아가 '악귀', '역병', '전염병' 등 재난이나 위험과 관련된 일련의 파생적 의미를 갖게 되었다. 예컨대 『좌전』에서는 "도적이 공공연히 횡행하고 전염병(天厲)으로 죽는 사람을 예방할 수 없었다"라고 기록하고 있는데, 여기서 말

厲
갈 려

厂
기슭 엄

하는 '夭厲(요려)'는 전염병에 의한 죽음을 의미한다.

오왕 손호가 손수에게 성을 하사하는 방식으로 이 안 좋은 '厲'라
는 글자를 내린 것은 아마도 이 글자가 갖고 있는 이처럼 불길하고
험악한 의미 때문일 것이다.

하지만 또 다른 맥락에서 살펴보면 '厲'자가 '칼을 가는 돌'이라는
의미에서 적극적 색채를 갖는 의미로 발전한 흔적도 찾아볼 수 있
다. 우선 '厲'자는 '갈다', '갈아서 날카롭게 만들다'라는 뜻을 갖고
있다. 예컨대 '말마여병秣馬厲兵'이라는 사자성어는 말을 배불리 먹
이고 병기를 잘 손질한다는 뜻으로 전투준비를 의미한다. '厲'자는
여기서 더 발전하여 '숫돌(지려砥礪)', '연마' 등의 의미를 갖게 되었
다. 예컨대 당나라 산문가 유종원柳宗元은 『유하동집柳河東集』에서
"『곡량전穀梁傳』을 참고하여 문장의 기세를 연마했다(以厲其氣)"라고
술회한 바 있다. 여기서 '厲'는 문장의 기세를 연마하여 더 강하게
했다는 의미다.

또한 고대 중국어에서 '厲'자는 '勵(여)'자와도 서로 통용되어 '분
투하다', '분발하다', '격려하다' 등의 의미를 나타낸다. 예컨대 『한비
자』에서는 "그러므로 겸허하고 부끄러워하는 현명한 마음을 격려하
고(鼓勵) 인의의 행동을 제창한다"라고 말한 바 있다.

아마 오왕 손호는 흉악한 '厲'자로 손수 일족에게 액운이 이어지
라고 저주했지만 반대로 이 글자가 그들에 대한 일종의 단련과 격
려가 되리라고는 꿈에도 생각지 못했을 것이다.

오왕 손호에서 수 양제에 이르기까지 중국 역사에는 이처럼 제멋

대로인 제왕이 적지 않았다. 그들은 글자 하나에 의지하여 한 개인, 심지어 국가의 운명에 영향을 미칠 수 있을 것이라고 믿었지만 실제로는 황당하기 그지없는 일이었다. 결국 그들은 후대 사람들의 비웃음거리가 되었고 역사의 우스운 이야기로 남게 되었다.

三. 성을 바꿀 것인가, 목이 잘릴 것인가

　황제의 국호 변경도 그렇고 군왕이 신하나 백성에게 성을 하사하는 것도 그렇고, 유아독존의 군왕들은 자신이 하고 싶은 것을 다 할 수 있었다. 하지만 일반 백성들은 만부득이한 경우가 아니라면 쉽게 성씨를 바꾸려 하지 않았다. 고대 중국에서 보통 사람들이 성을 바꿔야 하는 가장 전형적인 이유는 두 가지였다. 하나는 피난避難을 위한 것이고 하나는 피휘避諱를 위한 것이었다.

　'韋(위)' 성의 경우는 피난을 위해 성을 바꾼 경우였다. 이들의 조상은 한나라 때의 명장이었던 한신韓信이다. 전해지는 바에 따르면 한신이 여후呂后에게 살해당한 뒤에, 그의 아들 하나가 몰래 구출되어 남월南粤지역으로 보내졌다. 지금의 광동과 광서지역에 해당하는 곳이다. 화를 면하기 위해 한신의 이 아들은 '韓'자의 왼쪽 절반을 떼어버리고 성을 '韋'로 바꾸었으며 그의 후손들은 나중에 '韋'성의 중요한 지파 가운데 하나가 되었다.

　'韋'자의 갑골문 자형은 🦶로서 중간의 사각형은 한 구역을 나타

韋

다롱가죽위

내고 그 위와 아래는 방향이 정반대인 두 개의 발을 상징한다. 이를 합치면 어떤 지역을 등진다는 의미가 된다. '韋'자의 맨 처음 뜻은 '違背(위배)'였으나 나중에 사람들은 이 글자로 '마름 작업을 거친 숙피熟皮'를 나타내게 되었다. 동시에 구별을 위해 기존의 자형에 '辶'을 더하여 '違'라고 씀으로써 전문적으로 '위배'의 뜻을 나타냈다. 그래서 『설문해자』에서는 "韋는 서로 등지는 것이다"라고 해석했고, 청대 주준성朱駿聲의 『설문통훈정성說文通訓定聲』에서는 "여러 단계로 전승을 거치면 실제 그것에서 벗어나게 된다"라고 지적했다.

짐승의 가죽은 고대부터 상용되어온 중요한 생활 자재다. 그래서 '皮(피)', '革(혁)', '韋(위)' 등 가죽과 관련된 글자도 적지 않다. 이 글자들의 차이를 구체적으로 설명하자면 '皮'는 털이 그대로 붙어 있는 짐승 가죽을 의미하고, '革'은 털은 제거했지만 마름 작업을 거치지 않은 생가죽을 말하며, '韋'는 마름 작업을 거친 숙피를 의미한다고 할 수 있다.

숙피는 옷이나 모자를 만드는 등 용도의 폭이 넓고 다양하다. 고대 중국에서는 숙피로 만든 모자를 '韋弁(위변)'이라 했고 숙피로 만든 옷을 '韋裳(위상)'이라 했다. 예컨대 『주례』에는 "전쟁에 나설 때마다 위상을 입고 위변을 썼다"라고 기록하고 있다.

또한 숙피로 만든 가죽 끈은 사물을 묶는 데에도 자주 쓰였다. 고대에는 죽간에다 글을 쓰고 이를 가죽 끈으로 묶었다. 여기에서 '韋編(위편)'이라는 단어가 생겼다. 『사기』에는 "『역易』, 위편삼절韋編三絶"이라는 문구가 나오는데, 이는 공자가 만년에 『주역』을 너무 좋아하여 항상 손에서 놓지 않고 읽다 보니 『주역』의 죽간을 묶은 가죽 끈이 여러 번 끊어졌던 사실을 기록한 것이다. 후세에는 '위편삼절'이 '게으름 피우지 않고 열심히 공부하는 것'을 의미하게 되었고 '위편'이라는 단어는 『주역』의 대명사가 되었다. 또 그 이후에는 '오래된 책' 전체를 통칭하는 말로 쓰이게 되었다. 예컨대 당나라 시인 주홍량周弘亮은 「제야서정除夜書情」이라는 시에서 "그래도 서글픈 마음에 손님을 기다릴 줄 아니, 꽃 피는 계절에 옛 책들을 대하리라還傷知候客, 花景對韋編"라고 노래한 바 있다. 여기서 말하는 '위편'은 '옛 서적'을 말한다.

'韋'자는 '韓'자의 일부분으로 그치는 것이 아니라 두 글자의 의미 사이에 일정한 연관성도 존재한다. '韓'자는 맨 처음에 '幷垣(병단)', 즉 우물을 사방으로 둘러싼 울타리를 의미했다. 고대에는 이 울타리를 대부분 나무로 만들었다. 여기에는 '둘러싸다(圍繞)'라는 의미가 담겨 있는데, 이는 '韋'자에서 유래한 것이다. 또한 '韋'자 자체에도 '연결하다', '잇다'의 의미가 담겨 있다. 이런 점으로 미루어볼 때, 한신의 아들이 성을 바꾸면서 '韓'자의 왼쪽 절반을 버리고 '韋'를 남긴 것은 조상의 성씨와의 연계를 끊지 않으려는 기대의 반영으로 유추할 수 있다.

韓
나라이름 한

고대 중국에는 피휘를 위해 성을 바꾸는 경우도 많았다. 윤리적인 요소를 비롯하여 여러 가지 원인으로 군왕이나 성현, 수장 등의 성이나 이름과 관련이 있는 글자는 마음대로 쓸 수 없었던 것이다. 글을 쓰는 과정에서 반드시 다른 글자로 바꿔야 할 경우에는 필획

을 생략하거나 아예 그 글자를 안 쓰고 넘어가는 방식으로 피휘를
했다.

청나라 조정은 유가문화를 숭상하여 공자의 성씨인 '孔'을 한족
사람들의 가장 중요한 대성으로 규정했다. 옹정擁正 시기에는 또 백
성들에게 공자의 이름을 성씨로 쓰지 못하도록 규정했다. 이리하여
천하의 '丘' 성을 가진 사람들 모두가 난감한 입장에 처하게 되었다.
한편으로는 조상이 물려준 성을 쉽게 버릴 수 없었고, 다른 한편으
로는 황명에 거역하다가 목숨을 잃을 수 있었기 때문이다. 결국 그
들은 양쪽 다 살리는 묘책을 생각해냈다. 원래의 글자에 '阝'자를 더
해 '丘'를 '邱(구)'로 바꾸는 것이었다.

'丘' 성은 원래 '姜' 성에서 유래한 아주 오래된 성씨로서, 우리에
게 강태공으로 잘 알려진 강자아姜子牙로부터 유래되었다. 강자아
가 봉해진 땅 이름이 바로 '丘'인 것이다. 고증에 따르면 한나라 때부
터 '丘' 성의 인사들은 공자의 성휘聖諱를 피하기 위해 성을 '邱'로 바
꾸었지만 그 수는 그리 많지 않았다고 한다. 그러다가 청나라로 들
어서면서 '丘' 성 사람들이 대규모로 '邱'로 성을 바꿈으로써 이때부
터 이들이 '邱' 성의 주류로 자리 잡게 되었다. 그래서 당시 민간에
는 "옹정 이전에는 '邱' 성이 없었으나 이때부터 '丘' 성이 '邱' 성으
로 바뀌었다"는 견해가 지배적이었다.

'丘'자에 대해서는 앞에서 이미 언급한 바처럼 맨 처음에는 작은
토산土山을 의미했지만 나중에는 일반적인 산을 통칭하는 동시에
'무덤', '폐허', '시골'의 의미도 갖게 되었다. '호사수구狐死首丘'처럼

丘
언덕 구

邱
땅이름 구

'丘'자가 들어가는 사자성어도 적지 않다. 전해지는 바에 따르면 여우는 죽을 때가 되면 머리를 반드시 자신이 태어난 산언덕으로 향하게 한다고 한다. 사람들은 이 성어로 근본을 잊지 않는 마음이나 고향에 대한 그리움을 나타냈다. 『회남자』에는 "새는 날아 고향으로 돌아가고, 토끼는 달아나 제 굴로 돌아가며, 여우는 죽을 때 제 집이 있는 언덕 쪽으로 머리를 둔다鳥飛反鄕, 兎走歸窟, 狐死首丘"라는 기록이 있다. 생존의 현장에 대한 동물들의 감정을 표현한 말이라 할 수 있다. 동물들도 이런데 하물며 인간은 어떻겠는가?

하지만 봉건전제제도의 고대사회에서 일반 백성들의 생존환경은 몹시 어려워 조상 대대로 전해져온 성씨조차 보존하기가 여의치 않았으며 가족의 근거지를 지키는 것은 더 말할 것도 없었다. 명나라 때 산서 홍동현의 홰나무에서의 이민은 이 점을 잘 말해준다. 하지만 '丘' 성을 가진 사람들은 원래의 성에 'ㅏ'자 하나를 더하는 것으로 목숨을 보전할 수 있었다. 이는 봉건전제제도의 압박 아래서 어쩔 수 없는 선택이자 그 나름대로 지혜로운 대응이었다고 할 수 있다.

四. 소수민족 혈통

중국 역사에서 소수민족이 자신들의 성을 한족의 성으로 바꾸는 것은 대단히 보편적인 현상이었다. 오늘날 중국인들이 쓰고 있는 '李(이)'와 '周(주)', '金(금)', '石(석)', '楊(양)', '趙(조)' 등 적지 않은 성씨가 소수민족의 유전자를 담고 있다.

金
쇠 금

　'金' 성은 소수민족의 색채가 농후한 성씨로서 그 민족적 성분도 상당히 복잡하다.

　한족의 '金' 성은 '嬴(영)' 성에서 유래한다. 가장 멀리는 황제黃帝의 아들인 소호小昊까지 거슬러 올라간다. 소호는 호가 '금천씨金天氏'였고 그 후예들이 '金'을 성으로 쓰기 시작했다. 또한 한족의 '金' 성도 개성改姓을 통해 생겨난 것이다. 오대 시기 오월국吳越國의 유씨劉氏 일족이 개국 군주인 전류錢鏐와의 피휘를 위해 집단적으로 성을 '金'으로 바꾼 것이다.

　'金' 성 중에는 고대 흉노족에게서 온 것도 있다. 서한 시기에 흉노 휴도왕休屠王의 태자가 포로가 되어 한나라에서 말을 키우며 살다가 한 무제 유철劉徹에게서 '金' 성을 하사받았다. 이때부터 그 후손들은 '金' 성을 쓰게 되었다.

　'金'은 고대 신라인들의 성씨이기도 하다. 역사기록에 따르면 한국의 역사에서 신라의 국왕은 '金'씨였다고 한다. 그래서 지금도 한국인과 중국 조선족 중에는 '金' 성을 가진 사람들이 대단히 많다.

　또한 '金'은 강족의 성씨이기도 하다. 전진前秦 부견苻堅 시기에 강족의 수령 가운데 '金' 성을 가진 사람이 있었다.

　많은 사람이 알고 있는 바와 같이 '金' 성의 또 다른 지파로 청나라 황족인 애신각라愛新覺羅 씨에서 바꾼 것도 있다.

　이 밖에도 '金' 성은 많은 연원을 갖고 있다. 몽고족과 경파족景頗族, 달한이족達翰爾族, 회족回族, 토가족土家族 등 여러 소수민족도

'金' 성을 썼다. 이처럼 '金' 성은 다민족, 다원류의 성씨 군체라고 할 수 있다.

오늘날 중국인들은 '金'자를 언급할 때마다 가장 먼저 황금이라는 귀금속을 떠올린다. 실제로 '金'자는 맨 처음에는 황금이 아니라 금속을 지칭했다.

'金'자의 고문 자형은 :全으로 위의 삼각형 부분은 덮개를 나타내고 삼각형 아랫부분은 지하의 토층을 의미한다. 옆에 있는 두 개의 점은 지하에 매장되어 있는 금속 물질을 뜻한다. 이 자형은 고대의 인류가 일찌감치 토양 속에 금속이 함유되어 있다는 자연현상을 인식하고 있었음을 설명해준다. 『설문해자』에서는 "金은 다섯 가지 색깔의 금속이다"라고 규정하고 있다. 여기서 다섯 가지 금속은 금, 은, 구리, 철, 아연 등을 말한다. 고대에는 '金'자가 황금을 포함한 각종 금속을 나타냈음을 알 수 있다. 현대 중국어에서는 '五金'이라는 단어가 바로 고대의 '金'자와 마찬가지로 금, 은, 구리, 철, 주석을 의미하는 동시에 모든 금속을 아우르는 통칭으로 쓰이고 있다. 혹자는 '金'자의 고문 자형 양쪽의 점들이 제련과정에서 발생하는 금속 부스러기라고 주장하기도 한다.

나중에는 칼(刀), 검(劍), 화살(箭) 같은 병기와 종(鐘), 방울(鈴), 동발(鑼) 등의 악기도 '金'이라 칭하게 되었다. 예컨대 『순자』에서는 "칼이나 검 같은 병기는 돌에 갈면 아주 강하고 날카로워진다金就礪强利"라고 기술하고 있고, 『한서漢書』에서는 "동발소리를 들으면 싸움을 멈췄다聞金聲而止"라고 기록하고 있다. 전자의 '金'은 각종 병기를 의미하고 후자의 '金'은 각종 악기를 의미한다. 고대에는 전쟁을 할 때 동발소리가 들리면 싸움을 멈췄다. 그래서 "동발을 울려 병사를 거둬들인다鳴金收兵"라는 말이 생겨난 것이다.

'銅(동: 구리)'과 '針(침: 바늘)', '錢(전: 돈)', '鑄(주: 주물)', '鑒(감: 거울)' 등처럼 '金'자로 구성된 한자들은 대부분 금속과 관련이 있다.

'金'이 황금을 의미하게 된 것은 한참 뒤의 일이다. 황금은 귀중하면서도 견고한 물질이기 때문에 '金'자는 이런 함의를 지닌 단어에 종종 등장했다. 예컨대 '金甌(금구)'는 국토를 의미했고 '금구무결金甌無缺'이라는 성어는 국가의 영토와 주권이 완전한 것을 의미했다. 이와 유사한 성격의 단어로 '金言(금언: 귀중한 말)'이나 '金榜(금방: 과거시험의 합격자 명단을 붙인 게시판)', '金城(금성: 방비가 매우 튼튼한 성)', '金湯(금탕: 금성과 뜻이 같음)' 등이 있다.

황금은 상품 유통과정에서 등가물의 작용을 하기 때문에 거의 화폐에 해당한다. 자연히 '金'자는 나중에 금전이나 화폐를 뜻하게 되었다. 예컨대 『전국책』에서는 소진蘇秦의 형수가 소진에게 "서방님의 지위가 존귀해지고 부자가 되셨기 때문이지요以季子之位尊而多金"라고 말하는 대목이 나온다. 여기서 '多金'은 '돈이 많다', '부유하다'라는 뜻이다. 오늘날 흔히 사용하는 '금융'이라는 단어도 '金'자로 화폐를 나타내면서 발생한 것이다.

'金'자의 뜻이 이렇게 좋으니 서로 다른 여러 민족이 이를 성으로 사용하는 것은 너무도 당연한 일이다.

'羅' 역시 전형적인 다민족, 다원류의 성씨다.

중국인 '羅' 성의 원류는 전욱의 손자인 축융祝融까지 거슬러 올라간다. 서주 시기에 축융의 후손 가운데 '나羅나라'에 봉해진 인물이 있었다. 나나라가 멸망하자 그 유민들은 국명을 성으로 삼아 오늘날 '羅' 성의 한 지파가 되었다. '羅' 성의 또 다른 지파로 '나씨羅氏'라는 관직명에서 유래한 것도 있다.

다른 민족에서 유래한 '羅' 성은 대단히 많다. 고대의 선비족과 돌궐, 오늘날의 몽고족과 만주족, 묘족, 포농족布儂族, 여족黎族, 토가족, 요족瑤族, 백족白族, 조선족, 회족, 장족壯族, 강족, 와족佤族 등 중국의 수많은 소수민족이 한족의 성으로 바꾸는 과정에서 '羅' 성으로 바꿨다.

아마도 '羅'자에 어떤 의미가 담겨 있는지 모르는 사람들이 많을 것이다. '羅'자의 갑골문 자형은 🦅로서 윗부분은 '网(망)'이고 아랫부분은 '鳥(조)'다. 합쳐서 쓰면 새가 그물에 걸린 모습을 나타낸다. 『설문해자』에서는 "羅는 실을 엮어 만든 그물(絲罟)로 새를 잡는 것이다"라고 설명하고 있다.

'网(網)'이 '羅'와 다른 점은 날짐승뿐만 아니라 물고기도 잡을 수 있다는 것이다. 예컨대 『염철론鹽鐵論』에서는 "그물의 눈이 너무 크면 야수가 다 도망간다網疏則獸失"라는 기술을 찾아볼 수 있다.

'羅'와 '網'의 의미가 유사한 점은 하나는 새를 잡는 데 쓰고 하나는 짐승이나 물고기를 잡는 데 쓴다는 것이다. 그래서 두 글자는 '網羅(망라)', '天羅地網(천라지망)' 등의 단어에서처럼 종종 함께 쓰이기도 한다. 한편 '網羅'라는 단어는 '날짐승과 땅에 기어 다니는 짐승,

羅
새그물 라

网
그물 망

물고기 등을 잡는 도구'라는 뜻에서 발전하여 '수집', '포용' 등의 의미를 갖게 되었다. 예컨대 사마천의 「보임안서」에서는 "천하에 흩어져 돌아다니는 모든 옛 소문을 다 수집한다(網羅)"라는 기록을 찾아볼 수 있다.

또한 새를 잡을 때 사용하는 '羅'는 실을 엮어 만들었기 때문에 '羅'자는 부드러운 직조물을 지칭하는 데도 쓰였다. 예컨대 송나라 장유張兪의 「잠부蠶婦」라는 시에서는 "온몸에 비단옷 입은 사람들이 누에치는 사람은 아니었네遍身羅綺者, 不是養蠶人"라는 구절을 찾아볼 수 있다. 여기서 '羅'와 '綺'는 둘 다 비단실로 짠 천을 지칭한다. '羅綺(나기)'라는 비단 복식은 고대의 고관귀족들만 입을 수 있는 옷이었고, 이를 제작하느라 힘든 노동을 제공한 사람들에게는 애당초 입어볼 기회조차 주어지지 않았다.

'羅'는 동시에 '그물로 잡다'라는 뜻도 갖고 있다. 예컨대 '門可羅雀(문가라작: 문 앞에 그물을 쳐서 참새를 잡을 정도로 찾아오는 사람이 없어 적막함)'이라는 성어에서의 '羅'자가 이에 해당한다.

앞에서 언급한 바 있는 '羅氏'라는 직책은 '羅'의 의미와 밀접한 연관을 갖는다. 『주례』의 기록에 따르면 '나씨'는 전문적으로 새를 잡아 키우는 일을 관장했다. 오늘날에는 불가사의한 것처럼 들릴지 모르겠지만 주나라 때는 확실히 이런 관직이 있었다. 당시 나씨는 그물로 잡은 새를 정성껏 키워 왕족과 귀족들에게 식용이나 감상용으로 제공했다.

중국 역사에는 '학을 좋아하면 나라가 망한다好鶴亡國'는 전고가

'학을 좋아하면 나라가 망한다'

있었다. 춘추시대 위衛나라 의공懿公 희적姬赤이 학을 너무 좋아하여 선학仙鶴을 대량으로 사육하면서 나씨를 시켜 잘 돌보게 했다고 한다. 그것으로 모자라 그는 이 선학들에게 관위官位와 품급品級을 내려 '학장군', '학대부' 등으로 불렀다. 이처럼 위 의공이 학을 키우는 일에 탐닉하여 황음과 사치를 일삼자 백성들의 원성이 높아지기 시작했다. 나중에 인근 나라에서 이런 기회를 놓치지 않고 위나라를 침공하자 의공은 병력을 보내 전쟁에 임하려 했지만, 백성들은 그렇게 선학을 좋아하고 키우는 데 전념했으니 이른바 학장군과 학대부들을 전장에 보내라고 하면서 의공의 명령에 따르지 않았다. 달리 방법이 없었던 의공은 가까운 신하들 소수만 거느리고 전장에 나섰다가 결국 패전하여 죽고 말았다.

고대 중국에는 온갖 기묘한 일이 많았고, 중화문화는 이 모든 것을 다 포용했다. 예로부터 중국은 여러 민족이 융합된 거대한 가족이었다. 성씨의 형성과 변천은 이를 여실히 반영하고 있다.

제5장

백가성百家姓에서
천가성千家姓까지

이번 장에서는 다음의 한자들에 대해 이야기를 나누려고 한다

黎	梨	趙	錢	孫	奉	捧
검을 려	배나무 리	나라 조	돈 전	손자 손	받들 봉	받들 봉

承	闕	席
받들 승	대궐 궐	자리 석

一. '백성百姓'의 유래

아마 고금을 통틀어 중국인의 성씨가 다 합쳐서 얼마나 되느냐는 질문에 정확하게 대답할 수 있는 사람은 없을 것이다. 하지만 성씨 문제는 아주 오래전부터 매우 중시되어왔고, 역사적으로도 성씨와 관련한 서적이 적지 않다. 예컨대 『백가성百家姓』은 예로부터 어린이 교육의 중요한 독본으로 사용되어왔다. 이 밖에도 명나라 때는 『황명천가성皇明千家姓』이 있었고 청나라 때는 『어제백가성御製百家姓』이 있었다. 심지어 다른 민족들도 자신들의 문자로 된 '백가성'을 갖고 있었다. 예컨대 몽고족에게는 『몽고자목백가성蒙古字目百家姓』이 있었고 여진족에게는 『여진자목백가성女眞字目百家姓』이 있었다.

그 밖에 당나라 때 임보林寶가 편찬한 『원화성찬元和姓纂』이나 송나라 때 왕응린王應麟이 쓴 『성씨급추편姓氏急就篇』 등도 모두 성씨를 연구한 전문 저작물이다. 이러한 저작물은 성씨의 원류와 지역 명망가, 계보, 인물 등 여러 분야에서 성씨에 대해 고증하고 정리하고 있다. 이런 저작물들 모두 중국의 고대 성씨와 역사적 인물을 이해하는 데 있어서 매우 중요한 참고자료로서의 가치를 지닌다.

중국인의 성씨 수에 관해서는 많은 이가 통계를 제시한 바 있지만, 역사적 시기에 따라 그 수치는 필연적으로 다를 수밖에 없다. 예컨대 명나라 당시의 통계에 나타난 성씨의 수는 총 3,625개였다. 개혁·개방 초기에 공안의 호적 시스템에서 북경北京과 상해上海, 광주廣州 등 일곱 개 대도시의 성씨에 대한 통계에 따르면 총 2,587개로 나타났다. 최근 몇 년간 국가통계국의 인구자료를 근거로 낸 통계에서는 성씨가 총 1만 1,969개나 되는 것으로 나타났다. 하지만 이 가운데 어떤 수치가 절대적으로 정확하다고 말할 수 있는 사람은 없다. 이러한 통계수치들 모두 기본적인 참고자료밖에 되지 않는다.

오늘날 우리가 흔히 쓰는 '백성'이라는 단어는 서로 다른 각종 성씨를 가진 보통 민중을 아우르는 표현이다. '백百'은 '대단히 많다'는 뜻으로도 쓰이기 때문에 '백성'은 자연히 각종 성씨를 아우르는 통칭이라 할 수 있다. 하지만 실제로 '백성'이라는 단어는 맨 처음에는 정말로 100개의 성씨와 관련이 있었다. 이에 해당하는 100개의 성씨는 평민의 성씨가 아니라 왕족과 귀족들의 성씨였다. 일설에 따르면 상고시대의 염황炎黃 부락연맹이 대략 100개의 성씨로 구성되어 있었고, '백성'이란 바로 이들 성을 가진 씨족을 가리킨다는 견해도 있다. 이는 제법 일리가 있는 가설이다. 왜냐하면 이들 씨족은 모두 당시 사회에서 주도적 역할을 하던 집단이었기 때문이다. 결국 '백성'은 백관귀족을 포괄하는 말로, 국가의 크고 작은 정무를 관장하던 사람들과 각 직종의 생산을 관리하는 관원을 포함하는 말이라고 할 수 있다. 예컨대 『상서尙書』에 "백성을 고루 밝게 잘 다스린다平章百姓"라는 구절이 있는데, 여기서의 '백성'은 다름 아닌 백관百官을 말한다.

전국시대 이후에는 귀족과 평민의 계층 간 구분이 이전처럼 그렇게 뚜렷하지 않았다. 따라서 '백성'도 어떤 특권계층을 가리키는 것이 아니라 보통 민중을 가리키는 말로 변화되었다. 당나라 때 유우석은 「오의항烏衣巷」이라는 시에서 "옛 귀족 왕씨, 사씨 집의 제비들, 지금은 평범한 집의 마루로 날아드네舊時王謝堂前燕, 飛入尋常百姓家"라고 노래한 바 있다. 여기서 그는 '백성'을 왕도王導나 사안謝安 같은 과거의 권문세족들과 대비시켰다. 물론 이때의 '백성'은 역시 아주 평범한 보통 사람들을 가리킨다.

고대에는 '여민黎民'과 '백성'이라는 말이 항상 함께 쓰였다. 맨 처음에 '백성'이 백관귀족을 가리킨 데 반해 '여민'은 이와 상대되는 평민 백성들을 지칭했다.

수천 년 전 황하 유역에는 황제족黃帝族과 염제족炎帝族, 구여족九黎族 등 비교적 세력이 큰 부락 몇 개가 밀집해 있었다. 그들 사이에 수년 간 상호 정복전쟁이 이어지다가 마침내 황제족과 염제족이 부락연맹을 결성하여 구여족을 상대로 공동전선을 구축함으로써 대승을 거두게 된다. 패전한 구여족의 일부는 남방으로 쫓겨 가고, 일부는 염황연맹의 포로나 전리품이 되어 노예로 전락하면서 '여민'이라 불렸다. 따라서 맨 처음에는 '여민'이라는 단어가 사회의 최하층 사람들을 지칭했다고 할 수 있다.

이후 북방에 남아 있던 구여족의 후손들이 여黎나라를 세웠고, 그 자손이 국명을 성으로 삼아 '여黎' 성이 생긴 것이다.

이를 통해 알 수 있듯이 '백성'과 '여민'이라는 말은 맨 처음에는 각각 노예주인과 노예를 가리키는 말로 의미상 아주 큰 차이가 있었다. 『상서』에는 "백성이 정사를 펼침에 있어서 모든 일이 이치에 맞고 순조로우며 또한 만방의 제후들과 협력하니 여민도 이에 따라

黎
검을 려

사이가 좋고 늘 화목한 사람들로 변화되었다百姓昭明, 協和萬邦. 黎民
於變時雍"라는 기록이 있다. 여기서 말하는 '백성'은 '백관'으로서 '여
민'과는 전혀 다른 사회적 계층을 말한다. 하지만 시대가 변하면서
나중에는 '백성'의 지위가 서서히 하락하여 '여민'이 대표하는 사회
계층과의 격차가 점점 좁혀져 결국 '백성'과 '여민'은 같은 말이 되었
고 '여민백성'이라는 말까지 생겨난 것이다.

　　고대 중국어에서는 민중을 뜻하는 '여민'뿐만 아니라 '여서黎庶',
'여원黎元', '여수黎首', '여현黎玄' 등 '黎'자가 들어 있는 일련의 단어
들이 모두 '백성'이나 '민중'의 뜻을 내포했다. 예컨대 송나라 범중
엄范仲淹의『주상시무서奏上時務書』에는 "국가가 침략을 당하면 여서
에게 해가 된다國侵則害加黎庶"라는 기록이 있고, 진나라 반악潘岳의
「관중시關中詩」에서는 "무고하고 죄 없는 이, 여원을 불쌍히 여기네
哀此黎元, 無罪無辜"라고 노래하고 있다. 그래서『이아爾雅』에서는 '黎
는 뭇사람(衆)이다'라고 정의한다. 현재 '黎'자가 '많다'는 의미로 쓰
이는 것은 '여민'이라는 단어에서 유래한 것이 분명하다.

　　'黎'자의 본래 뜻은 일종의 농작물과 관련이 있다. 다름 아니라
'黎'는 기장 풀, 즉 기장쌀의 낟알로 만든 풀을 가리킨다. 고대에는
기장쌀로 반액체 상태의 풀을 만들어 신발을 붙이는 데 활용했다.
'黎'가 '검은 가운데 누런빛을 띠는 색'을 의미하는 것도 아마 기장
쌀의 낟알이 담황색을 띠고 있기 때문일 것이다. '여흑(黎黑: 검다, 새
카맣다)'이라는 말도 이렇게 유래한 것이다. 예컨대 북위北魏의 농학
자 가사협賈思勰이 쓴『제민요술齊民要術 서序』에 나오는 '순여흑舜黎

黑'은 순임금의 피부색이 황색을 띤다는 말이다. 하지만 이 단어는 현재 일반적으로 '黧黑(여흑: 암황색, 검누렇다)'으로 변형되어 쓰이고 있으며, 그 뜻은 '黎黑'과 같다.

기장 풀을 이용하여 신발을 붙이는 동작에는 '부착' 혹은 '도착'의 의미도 내포되어 있다. 그래서 '黎'는 나중에 '가까이 가다', '~한 때에 이르다' 등의 의미로도 발전한다. '여명黎明'이라는 단어가 바로 '날이 밝는 때에 가까이 가다', 즉 날이 곧 밝겠지만 아직은 밝기 전인 때를 가리킨다. 지금도 우리는 이 단어를 '날이 곧 밝을' 혹은 '이제 막 밝은' 때를 가리키는 말로 쓰고 있다.

'黎'자에는 '늙은', '나이가 많은' 등의 뜻도 있다. 예컨대 『국어』에는 "지금 늙은 신하(黎老)를 버리면 곧 아무것도 모르는 어린 사람(孩童)과 국책을 함께 논하게 될 것이다今王播棄黎老, 而孩童焉比謀"라는 기록이 있다. 여기서 '黎老(여로)'는 '孩童(해동)'과 대비되는 말로 노인을 가리킨다. '黎'가 이런 뜻으로 쓰일 때는 '梨'와도 상통한다. '梨'가 '늙은', '나이가 많다'의 의미를 갖게 된 것은 노인의 얼굴색이 언 배와 같다는 데서 유래했다. 그래서 『석명釋名』에는 "90세를 가리켜 '복어 등' 또는 '언 배 껍질'이라고 하는데, 노인의 피부가 마치 언 배와 같이 반점이 생기기 때문이다九十曰鮐背……或曰凍梨皮, 有斑點如凍梨色也"라고 설명하고 있다.

혹자는 '黎'자에 '늙은'이라는 뜻이 있고 '여민'과 '백성'이 모두 관원과 상대되는 보통 민중을 가리키기 때문에 현대 중국어에서는 '백성' 앞에 '老'자를 붙임으로써 '老百姓(라오바이싱: 평민)'이라는 말

梨
배나무 리

이 생긴 것이라고 주장하기도 한다. 사실 '老百姓'의 '老'는 '老三(형제
자매 중 셋째라는 뜻으로 형제의 서열을 나타냄)', '老李(나이 든 사람의 성씨
앞에 '老'자를 붙여 친근감을 나타냄)', '老虎(호랑이: '老'자는 단음절 동물이
름 앞에 붙이는 접두사)' 등에 쓰이는 '老'와 마찬가지로 실질적인 뜻은
없는 접두사에 불과하다.

二. 누구나 다 아는 『백가성』

성씨와 관련된 책을 말하라면 대부분 가장 먼저 떠올리는 것이
『백가성』일 것이다. 이 책은 중국인의 성씨를 네 글자가 한 구가 되
는 사자일구四字一句의 형식으로 배열하고 있어서 운율이 있고 통
속적이며 알기 쉬워서 낭독하기에 좋다. 『백가성』은 일찍이 중국 고
대에 가장 유행했던 아동 계몽독본 중 하나로, 『삼자경三字經』이나
『천자문千字文』과 함께 '삼백천三百千'으로 병칭되었다.

이름은 '백가성'이지만 책 전체에 수록된 성씨가 100개로 그치지
는 않는다. 오늘날 통용되는 판본에 따르면, 이 책 안에 수록된 글
자 수는 총 568자이며 444개의 외자 성과 60개의 복성을 합쳐 총
604개의 성씨를 다루고 있다. 이처럼 '백百'자는 구체적인 수치를
나타내는 것이 아니라 '많다'는 뜻으로 쓰이기도 한다.

『백가성』의 첫 구절이 '趙錢孫李(조전손리), 周吳鄭王(주오정왕)'이라
는 사실을 모르는 중국인은 아마 없을 것이다. 그렇다면 성씨를 왜

이런 순서로 배열한 것일까? 여기에 뭔가 특별한 이유가 있는 것은 아닐까? 이런 질문의 해답을 찾기 위해서는 불가피하게 『백가성』의 작가와 책이 쓰인 연대를 연구해보아야 한다.

혹자는 『백가성』이 늦어도 송나라 때부터 이미 존재하기 시작했다고 추론한다. 육유陸游가 「가을날 교외에 머물다秋日郊居」라는 시에서 "농가에서 시월은 아이를 입학시키는 달로, 이를 동학冬學이라 한다. 이때 『잡자雜字』와 『백가성』 같은 책을 읽기 시작하는데 이를 촌서村書라고 한다"라고 주석을 단 것을 그 근거로 들고 있다. 여기서 말하는 『백가성』은 농촌 어디에서나 읽을 수 있었던 '촌서'로, 당시에 이미 매우 널리 읽히고 있었음을 알 수 있다.

그렇다면 이 책은 누가 쓴 것일까? 남송 시기의 학자 왕명청王明淸이 『백가성』의 작자에 대해 깊이 탐구한 끝에 얻은 결론은 "아마도 漸(점) 씨와 錢(전) 씨가 둘 다 존재했던 나라 혹은 시대의 어느 평민이 지은 것으로 추정된다"라는 것이었다. 이는 작가가 분명 오대십국 시기 오월吳越지역의 평민일 것이라는 추론이다. 바로 그러한 이유로 성씨의 배열순서가 '趙錢孫李(조전손리)' 등으로 나타난 것이다.

'趙'는 송나라의 국성이고, '錢'은 오월의 국성이다. '孫'은 오월의 왕 전숙錢俶의 황후의 성이고, '李'는 오월과 인접한 남당南唐의 국성이다. 그다음 구인 '周吳鄭王(주오정왕)'의 네 개 성도 기본적으로 모두 오월 일대의 주요 성씨다. 이러한 성씨의 배열순서는 작가가 자신이 소속된 오월과의 관계가 친밀하고 가까운 정도를 근거로 한 것이 분명하다. 따라서 작가는 오월이 송나라에 복속된 이후 전前 오

趙
나라 조

월의 문화인이었을 가능성이 매우 크다.

다음으로 맨 앞에 나오는 '趙錢孫李'의 성에 대해 알아보자. '趙'와 '李'는 앞에서 다루었으니 이어서 '錢'과 '孫'을 살펴보기로 한다.

錢
돈 전

'錢' 성의 기원은 상대적으로 비교적 단순하다. 게다가 실제로 돈과도 관련이 있다. 중국 역사상 아주 유명한 장수 노인은 이름이 팽조彭祖이고 성이 籛(전)인 사람이었다. 팽조의 후대 팽부彭孚는 서주 시기에 전부상사錢府上士의 관직에 있었다. 이는 국가의 재정을 담당하는 관직으로, 오늘날로 따지면 재정부장관과 중앙은행장의 직책을 합친 것과 유사하다. 그의 후손들이 '籛'에서 위의 '죽竹'자를 떼어내고 '錢'을 성으로 삼은 것이다. 이것이 '錢' 성의 가장 유력한 기원이다.

孫
손자 손

'孫' 성의 기원은 이보다 훨씬 복잡하다. 그중 하나는 상나라 때 충신 비간比干에서 기원한다. 비간의 성은 원래 자子였으나 상나라 주왕에게 살해된 이후 그의 자손이 화를 피하기 위해 성을 '孫'으로 바꾸었다는 것이다. 두 번째 가설은 주나라 문왕 희창姬昌의 후예라는 것이다. 세 번째 가설은 순임금의 후예 규만嬀滿에서 비롯되었다는 설로, 그 후대 지손이 전공을 세워 제齊나라 경공景公으로부터 '孫' 성을 하사받았다는 것이다. 네 번째 가설은 춘추시대 초나라의 손숙오孫叔敖로부터 기원한다는 견해다. 그의 원래 성은 '미羋'이고 이름은 오敖, 자는 손숙孫叔이었다. 당시 사람들은 습관적으로 자를 이름 앞에 붙여 부르곤 했는데, 이 때문에 초나라 사람들이 그를 '손숙오'라고 불렀다고 한다. 그리고 그 자손 가운데 일부가 '孫'

을 성으로 삼은 것이다. 다섯 번째 기원설은 저명한 사상가인 순자荀子다. 순자의 후손들이 한나라 선제宣帝 유순劉詢의 존함에서 같은 자형과 발음이 들어가는 것을 피하기 위해 '荀' 성을 '孫' 성으로 바꿨다는 것이다. 여섯 번째 가설은 한나라 개국공신 하후영夏侯嬰의 후손들이 복성인 '하후'를 '손'으로 고쳤다는 것이다. 이 외에도 다른 성을 하사받거나 '孫'으로 성을 바꾼 경우가 있을 것이다.

'孫'자의 갑골문 자형은 🐚으로 왼쪽이 '子(자)', 오른쪽이 '糸(사)'다. '糸'의 글자 형태는 실타래를 비튼 모양과 같다. 실 가닥에는 '한데 연결하다'라는 의미가 있고, '糸'가 '子' 아래에 있는 것이 바로 '孫'이다. 그리고 이것은 '孫'의 글자 모양이 나타내는 본래의 의미다. 나중에 자형의 변천과정에서 '糸'는 '系(계)'로 쓰이게 되었고, '孫(손)'이 '孫'으로 바뀌게 되었다. '系'는 '한데 연결하다', '잇다'의 의미를 내포하고 있어서 '子'와 합쳐지면 '자자손손 부족함이 없다'는 의미를 나타내게 된다.

'孫'자는 처음에는 '아들의 아들'을 가리키는 말이었으나 나중에는 후대 자손도 가리키는 의미로 확장되었다. 또한 인간에서 시작하여 다른 생명체까지 확대되어 식물이 재생되거나 번성하는 것까지 가리키게 되었다. 고대 시구에서 '손죽孫竹'이라는 말을 자주 보게 되는데, 이는 대나무 가지뿌리(즉 땅속줄기) 말단에 새로 난 대나무 가지를 가리킨다. 『주례周禮』에 나오는 '손죽지관孫竹之管'은 바로 이러한 대나무로 만든 관악기를 말한다. 송나라 왕안석은 「검은 둑烏塘」이라는 시에서 "대울타리에는 대나무 새순이 돋고, 대문 앞이

며 정원은 온통 송라로 뒤덮였구나籬落生孫竹, 門庭上女蘿"라고 노래
한 바 있다. 대울타리에 대나무 새순이 돋고, 대문 입구며 정원을
온통 겨우살이 소나무가 휘감고 있는 것으로 보아 그 쓸쓸함이 어
느 정도인지 짐작할 수 있을 것이다.

　과거에는 시험에 떨어지는 것을 종종 '명락손산名落孫山'이라는 말
로 완곡하게 표현하기도 했다. 여기서는 '孫山'이 산 이름이 아니라
사람을 가리킨다. 손산이라는 사람이 시험을 치러 외지로 나가게
되었다. 이때 동향 사람 하나가 그에게 자신의 아들과 함께 다녀와
달라고 부탁했다고 한다. 시험이 끝난 후 손산이 먼저 돌아오자 동
향 사람이 그에게 자신의 아들이 시험을 잘 치렀느냐고 물었다. 이
에 손산이 "내 이름은 합격자 명단 맨 끝에 있고, 당신 아들은 내
뒤에 있었습니다解名盡處是孫山, 賢郎更在孫山外"라고 재치 있게 대답
했다고 한다.

　『백가성』은 '趙錢孫李' 등 성씨를 압운의 방식으로 묶어 편성했
다. 사실 내용상으로는 특별한 의미는 없다. 하지만 재미있는 것은
그 가운데 일부 구절이 나중에 사자성어가 되기도 했다는 것이다.
예컨대 '오초파궁烏焦巴弓'은 네 개의 성씨를 나열한 것에 불과하지
만 나중에는 물체가 타서 새까맣게 그을린 상태를 묘사하는 말로
쓰이게 되었다. 채동번蔡東藩과 허근부許廑父가 쓴 『민국통속연의民
國通俗演義』에는 "양필良弼이 문을 막 들어서려는데 갑자기 이상한
소리가 들려 돌아보지 않을 수 없었다. 공교롭게도 탄알이 발 옆에
떨어져 폭발하며 왼발이 오초파궁이 되었다"라는 대목이 나온다.

또한 『백가성』은 마치 사언시四言詩와 같아서 실용성이 뛰어나면서도 읽기 쉽고 기억하기도 쉽다. 그래서 집집마다 모르는 이가 없을 정도로 널리 전파되었다. 후세에 성씨에 관한 많은 서적이 나왔지만, 편찬 수준에서나 그 영향력의 범위에 있어서나 『백가성』을 능가하는 책은 없었다.

三. 국위를 드높인 『황명천가성』

『백가성』은 그 영향력이 정말 대단했다. 그러다가 명나라 때에 이르러 명 태조 주원장朱元璋은 '조趙' 성이 대장 노릇을 하며 성씨의 맨 앞에 오고, 자신의 성인 '주朱'가 그 뒷자리에 위치한 것을 용납할 수 없었다. 이에 그는 자신의 생각대로 일부 성씨에 관한 책을 새롭게 편찬하기로 했다. 이리하여 당시 한림翰林의 편수編修였던 오심吳沈 등이 그 뜻을 받들어 호부소戸部所의 호적에 근거해서 『황명천가성』을 편찬하게 되었다.

책 이름에서도 알 수 있듯이 『황명천가성』은 일부 성씨에 관한 책이긴 하지만 동시에 대명왕조 황제의 권위 선양과 공덕 찬양도 겸하고 있다. 책은 총 2,168자로 이루어져 있고, 단성과 복성을 포함하여 1,968개의 성씨가 수록되어 있다. 상용 성씨도 편입해 넣어야 하고 통치자의 기대도 반영해야 하는 동시에 운율도 고려하지 않을 수 없었다. 이에 작자는 성씨를 편성함에 있어서 특별한 기지를 발

휘했다. 책은 '朱奉天運(주봉천운) 富有萬方(부유만방), 聖神文武(성신
문무) 道合陶唐(도합도당)'으로 시작된다. 중간 부분에는 동물과 식물,
지리, 건축 등 사물의 종류별로 성씨를 분류하여 배열했고 마지막
에는 공덕을 찬양하는 어구로 끝을 맺었다.

'朱奉天運'에서 '朱'는 명나라의 국성이므로 당연히 맨 앞에 자리
했다. '奉天運'은 명나라의 통치가 하늘의 뜻임을 강조한다.

'奉'자의 고문자 형태는 𡘋으로 두 손으로 매우 공손하게 물건을
받쳐 든 모습이다. 그래서 '奉'의 최초의 의미는 바로 '捧(받들다)'이
다. 예컨대 『사기』에 나오는 "신이 화씨지벽和氏之璧을 받들고 사신
으로 가고자 합니다臣願奉璧往使"라는 대목에서 '봉벽奉璧'은 두 손
으로 옥돌을 받쳐 든다는 의미다. 바로 여기서 '奉'은 '獻(헌: 바치다)'
의 의미로 발전하게 된다. 일례로 『사기』에 "이 옥잔 한 쌍을 거듭 절
하며 공손히 대장군께 바칩니다玉斗一雙, 再拜奉大將軍足下"라는 대목
이 있다. 이어서 '바치다'에서 다시 '주다'의 의미로 발전하게 된다.
예컨대 『좌전』에 "하늘이 내게 주었다天奉我也"라는 구절이 있다.

나중에는 '받들다'의 뜻을 나타낼 때는 '奉'자의 왼쪽에 '扌'를 덧붙
이게 되었고, 이리하여 '捧'자가 생겨나게 되었다.

또 다른 관점에서 보면 '奉'자에는 '공손하게 받다'라는 의미도 있
다. 예컨대 제갈량諸葛亮의 「출사표出師表」에 "패군의 때에 임무를
받았고, 나라가 위급한 때에 명을 받았으며受任於敗軍之際, 奉命於危難
之間"라는 대목이 있다. 여기서 '봉명奉命'은 바로 '명령을 받다'의 뜻
이다. 나아가 '奉'은 또 '관철하다', '집행하다'의 의미로도 발전한다.

예컨대『사기』에 나오는 "법령을 삼가 받들다謹奉法令"라는 구절은 곧 '법령을 정중히 따른다'는 뜻이다.

'奉'자는 '공경'의 의미를 내포하고 있기 때문에 고대 중국어에서는 자신의 행동이 상대방에게 영향을 미친다는 의미를 나타낼 때 주로 '奉'자를 사용했다. 예컨대 '봉관奉款'은 '환대하다'의 뜻이고, '봉굴奉屈'은 '자신을 낮추다'의 뜻이다. 두 단어 모두 상대방을 존중한다는 의미를 나타낸다. 그 밖에 '봉간奉懇'은 '부탁하다'는 뜻의 겸양어이고 '봉읍奉揖'은 '읍하다', '공수拱手로 예를 표하다'의 뜻이다.

'奉'자에 관해『설문해자』에서는 "奉은 받아들이는 것이다奉, 承也"라고 해석하고 있다. '承'자는 처음에는 '捧'의 뜻을 나타내기도 했다. 그 갑골문 자형은 𢪺으로 윗부분은 머리를 한쪽으로 향한 채 무릎 꿇고 앉아 있는 사람의 모양이고, 아랫부분은 두 손이다. '承'에 내포된 의미는 두 가지다. 손으로 받들어 올리는 사람의 관점에서 보면 '받들고 있거나 받치고 있다'는 뜻이고, 받들어지는 사람의 관점에서 보면, '받아들이거나 이어받다'라는 뜻이 된다. 예컨대『시경』에 나오는 '承筐是將(승광시장)'은 대광주리에 담은 선물을 받쳐 든다는 뜻이다. 『좌전』에 나오는 '敢不承命(감불승명)'은 "어떻게 감히 명령을 받지 않을 수 있느냐?"라는 뜻이다. '承'자가 '감당하다', '무게를 견디다'의 뜻을 나타내는 것은 전자의 관점에서 발전해 나온 것이고, '이어받다', '잇다'의 뜻을 갖게 된 것은 후자의 관점에서 발전해 나온 것이다.

'奉'과 '承' 두 글자를 한데 합치면 '奉承(봉승)'이라는 단어가 된다.

承
받들 승

현재 우리는 이 단어를 '영합하다', '아첨하다'의 뜻으로 자주 사용한다. 사실 고대 중국어에서 '奉承'은 여러 가지 함의를 갖는다. 우선 '받아들이다', '좇아서 행하다'의 의미가 있다. 예컨대『좌전』에 "명령을 받고 돌아오는데 감히 떨치지 못하고 종묘에 제를 올려 고한다奉承以來, 弗敢失隕, 而致諸宗祧"라는 기록이 있다. 둘째, '奉承'은 '계승하다', '이어받다'의 의미도 지니고 있다. 예컨대『후한서後漢書』에는 "폐하께서 제왕의 대업을 계승했다陛下奉承洪業"라는 기록이 나온다. 이 외에도 '奉承'은 '섬기다', '제사 지내다', '윗사람에게 올리다', '선사하다' 등의 뜻도 지니고 있다. 이처럼 다양한 의미들은 전부 '奉'과 '承' 두 글자가 갖는 본래의 뜻에서 직접 파생된 것이다.

'奉天承運(봉천승운), 皇帝詔曰(황제조왈)'은 중국인이라면 누구나 익히 들어 잘 알고 있는 구절로, 궁정 드라마에서 고대 황제의 조서가 늘 이렇게 시작되는 것을 알 수 있다. 이 구절은 바로 명나라 태조 주원장이 만들어낸 것이라고 한다. 주원장은 조회가 열리는 정전正殿을 '봉천전奉天殿'이라 명명했고, 손에 드는 홀에는 '봉천법조奉天法祖'라는 네 글자를 새겼으며, 반포하는 조서의 앞부분에서는 반드시 자신을 '봉천승운황제奉天承運皇帝'로 칭했다. 주원장은 이런 방식으로 대명왕조의 통치가 "하늘의 명을 받들고 시운時運의 정해진 바를 따른다"라는 점을 천하에 명백히 알리고 싶어했던 것이다.

『황명천가성』은 '朱奉天運(주봉천운)'으로 시작하는데, 이는 '奉天承運(봉천승운)'이 나타내는 것과 같은 의미다. 사실 이는 명 왕조의 통치자가 하늘의 뜻을 빌려 국가 통치의 권력을 행사하기 위해 그럴듯한 구실을 찾은 것일 뿐이다.

四. 공자와 유가를 숭상한 『어제백가성』

청나라 때에 이르러서도 통치자는 여전히 이전 시대를 거쳐 편집
되어온 『백가성』에 불만이 많았다. 그리하여 강희康熙 황제는 직접
『어제백가성』의 편집을 주관했다.

이 책은 총 472자로 편성되어 468개 성씨를 수록하고 있다. 그중
외자 성이 408개, 복성이 30개로, 이 역시 네 글자가 한 구절을 이
루는 형식으로 구성되었다. 책은 '孔師闕黨(공사궐당), 孟席齊梁(맹석
제량), 高山詹仰(고산첨앙), 鄒魯榮昌(추로영창)'으로 시작되며, 인물과
역사적 사건을 실마리 삼아 성씨를 한데 엮었다.

'孔師闕黨 孟席齊梁'에서 '孔'과 '孟'은 의심의 여지없이 유가학파의
두 대표적 인물인 공자와 맹자다. 나머지 '師(사)', '闕(궐)', '黨(당)'과
'席(석)', '齊(제)', '梁(량)' 등은 성씨인 동시에 각각 공자와 맹자 두 사
람과 관련이 있는 글자들이다.

'궐당闕黨'은 공자가 이전에 거주하던 곳으로 사람들에게 더 널리
알려진 이름은 '궐리闕里'다. 궐리는 오늘날의 산동성 곡부성曲阜省
에 위치해 있다. 『공자가어孔子家語』에는 "공자가 궐리에서 학문을
가르치기 시작했다"라는 기록이 있다. 이는 공자가 궐리에서 처음
사람들에게 학문을 강의하기 시작했다는 뜻이다.

闕
대궐 궐

'闕'은 음이 달라지면 뜻도 달라지는 다음자多音字다. 고대에는 궁전이나 사당, 능묘 같은 건축물 앞에 높은 누대가 있었다. 누대는 통상적으로 좌우 양측에 각각 하나씩 있고, 그 누대 위에 누각이 있었다. 이처럼 높은 누대를 '闕'이라고 부른다. 두 궐 사이에는 통로가 마련되어 있었다.

'城闕(성궐)'이라는 단어는 맨 처음에는 성문 양쪽에 먼 곳을 조망하기 위해 세워진 누각, 즉 통상 '성문루'라고 불리는 지점을 가리켰다. 예컨대 『시경』에서는 "높디높은 성문루 위에서 왔다 갔다 거닐며 사방을 둘러본다挑兮達兮, 在城闕兮"라는 구절을 찾아볼 수 있다. 고대의 모든 도성에는 성문루가 있었기 때문에 나중에는 '성궐'이 '도성' 혹은 '경성'을 나타내는 말로 차용되기도 했다. 예컨대 삼국시대 조식曹植의 시 「정익에게 주다贈丁翼」에는 "경성(闕) 도처에 온통 빈객이 가득하네嘉賓塡城闕"라는 구절이 있다.

'闕'은 '궁전 앞쪽에 있는 높은 누대'라는 뜻으로, 궁의 문이나 궁전을 대신 나타내기도 한다. 가령 '궁궐宮闕'은 고대 제왕이 거주하는 궁전을 가리키고 '궐정闕庭'은 제왕이 거주하면서 정무를 처리하는 처소를 가리키며, '궐하闕下'는 제왕의 궁궐 아래, 나아가 조정을 가리킨다.

'闕'은 신묘神廟나 능묘陵墓의 앞쪽에 세워진 석조石雕를 가리키기도 한다. '闕里'가 이름을 떨치게 된 것도 일찍이 두 개의 석궐石闕이 있었기 때문이라고 한다.

두 궐 사이에는 빈 공간이 있었기 때문에 '闕'자는 '틈', '결함' 등의 뜻을 나타내기도 한다. 예컨대『수경水經 주注』에는 "양쪽 기슭의 산봉우리가 끝없이 이어져 끊어진 곳(闕處)이 없다兩岸連山, 略無闕處"라는 기록이 있다. 나아가 '闕'은 '공백' 혹은 '결핍'을 나타내기도 한다. '闕如(궐여: 결여되다)'나 '闕疑(궐의: 의심스러운 것은 당분간 보류하다)' 같은 단어의 의미가 바로 여기에서 파생된 것이다.

'席'자는 윗부분이 '庶(서)'의 생략된 모양이고, 아랫부분은 '巾(건)'이다. '席'은 처음에는 앉거나 누울 자리에 까는 침구를 가리켰다. 예컨대『옥대신영玉臺新咏』에는 "머리를 올리고 나면 결혼하여 한 침대 한 이불을 쓴다結髮同枕席"라는 구절이 나온다. 여기서는 '席'이 바로 이런 의미로 쓰여 부부간에 서로 친밀하고 사랑하는 상태를 비유한다. 고대의 천자와 제후가 사용한 자리는 모두 자수로 테를 둘렀다. 그 때문에 '席'자의 형태에 '巾(수건)'이 내포되어 있다. 또한 자리를 펼쳐놓는 것은 고대에 손님을 접대하는 예절이기도 했다. 손님은 대체로 한 사람에 그치지 않는데 '庶'자가 '매우 많다'는 뜻을 가지고 있으므로 '席'자의 형태에 '庶'의 생략된 형식이 포함된 것이라고 할 수 있다.

고대 사람들은 땅바닥에 자리를 깔고 앉았기 때문에 자리를 깔 때 한 겹만으로는 충분하지 않아 여러 겹으로 깔았다. 땅바닥에 바로 닿아 있는 자리를 '筵(연)'이라 하고, '筵'의 위에 까는 것을 '席'이라고 했다. 이렇게 볼 때, '연석筵席'이라는 단어가 '잔치나 술자리의 좌석 또는 그 배치'라는 뜻에서 '주석酒席', '연회宴會'의 뜻으로 발전한 것임을 알 수 있다. 또한 그렇기 때문에 "세상에 파하지 않는 술

席
자리 석

자리가 없다天下無不散之筵席"라는 말도 생겨난 것이다.

'席'은 '앉거나 눕는 데 쓰는 도구'라는 뜻으로, 여기서 다시 '좌석', '자리' 등의 의미로 발전했다. 예컨대 『노학암필기老學庵筆記』에서 "자리를 떠나본 적이 없다未嘗離席"라는 구절을 찾아볼 수 있다. 이를 바탕으로 '席'자는 다시 '직위', '직무' 등의 뜻으로도 발전한다. 과거에는 맡은 바 직무를 '席'이라고 했다. 예컨대 지세地稅를 관장하는 직무를 '錢席(전석)'이라 했고 교서教書를 담당하는 직무를 '教席(교석)'이라 했다.

'孔師闕黨(공사궐당), 孟席齊梁(맹석제량)'이라는 말은 공자가 궐리에서 학문을 강의하고, 맹자가 제齊와 양梁 등의 나라들을 주유하며 자신의 정치적 주장을 펼쳤던 두 가지 전고를 가리키는 것이 분명하다.

『어제백가성』은 『황명천가성』과 달리 특별히 청 왕조의 통치를 강조하거나 국성인 '愛新覺羅(애신각라)'를 맨 앞에 놓지도 않았다. 대신 공맹으로 시작함으로써 책 전체에 공자와 유학을 숭상하는 분위기가 넘친다. 이는 아마도 청나라 왕실이 소수민족의 신분으로 중원에 입성했기 때문에 한족문화에 대해 경모하는 심리가 있었고, 이렇게 함으로써 한족의 전통적 유가문화에 대한 존경과 숭배의 뜻을 표현하고 싶어서였을 것이다. 또 다른 측면에서 보자면, 민심을 달래 자신들의 통치 지위를 공고히 하려는 필요에 따른 것일 수도 있다.

제 6 장

성씨의 만화경

이번 장에서는 다음의 한자들에 대해 이야기를 나누려고 한다.

死	歹	難	隹	鳥	覘	司
죽을 사	부서진 뼈 알	어려울 난	새 추	새 조	줄 창	맡을 사

寧	覃	龍	虎
편안할 녕	미칠 담	용 룡	범 호

　중국인의 성씨는 수천 년에 걸친 발전을 통해 수량만 방대해진 것이 아니라 종류도 매우 다양해져서 성이 되지 않은 글자가 거의 없을 정도다. 다양한 성씨 중에는 역사가 긴 것도 있고 짧은 것도 있으며, 인구수에 있어서도 하늘과 땅 사이만큼의 차이가 있다. 예컨대 李(리)와 王(왕), 張(장) 등 현재 흔히 들을 수 있는 몇 개의 주요 성씨는 대부분 1억이 넘는 인구를 자랑하고 있는 반면, 희귀한 성씨는 사용하는 사람의 수가 수천 혹은 수백에 불과하고, 심지어 더 적은 것도 있다.

　통계에 따르면 인구수가 가장 적은 성씨로는 '死(사)'와 '難(난)', '睨(황)' 등을 들 수 있다.

　'死'자를 성으로 쓸 수 있다는 사실에 많은 사람이 놀라움을 금치 못할 것이다. 하지만 이는 틀림없는 사실이다. '死' 성은 북위 시기 소수민족의 네 글자 복성에서 발전한 것이라고 하는데, 현재 중국 서북지역에 주로 분포되어 있다고 한다.

　그렇다면 '死'자는 어떻게 '죽음'이라는 뜻을 나타내게 된 것일까? 그 글자 모양을 함께 살펴보자.

死
죽을 사

　'死'자의 갑골문 자형은 **𠦪** 이다. 왼쪽은 손상된 뼈를 나타내고 오른쪽은 몸을 굽혀 절을 하는 사람의 형상이다. 이 둘을 합치면 죽은 자에 대한 추모를 나타내게 된다. 해서체로 보면 '死'는 '歹(부서진 뼈 알)'과 '匕(비수 비)'가 합쳐져 이루어진 글자다. '匕'는 또 '人(사

歹
부서진 뼈 알

람)'의 형상에 가깝다. 그리고 '歹'자는 원래 죽은 자의 손상된 뼈를 가리키는데, 바로 여기서 '나쁘다'는 의미로 발전한 것이다. 예컨대 '不識好歹(불식호알: 좋고 나쁨을 알지 못하다)'이라는 말에서 그런 의미로 쓰였다. 따라서 '歹'자가 들어 있는 글자는 모두 그 뜻이 '죽다' 혹은 '나쁘다'의 의미와 관련이 있다. 예컨대 '殮(염: 염습하다)'이나 '歾(몰: 죽다)', '殘(잔: 손상시키다)' 등의 글자가 그렇다.

죽음이라는 사건과 관련하여 고대에는 서로 다른 대상에 대해 각기 다르게 표현했다. '死'는 일반적으로 나이가 어린 사람, 서민 또는 하급 관원의 죽음에 쓰는 말이었다. 예컨대 『예기』에서는 "서인은 죽는다고 말한다庶人曰死"라고 설명하고 있다. 평민 백성의 죽음은 '死'라고 말한다는 뜻이다. 나이가 많은 사람이 세상을 떠나면 '終(종: 마치다)'이라고 했다. 예컨대 『이각박안경기』에는 "나중에 이 사람이 91세까지 꼬박 산다면 질병 없이 생을 마칠 것이다(無疾而終)"라는 구절이 있다. '無疾而終(무질이종)'은 병에 걸리지 않고도 죽는다는 뜻이다. 나중에는 사물이 외력의 간섭을 받지 않고 저절로 소실되는 것을 비유하는 데도 자주 사용되었다. 제후나 작위가 있는 고관대작의 죽음은 '薨(홍)'이라고 했다. 예컨대 『사기』에 "소왕이 홍거하였다昭王薨"라는 기록이 있다. 또한 고대에는 천자의 죽음을 매우 엄중하게 여겼기 때문에 종종 산이 무너져 내리는 것에 비유하곤 했다. 따라서 제왕의 죽음은 '崩(붕)'이라고 했다. 예컨대 『명사明史』에 "두 달이 지나 황제가 붕어하셨다越二月, 帝崩"라는 기록이 있다.

죽은 것은 움직일 수 없으므로 '경직되고 생기가 없다', '원활하지 않다' 등의 의미를 나타낼 때도 '死'자를 쓰곤 했다. '死腦筋(사뇌근: 융통성이 없다)', '死心眼(사심안: 고지식하다)' 같은 현대 중국어의 표현들도 이런 유형이라고 할 수 있다.

연구에 따르면 '難'이 성씨로 사용되는 것은 남북조시대 선비족의 성이 발전된 것으로 추정된다. 나중에는 선비족 대부분이 한반도로 이주하여 현재 중국에는 극소수만 남아 있는 것으로 알려져 있다.

'難'자의 오른쪽 절반은 '隹'다. '隹'의 갑골문 자형은 🐦로서 마치 한 마리 새와 같은 형상이다. '隹'자에 대해 『설문해자』에서는 "隹는 꼬리가 짧은 새의 총칭이다隹, 鳥之短尾總名也"라고 해석하고 있다. '隹'자가 들어 있는 모든 글자는 대부분 조류와 관련이 있다. 예컨대 '雀(작: 참새)', '雉(치: 꿩)', '集(집: 모으다)' 같은 글자들이다.

그렇다면 '隹'와 '鳥' 사이에는 어떤 차이가 있을까? '鳥'의 갑골문 자형은 🐦로서, 이 역시 새의 형상을 묘사하고 있다. 『설문해자』에서는 "鳥는 꼬리가 긴 조류의 총칭이다鳥, 長尾禽總名也"라고 해석하고 있다. 이러한 해석에 따르면 '鳥'와 '隹'의 차이점은 꼬리 길이의 장단뿐이다. '鳥'자가 들어간 글자들 역시 대부분 조류와 관련이 있다. '鷄(계: 닭)', '鳴(명: 금수나 벌레가 울다)', '鳳(봉: 봉황)' 등의 글자를 예로 들 수 있다.

'難'도 처음에는 새의 한 종류의 명칭이었다가 나중에 '곤란하다'는 의미로 차용되었다. '難'이 성씨가 된 이유는 당시 사람들의 조류 숭배와 관련이 있다고 한다.

'旣'은 거의 사용하지 않는 글자로서, 성씨로 쓰이는 것은 더더욱

難
어려울 난

隹
새 추

鳥
새 조

드문 일이다. 이 성은 현재 하남성 안양安陽시에 주로 분포되어 있고 그 수가 100명이 채 안 되는 것으로 알려져 있다.

'貺'자의 왼쪽 절반은 '貝(패: 조개)'다. 중국 역사에서 조개류는 일찍부터 화폐로 사용되었다. 그래서 '貝'자가 들어 있는 글자는 대부분 금전이나 재물과 관련이 있다. '財(재: 재물)'나 '賄(회: 뇌물)', '貨(화: 물품)', '資(자: 자원)' 같은 글자들을 예로 들 수 있다. '貺'은 '상을 주다', '하사하다', '증여하다'의 뜻으로, 지위가 높은 사람이 지위가 낮은 사람에게 또는 윗사람이 아랫사람에게 재물을 증여하는 것을 말한다. 예컨대 노신魯迅의 『서신집書信集』에는 "동시에 어머니의 편지를 받았습니다. 안부도 물어주시고 진기한 물건까지 주셨습니다(且貺佳品)"라는 대목이 나온다. 여기서 '貺'자를 쓴 것은 어른이 아랫사람에게 물건을 준 데 대해 존경과 감사의 뜻을 나타내는 표현이다. '貺'자가 들어가는 단어 대부분이 '하사하다', '증여하다' 또는 '하사하거나 선사한 물품'과 관련이 있다. 예컨대 '厚貺(후황)'은 '후한 상'이라는 뜻이고, '貺贈(황증)'은 '선물하다', '선사하다'의 뜻이며, '貺壽(황수)'는 '장수를 기원하는 선물을 주다'의 뜻이다.

고대의 서신에서 '寄貺(기황)'이라는 단어를 자주 보게 되는데, 이는 인편으로 친한 친구에게 선물을 보내며 존경을 나타내는 표현이다. 예컨대 송나라 때 소식蘇軾은 「추관 정전보에게 답한 편지答程全父推官書」에서 "그대가 인편으로 내게 좋은 술을 보내준 것은 해남海南뿐만 아니라 광동과 광서 어디에서도 맛보지 못했기 때문일 것입니다寄貺佳酒, 豈惟海南所無, 殆二廣未嘗見也"라고 쓰고 있다.

혹자는 '贶' 성이 발음이 같은 또 다른 성씨인 '况'을 잘못 쓴 것이라고 유추하기도 한다. 하지만 '贶'자의 뜻을 함께 생각해보면, 이 글자가 성씨가 된 유래 역시 상을 내리는 것과 관련이 있을 것으로 추정된다.

중국인들의 성씨에 사용되는 글자는 참으로 풍부하고, 다양한 성씨가 생성되는 과정도 매우 놀랍고 기묘하다. 그리고 각각의 성씨는 모두 독특한 문화적 함의를 지니고 있다. 성씨는 그 규모나 성씨를 지닌 사람의 지위 고하, 귀천과 무관하게 평등하며 어떤 성씨도 존중받아야 마땅하다.

二. 왜 복성復姓이 발생하는 것일까

우리가 요즘 흔히 볼 수 있는 성은 주로 외자라서 가끔 두 글자로 된 복성을 만나면 희귀하다는 생각을 하게 된다. 하지만 두 글자로 된 복성 말고도 세 글자, 네 글자, 다섯 글자로 된 성도 있다는 사실을 잊지 말아야 한다. 심지어 아홉 자, 열 자로 된 성도 있다고 한다. 이렇게 글자 수가 많은 성씨는 사용한 글자로만 보아도 대부분 소수민족의 성씨라는 것을 금방 알 수 있다. 예컨대 '奚什盧(해십로)', '愛新覺羅(애신각라)', '忽神忙兀歹(홀신망올대)' 같은 것들이다.

세 글자 이상으로 구성된 성씨는 일단 차치하고, 두 글자로 된 복성은 어떻게 생겨난 것일까? 고증에 따르면 봉읍封邑이나 거주지의 지명 또는 관명이 복성의 주요 기원이라고 한다. 지명에서 기원한 성씨 중에는 복성이 비교적 많다. 상당수의 지명이 주로 두 글자로 이루어져 있으며, 이것이 나중에 그대로 성씨가 된 경우다. 예컨대 '영호令狐'는 동명의 봉읍에서 유래했다. 다른 한편으로 지명을 나타내는 글자에 '동', '서', '남', '북'의 방위를 나타내는 글자가 합쳐진 경우도 있다. 이 책 앞부분에서 언급했던 '東郭(동곽)'이나 '西門(서문)' 같은 복성이 바로 이런 경우에 속한다. '郭'과 '門' 외에도 이와 비슷한 '鄕(향)', '閭(여)', '里(리)', '方(방)', '宮(궁)', '陵(릉)', '野(야)' 같은 글자들도 모두 복성에 자주 등장한다. 그 밖에 '歐陽(구양)'처럼 또 다른 유형의 복성도 있다.

'歐陽' 성의 기원은 춘추시대의 월왕 구천勾踐까지 거슬러 올라간다. 월나라가 초나라에 멸망한 이후, 월왕 구천의 자손 '제蹄'가 초나라 왕으로부터 烏程歐余山(오정구여산: 오늘날의 절강浙江성 오흥吳興현) 남쪽에 봉해졌다. 산 남쪽이 '陽(양)'이었기 때문에 사람들은 그를 '구양정후歐陽亭侯'라 불렀고 그 후손이 '歐陽'을 성으로 삼은 것이다.

'산남수북山南水北'은 '陽'자의 최초 의미다. 이와 상대적으로 '陰(음)'이 가리키는 것은 '산의 북쪽, 물의 남쪽'이다. '음'과 '양'은 중국 고대철학에서 대립되는 기본 사유범주의 하나다. 서로 대립되는 수많은 개념을 모두 '음양'으로 표현할 수 있다. 예컨대 '天地(하늘과 땅)', '日月(해와 달)', '晝夜(낮과 밤)', '寒暑(추위와 더위)', '男女(남과 여)', '奇偶(홀수와 짝수)', '正反(정과 반)', '生死(삶과 죽음)', '人間(인간)'과 陰間(음간: 저승을 말함)' 등이 전부 음양으로 표현될 수 있다. 이러한 개념들은 모두 '음', '양'이라는 두 글자가 처음에 '山'과 '水' 사이의 위치를 나타냈다고 의미적 기원과 직간접적으로 관련이 있다.

관직 명칭이 기원이 된 성씨 중에도 복성이 적지 않다. 예컨대 '上官(상관)', '太史(태사)', '藥正(악정)', '左丘(좌구)' 등이 이에 해당한다. 그 밖에 '司(사)'로 시작하는 복성도 있다. 이들 역시 관직과 관련이 있다. '司'자에는 '관장하다'의 의미가 담겨 있기 때문이다. 예컨대 '司徒(사도)'와 '司馬(사마)', '司空(사공)', '司士(사사)', '司寇(사구)' 등이 전부 관직에서 유래한 성씨다.

'司'자의 갑골문 자형은 𝕭로 왼쪽 아래는 '口'이고, 오른쪽 위는 손이다. 손으로 입을 가리는 모양으로 '명령을 발표하다'의 뜻을 나타낸다. 이로써 '司'는 '주관하다', '관장하다'의 뜻을 갖게 되었다. 예컨대 육유의 시 「늦은 봄春殘」에서는 "의술이 뛰어나지 않은 의사가 사람의 생명을 좌우하고(司), 평범하고 식견도 없는 사람이 문장의 우열을 논한다庸醫司性命, 俗子議文章"라고 한탄하고 있다. '司'자의 이러한 의미는 지금까지도 쭉 이어져오고 있다. 예컨대 자동차나 기차 같은 기기를 조작하는 사람을 '司機(사기)'라고 하고, 회의나 행사 등 활동의 과정을 주관하는 사람을 '司儀(사의)'라고 하며, 법 집행기관에서 법에 따라 각종 사건의 조사, 심판 등을 맡는 사람을 '司法(사법)'이라고 하고, 군사상 사병을 지휘하고 명령을 내리는 사람을 '司令(사령)'이라고 한다. 앞에서 언급한 '司徒(사도)'나 '司馬(사마)', '司空(사공)' 등도 모두 고대에 특정 사무를 관장하던 관직명이다.

지명과 관명에서 유래한 복성 외에 또 다른 유형의 복성도 있다.

司
맡을 사

예컨대 '慕容(모용)'이라는 복성의 생성과정은 무척 재미있다.

삼국시대에 선비족 수령 모호발慕護跋이 형성荊城 이북(지금의 하북성 창려昌黎현 경내)에 나라를 세웠다. 당시 북방 한족 사이에 '보요관(步搖冠: 걸을 때마다 장식이 하늘거리는 관)'을 쓰는 것이 크게 유행했다. 모호발이 이를 보고 매우 좋아하며 하나 만들어서 하루 종일 머리에 쓰고 다녔다고 한다. 이렇게 치장한 그를 본 선비족이 모두 그를 '보요'라고 불렀다. 현지 언어로 '보요'의 발음이 '모용'과 매우 비슷하여 후대에 전해지면서 나중에는 '모용'이 된 것이다. 모호발의 후손들은 이를 아예 부락의 명칭으로 삼았다. 서진西晉에 이르러 모용족의 세력이 커지면서 북방에 전연前燕이라는 나라를 세웠고, 이때 정식으로 '모용'을 성으로 삼았다. 이것이 '모용'이라는 성의 중요한 기원 가운데 하나다.

보요는 고대 중국의 부녀자들이 패용했던 일종의 장식물로서 그 위에 구슬을 꿰어 늘어뜨려 걸을 때마다 흔들리는 모양으로 잘 알려져 있다. 여기서 '步'는 '걷다'의 의미이며, 이는 '步'의 최초의 의미이기도 하다. 당나라 시인 백거이白居易의 「장한가長恨歌」에는 "구름 같은 머리, 꽃 같은 얼굴, 한들거리는 금보요雲鬢花顔金步搖"라는 구절이 있는데, 이는 온 나라와 도성을 뒤흔든 양귀비의 미모와 기품 있고 화려한 치장을 묘사한 대목이다. '금보요'는 황금으로 만든 보요이고, 보요관은 늘어뜨릴 수 있는 장식물이 달린 예모로서 머리에 쓰면 몸이 움직일 때마다 찰랑찰랑 흔들리는 모습이 부귀하고 화려한 느낌을 주어 당나라 때는 대단히 유행했다. 그런데 이것이

'모용'이라는 성씨의 발생에까지 영향을 미치리라고는 아무도 생각지 못했다.

또한 『백가성』에 나오는 '제오第五'라는 복성도 무척 눈길을 끈다. 이 성씨는 척 보면 금방 알 수 있듯 배열순서 때문에 성이 된 경우다. 전해지는 바에 따르면 한나라 고조 유방劉邦이 원래 전국시대의 제齊나라로 강제 이주된 전田씨 공족公族을 봉할 때 사용했던 순서에서 유래했다고 한다. 예전에는 '제일第一'에서 '제팔第八'까지의 성씨가 모두 있었다. 이 성씨들은 원래 조상과 뿌리가 같았지만 나중에는 점차 전해지지 않게 되었고 이 가운데 '제오第五'만 오늘날까지 성으로 남게 되었다.

고대 중국에는 복성이 아주 많았지만 나중에는 각종 원인으로 적지 않은 복성들이 외자 성으로 전환되었다. 예컨대 '第五'는 간단하게 '第'로 축약되었고 또 '五'나 '伍'로 축약되기도 했다. '歐陽(구양)'은 '歐'나 '陽'으로 축약되기도 했다. '鍾離(종리)'는 '鍾'으로, '公孫(공손)'은 '孫'으로 축약되어 외자 성이 되었다. 하지만 오늘날 현대인들은 각자의 개성을 추구하고 타인과의 차별화를 중시하여 거꾸로 외자 성을 복성으로 바꾸는 추세가 생겨나고 있다. 예컨내 부친의 성이 '왕王'이고 모친의 성이 '진陳'일 경우 자녀의 성을 '王陳'으로 하는 경우가 있다. 어떤 사람은 아예 부모의 성에서 어느 쪽 성도 따르지 않고 자신이 좋아하는 글자를 새로 골라 성씨로 삼기도 한다. 예로부터 오늘날까지 성씨의 이러한 변화와 그 배후의 사회적·문화적 원인은 좀더 깊이 있게 연구해볼 필요가 있다.

三. 함부로 읽어선 안 되는 성

중국인의 성씨 문화는 매우 복잡해서 모든 성씨가 한 편의 역사라고 할 수 있다. 성씨의 원류와 그 배후의 문화적 함의는 충분한 연구 가치를 지니고 있을 뿐 아니라 단순히 표면적인 발음으로만 보아도 그 안에는 상당한 학문적 함의가 내포되어 있음을 알 수 있다.

예로부터 성씨는 전해 내려오는 동안 어떤 음으로 읽어야 하는지 그 독법이 고정되어 있었다. 적지 않은 글자들이 성씨로 사용될 때는 중국어 발음이 특수해져 통상적인 상황에서의 발음과 다르다 (현대 중국어에는 네 가지 성조가 있다. 1성은 높고 평평한 음이고 2성은 아래서 위로 가볍게 올라가는 음이며 3성은 아래로 내렸다가 다시 올리는 V자형의 음이다. 4성은 위에서 아래로 잡아끌듯이 짧게 내리는 음이다). 예컨대 성씨로 사용될 때 '區(구)'는 qū(취)가 아니라 ōu(오우)로 읽고, '任(임)'은 rèn(런4성)이 아니라 rén(런2성)으로 읽는다. 또 '單(단)'은 dān(단)이 아니라 shàn(샨)으로 읽고, '朴(박)'은 pǔ(푸)가 아니라 piáo(피아오)로 읽는다. '仇(구)'는 chóu(초우)가 아니라 qiú(치우)로 읽고 '尉遲(위지)'는 wèichí(웨이츠)가 아니라 yùchí(위츠)로 읽는다. 이 모두가 매우 간단하고 자주 보는 글자들이지만 성씨로 쓰일 때의 발음을 모르면 잘못 읽기 십상이다.

더 복잡한 것은 어떤 글자는 성씨로 쓰일 때 발음이 한 가지가 아닌 경우도 있다는 점이다. 서로 다른 발음은 서로 다른 성씨를 나타내며 기원도 각기 다르다. 이런 상황에서는 섬세하게 구분할 필요가 있다.

寧
편안할 녕

'寧'이 성씨로 사용될 때는 그 발음이 매우 복잡하다. 이는 '寧'자 자체의 원류가 복잡한 것과 직접적인 관련이 있다. 실제로 우리가 현재 쓰는 '寧'자에 대응되는 고대 중국어의 글자는 '寧'과 '甯' 두 자다.

'寧'의 원래 중국어 발음은 níng(닝)이다. 갑골문 자형은 𡧑으로 방 안에 음식이 가득 담긴 그릇이 놓인 모양이다. 이로써 집 안에 먹을거리가 있으면 마음을 놓을 수 있다는 뜻을 나타낸다. 나중에는 '皿(명)' 위에 '心(심)'을 덧붙였는데, 이는 '마음이 편하다'는 뜻으로 '안녕'의 의미를 더욱 강화한 것이다. 당나라 산문가 유종원柳宗元의 「뱀 잡는 사람의 이야기捕蛇者說」에는 "닭과 개조차도 편안하지 못하다雖鷄狗不得寧焉"라는 구절이 있고 사자성어에는 '계견불녕鷄犬不寧'이라는 단어가 있다. 둘 다 여기서 유래한 말로, 그 가운데 '寧'이 그 본래의 뜻으로 쓰인 사례다.

과거에는 이미 출가한 여자가 집으로 돌아와 부모를 찾아뵙는 것을 일컬어 '귀녕歸寧'이라고 했다. 이는 바로 '집으로 돌아가 부모가 편안한지 안부를 묻다'라는 의미를 취한 것이다. 예컨대 『시경』에도 "친정으로 돌아가 부모의 안부를 묻네歸寧父母"라는 구절이 나온다.

'寧'은 나중에 또 '차라리 ~하고 싶다', '차라리 ~가 낫다'라는 뜻도 나타내게 되었다. 예컨대 『논어』에는 "예禮는 사치보다는 검약이 낫다禮, 與其奢也, 寧儉"는 구절이 있다. 예절의식의 일반적인 상황으로 볼 때 사치하는 것보다는 근검절약하는 것이 좋다는 뜻이다. 이

외에도 '寧'은 '설마'의 뜻도 가지고 있다.『사기』에는 "왕후장상이 설마 타고난단 말인가?王侯將相寧有種乎?"라는 대목이 나온다. 이럴 경우 중국어에서는 성조를 달리해서 읽어야 한다.

'甯(녕)'은 현대 중국어 발음이 nìng(닝)이고, '바라다'의 뜻을 갖고 있다.『한서』에는 "수확이 풍성하니 정도로 돌아감이 곧 소원대로 가는 것이다穰穰復正直往甯"라는 기록이 있다. 이미 많은 것을 얻었으니 정도正道로 돌아가는 것이 바로 지난날의 바람이었다는 뜻이다. '甯'도 마찬가지로 '차라리 ~하고 싶다', '차라리 ~가 낫다'의 뜻을 지닌다. 하지만 이런 뜻을 나타낼 때는 '甯'보다 '寧'을 쓰는 경우가 더 많다.

'寧'과 '甯'은 원래 각기 다른 성씨이기도 하다. 성씨로 쓰일 때 한국어에서는 발음이 같지만 중국어에서는 성조를 달리하여 전자는 níng(닝2성)으로 읽고, 후자는 nìng(닝4성)으로 읽는다.

봉지封地에서 기원한 '甯' 성은 읍邑명을 성으로 삼은 경우다. 연구에 따르면 주周 문왕文王의 아들 위강숙衛康叔에게는 '계미季亹'라는 이름을 가진 후손이 있었는데, 그가 영읍(甯邑: 오늘날의 하남성 경내)에 봉해졌다고 한다. 그의 자손이 봉지의 이름인 '甯'을 성으로 삼은 것이다. 이것이 '甯' 성의 중요한 기원이다.

'寧' 성은 만주족의 복성인 '寧佳(영가)' 씨, '寧古塔(영고탑)' 씨에서 외자 성으로 고친 것이 분명하다.

이렇게 볼 때, '寧' 성과 '甯' 성은 그 기원이나 글자의 뜻, 발음 등 모든 면에서 서로 다르다. 더구나 이 두 성씨는 인구수에서도 큰 차이를 보인다. '甯' 성의 인구가 상대적으로 많고, '寧' 성의 인구는 적은 편이다. 그리고 『백가성』에도 '甯' 성은 수록되어 있지만 '寧' 성은 수록되어 있지 않다.

한자를 간체화하는 과정에서 '寧'과 '甯' 두 글자는 하나로 합쳐져 둘 다 '宁'이 되었다. 이렇게 되다 보니 어느 성을 níng(닝2성)으로 읽고 어느 성을 nìng(닝4성)으로 읽어야 하는지 글자 모양만으로는 구분할 수 없게 되어버렸다. 이런 상황에서는 당사자들의 독법에 따라 읽는 것 외에는 달리 방법이 없다.

覃
[미철담]

'寧'과 비슷한 경우로 '覃'이 있다. 현대 중국어에서 '覃'은 tán(탄)과 qín(친)의 두 가지 발음이 있다. qín으로 읽을 때는 일반적으로 성씨로만 쓰이고 tán으로 읽을 때는 성씨 외에도 '覃思(담사: 깊이 생각하다)' 등 개별 단어를 형성하기도 한다. 실제로 고대 중국어에서는 '覃'도 뜻이 아주 많은 글자였다.

'覃'자의 초기 의미는 '맛이 깊다'는 것이었다. '覃'자에 대해 『설문해자』에서도 "覃은 길게 가는 맛이다覃, 長味也"라고 해석하고 있다. '覃'자 왼쪽에 술과 관련이 있는 '酉(유)' 변을 붙이면 '醰(담)'이 되어 '술맛이 진하다'는 뜻을 나타내세 된다.

'覃'은 나중에 '길다', '오래 가다'라는 뜻도 지니게 되었다. 예컨대 『시경』에는 "참으로 길고 참으로 크네實覃實訏"라는 구절이 나온다. 이는 신생아 후직后稷의 울음소리가 길고도 우렁찼다는 것을 의미한다. 더 나아가 '覃'은 '만연하다'는 뜻도 나타내게 되었다. 예컨대 『시경』에서는 "칡이 자라 온 계곡에 퍼진다葛之覃兮, 施於中谷"라는 기록을 찾아볼 수 있다. 칡 풀이 자라 길어질수록 점차 계곡에 만연하게 된다는 뜻이다. 나중에 '覃'은 다시 '두루 퍼지다', '널리 펼치다'의 뜻으로도 발전했다. 예컨대 남조南朝의 서릉徐陵은 「정양후貞陽侯와 태위 왕승변王僧辯을 위한 편지」에서 "어짊과 믿음의 기풍이 만국에 두루 퍼졌습니다仁信之風覃於萬國"라고 썼다. 인애와 성실의 기풍이 각 나라에 두루 퍼졌다는 뜻이다.

'覃'은 '맛이 깊다'는 뜻에서 '깊다'의 의미로도 발전했다. 예컨대 '覃思(담사)'라는 단어는 '깊은 생각'을 의미한다. 실제로 양계초梁啓超는 『신중국미래기新中國未來記』 서론에서 "책 속의 우화는 깊은 생각의 숙려로 얻어지는 것이니, 대충 다뤄서는 안 된다編中寓言, 頗費覃思, 不敢草草"라고 서술하고 있다.

이런 의미로 쓰일 경우 '覃'은 항상 tán(탄)으로 읽는다.

현재 성씨로 사용되는 '覃'은 적어도 tán과 qín(친) 두 가지 발음이 있다. 연구에 따르면 장족壯族의 覃씨 성은 주로 qín으로 읽고 한족의 覃씨 성은 주로 tán으로 읽는다. 역사적으로 xún(쉰)으로 읽었던 覃씨 성은 대부분 영남嶺南 일대에 분포되어 있다고 하지만, 현재의 상황이 어떤지는 불분명하다.

이 밖에도 '寧(녕)'과 '覃(담)'의 상황과 유사한 경우는 적지 않다. 성씨의 발음이 이처럼 복잡하다 보니 중국인들은 익숙하지 않은 성씨를 만나거나 다음자로 된 성씨를 만났을 경우 먼저 다가가 정확한 발음을 가르쳐달라고 해서 확실하게 안 다음에 입을 뗀다. 그렇지 않고 잘못 부를 경우 상대에게 큰 실례가 되기 때문이다.

四. 12지도 성에 유입될 수 있다

12지支는 중국 전통문화의 중요한 문화적 코드다. 그것이 어디서 왔는지, 그 문화적 기원이 무엇인지와 관련하여 예로부터 오늘날까지 이런저런 의견이 분분했다.

많은 학자가 12지의 기원이 원시사회의 토템숭배와 관련이 있다고 본다. 상고시대 사회에서는 사람들이 어떤 동물이나 식물 또는 자연현상 등의 도형을 해당 씨족의 수호신이나 상징으로 삼곤 했다. 이것이 일반적으로 말하는 토템이다. 예컨대 『사기』에는 황제黃帝가 "熊羆(웅비)와 貔貅(비휴), 貙虎(추호)를 가르쳐 이로써 염제炎帝와 판천阪泉의 들에서 전투를 벌였다"라는 기록이 있다. 웅비와 비휴, 추호는 모두 맹수의 이름으로, 여기서는 각 부락 토템의 명칭을 가리키는 것이지 황제가 직접 이들 맹수를 몰고 가서 염제와 전투를 벌였다는 말이 아니다. 이러한 토템 상징이 점차 변화되어 오늘날의 12지와 이에 상응하는 열두 동물이 되었을 가능성이 높다.

12지 가운데 말(馬)과 소(牛), 개(狗), 돼지(猪), 양(羊), 닭(鷄), 뱀(蛇), 용(龍), 호랑이(虎) 등 아홉 가지는 성으로 사용된 바 있다. 이 동물들을 가리키는 한자가 성씨가 된 배경 가운데 일부는 토템숭배와 관련이 있고 일부는 다른 원인에 기인한다.

龍
용 룡

용은 중국의 신화와 전설에서 하늘을 날아오르고 물속을 헤엄치며 구름과 비를 만들 수 있는 신비의 동물이다. '龍'의 갑골문 자형은 𥪖이다. 이는 용의 형상을 묘사한 것으로서 윗부분에 머리가 있고 아랫부분이 꼬리다. 『설문해자』에서는 "용은 비늘을 갖고 있는 인갑류鱗甲類 동물의 으뜸으로서 밝고 어두움, 굵고 가늘음, 길고 짧음 사이에서 자유자재로 변화할 수 있다. 봄에는 하늘로 오르고, 가을에는 물속 깊이 잠수한다龍, 鱗蟲之長. 能幽能明, 能細能巨, 能短能長. 春分而登天, 秋分而潛淵"라고 설명하고 있다. 중국인의 관념 속에서 용은 이렇게 무소불위의 신비한 능력을 가진 동물이다. 게다가 용의 형상은 여러 동물의 특징을 융합시킨 모양이다. 예컨대 용은 뱀의 몸통에 맹수의 발톱, 사슴의 뿔, 물고기의 비늘 등을 지니고 있다. 일부 학자는 용이 토템으로 등장한 것은 수많은 동물 토템을 한데 섞은 결과로서, 여러 씨족부락이 하나로 융합되어 화하민족을 형성한 것을 상징한다고 해석하기도 한다. 그래서 용이 중화민족의 상징으로 여겨진다는 것이다.

용은 신물神物이기 때문에 중국 봉건시대에는 일찍이 용을 황제의 상징으로 삼아 황제와 관련된 사물은 모두 '龍'으로 표시했다. 예컨대 황제의 용모는 '용안龍顔'이라 했고, 입는 옷은 '용포龍袍', 사용하는 침상과 의자는 '용상龍床'과 '용의龍椅', 타고 다니는 수레와 배는 '용련龍輦'과 '용선龍船', 낳은 자손은 '용자龍子', '용손龍孫'이라 했으며, 황제가 사망할 경우 '용어빈천龍馭賓天'이라고 표현했다.

'용'은 신통력이 대단해서 호걸에 비유되기도 했다. 예컨대 '용봉龍鳳'은 재능이 출중한 사람을 비유하는 말로 사용되었다. 명나라 고계高啓는 「방공의 은일을 노래함詠隱逸龐公」이라는 시에서 "남양에 용봉龍鳳이 있으니, 올라타면 하늘로 솟구쳐 휘돌아 나네南陽有龍鳳,

乘時各飛飜"라고 노래한 바 있다. 여기서 '용봉'은 동한의 은자 방덕공龐德公을 가리킨다. 그 밖에 '구룡龜龍'이나 '용붕龍鵬' 같은 단어도 모두 뛰어난 인물이나 현명하고 재능 있는 인사를 비유하는 말로 쓰였다.

고대에는 '龍'으로 글이나 서체의 웅건함과 화려함을 비유하기도 했다. 예컨대 '용사龍蛇'는 필세가 용과 뱀처럼 구불구불 휘어지는 것을 나타내고, '용조龍藻'는 화려한 사조辭藻를 비유하며, '용양표변龍驤豹變'은 서체의 기세가 웅대하고 자유분방하여 변화무쌍함을 비유한다. 이백이 「초서를 노래함草書歌行」에서 "어렴풋이 귀신 놀라는 소리를 들은 듯하고, 때때로 용과 뱀이 지나가는 것을 본 듯하다恍恍如聞神鬼驚, 時時只見龍蛇走"라고 노래한 것은 서예 작품의 웅장하고 힘차면서도 소탈한 풍격을 칭찬한 것이다. 오늘날까지도 일부 사람들은 '필주룡사(筆走龍蛇: 붓의 움직임이 용이나 뱀과 같다)'라는 말로 자유분방하고 소탈한 서예기풍을 묘사하기도 한다.

'龍'자가 성씨가 된 것은 매우 오래된 일이다. 그 기원은 여러 신화와 관련이 있어서 정확한 조사와 규정은 그리 쉽지 않다. 지금까지 전해져오는 '龍' 성 사람들의 수는 대단히 적은 편이다.

虎
범 호

'虎'의 갑골문 자형은 🐅로서 한 마리 호랑이의 형상을 하고 있다. 머리가 위에 있고 꼬리가 아래에 있으며, 몸에 무늬가 있다. 『설문해자』에서는 "호랑이는 산짐승의 왕이다虎, 山獸之君"라고 설명하고 있다. 호랑이는 뭇 짐승의 우두머리로 용맹하고 강인함을 상징한다. 송나라 신기질辛棄疾은 「영우락·경구 북고정에서 옛일을 회상하다

永遇樂·京口北固亭懷古」에서 "그 시절을 생각하자면 번쩍이는 창과 철마의 기세가 만 리에 떨친 것이 마치 호랑이와 같았다想當年, 金戈鐵馬, 氣吞萬里如虎"라고 기록하고 있다. 군대를 이끌고 북벌에 나선 송무제가 전승하여 잃었던 땅을 되찾았을 때 그 용맹함이 호랑이의 기세와 같았다는 것을 표현한 말이다.

'虎'자가 들어간 단어는 주로 위풍당당하고 용맹함을 비유하는 데 쓰인다. 고대에 있던 '虎賁(호분)'이라는 단어는 맨 처음에는 용사에 대한 칭호로 사용되었다. 예컨대『전국책』에서는 "호분의 용사가 100여 만이다虎賁之士百余萬"라는 기록을 찾아볼 수 있다. 이는 군대가 100만이 넘는 용사들로 구성되어 있음을 묘사하는 말이다. 나중에 '호분'은 관직명으로 변해 나라와 왕을 지키고 왕궁과 궁문을 보위하는 장수를 지칭하게 되었다. 그 밖에 용맹한 신하를 비유하는 '호신虎臣'과 용맹한 군대를 가리키는 '호려虎旅', 호랑이처럼 용맹한 전사를 비유하는 '호사虎士' 등의 단어도 있다. 이 외에도 '虎'자가 들어간 유사한 단어는 얼마든지 찾아볼 수 있다.

'虎'자가 성씨로 쓰인 것도 아주 오래된 일로서 그 기원은 상고시대 신화와 토템숭배 등과 관련이 있다. 지금은 극소수의 사람들만이 '虎' 성을 사용하고 있다.

'龍'과 '虎' 둘 다 대단히 용맹한 동물이라 종종 같이 쓰이곤 한다. 고대 시문에서는 '용호龍虎'라는 단어로 영웅호걸들을 비유했다. 예컨대 송나라 주필대周必大는 「익공의 제발·유중위의 난정서에 발문을 씀益公題跋·跋劉仲威蘭亭序」에서 "진나라 사람의 풍모가 범상치 않다. 글씨도 그러해서 우군(右軍: 왕희지) 역시 진나라 사람의 용호의 풍모를 지니고 있다晉人風度不凡, 於書亦然, 右軍又晉人之龍虎也"라고 칭송한 바 있다. 오늘날에도 중국인들은 여전히 잠재적 재능을 지닌 인물을 '장룡와호藏龍臥虎(숨어 있는 용과 몸을 웅크린 호랑이)'라는 말로 비유하곤 한다.

이 밖에도 '호거룡반(虎踞龍盤: 범이 웅크린 듯, 용이 서린 듯 지세가 험준하다)', '생룡활호(生龍活虎: 용과 범처럼 원기왕성하다)', '용등호약(龍騰虎躍: 활력이 넘쳐 기세등등하다)', '용음호소(龍吟虎嘯: 용과 범처럼 포효하다)', '용쟁호투(龍爭虎鬪: 용과 호랑이의 싸움처럼 치열하다)' 등 일련의 단어들이 모두 용과 호랑이처럼 건장하고 힘이 세며 호방하고 격정적인 기세를 표현하고 있다.

역사가 발전함에 따라 12지는 맨 처음에는 신앙의 대상이었던 것이 점차 일종의 부호와 상징으로 변했고, 중국인의 생활 각 분야에 깊이 스며들었다. 12지의 각 동물들은 제각기 서로 다른 기질과 정신적 풍모를 상징한다. 그 이면에는 중국인의 생존의 지혜와 아름다운 삶에 대한 기대가 담겨 있다. 또한 12지는 대부분 성씨로도 쓰이면서 중국인의 일상적인 호칭에 독특한 문화적 이미지를 투영하고 있다.

이름 속의 다양한 세계

제7장

명名, 자字, 호號의
어제와 오늘

이번 장에서는 다음의 한자들에 대해 이야기를 나누려고 한다.

名	字	冠	笄	體	正	訓
이름 명	글자 자	갓 관	비녀 계	몸 체	바를 정	가르칠 훈

淵	封	適	韜	啓	信	義
못 연	봉할 봉	갈 적	감출 도	열 계	믿을 신	옳을 의

象	假	類	號	別	稱	
코끼리 상	거짓 가	무리 류	부르짖을 호	나눌 별	일컬을 칭	

一. '명'과 '자'의 유래

중국인들은 일상생활에서 서로 비교적 잘 아는 사람 사이에는 일 반적으로 상대방의 성과 이름을 다 부르는 경우가 매우 드물다. 대 부분의 경우 상대방의 성씨 앞에 '老~(나이 든 사람에게 친근감을 나타 내기 위해 쓰는 접두사)', '小~(나이 어린 사람에게 친근감을 나타내기 위해 쓰는 접두사)' 등을 붙여 '老李(이씨)', '小張(장군)' 등으로 부르거나 '志 勇(지용)', '蘭英(난영)'처럼 직접 상대방의 이름을 부르는 것이 훨씬 흔한 상황이다. 재미있는 것은 오래 알고 지내는 지인이든 새로 사 귄 사람이든 간에 아는 사람 중에 '이씨'나 '장군'은 한 명으로 그치 는 경우가 없지만, '지용', '난영' 같은 실명은 대부분의 상황에서 한 명뿐이라는 점이다. 이런 상황은 한 가지 사실을 암시하고 있다. 성 씨는 다수가 공유하는 일종의 사회적 현상을 중시하는 반면, 이름 은 특수성을 지닌 한 개인을 중시한다는 점이다. 전자는 대체로 '공 통점을 추구'하고, 후자는 명백히 '각자의 다름'을 구현한다.

본질적으로 이름은 그저 어떤 한 사람을 다른 사람과 구별하는 일종의 부호에 지나지 않지만 우리는 그 이름을 통해 그 사람의 모 습을 상상하고 그의 개성을 추측한다. 예컨대 '대장大壯', '자묵子墨', '약남若男', '숙아淑雅' 같은 이름을 들으면 이름의 주인이 머릿속에 서 어떤 모습으로 그려질까? 특히 야윈 체형을 가진 '대장'이라는 사람을 만나면 우리는 자신의 판단력을 의심하게 될까, 아니면 '말 이 안 되는 이름'이라고 속으로 부정하면서 중얼거리게 될까?

사실 그렇게 난감해할 필요는 없다. 당신이 사람의 이름에 주의를 기울이고 관심을 가질 때, 우리는 이미 실제로 이름의 함의를 탐구하고 있는 것이다.

'이름'의 생성은 인간이 개체의식을 갖게 됨에 따라 발생하는 필연적 결과이자 사유제 경제의 출현 이후에 생긴 자연스러운 산물이다. 반면에 공유제 위주의 원시사회에서는 사람들의 관념이 아직은 무리, 부락 등을 기본 단위로 하기 때문에 부락의 이름이 곧 개체신분을 나타내는 표지가 되었다. 예컨대 '黃帝(황제)', '炎帝(염제)', '共工(공공)', '蚩尤(치우)' 같은 이름은 처음에는 모두 원시부락의 명칭이었다가 나중에 부락 수령의 이름으로 전환된 경우라고 할 수 있다.

세월이 흘러 사회가 발전함에 따라 사람들마다 각자의 사회적 역할이 점차 안정상태로 접어들었고, 이에 따라 성씨 안에 직업의 그림자가 나타나기 시작했다. 게다가 서로 다른 사람 사이에 서서히 특정 호칭을 부여해서 구분해야 할 필요도 생겨났다. 그러면서 자연스럽게 이름 짓기의 수요가 발생하여 실천되기에 이르렀다.

名
이름 명

'名'이라는 글자의 갑골문 자형은 ꓕ 이다. 왼쪽은 '口', 오른쪽은 '夕'으로 저녁이나 해실녘을 가리킨다. 둘을 합치면 '해가 져서 모습이 잘 보이지 않는 상황에서 자신이 어느 집안사람인지 알리는' 의미를 갖게 된다. 예컨대 『설문해자』에서는 "名은 스스로를 명명하는 것이다. '口'와 '夕'은 모두 뜻 부분이다. 저녁은 어둡다. 어두우면 서로가 보이지 않으니 소리 내어 자기 이름을 말하는 것이다名, 自命也. 從口從夕, 夕者, 冥也, 冥而不相見, 故以口自名"라고 해석하고 있다. 다시 말해 날이 저물면 인사를 나누는 두 사람이 서로를 알아볼 수 없으니 이름을 사용하여 자신을 밝힌다는 뜻이다. 이는 오늘날 우리가 다른 사람과 전화통화를 하거나 직접 찾아가 만날 때 자기 집안을 알리는 방식으로 "누구야?", "누구세요?" 하고 상대방에게 묻거나 물음에 응답하는 것과 마찬가지다.

이런 견해에 따르면 사람들이 이름을 갖게 된 것은 스스로 자신을 명명해야 하는 필요성에 기인한 것이 분명하다. 예컨대 한나라 때의 악부시樂府詩 「맥상상陌上桑」에서는 "진씨에게 훌륭한 딸이 있으니, 스스로 나부羅敷라고 부르네秦氏有好女, 自命爲羅敷"라는 구절이 나온다. 이는 현재 일상적으로 우리가 다른 사람의 이름을 부르거나 다른 사람이 자기 이름을 부르는 것을 듣는 상황과는 약간 다른 것 같다. 어떻게 된 것일까?

원래 고대에는 자녀를 위해 이름을 짓는 것은 아버지가 할 일이었다. 예컨대 『예기』에는 "그리하여 자식을 낳은 지 석 달이 되면 아비가 그 이름을 짓는다故子生三月, 則父名之"라고 기록하고 있다. 또한 『백호통白虎通』에도 "사람에게 반드시 이름이 있어야 하는 것은 어째서인가? 감정을 토로하고 스스로를 단속하며, 사람을 존중하고 섬기기 위함이다人必有名何? 所以吐情自紀, 尊事人者也"라는 기록이 있다. 이런 점들로 미루어볼 때, 이름의 기본적인 용도는 속마음이나 생각을 드러내면서 자신의 신분을 밝히고, 타인과의 교제에서 겸양을 나타내기 위한 것임을 알 수 있다. 여기서 '紀(기)'는 '기록하다', '기재하다' 등의 뜻을 내포하고 있으므로 말하는 사람(자신)이 누구인지 나타낸다는 뜻이 된다.

또한 『백호통』에서는 "名은 어리고 비천한 사람들을 부르는 말이다名者, 幼小卑賤之稱也"라고 설명하고 있다. 그렇다면 '사람의 이름'은 윗사람이 아랫사람을, 어른이 아이를 부르는 호칭으로서 현대인의 '아명'이나 '애칭'에 해당한다고 볼 수 있다. 따라서 이러한 호칭은 자신이 겸양과 공경을 표시하거나 어른이 후배나 아랫사람에 대한 친근함을 표시하는 데만 쓰일 수 있다. 예컨대 『예기』에서는 "아버지 앞에서 자식 된 자는 이름을 부르고, 군주 앞에서 신하 된 자는 이름을 부르는 것이 도리다父前, 子名. 君前, 臣名"라고 규정하면서 "나라의 군주는 경로卿老와 세부世夫의 이름을 부르지 않고, 대부大夫는 세신世臣과 질제侄娣의 이름을 부르지 않으며, 선비는 가상家相과 장첩長妾의 이름을 부르지 않는다國君不名卿老世婦, 大夫不名世臣侄娣, 士不名家相長妾"라고 밝히고 있다. 이로써 제아무리 제왕이라 하더라도 예와 법도에 따라 조정에 나온 나이 든 신하와 궁정의 내정을 관장하는 궁녀나 상궁 앞에서는 '그 이름을 직접 부를 수' 없었다는 것을 알 수 있다.

그렇다면 옛사람들의 교제과정에서는 서로 상대방을 이렇게 불렀을까? 이 문제는 '자字'와 관련이 있다.

字
글자 자

'字'의 금문 자형은 [宀]이다. 바깥쪽은 '宀(면)'으로 집을 나타내고 안쪽은 '子'로 아이를 나타낸다. 이 둘을 합치면 '생육'과 '육아'를 의미하게 된다. 인간이 아이를 낳아 기르는 것은 번식과 번성을 의미하므로 字와 관련이 있다. 그 함의는 사람의 '字'가 '名'에서 파생되었으며, 양자 사이에는 본질적인 연관성이 있다는 것이다.

『예기』에 "어릴 때는 이름을 부르고, 성인이 되면 자字를 쓴다幼名, 冠字"라는 기록이 있는 것으로 보아 옛사람들은 유년기에는 우선 '名(이름)'을 쓰고, 약관弱冠, 즉 성년의 나이가 되면 '자'를 가졌다는 사실을 알 수 있다. 그렇다면 옛날에는 몇 살이 되면 어른이 된 것으로 간주했을까? 이 문제 또한 『예기』에서 답을 찾을 수 있다. 『예기』에서는 "남자 스물이면 관례를 하고 字를 취하며, 여자 열다섯이면 쪽을 지고 字를 취한다男子二十, 冠而字. 女子十五, 笄而字"라고 설명하고 있다. 고대 중국의 전통에 따르면 남자는 스무 살이 되면 머리를 틀어 올려 갓을 쓰고 '자를 취했고', 여자는 열다섯 살이 되면 머리를 올려 쪽을 지고 '자를 취했음'을 알 수 있다.

이는 실제로 성년의식 또는 성인의식으로서 의식이 끝나면 의식을 치른 주인공은 아무 걱정 없이 지내던 소년 시기와 작별을 고하고 훨씬 더 많은 사회적 역할과 책임을 감당하는 성년 단계로 진입하게 됨을 의미했다.

'冠'자는 '冖(멱)', '元(원)', '寸(촌)' 세 부분으로 이루어진다. '冖'은 천 종류로 된 가리개이고, '元'은 사람의 머리 부분을 가리키며, '寸'은 측량단위로 나아가 모종의 기준 혹은 법도를 나타낸다. 세 부분이 합쳐지면 천 종류로 된 물건으로 머리를 묶는 행위를 가리킨다. 이는 남자가 성년이 되었을 때 치르는 약속된 상징이자 의례다.

'笄'는 '竹(죽)'과 '开(견)' 두 부분으로 구성되어 있다. '竹'은 물건을 제작하는 재료를 나타내고 '开'은 전체 글자의 발음을 나타낸다. 둘

冠
갓 관

笄
비녀 계

을 합친 의미는 머리를 묶을 때 사용하는 '비녀'가 된다. 알아둬야 할 점은 '筓'자의 고대 글자 형태는 아랫부분이 원래 '开'이었으나 나중에 글자 형태가 변하면서 현재의 '开(개)'가 되었다는 것이다. 여자가 비녀로 머리를 묶는 것도 마찬가지로 성년이 된 것을 의미한다. 예컨대 당나라 두우杜佑가 편찬한 『통전通典』에는 "계관筓冠은 성인의 용모요, 혼사는 성인의 일이다筓冠有成人之容, 婚嫁有成人之事"라는 기록이 있다.

분명한 것은 고대에는 남녀에 상관없이 머리를 묶는 것이 성인의 상징이었다는 점이다. 이와 동시에 이름 외에 또 '자字'를 지어 갖는 것도 마찬가지로 또 하나의 성인의 상징이었다. 특히 여자에게는 '자'를 갖는 것이 때로는 혼인을 의미하기도 했다. 예컨대 『의례儀禮』에서는 "여자가 혼인을 약속하면 쪽을 지고, 제를 지내고, 자로 칭한다女子許嫁, 筓而醴之, 稱字"라고 설명하고 있다. 여자가 약혼을 하면 머리를 묶어 올리고, 제배의식을 치르며 자를 취하는 것이 일종의 체계화되고 긴밀히 연결되어 있는 예법이자 의례형식이었다. 그래서 여자가 혼인을 약속하는 것을 '許字(허자)'라고 칭하기도 했던 것이다. 예컨대 하기방何其芳이 쓴 『화몽록畵夢綠』에는 "그녀는 일찌감치 그 사람과 약혼하고, 부모님의 명령과 중매쟁이의 말에 따랐다她早已許字了人家, 依着父母之命, 媒妁之言"라는 대목이 나온다. 이와 상대되는 '待字閨中(대자규중)'이라는 문구는 여자가 아직 누군가와 약혼하지 않은 상태로 그때를 기다리고 있다는 의미다.

성년이 된 남녀가 '자'를 취하고 나면 그들의 '자'는 사실 다른 사람이 그들을 부르는 호칭이 된다. 사람들과의 교제에서 다른 사람을 부르는 '자'는 주로 존중과 친근함이라는 두 가지 마음의 표현이다.

'이름(名)'은 겸칭이자 애칭으로 볼 수 있으며, 그 기본적인 기능은 스스로 사용하거나 연장자에게 사용하는 것이다. 따라서 타인에 대한 존중을 표하기 위해 일반적인 상황에서는 상대방의 '이름'을 직접 부를 수 없고 '자'로 불러야 한다. 예컨대 『백호통』에서는 "어째서 자가 필요한가? 공덕을 드러내고 성인을 존중하기 위함이다人所以有字何? 所以冠德明功, 敬成人也"라고 설명하고 있다. 이는 대단히 직설적이고 솔직한 말이다. 요컨대 사람이 '자'를 취하는 것은 공로와 덕행을 드러내고 성인에 대한 존중의 뜻을 표현하기 위한 것이다.

한편 성씨를 생략하고 곧바로 '자'로 부름으로써 서로 잘 알고 가까운 사이임을 나타내기도 한다. 예컨대 『구오대사舊五代史』에는 "태조께서 비록 제위에 오르셨으나 때때로 그를 자로 부르시는 것은 어려운 시절의 약속을 잊지 못하심이다太祖雖登大位, 時以兄呼之, 有時呼表字, 不忘布衣之契也"라고 기록하고 있다. 이 구절의 배후에는 송 태조 조광윤趙匡胤이 자신이 황위에 오를 수 있도록 돕고 송나라 초기에 나라의 기틀을 다지는 데 혁혁한 공을 세운 신하 왕준王俊을 지극히 총애했다는 뒷얘기가 있다. 비록 상대방에게 성격상 약간의 흠결은 있었지만 그의 충성심이 대단하고 자신보다 두 살 연상인 점을 생각하여, 조광윤은 항상 왕준을 '형'이라고 부르거나 그의자 '수봉秀峰'으로 부름으로써 과거를 잊지 않고 있으며 여전히 친근함을 느끼고 있다는 뜻을 나타냈다.

이로써 사람의 '이름'과 '자'는 그 기원도 다르고 기능 또한 다르다는 사실을 알 수 있다. 그렇다면 양자 사이에는 어떤 연관이 있는 것일까?

二. '명'과 '자'의 연관성

　선후 순서로 볼 때, 사람은 누구나 먼저 '명(이름)'을 갖고 그다음에 '자'를 갖는다. 여기에 '자'의 파생적 의미가 결합되면 대체로 '자'는 '명'을 심화하고 확대한 것이라고 할 수 있다. 이러한 사유맥락으로 고대 문헌과 현대의 연구자료들을 살펴보면 '명'과 '자' 사이에 복잡하게 얽힌 수많은 연관성을 찾아볼 수 있다.

　전체적으로 볼 때, '명'은 개체를 나타내어 주로 구별하는 기능을 갖는 반면, '자'는 덕행을 드러냄으로써 그 사람이 추구하고 지키는 바와 더 나아가 가치관을 나타낸다. 예컨대 북제北齊의 안지추顔之推가 쓴『안씨가훈顔氏家訓』에서는 "예로부터 이름으로써 그 사람의 몸을 지칭하고, 자로써 덕을 드러내 보였나古者, 名以正體, 字以表德"라고 설명하고 있다.

體
몸 체

　'體'자는 두 가지 연원을 갖고 있다. 하나는 '저열함 혹은 어리석음'의 뜻에서 왔다는 것이고, 또 다른 하나는 글자 형태가 원래 '軆'로서 신체를 의미한다는 것이다.『설문해자』에서 후자에 대해 "총십이속十二屬"이라고 해석한 바에 따르면, '體'로 개괄되는 부분이 머리 부분의 頂(정)과 面(면), 頤(이: 아래틱), 몸통에 해당하는 肩(견)과 脊(척: 척추), 臀(둔: 엉덩이), 상지上肢에 해당하는 肱(굉: 팔뚝)과 臂(비: 팔), 手(수), 하지下肢에 해당하는 고(股: 대퇴)와 脛(경: 정강이), 足(족) 등 총 열두 개 신체 부위다. 이러한 기본 의미가 다시 발전하여 '體'는 '인간 자체'라는 의미도 간접적으로 나타내게 되었다.

'正'은 맨 처음에는 '바름', '정확함'의 의미였으나 나중에는 '방향', '목표' 등의 함의도 갖게 되었고, 이를 바탕으로 '확립하다', '명확히 하다'의 파생적 의미도 갖게 되었다. 예컨대『주례』에는 "세밑에는 관리들이 한 해를 결산하고, 월말에는 그달의 일들을 결산하며, 열흘마다 매일의 성과를 결산하여 그 다스림을 고찰한다歲冬, 則令群吏正歲會. 月冬, 則令正月要. 旬冬, 則令正日成, 而以考其治"라는 기록이 있다. 이 말은 기본적으로 각급 관리들이 날마다, 달마다, 해마다 자신의 관할범위의 장부를 결산하여 확정하고, 이를 바탕으로 자신들의 업무실적을 고찰해야 한다는 의미다.

따라서 '명이정체名以正體'는 '이름'으로써 신분을 명확히 하는 것이고, 나아가 '명정언순(名正言順: 명분이 바르면 말도 이치에 맞다)'을 실현하는 것은 곧 사람이 자신의 상황에 따라 일을 도모하고 실행한다는 뜻이다.

청나라 학자 왕인지王引之가 쓴『춘추명자해고春秋名字解詁』에서는 사람의 '명'과 '자'가 다양한 연관 형식을 갖고 있다고 기록하고 있다.

첫째로 훈訓이 같다는 것이다. 다시 말해 '名(이름)'과 '字(자)'의 의

正
바를 정

訓
가르칠 훈

미가 같다는 점이다. '訓'자는 '言'과 '川'으로 구성되어 있다. '川'의 최초 의미는 강의 흐름으로, 강물이 '흐름을 따라 내려가(順流而下)'기 때문에 '순종하다(順)'는 뜻도 내포되어 있다. 따라서 '訓'의 기본적인 의미는 일정한 도리에 따라 가르침을 행하는 것이라 할 수 있다. 예컨대 『좌전』에는 '무재훈농務材訓農', 즉 생산에 힘쓰고 민중이 농경에 종사하도록 지도한다는 기록이 남아 있다. 나중에 '訓'은 '訓導(훈도: 교도하다)'의 뜻에서 점차 '원류', '본원을 밝히다'의 뜻으로 발전했다. 예컨대 육유의 『노학암필기』에는 "선인이 남긴 유고遺稿가 상자에 가득하고, 모두 경전의 뜻풀이(訓解)지만, 그 글자를 분별하는 것이 지극히 어려우니 오직 한 사람(나)만이 알아본다先人有遺稿滿篋, 皆諸經訓解, 字畵極難辨, 惟某一人識之"라는 기록이 있다.

淵
못 연

따라서 '훈이 같다(同訓)'는 것은 두 가지 사물이 공통된 기원을 가졌다는 것으로 볼 수 있으며, 구체적으로는 문자의 의미상 두 단어 사이에 공통의 원류가 있다고 할 수 있다. 예컨대 공자에게는 안회顔回라는 이름의 제자가 있었는데 字가 자연子淵이었다. '淵'자 왼쪽의 '氵'는 쉽게 이해할 수 있지만 오른쪽 부분은 무엇을 나타내는 것일까? 이 부분의 이전 형태인 **㬮**을 결합하여 다시 '回'와 '淵' 사이의 관계를 살펴보면, 옛사람들이 이 부분의 좌우 양쪽 변을 강가로, 가운데 부분은 물이 휘돌아 흐르는 모양을 표현한 것임을 알 수 있다. 이러한 추론은 상당히 합리적이고 믿을 만한 이유가 있다. 예컨대 송나라 시인 매요신梅堯臣은 「이밀학을 만난 정회和李密學見懷」라는 사詞(중국 고대문학에서 시와 음악이 결합된 형태로 일정한 악곡에 맞춰 가사를 쓰는 문학 장르)에서 "두 물줄기가 교차하며 마을을 껴안고 흐르며, 맑고 깊은 몇 곳은 제 혼자 돌아치네二水交流抱閭井, 淸潭幾曲自淵回"라고 노래한 바 있다. 이 사는 두 줄기 강물이 마을을 휘감아 돌고, 수심이 깊은 몇 군데는 소용돌이가 있는 마을의 아름다운 풍경을 마치 담묵으로 그려내고 있는 것 같다.

　'명'과 '자'의 두 번째 관계는 '대구對句'다. '대구'는 의미가 다른 두 구절을 대비시켜 두드러지게 하는 것이다. 예컨대 명성이 자자한 송나라 대학자 주희朱熹의 자는 원회元晦로, '희熹'와 '회晦'는 하나는 밝음, 하나는 어둠으로 상반된 뜻을 나타낸다. 또한 『좌전』의 기록에 따르면 춘추전국시대 제나라에 '경봉慶封'이라는 대부는 자를 '자가子家'로 했다고 한다. '봉封'에는 영토라는 뜻이 있으니 곧 '邦(나라)'이라는 뜻이고, '邦'과 '家'가 서로 보완하여 완성되면 '家國(국가)'을 지칭한다는 뜻을 나타내기에 충분하다.

　'명'과 '자'의 세 번째 관계는 '한 덩어리로 연결하는' 것이다. 양자가 의미상 승계 또는 예속관계에 있음을 의미한다. 예컨대 『사기』 등의 문헌기록에 따르면 공자의 제자 가운데 '남궁적南宮適'이라는 사람이 있었다. '適'자의 최초의 의미는 '신속하다'로, '괄括'자와 서로 통한다. 따라서 '南宮適'을 '南宮括'로 쓰기도 했다. 남궁적에게는 '남도南韜'라는 또 다른 이름이 있었다.

　'韜'자의 최초 의미는 '칼집'이다. 보검을 싸는 물건을 말한다. 따라서 '韜'자는 '포용'의 뜻도 갖고 있다. '括(괄)'자는 자연스럽게 '포괄하다', '망라하다'의 뜻을 갖게 되었다. 공교롭게도 남궁적의 자가

邦
봉할 봉

適
갈 적

韜
감출 도

'자용子容'인 것을 보면, '괄괄'이든 '도도'든 상관없이 둘 다 '容(용: 수용하다)'과 의미상 예속관계가 있음을 알 수 있다.

'명'과 '자'의 네 번째 관계는 '구체적 지적'이라고 할 수 있다. 양자가 의미상 허와 실, 추상과 구체의 관계에 있다는 의미다. 예컨대 『좌전』의 기록에 따르면 춘추전국시대 초나라 평왕平王의 아들 중에 '계啓'라는 이름을 가진 아들이 성년이 되어 취한 字가 '려閭'였다고 한다.

啓
열 계

'啓'자의 갑골문 자형은 𣏾로서 왼쪽은 방문의 '戶', 오른쪽은 '手'를 나타낸다. 합치면 '문을 열다'의 뜻이 된다. '閭(려)'의 최초의 의미는 골목 안에 있는 '문'이었다. 예컨대 송나라 누월樓鑰이 쓴 「부양으로 가는 소재를 배웅함送瀟宰富陽」이라는 시에서는 "3년을 너 오기만 기다리며 양친이 사립문에 기대어 서 있네三年待汝歸, 二親眞倚閭"라고 노래한 대목이 있다. '문을 열다'의 '啓'와 실제 문을 나타내는 '閭'가 허와 실의 관계로 짝을 이루고 있는 것이다.

'명'과 '자'의 다섯 번째 관계는 '물건의 변별'이다. 양자가 의미상 동일한 사물에서 파생된 것으로서 서로 종속관계에 있다는 의미다. 이러한 상황으로 가장 유명한 사례로는 공자 자제의 이름을 들 수 있다. 공자 아들의 이름은 공리孔鯉이고 자는 백어伯魚다. '鯉(리: 잉어)'는 물고기 종류이고 '魚(어)'는 조류나 파충류, 포유류, 양서류 등 척추동물들을 병렬하는 훨씬 큰 범주다. 요컨대 '鯉'와 '魚'는 종류가 같으면서 동시에 포용과 피포용의 관계에 있는 것이다.

'명'과 '자'의 관계를 좀더 상세히 밝히자면 서로 다른 관점이나 기준에 따라 훨씬 더 정밀하게 분류할 수 있을 것이다. 이름을 부모나 윗사람에게서 받았든, 어른이 된 후 자기가 원하는 대로 고쳤든 간에 사람들이 이름을 지을 때 특별히 중시하는 것은 무엇일까?

三. 이름을 중시하는 이유

중국인들이 이름을 짓는 데 들이는 수고는 대단하다. 풍부한 함의가 있고 풍자적 비유가 심오한 수많은 이름은 형식면에서도 대체로 구상이 교묘하며 독특하고 기발하다는 느낌을 준다. 예컨대 성씨와 이름을 하나로 연결하여 특별한 의미를 이루게 하는 경우가 많다. 예컨대 '마식도(馬識途: 말이 길을 알다)', '성방원(成方圓: 사각형과 원형을 이루다)', '향전진(向前進: 앞으로 나아가다)' 같은 이름이 그렇다. 또 어떤 사람들은 성씨를 두 부분으로 갈라서 이름으로 쓰기도 한다. '서사여舒舍予', '하가인何可人', '하가패賀加貝' 같은 이름이 이런 경우에 해당한다. 또 이런 사례도 있다. 어떤 사람이 아이를 낳고 나서 아이 이름을 지을 때 가족의 성씨인 '傅(부)' 성을 고려하지 않고 자신의 소원대로 '경리(經理: 경영관리 책임자)'라고 이름을 지었다. 결국 아이가 자라서 가족 모두의 소망을 저버리지 않고 개인의 부단한 노력으로 미래를 개척하여 마침내 총경리(사장)가 되었으나 사람들이 듣게 되는 것은 늘 '부총(副總: 부사장, 傅總과 발음이 같음)', '부경리(副經理: 부사장, 傅經理와 발음이 같음)'라는 소리였다.

작명과 관련하여 이처럼 재미있는 일화를 접할 때면 웃음을 참지 못하게 된다. 이런 이야기들은 흔히 차를 마실 때나 식사 후 휴식시간의 담소거리가 되기도 한다. 실제로 고대 중국에는 자녀에게 이름을 지을 때 처음부터 매우 중시하는 규칙이 형성되어 있었다.

『좌전』에는 "공이 신申에게 이름에 대해 물으셨다. 이에 답하기를, '이름은 신信, 의義, 상象, 가假, 류類의 다섯 가지가 중합니다. 생시로 이름을 지으면 신信이고, 덕으로 이름 지으면 의義이며, 유사함으로 이름을 지으면 상象이고, 물질을 취하여 이름을 지으면 가假이며, 아비를 취하여 이름을 지으면 류類입니다'라고 하였다"라는 기록이 있다. 이 문장의 대략적인 뜻은 이렇다. 노魯나라 환공이 대신 신유申儒에게 이름 짓는 일에 관해 자문을 구하자 신유가 대답했다. "이름을 짓는 데는 다섯 가지 상황이 있습니다. 다섯 가지 규칙이라고 할 수도 있겠지요. 사람의 이름은 응당 신, 의, 상, 가, 류의 다섯 가지 상황 가운데 하나를 반영해야 합니다. 구체적으로 말하자면 출생 시의 어떤 상황에 근거하여 지은 이름은 성의와 신뢰에 속하고, 덕행을 추구하여 지은 이름은 인의仁義에 속하며, 생리상의 어떤 특징을 나타내는 이름은 형상에 속하고, 객관적 사물에 의거하여 지은 이름은 차용한(假) 것에 속하며, 부친의 어떤 특성을 유추하여 지은 이름은 유사함에 속합니다."

'信'의 최초 의미는 성의와 신뢰다. 이는 사람의 행동거지가 들쑥날쑥하지 않고 안정적이라는 것을 의미한다. 예컨대 '信風(신풍)'은 일정한 때에 찾아오고 방향도 일정한 계절풍을 말한다. 당나라 우

信
믿을 신

곡우鵠은「달 밝은 밤에 배 위에서 피리소리를 듣다舟中月明夜聞笛」라는 시에서 "포구에 떠나는 배 신풍을 기다리는데, 갈대가 끝없이 펼쳐져 있고 한밤의 강은 텅 비었네浦里移舟候信風, 蘆花漠漠夜江空"라고 노래한 바 있다. 이처럼 상황에 해당하는 이름 가운데 가장 유명한 사례로 춘추전국시대 정鄭나라의 3대 군주인 장공莊公을 들 수 있다. 정 장공은 태어날 때 태아가 거꾸로 서서 나온 역산逆産이었다. 다시 말해 정상적으로 머리가 먼저 나온 것이 아니라 발이 먼저 나온 것이다. 그 때문에 '오생寤生'이라는 이름을 얻게 되었다. '寤'자는 '牾(오)'와 마찬가지로 '거스르다', '전도되다'의 뜻을 지닌다.

역산 때문이었는지 징 장공은 어려서 생모 무강武姜의 총애를 받지 못했고, 왕위를 물려받은 뒤에도 생모의 총애를 듬뿍 받았던 동생 '공숙단共叔段'과 왕위를 놓고 대결을 벌여 왕위 찬탈을 노렸던 동생을 주살하고 만다. 물론 최종적으로 장공 모자는 혈육의 정으로 그간의 미움을 말끔히 씻게 된다. 덕분에 두 사람은 땅굴에서 서로 만났을 때 "큰 굴속으로 들어오니 그 즐거움이 이리 따뜻하고, 큰 굴 밖으로 나오니 그 기쁨이 또 이리 포근할 수가 없네大隧之中, 其樂也融融. 大隧之外, 其樂也泄泄"라는 천고의 명문을 지어낼 수 있었다.

'義'자의 갑골문 자형은 羕이다. 윗부분은 제물로 바쳐진 '羊(양)'으로 볼 수 있어 상서로운 의미를 지니고 있고, 아랫부분은 '我(아)'로 병기를 나타내거나 의장儀仗을 의미한다. 이를 합치면 '합당한 덕행 혹은 도리'라는 뜻을 갖게 된다. 예컨대『맹자』에서는 "생生도 내가 바라는 바요, 의義 또한 내가 바라는 바다. 그러나 둘을 동시에

義
옳을 의

얻을 수는 없으니 생을 버리고 의를 취하는 것이다生, 亦我所慾也, 義, 亦我所慾也, 二者不可得兼, 舍生而取義者也"라는 기록을 찾아볼 수 있다. 여기서 목숨과 덕행 둘 다 온전히 얻기 어려울 때, 기꺼이 목숨을 버리고 덕행을 지키고자 했던 맹자의 기개를 엿볼 수 있다.

덕행으로 이름을 지은 유명한 인물 가운데는 '姜里(유리)'성 안에서 팔괘를 점치고(감옥에서 『주역』을 지은 것을 말함) 중국의 수천 년 문화에 영향을 미친 주 문왕 희창姬昌이 있다. '昌'자의 최초 의미는 '아름다운 언사'였지만 나중에는 아름답고 풍성한 모든 것을 지칭하게 되었다. 이를 기초로 '아름다움', '성대함'을 나타내는 말로 발전했다. 주 문왕의 선대가 그에게 앞으로 어진 정치를 펼치고 왕조를 흥성하게 하라는 간절한 염원을 기탁하여 이름을 지은 것이 분명하다.

象
코끼리 상

'象'자의 갑골문 자형은 𦥑이다. 육지에 사는 가장 거대한 동물인 '코끼리'의 형상을 묘사한 것이 분명하다. 물론 고대에도 일부 사람들은 사실 글자를 만든 사람이 주로 열대지역에 사는 이런 포유동물을 본 적이 없었기 때문에 상상을 통해 그 윤곽을 그려냈고, 바로 이것이 나중에 '상상(想象: 코끼리를 생각한다는 뜻으로 해석될 수 있음)'이라는 단어가 나오게 된 연유라고 유추하기도 했다.

사물의 형상으로 이름을 지은 사람으로는 가장 먼저 성인 공자를 들 수 있다. 예로부터 전해오는 이야기에 따르면, 공자는 태어날 때 머리통 윗부분 한가운데가 함몰되어 사방이 융기한 모양이었다고 한다. 이것이 바로 '구丘'자의 최초 의미다. 예컨대 『설문해자』에서는

"사방이 볼록 솟아 있고 중앙이 내려앉은 것을 구릉이라고 한다曰四方高, 中央下爲丘"라고 설명하고 있다.

'假'자의 최초 의미는 '거짓의', '진실하지 않은'이다. 실체가 없이 허무한 사물은 실재하는 다른 사물을 차용해야만 존재할 수 있다. 따라서 '假'자는 나중에 '힘을 빌리다'라는 뜻도 갖게 되었다. 예컨 대 한자의 조자방법인 '육서六書' 중에 '가차假借'의 형식이 있다. 이 형식에 대해 옛사람들은 "글자는 없고 소리에 의거해 그 뜻을 맡긴 다本無其字, 依聲托事"라고 정의했다. 다시 말해 원래 그 뜻을 나타내 는 한자는 없기 때문에 다른 뜻을 나타내는 한자와 발음이 매우 유 사할 경우 그 자형을 차용하여 나타내고자 하는 뜻을 표현했다는 것이다. 예컨대 '長(장)'자에는 '윗사람(長輩)'이라는 뜻이 있는데, '우 두머리'라는 뜻에 상응하는 글자가 없었다. 그래서 이런 의미와 독 음을 갖는 '長輩(장배)'의 '長'자를 차용하여 '우두머리'라는 뜻을 나 타내게 된 것이다.

假
거짓 가

역사적으로 유명한 인물 가운데 객관적 사물을 이용하여 이름을 지은 경우 역시 공자가 대표적이다. 다름 아니라 그의 아들 공리孔 鯉의 이름이 이에 해당한다. 공리가 태어날 때 공자의 친구가 잉어 를 한 마리 들고 찾아와 축하해주었고, 이에 공자는 잉어를 아들의 이름에 차용했다고 한다. 여기에 친구와 공자의 마음속에 '잉어가 용문을 넘기(鯉魚躍龍門)'를 바라는 기대가 있었는지는 알 수 없다.

'類'자의 자형은 '犬(견)'과 '頪(뢰)'로 구성되어 있다. '頪'는 전체 글 자의 발음을 나타내고, '犬'은 종류가 비슷한 정도로는 개만한 동물

類
무리 류

이 없음을 나타낸다. 따라서 '類'는 종류가 비슷하다는 뜻이 된다. 예컨대 "호랑이를 그리려다 개와 비슷해졌다畵虎不成反類犬"라는 말에서 '類'는 '비슷한', '가까운'의 뜻이다. 나중에 '類'자는 '비슷한', '가까운', '유사한'의 뜻에서 점차 발전하여 '유별', '분류', '인류'에서처럼 '종류'를 나타내게 되었다.

부친의 특징을 유추하는 방식으로 이름을 지은 역사적 인물로는 춘추전국시대 노나라 장공莊公을 들 수 있다. 그의 출생일이 부친인 노 환공桓公과 같은 달, 같은 날이기 때문에 환공은 장공의 이름을 '동同'이라 지었다. 그가 어떤 부분에서 부친과 비슷한 특징을 갖고 있음을 나타내려는 의도라 할 수 있다.

『좌전』의 기록에 따르면, 노 환공이 장공에게 '同'이라는 이름을 지어준 것은 사실 그가 대신 신유와 이름 짓는 문제에 관해 토론했을 때 생긴 일이라고 한다. 군신 두 사람이 이 일을 논하는 과정에서 신유는 이름을 지을 때 여섯 가지 피해야 할 사항도 언급했다. 이른바 '육불六不' 원칙이다. 구체적으로 열거하자면 이름을 지을 때 나라이름과 관직 명칭, 산천의 이름, 질병 명칭, 제사용 가축 명칭, 세기와 재물의 명칭 등을 쓸 수 없다는 것이다.

작명에 있어서 '육불' 원칙을 제시한 가장 중요한 원인은 옛사람들이 종종 망자의 영혼에게도 신령에게 하는 것과 마찬가지로 엎드려 절하며 예를 갖췄다는 데 있다. 예컨대 신령에게는 '이름을 직접 부르지' 못하는데 사람의 생전의 이름을 나라, 관직, 산천의 이름으로 정한다면 '100년' 후에는(웃어른이나 제왕의 사후에는) 이를 피하기 위해 이들 나라와 관직, 산천 등의 명칭을 없애거나 고쳐야만 힐 것이다. 이런 측면에서 역사적으로도 이미 선례와 교훈이 있었다. 예컨대 서주 시기에 진晉나라의 7대 군주인 진 희후僖侯는 성이 희姬, 이름이 사도司徒였다. 이는 훗날 진나라가 당시의 '사도'라는 관직명을 폐기하고 '중군中軍'이라고 바꾸는 결과를 초래한 직접적인 이유가 되었다.

춘추시대 송나라 12대 군주 송 무공武公도 비슷한 사례라 할 수 있다. 그의 이름이 '사공司空'이었기 때문에 송나라는 나중에 '사공'이라는 관직을 없애고 이를 '司城(사성)'으로 바꿔야 했다. 또 다른 예로 노 환공의 선조인 헌공獻公과 무공武公이 있다. 이 두 사람은 이름이 각각 '구具'와 '오敖'였기 때문에 나중에 노나라는 '구산具山'과 '오산敖山'의 이름을 바꿔야 했다.

물론 예로부터 지금까지 사람들의 작명 풍습에는 다양한 규칙과 중점사항, 금기(왕이나 높은 사람의 이름을 쓸 수 없게 한 피휘를 예로 들 수 있다) 등이 한데 어우러져 대단히 광범위하고 풍부한 내포를 연출하고 있다. 위에서 말한 내용은 그 가운데 중요한 일부만을 골라 소개한 것이다. 이 외에 점괘나 꿈의 내용을 차용해 이름을 짓는 경향도 있었고, 자녀가 훌륭하게 살아가고 성장하기를 바라는 마음에서 반대로 '천한 이름'을 짓는 경향도 있었다.

이 밖에도 작명의 금기에는 웃어른이나 성현의 이름을 피하는 것도 있지만 인지상정에 어긋나는 것도 피해야 한다. 전국시대 유명 철학자인 윤문尹文이 쓴 『윤문자尹文子』에는 재미있는 일화가 기록되어 있다. "강구康衢의 한 어른이 하인의 이름을 선박(善搏: 잘 때린다)이라고 짓고, 개 이름을 선서(善噬: 잘 문다)라고 지었더니 3년 동안 그 집 문턱을 넘는 손님이 없었다. 어른이 이상하게 여겨 연유를 따져보니 정말로 하인이 손님들에게 폭력을 휘둘렀고 개가 마구 물어댔다. 이에 하인과 개의 이름을 고쳤더니 그제야 손님들이 찾아오기 시작했다." 이 일화는 우리에게 하인이나 아끼는 개의 이름조차도 인지상정에 배치되는 일이 없도록 세심해야 한다는 점을 가르치고 있다.

요컨대 사람의 이름은 신중하게 지어야 할 뿐만 아니라 수시로 음미하고 세밀하게 평가할 만한 가치가 있는 것이다.

四. 이름 이외의 호칭

일반적인 상황에서는 우리의 이름은 우리 몸과 머리카락, 피부와 마찬가지로 부모와 선조로부터 물려받는다. 더구나 고대에는 일부 성년이 된 이후에 호칭을 '字(자)'로 바꾸는 현상은 확실히 존재했지만, '名(명)'을 고치는 일은 지극히 드물게 나타났다. 현대사회에 와서는 사람들이 심리적으로 비교적 관대해지기도 했고 '자'를 갖는 습속이 상당 부분 사라졌기 때문에 사람마다 하나의 이름만 갖는 경우가 대부분이다. 따라서 자신이 추구하는 개성을 더 잘 표현하기 위해 '명'을 바꾸는 현상이 고대에 비해 많아진 것이 사실이다.

고대에는 상대적으로 자유롭고 자주적으로 개성을 드러내는 작명의 형식이 있었다. 바로 '명'과 '자'와는 별도로 짓는 '호號'다.

'호'는 '별칭', '별호'라고도 한다. 일반적으로 본인 스스로 짓기 때문에 '자호自號'라고도 한다. 하지만 『주례』에 "호號는 그 이름(名)을 높이기 위한 더 아름다운 호칭이다號爲尊其名更美稱焉"라고 기록되어 있는 것을 보면, '호'가 존중을 나타내는 아름다운 호칭이었음을 알 수 있다. 따라서 호는 다른 사람이 지어주는 호칭을 가리키기도 한다. 이를 '尊號(존호)' 혹은 '雅號(아호)'라고 한다. 또한 넓은 의미에서는 '호'에 '묘호廟號'와 '시호諡號'도 포함된다.

'호'를 사용하기 시작한 것은 아주 오래전이지만 구체적으로 언제부터인지를 알려주는 상세하고 정확한 문헌기록은 아직 발견되지 않았다. 일반적으로는 대략 서주 시기에 시작되었을 것으로 간주하고 있다. 물론 혹자는 춘추시대 도가의 창시자인 '노담老聃'과 종횡가(전국시대에 제자백가 가운데 제후들 사이를 오가며 여러 국가를 종횡으로 합쳐야 한다고 주장한 분파)였던 '귀곡자鬼谷子'가 중국 역사에서 비교적 초기에 별호를 사용한 예라고 간주한다.

'號'자의 왼쪽 부분은 '口'와 '丂(교)'로 구성되어 있다. '口'는 이미 잘 알고, '丂'는 기의 흐름이 곧 시원하게 뚫린다는 것을 의미한다. 이 둘을 합치면 부르고 외치는 것을 뜻한다. 이는 나중에 한층 더 발전해 '호령하다(號令)'와 '호칭', '이름과 호(名號)'의 뜻도 갖게 되다. 이 글자는 고대에도 현재와 마찬가지로 두 가지 성조로 읽혔다. 하지만 동한 시기에 쓰인 『설문해자』와 송나라 때 완성된 『광운廣

號
부르짖을 호

韻』에 따르면, 같은 성조일 때 전자에서는 '통성(痛聲: 외쳐 부른다)'이라는 뜻으로 해석한 반면, 후자에서는 '명호名號'로 해석하고 있다. 따라서 '호'가 고대에 '외치다'의 의미나 '명호'의 의미를 나타낼 때는 그 발음의 차이가 현재처럼 그렇게 명확하지는 않았을 것으로 추정된다. 다시 말해 그 두 가지 발음과 몇 가지 의미들이 서로 교차되어 소통하는 상황이었을 것이다.

別
나눌 별

剐

중국어에서는 '別'자도 다음자多音字다. 특히 두 가지 발음의 기원과 최초에 대응되었던 글자 형태도 다르다. 제2성으로 읽을 때 대응되는 글자는 '剐'로 '분별하다', '다르다'는 뜻의 '別'이고, 제4성으로 읽을 때 대응되는 글자는 '彆(별)'로 '비틀다'라는 뜻의 '別'이다. '剐'은 손상된 뼈를 나타내는 '冎(과)'와 칼을 나타내는 '刂(도)'로 구성되며, 최초의 의미는 '분해하다'이나 나중에는 점차 '구별하다'의 뜻도 갖게 되었다. 또한 사물을 분리하고 구분하는 의미에서 확장되어 '그 밖에', '또 다른' 등의 의미도 내포하게 되었다. 따라서 '별호別號'는 사람의 이름 이외의 다른 호칭을 가리킨다. 예컨대 현대 중국의 아동문학가이자 시인이었던 빙심冰心의 「장홍의 누이莊鴻的姊姊」에는 "장홍은 내 친한 친구다. 그의 별호는 추홍秋鴻이다"라는 구절이 있다.

稱
일컬을 칭

'稱'자도 중국어에서는 다음자다. chèn(천)으로 읽을 때는 '부합하다', '대등하다' 등의 뜻을 나타내지만 고대 중국어의 독음인 chèng(청4성)으로 읽을 때는 이 발음에 대응하는 글자가 '秤(칭: 저울)'으로 고정된다. chēng(청1성)으로 읽는 것이 바로 우리가 여기서

애기하는 '별칭'의 '稱(칭)'이다. 물론 '稱'자의 맨 처음 의미가 '명칭'이었던 것은 아니다.

'稱'자는 '禾(화: 벼)'와 '再(칭: 들다)' 두 부분으로 구성되어 있다. '禾'는 '농작물'을 나타낸다. 고대에는 농작물이 자란 높이로 낮의 그림자를 재서 시간을 계산했고, 그 낟알에 돋아난 가시를 모아놓으면 길이를 재는 기본 단위가 될 수 있었다. 또한 알곡 자체를 모아놓으면 중량을 가늠하는 단위가 되기도 했다.

'再'은 '爪(조: 발톱)'와 '冓(구: 깊숙한 곳)'의 하반부로 구성되어 있다. '冓'의 갑골문 자형은 ✕로 대칭된 틀의 형상을 하고 있어서 '쌍', '짝' 등의 의미를 나타낸다. 따라서 '再'은 기본적으로 손으로 두 개의 물건을 잡는다는 의미로 '동시에 다루다', '병행하다'의 뜻을 나타낸다.

그렇다면 '동시에 다루다', '병행하다'의 '再'과 계량 또는 계량의 단위를 나타내던 '禾'를 합치면 그 기본 의미 역시 '계량', '측량', '가늠하다' 등의 뜻이 된다. 실제로 '再'자 자체가 바로 '稱'의 고대 자형이기도 했다.

이 외에 고대 글자 가운데 '稱'에 대응되는 것으로 '偁(칭)'도 있다. 이 글자는 'イ'과 '再'의 결합으로 구성된다. '再'은 방금 언급했듯이 '동시에 다루다', '병행하다'의 뜻을 나타내고, 'イ'은 사람을 가리킨다. 둘을 합치면 사람을 들어 올린다는 뜻이 되는데, 실제로는 '칭찬하다', '찬양하다' 등의 의미를 갖는다. 『설문해자』에서 이 글자를 "높이는 것이다揚也"라고 해석한 것과 다르지 않다.

따라서 칭호도 그렇고 별칭도 그렇고, 얼핏 보기에는 그저 한 사람의 차별성을 나타내는 아주 간단한 부호의 문제인 것 같지만, 그 내면에는 실제로 사람에 대한 존중과 칭송 등 다양한 의미가 숨어 있다.

옛날에는 자신에게 스스로 호를 부여한 사람이 많았다. 게다가 옛날 사람이 취하는 호는 비교적 뚜렷한 특징을 가지고 있었다. 요약하면 다음과 같다.

우선 스스로 명호를 지은 것에 대해 얘기해보자. 대다수 문인지사들에게 보편적으로 나타났던 '호'를 짓는 경향은 대부분 자신의 성정을 드러내고 의지를 표현하는 방법이었다. 예컨대 중국 민주혁명의 선구자 손문孫文은 청년 시절에 '일신日新'이라는 호를 사용했다. 이 호에 담긴 소망은 유교 경전인 '사서四書' 가운데 『대학大學』에 나오는 "진실로 어느 날 새로워졌다면, 날마다 새롭게 하고 또 새롭게 하라苟日新, 日日新, 又日新"라는 것이다. 반봉건, 반식민지였던 구중국의 현실에서 옛것을 버리고 새것을 도모하자는 위대한 이상의 기치를 뚜렷하게 표방하고 있는 것이다.

또한 서진 시기의 도연명陶淵明과 송나라의 소동파蘇東坡는 '별호'를 통해 공명에는 관심이 없고 전원의 정서를 추구하는 우아한 풍격과 아취를 드러냈다. '동파東坡'라는 호는 소식이 억울한 누명을 쓰고 투옥되어 고초를 겪은 뒤에 가솔들을 데리고 임관 소재지 동쪽의 한 산기슭으로 가서 황무지를 개간해 직접 밭을 갈고 농사를 지어 수확하는 삶을 살아가게 된 전후사정을 반영하고 있다.

일찍이 이부吏部와 병부兵部, 예부禮部에서 상서의 벼슬을 지낸 바 있는 소동파와는 달리, 참군參軍이나 현령縣令 같은 하급 말단 관직을 지낸 것이 전부인 도연명은 큰 인물이라고 할 수 없었다. '다섯 되의 쌀에 허리를 숙이기를 거부했던' 그의 집 주변에는 버드나무가 다섯 그루 있었다. 그래서 호를 '오류선생五柳先生'이라고 했다.

오류선생은 평생 산수를 마음껏 즐기며 시와 술과 꽃을 통해 많은 마음의 위안과 큰 깨달음을 얻었다. 후세의 문인과 시인들 모두 그를 '국화를 키우고(養菊), 국화를 감상하며(賞菊), 국화를 노래한(咏菊)' 시인의 종주宗主로 여기고 존경했다.

성정이나 취향 외에도 옛날 사람들은 무언가를 기념하거나 공경하는 정서를 나타내는 방식으로 호를 짓기도 했다. 예컨대 이백의 호 '청연거사靑蓮居士'나 두보의 호 '두릉포의杜陵布衣'는 모두 이전에 살았던 곳을 기념하기 위해 지은 것이다. 또한 정판교鄭板橋의 자호 '청등문하우마주靑藤門下牛馬走'는 재주가 아주 많았던 명나라의 대유학자 '청등도사靑藤道士' 서위徐渭에 대한 존경심을 표현하기 위해 지은 것이다. 이와 유사한 예로 명말청초의 대문장가 장대張岱는 도연명을 지극히 숭배하여 자호를 '도암陶庵'이라고 지었다.

다른 사람이 '칭호'를 부여해준 경우를 보면, 확실히 그 함의나 형식이 상당히 풍부하다. 비교적 간단한 것으로는 관직명이나 본적을 그대로 사용한 경우다. 예컨대 두보가 일찍이 교검공부원校檢工部員외랑外郞을 지냈기 때문에 사람들이 그에게 '두공부杜工部'라는 칭호를 주었고, 강유위康有爲는 그의 본적이 광동 남해현이기 때문에

'강남해康南海'라고 칭했다.

또 다른 예로 "나의 근심이 하늘에 닿을 듯한 연기 같고 바람을 따라 온 동네에 퍼진 버들솜 같은데, 매실 이제 막 익어가는 시절에 비가 그치지 않네一川烟草, 满城风絮, 梅子黃时雨"라는 명문을 쓴 송나라 문사文士 하주賀鑄를 사람들은 '하매자賀梅子'라고 불렀고, 그 어떤 것에도 구속되지 않는 자유의 화신으로서 신선처럼 우아한 시풍을 발휘했던 이백을 사람들은 '귀양 온 신선'이라는 의미에서 '적선인謫仙人'이라고 불렀다.

과장 없이 말해서 타인이 지어준 칭호는 그야말로 삼라만상을 망라하고 끊임없이 이색적인 것들이 등장했다. 이러한 풍조는 당시 사회에 직접적인 영향을 미치기도 했다. 현대인들이 스스로 '호'를 짓거나 타인으로부터 '호'를 하사받는 일은 이미 찾아보기가 힘들지만, 일부 문학·회화·서예 분야의 작가들은 여전히 필명이나 예명을 쓰는 관습을 유지하고 있다. 예컨대 우리 모두가 익히 알고 있는 중국 현대문학의 거장 '노신'이나 '모슈茅盾'이라는 이름도 사실은 필명이다. 이들의 본명인 주수인周樹人과 심안빙沈雁冰은 중국인들에게 오히려 더 생소하다.

이처럼 사람의 이름과 자와 호는 다양하고 풍부한 함의를 내포하고 있다. 그렇다면 이제 재미있고 기상천외한 '이름(名字)'의 세계로 들어가보자.

제8장

시대적 흐름 속의 이름

이번 장에서는 다음의 한자들에 대해 이야기를 나누려고 한다.

丘	聃	邦	國	徹	覇	勇
언덕 구	귓바퀴 없을 담	나라 방	나라 국	통할 철	으뜸 패	날쌜 용
玄	彦	仁	德	孝	彬	堯
검을 현	선비 언	어질 인	덕 덕	효도 효	빛날 빈	요임금 요
禹	舜	紀	統	續	敷	衍
하우씨 우	순임금 순	벼리 기	큰 줄기 통	이을 속	펼 부	넘칠 연
思	晦	熙	喜	乾	昕	
생각할 사	그믐 회	빛날 희	기쁠 희	하늘 건	아침 흔	

一. 소박하고 화려하지 않은 작명

일반적으로 사람의 이름은 늘 시대와 사회적 환경의 영향을 받으면서 시대의 발전에 따라 계속 변화해나간다. 어떤 이름은 중대한 역사적 사건에서 비롯되기도 하고, 또 어떤 이름은 그 시대 사람들의 이상과 포부를 반영하기도 한다. 물론 후대 자손들에게 거는 기대와 염원을 나타내거나 자신의 특유한 풍격과 특징을 나타내는 이름도 있다.

요즘 사회의 젊은 세대의 부모들 사이에는 아이를 위해 작명에 새로운 특징이 나타나고 있다. 예컨대 아이들이 엄마의 사랑을 오래 기억할 수 있도록 엄마의 성을 아빠의 성과 함께 아이의 이름 안에 포함시키는 부모들이 많다. 이리하여 '장이방화張李芳華'나 '진왕신우陳王新宇'처럼 복성과 유사한 연성(連姓: 두 가지 성을 붙여 씀) 현상이 나타나기 시작했다. 그 밖에도 어떤 부모는 서로 다른 민족 혹은 종족 간의 교류와 융합을 고려해서 아이에게 '방안니方安妮', '이안나李安娜'(안니는 영어 Anny, 안나는 Anna 정도로 추정된다)처럼 이국적 정취가 담긴 이름을 지어주기도 한다.

이처럼 사람의 이름은 시대와 역사, 문화, 사람의 개성 등의 특징을 굴절시켜 표현할 수 있기 때문에 그 안에 화려하고 영롱한 만화경처럼 풍부한 함의를 지니고 있다.

주나라 이전에는 이름에 관한 기록이 주로 갑골문으로 되어 있다. 그런데 이들 자료에 기재된 '인명'은 일반적으로 종족의 이름과 성씨나 관직을 가리키며 신의 이름일 수도 있다고 보는 학자도 있다.

진시황이 6국을 통일하기 전에는 사람들은 이름을 비교적 소박하게 지었다. 화려하고 복잡함 대신 자연스러움을 추구했던 것이다. 그러다 보니 신체적 특징을 나타내는 이름이 많이 등장했다. 예컨대 훌륭한 사상가이자 교육자였던 공자의 경우, 그 이름의 이력에 관한 여러 가지 설이 있는데 그중에는 그의 신체적 특징을 반영한 이름에 관한 것도 있다.

『사기』에서는 공자의 출생과 관련하여 "흘紇이 안顔씨 여인과 야합하여 공자를 가졌고 니구尼丘에 기도한 뒤에 공자를 얻었다. 노 양공襄公 22년이 공자의 출생 연도다. 출생 시 머리 위가 둑으로 둘러싸인 땅과 같아 이름을 구丘라고 했다"라고 기록하고 있다.

공자 상

다시 말해 숙량叔梁 흘紇이 안씨 집안의 어린 딸을 취하여 공자를 낳았는데, 이는 두 사람이 니구산에 가서 천지신명께 기도를 올린 후에 얻은 아이였으며, 노 양공 22년에 태어났는데, 태어날 때 머리 윗부분이 움푹 꺼진 모양을 하고 있어 이름을 구丘라고 했다는 것이다.

앞에서도 언급한 바처럼 '丘'자는 사면이 높고 중앙부가 낮은 지형을 가리킨다. 이는 공자의 함몰된 두상의 특징과 꼭 들어맞는다.

물론 공자 이름의 유래에 관해 훨씬 더 잘 알려진 또 다른 주장도 있다. 『사기』에 나오는 공자의 부모가 "니구에 기도한 후 공자를 얻었다"는 기록에서 '니구'는 지금의 산동성 곡부시에 위치한 니구산이고, 공자의 이름 '구丘'는 이 산 이름을 땄다는 것이다. 게다가 공자의 자인 '중니仲尼' 역시 같은 원인으로 '니尼'자를 사용하게 된 것이라고 한다. '중仲'자는 형제 중 두 번째를 의미하며, 공자가 집안에서 둘째였기 때문이다.

성인 공자 외에도 신체적 특징에 착안하여 이름을 지은 사례 중에는 한 나라의 군주였던 진晉 성공成公도 있다. 『국어』에 "선자가 조천趙穿으로 하여금 공자公子 흑둔黑臀을 세우게 하였다宣子使趙穿逆公子黑臀於周而立之"라는 기록이 있다. 진나라의 권력자 조돈趙盾이 사촌동생 조천을 천자가 있는 경도로 보내 진나라 공자 흑둔을 모셔와서 나라의 군주로 옹립하게 했다는 뜻이다. 여기서 '흑둔'은 진 문공 중이重耳의 아들 진 성공의 이름이다. 이 이름의 유래와 관련하여 『국어』에는 또 다른 기록도 있다. "또한 내가 성공成公의 출생을 들었다. 공이 태어날 때 그의 모친의 꿈에 신이 나타나 그의 엉덩이에 검은 점을 그리더니 '그를 진의 군주가 되게 하고, 3대 후에 군주의 자리를 환歡의 증손자에게 넘겨주라使有晉國, 三而畀歡之孫'라고 했고, 그래서 그의 이름을 '흑둔'이라 지었으며, 성공은 이후 2대까지 군주 자리를 물려주었다"라는 기록이다.

또한 도가의 창시자 노자老子의 이름도 유사한 특징을 갖고 있다. 그에 관해 『사기』에서는 "노자는 초나라 고苦현 역歷향 곡인曲仁리 사람이다. 성은 이李씨, 이름은 이耳, 자는 담聃이며, 주나라 서고를 관장하는 사관이었다"라고 기록하고 있다. 노자의 본명은 이이李耳

聃
귓바퀴 없을 담

이고, 자는 담聃이다. '耳'는 귀를 말한다. '聃'에 대해『설문해자』에서는 "聃은 귀가 '긴(曼)' 것이다. '曼(만)'은 '길다'는 뜻이다"라고 해석하고 있다. 전해지는 이야기에 따르면, 노자는 두 귀가 어깨까지 늘어져 있었다고 한다. 따라서 노자의 이름은 그 신체적 특징에서 기인했을 가능성이 매우 높다.

이처럼 수천 년 전 고대 중국에서는 사람들이 이름을 짓는 방법이 지금보다 훨씬 간단했다. 성인이나 한 나라의 군주의 이름을 짓는 것도 그렇게 복잡하지 않았다. 한 나라의 군주의 '검은 엉덩이'가 백성들에게 전혀 비밀이 아닌 것은 재미있는 일화임에 틀림없다.

이 외에 사서의 기록에 따르면, 남북조시대 북조 여러 나라의 소수민족들은 중원에 들어온 이후 화하문명에 경도되어 자신들도 한족과 비슷한 이름을 지었지만, 이름을 지을 때 종종 내키는 대로 솔직하게 지었다고 한다. 여러 사료에 나오는 '양대안(楊大眼: 눈이 크다)'이나 '여대비(閭大肥: 크고 뚱뚱하다)', '노축(盧丑: 추하다)' 같은 이름들은 아름답다거나 심오하다고 할 수는 없으나 세상 사람들의 삶에 대한 또 다른 정취를 느낄 수 있다.

二. 포부를 드러내는 작명

한나라 시기는 춘추전국시대의 잦은 전란과 전쟁, 진秦 왕조의 아주 짧은 통일을 거쳐 바야흐로 국력이 크게 신장되던 시기였다. 백성들도 모두 공을 세우고 업적을 쌓아 국가발전에 기여할 수 있기를 갈망했다. 이 시기에는 사람들이 이름을 지을 때 '邦(방)', '徹(철)', '國(국)', '漢(한)', '武(무)', '勝(승)', '覇(패)' 같은 글자들을 즐겨 썼다. 예컨대 평민 출신인 한 고조 유방劉邦의 이름에 '방邦'자가 들어간 것은 그 시대적 특징을 아주 잘 반영하는 일이라 할 수 있다.

邦
나라 방

'邦'자의 갑골문 자형은 𤰜으로 밭에 심은 나무의 싹 모양을 하고 있다. 국경에 심은 묘목을 둘러싸고 있는 모습이 경계선 이내가 '나라(邦國)'라는 것을 말해준다. 그렇게 볼 때 '邦'자는 원래 고대에 분봉한 제후국을 의미했음을 알 수 있다.『설문해자』에서는 '邦'자에 대해 "나라다國也"라고 해석하고 있다.

사서의 기록에 따르면 유방은 형제 서열이 셋째로 본명이 '유계劉季'였다. 나중에 '유방劉邦'으로 고친 것은 전적으로 영토와 백성에 대한 그의 갈망과 천하를 가진 자로서의 득의양양한 심리를 반영하는 것이라고 한다.

國
나라 국

이러한 설에 근거하여 '國'자를 다시 살펴보기로 하자. '國'자의 갑골문 자형은 𢦏으로 왼쪽 아랫부분의 '口'는 특정 지역을 가리키고, 오른쪽의 '戈(과)'는 무기를 나타낸다. 무기를 들어 나라를 지킨다는 뜻이다.『설문해자』에서는 이 글자에 대해 "國은 나라다國, 邦也"라고 해석하고 있다. 따라서 진한秦漢을 비롯하여 그보다 훨씬 더 거슬러 올라간 고대에는 '邦'과 '國'의 의미가 기본적으로 같았음을 알 수 있다. 게다가『시경』의 '국풍國風'도 원래는 '방풍邦風'이라고 했으나 나중에 한 고조 유방의 명휘를 피하기 위해 '국풍'으로 바꾼 것이라고 한다.

그 시기 사람들은 '안국安國', '충국充國', '정국定國' 같은 이름을 많이 지었다. 장기간의 전란을 겪은 사람들이 국가가 안정되고 부강해지기를 바라는 간절한 희망을 표현하는 방식의 하나였다.

중국 역사에서 유방 못지않게 뛰어난 재능과 지략의 소유자라 할 만한 인물인 한 무제 유철劉徹의 이름도 상당히 독특하고 이채롭다. '徹'의 갑골문 자형은 <그림>로 왼쪽의 '鬲(격)'은 고대의 취사도구의 하나이고, 오른쪽은 '手(수)'다. 둘을 합치면 식사를 한 뒤에 식기를 치운다는 뜻이다. '徹'자의 맨 처음 의미는 '없애다'였으나 나중에 점차 발전하고 변화하여 '물건을 치우다'를 거처 '통달하다', '유창하다'의 뜻도 지니게 되었다. 『설문해자』에서도 "徹은 통달한 것이다徹, 通也"라고 해석하고 있다. 한 무제도 자신의 모든 업무를 처리하는 데 있어서 '통달'의 경지에 도달할 수 있기를 희망했을 것이다.

이름을 지을 때 글자의 사용에 신중을 기했던 것은 제왕뿐만이 아니었다. 일반적으로 관료나 보통 평민들도 이름을 지을 때 나라에 충성하고 영웅이 되고자 하는 신념을 담았다. 적지 않은 사람들이 무공을 세워 나라에 보답하고자 하여 이름을 '무武', '웅雄' 등으로 지었다. 춘추전국시대 『손자병법』의 저자 '손무孫武'와 한나라 때 흉노에 외교사절로 가서 충성을 다해 절개를 지킨 '소무蘇武', 동한 말년 동탁의 휘하에 있던 대장 '화웅華雄' 등이 이에 해당한다.

또 자연의 도에 깊이 경도된 사람들도 있었다. 노자의 『도덕경道德經』에는 "사람은 땅의 법도를 본받고, 땅은 하늘을 본받으며, 하늘

徹
통할 철

은 도를 본받고, 도는 스스로 그러함을 법도로 삼는다人法地, 地法天, 天法道, 道法自然"라는 구절이 있다. 사람들은 천지만물과 관련된 글자로 이름을 지어 자연의 도를 따라 인간 세상의 일을 처리하겠다는 뜻을 담았다. 위진魏晉 시기 '죽림칠현' 가운데 '산山'씨 성을 가진 한 현자는 이름을 '도濤', 자를 '거원巨源'으로 지었다. 파도를 뜻하는 '도濤'와 '수원水源' 혹은 '원천'을 뜻하는 '원源'이 의미상 서로 대응한다. '향向'씨 성을 가진 또 다른 현자는 이름이 '수秀'이고 자가 '자기子期'였다. '수秀'자의 최초 의미는 식물이 꽃도 피우지 않고 곧바로 이삭이 나오는 것이고, '자기子期'는 "모든 식물의 열매는 다 때가 있다"라는 의미로 해석된다.

또한 적지 않은 사람이 후손들이 용맹한 영웅호걸이 될 수 있기를 기대하면서 자손에게 이름을 지어줄 때 '패霸'나 '용勇' 같은 글자를 많이 사용했다.

霸
으뜸 패

'霸'자의 오른쪽 아랫부분은 '月'이다. 『설문해자』에서는 "霸란 달이 빛을 얻기 시작하는 모습이다霸, 月始生霸然也"라고 해석하고 있다. 이는 음력으로 매월 초이틀 혹은 초사흘 전의 달을 가리킨다. 이런 뜻을 나타낼 때는 pò(포)로 읽고, 의미는 '백(魄: 달, 달빛)'과 같다. 또 다른 발음은 bà(바)로, 뜻은 '백(伯: 우두머리)'과 같아서 '춘추오패', '패주' 등 고대 부락의 우두머리나 제후 혹은 연맹의 수장을 뜻한다. 고대에 이런 이름을 지은 유명한 인물로는 당 태종 이세민李世民의 친동생 이현패李玄霸를 들 수 있다. 이 사람이 바로 『수당연의隋唐演義』 등 여러 문학작품에서 양손으로 쇠망치를 휘두르며 막

강한 괴력을 자랑하여 천하에 적수가 없었다는 수당 최고의 대장부 이원패李元霸의 원형이다.

현대사회에 이르러 '패霸'자는 점차 새로운 의미, 예컨대 일정 기간 상당히 유행했던 '학패(學霸: 학문의 최고봉)', '맥패(麥霸: 노래 분야의 일인자)', '희패(戲霸: 연극영화 방면의 일인자)' 등을 파생시켰다.

'勇'자는 사람들이 이름을 짓는 데 줄곧 애용되어온 글자다. 그 금문 자형은 拥으로 왼쪽의 '用'은 글자 전체의 발음을 나타내는 동시에 뜻을 나타내는 역할도 겸하고, 오른쪽의 '戈'는 무기를 나타낸다. 둘을 합치면 무기를 잘 다룰 줄 안다는 뜻으로 용감함을 의미한다. 확실히 예로부터 지금까지 평생을 군인으로 산 군 지휘관 가운데는 이름에 '용勇'자가 들어가는 사람들이 적지 않다. 평형관平型關 대첩(1937년 9월 평형관에서 벌어졌던 중국 팔로군과 일본군 사이의 대규모 전투)으로 유명한 중국의 항일 명장 양용楊勇이나 수당 시기의 관거官居 대장군이었던 수 문제 양견楊堅의 장자 양용楊勇이 대표적인 사례다.

勇
날쌜 용

위진 시기 사람들은 노장사상을 숭상하여 노장철학에 나오는 '도道', '현玄', '진眞' 같은 글자들이 그 시기 작명에 큰 유행이 되었다. 예컨대 삼국시대 조위曹魏의 대신 왕혼王渾은 자가 현충玄冲이었고, 서진 시기에는 유명한 문학가 '부현傅玄'이 있었다.

'玄'자의 금문 자형은 8으로 마치 실타래를 꼬아놓은 듯한 모양이다. 『설문해자』에서는 이에 관해 "검고도 붉은 것이 玄이다"라고 해석하고 있다. 다시 말해 대체로 검은 가운데 붉은색을 띤 것이

玄
검을 현

'玄'이다. 예컨대 『시경』에는 "검은 물도 들이고 누런 물도 들였지만, 내 붉은 물이 심히 밝으니載玄載黃, 我朱孔陽"라고 노래한 대목이 있다. 비단을 검정색으로도 염색해보고 노란색으로도 염색해보았지만 자신이 한 주홍색 염색이 가장 선명하다는 뜻이다.

'玄'자 자체는 원래 '어둡다'는 뜻을 갖고 있다. 예컨대 건안칠자建安七子 가운데 하나인 유정劉楨의 「공연시公讌詩」에는 "생각일랑 검은 밤에 던져두고 다시 더불어 날고 싶어라遺思在玄夜, 相與復翱翔"라고 노래한 대목이 있다. 여기서 '현야玄夜'는 칠흑같이 어두운 밤을 가리킨다. '어두움(暗)'은 불분명하다는 뜻도 내포하고 있고, 거리가 먼 것도 종종 모호하여 분명하지 않다는 의미로 쓰이기 때문에 '玄'자는 나중에 '심원한', '심오한'의 비유적 의미도 지니게 되었다. '내장현기(內藏玄機: 현묘한 이치가 숨어 있다)'나 '고농현허(故弄玄虛: 아무것도 아닌 것을 짐짓 현묘한 것처럼 꾸미다)' 같은 단어들이 바로 이러한 뜻을 담고 있다.

이처럼 사람들이 이름을 짓고 자를 취하는 심리와 습관은 종종 특정 시대의 사회적 기풍을 반영하는 축소판이 되기도 한다.

三. 품행에 착안한 작명

남북조시대에는 북방에 거주하던 수많은 토족이 남쪽으로 이주했다. 당시의 토족들은 정치적으로 이미 몰락의 길을 걷고 있었지만, 일부 토족은 여전히 남조 역대 정권의 경제적·정치적 흐름을 장악하고 있었다. 따라서 그들의 기호와 가치관이 당시의 시대적 기풍이 되었다. 당시 일부 지식계층의 문인과 선비들은 토족 세도가문의 부귀와 영광을 추앙하여 작명에 있어서도 문학적 색채가 매우 진했다. 토족 계층에 영합하는 글재주로 자신을 부각시킴으로써 호감을 얻는 것이 이러한 작명의 목적이었다.

'彦'은 아주 화려하고 비유적인 한자다. '彦'에 대해『설문해자』에서는 "彦은 풍채가 있는 훌륭한 사람이다. 문彡으로 글자가 이루어지고 엄厂이 소리다彦, 美士有文, 人所言也, 從彡, 厂聲"라고 해석하고 있다. 여기서 '厂(엄)'은 글자 전체의 발음을 나타내고, '彡(문)'은 '무늬 장식', '화려한 색채와 모양'이라는 뜻을 나타낸다. 따라서 '彦'은 재능과 덕을 겸비한 사람이 뛰어난 글재주까지 갖추었다는 뜻이 된다. 나중에는 '능력이 출중하고 뛰어난 인물'이라는 뜻도 갖게 되었다. 예컨대 풍몽룡馮夢龍의『동주열국지東周列國志』에는 "등짐에 장검을 차고 온 이가 어찌 이리 많은가, 영웅들은 모두 산서의 영웅(彦)들이구나擔囊仗劍何紛紛, 英雄盡是山西彦"라는 대목이 나온다. 여기서 '彦'자는 이처럼 능력 있는 사람을 가리킨다.

남북조시대에 이름에 '언彦'자가 들어간 유명한 인물로는 후량後梁의 도지휘사都指揮使였던 양언홍楊彦洪과 남한南漢 대장군 오언수伍彦壽 등을 들 수 있다. 당나라 때도 서언장徐彦章이라는 뛰어난 재상이 있었다.

당 왕조는 유교와 불교, 도교가 융합된 다양한 문화가 융성한 시

彦
선비 언

기였다. 당나라 전성기에는 나라가 부강하고 백성이 편안했으며 대외적으로 문화교류도 활발하여 일종의 융합적인 역사 흐름을 만들어냈다. 이 시기에는 안사고顔師古나 공영달孔穎達, 육덕명陸德明 등 저명한 경학가經學家들이 대거 배출되었고, 현장玄奘 같은 불경 연구와 번역의 대가도 출현했다. 게다가 이런 문화의 거대한 흐름 속에서 중국 본토에서 탄생한 유가사상은 점차 사원에서 추앙되는 상태에 그치지 않고 변방 구석구석까지 신봉의 대상으로 자리 잡게 되었다. 이에 따라 유교관념을 구현하는 '인仁', '의義', '충忠', '예禮', '덕德' 등의 글자들이 당시 작명에서 크게 유행하기도 했다.

仁
어질 인

'仁'자의 원래의 뜻은 사람과 사람 사이에 서로 친밀하고 사랑한다는 것이다.『설문해자』에서도 "仁은 친밀한(親) 것이다"라고 해석하고 있다. 공자는 '인'을 인간 세상의 가장 높은 도덕적 가치로 보았고, 이러한 관념은 이미 중국인들의 마음속에 깊이 자리 잡고 있었다. 예컨대『한비자』에서는 "인이란 마음 깊은 곳에서 기꺼이 사람을 사랑하는 것이다仁者, 謂其中心欣然愛人也"라고 했고,『논어』에서는 "무릇 어진 사람은 자기가 서고 싶은 곳에 다른 사람을 서게 하고, 자기가 도달하고 싶은 곳에 다른 사람이 도달하게 한다夫仁者, 己欲立而立人, 己欲達而達人"라고 했다. 후자의 '인仁'은 자신이 하고 싶은 일, 도달하고자 하는 경지까지도 타인에게 양보하는 '완전한 도덕'을 의미한다.

德
덕 덕

'德'자의 금문 자형은 德으로 왼쪽의 '彳(척)'은 행위와 관련이 있음을 나타내고, 오른쪽의 '直(직)'은 시선의 방향을 나타낸다. 오른쪽 아랫부분은 '心(마음)'이다. 이 글자의 최초 의미는 '높이 오르다'라는 것이었다. 그 함의에는 두 가지 단계가 있다. 첫 번째 단계는 높은 곳에 오르는 것을 목표로 하면 자신이 심리적으로 얻는 바가 있다는 것이고, 두 번째 단계는 자신이 얻은 것을 타인에게 베풂으로써 타인이 뭔가를 얻게 하는 동시에 자신도 심리적으로 같은 것을 얻는다는 것이다. 따라서 '덕德' 자체가 품행과 도덕 수양의 비유적 의미를 내포하고 있다. 예컨대『순자』에서는 "알지 못하면 묻고, 하지 못하면 배우며, 할 수 있더라도 반드시 겸양해야 한다. 그런 후라야 비로소 덕이 있다고 할 수 있다不知則問, 不能則學, 雖能必讓, 然後爲德"라고 했다.

앞에서 언급한 경학가 '육덕명' 외에 당 황실의 이씨 가족 중에 당 태조 이연李淵의 사촌형제 중에 '이덕량李德良'이라는 인물이 있었다. 그의 당질堂侄들은 '인유仁裕', '인경仁敬', '인방仁方', '인감仁鑑' 등 전부 '仁'자가 들어간 이름을 가졌다. 사실 '덕德'과 '인仁'에는 중국 전통문화에서 매우 중시하는 '효도'의 의미가 내포되어 있다. 예컨대 청나라 왕영빈王永彬의『위로야화圍爐夜話』에서는 "항상 인과 효의 마음을 가지면, 천하에 하지 못할 일이 없고, 모든 것을 하지 않을 수 없으니, 효는 모든 행위에서 우선이 되어야 한다常存仁孝心, 則天下凡不可爲者, 皆不忍爲, 所以孝居百行之先"라고 강조하고 있다.

'孝'자의 금문 자형은 𡥝로서 위쪽은 나이 든 노인의 모습이고, 아래쪽은 어린아이를 가리킨다. 아랫사람이 노인을 보살피는 '孝'의 상황이 아주 잘 드러나 있다.『설문해자』에서는 "孝는 부모를 잘 돌

孝
효도 효

보는 것이다孝, 善事父母者"라고 해석하고 있다. 고금을 막론하고 "노래老萊의 아들이 부모를 즐겁게 하느라 재롱을 부리고, 황향黃香이 부모의 잠자리를 따뜻하게 했다老萊娛親, 黃香溫席"는 등 효심과 효행을 널리 알리는 이야기는 무수히 많다.

당나라 황실을 예로 들자면 이연의 당질들 가운데 상당수의 이름에 '효'자가 들어 있다. 이효동李孝同과 이효자李孝慈, 이효의李孝義 등이 이에 해당한다. 더구나 역대 왕조에서 오늘날까지 수많은 사람의 이름에 '孝'자가 등장하며, 어떤 집안에서는 이 글자를 항렬의 돌림자로 쓰기도 한다.

송 왕조는 오대십국의 난세를 겪었기 때문에 송 태조 조광윤趙匡胤에서부터 문신과 무장들, 그리고 평민 백성들에 이르기까지 모두 편안함과 안정에 대한 간절한 소망을 갖고 있었다. 그래서 숭문억무(崇文抑武: 문을 숭상하고 무를 천시하는 사상)가 전국적인 분위기로 자리 잡았다. 이러한 흐름의 영향 아래서 현역의 유명한 장수들조차 이름을 지을 때 빛나는 무공을 담은 글자를 포기하고 종종 문치文治를 숭상하는 이념을 나타내는 글자를 애용했다. 예컨대 송나라의 유명한 장수 양문광楊文廣이나 빈미潘美, 조빈曹彬, 우윤문虞允文, 질언문折彦文 등이 이에 해당한다.

彬
빛날 빈

'彬'자는 '林(림)'과 '彡(삼)'으로 구성되어 있다. 왼쪽의 '林'은 '분焚'이 생략된 것으로 이 글자의 발음을 나타내고, 오른쪽의 '彡'은 모종의 무늬 장식을 나타낸다. 둘을 합치면 문질(文質:『논어』에서 공자가 화려함과 소박함을 지칭한 말)을 겸비한 모양이 된다. 사실 훨씬 더 이전에는 이런 뜻의 한자로 '빈份'자가 있었고, 민간에서는 이를 '斌(빈)'으로 쓰기도 했다. 예컨대『논어』에서는 "꾸밈과 바탕이 조화로운 연후라야 군자라 할 수 있다文質份份(현대『논어』에서는 '彬彬'으로 표기하고 있다), 然後君子"라는 구절을 찾아볼 수 있다. 또한 당나라 때 이연수李延壽가 편찬한『남사 · 유고지유회진등전론南史 · 庾杲之劉懷珍等傳論』에는 "재능 있는 종족은 문질을 겸비하고 있다懷珍宗族文質斌斌"라는 기록이 남아 있다. 하지만 현대에는 '文質彬彬' 한 가지만 통용될 뿐, '빈份'자는 이런 의미로 쓰이지 않으며, '빈斌'자도 대부분 사람 이름에만 쓰인다.

四. 조상에 대한 숭배를 표현한 작명

조상을 존경하고 받드는 것은 인간의 품행 가운데 매우 중요한 부분이다. 조상에 대한 이처럼 경건한 마음은 뛰어난 인물을 숭상하고 전통을 계승하는 데 뜻을 세우는 등 다양한 분야에서 구현되었다.

한나라 때는 사람들의 이름에 '요堯', '순舜', '우禹' 같은 글자들이 자주 나타나기 시작했다. 예컨대『한서』에는 서한과 동한을 통틀어 관리들 가운데 조요趙堯나 하후요夏候堯, 등우鄧禹 같은 이름이 있었고, 서한 첫해에 '문경지치文景之治'를 실현했던 한 경제景帝 유계劉啓의 열네 번째 아들의 이름은 유순劉舜이었다.

堯
요임금 요

'堯'자의 갑골문 자형은 🌿로서 윗부분의 '垚(요)'는 흙을 높게 쌓은 것을 나타내고 아랫부분의 '兀(올)'은 인체의 가장 높은 부위인 머리를 나타낸다. 위아래를 합치면 역시 '높다'는 뜻이 된다. '堯'가 고대 전설에 나오는 매우 현명한 군주이기 때문에 후대 사람들은 '요천堯天', '요년堯年' 같은 말로 이상적인 태평성세를 비유하곤 했다. 예컨대 남북조시대에 심약沈約은 「사철의 흰 모시를 노래함四時白紵歌」이라는 시에서 "예쁜 용모에 아름다운 풀 차고 있으니, 요순시절처럼 즐거움 끝이 없다네佩服瑤草駐容色, 舜日堯年歡無極"라고 노래한 바 있다. 이는 태평성세에 진귀한 향초로 젊음을 유지하며 생황의 가락에 맞추어 춤을 추며 노니는 장면을 묘사한 것이다.

禹
하우씨 우

'禹'자의 금문 자형은 🏹로 위에서 아래로 화살촉을 가진 곡선은 뱀의 모양을 하고 있고, 가로선은 가지가 벌어진 나무 막대를 나타낸다. 이 글자의 최초 의미는 나무 막대로 뱀을 때리는 것으로서 용감함과 용맹함을 나타냈던 것 같다. 그러나 지금은 이런 뜻의 용례를 찾아볼 수 없다. 하지만 오늘날 누구나 다 아는 고대의 치수 영웅 '대우大禹'의 이름으로 볼 때, 이러한 의미는 이미 그의 칭호 안에 담겨 있는 것 같다. 대우는 모든 분야에서 능력이 너무나 뛰어난 인물이었다. 그는 순의 명을 받아 홍수를 다스리고 하천에 제방을 쌓았으며, 물을 끌어들여 농지에 관개하는 등 대규모 치수사업을 진행하는 과정에서 여러 차례 자기 집 앞을 지나게 되었지만 한 번도 집에 들어가지 않고 일에 몰두함으로써 중국 역사상 가장 탁월하고 강력한 인재의 형상으로 자리 잡았다.

'舜'자는 원래 만연한 식물을 가리키는 말이었다. 이 글자의 고문 자형에서 상반부는 꽃과 잎이 무성하게 자라 서로 연결된 모습을 나타내고, 하단부의 '舛(천)'은 전체 글자의 발음을 나타냄과 동시에 꽃잎이 서로 마주보거나 등진 채 피어난 모습을 나타낸다. '舛' 자체 가 두 개의 발이 바깥쪽으로 날카롭게 갈라진 형태로서, '서로 등지 다'라는 뜻을 나타낸다. '순舜'자는 '준俊'자와 발음이 비슷해서 나중 에는 종종 '俊'자를 대신하기도 했다. 예컨대 『산해경山海經』에 자주 등장하는 '제준帝俊'은 '제순(帝舜: 순임금)'을 가리킨다.

남북조시대에 이르러서는 당시 사족 계층은 혈통과 가문을 대단 히 중시했다. 대가족들은 하나같이 가족 혈통의 연속과 가족 전통 의 전승을 가장 중요한 일로 여겼다. 이에 따라 '通(통)', '續(속)', '衍 (연)', '敷(부)', '紀(기)' 같은 글자들이 대가족 자손들의 이름에 자주 등장하게 되었다. 예컨대 황제의 혈맥을 이었다고 하는 가족의 유 명한 사람 중에 서한西漢의 명재상 소하蕭何의 난릉蘭陵 소蕭씨가 있 었다. 남북조시대에 그들은 양梁나라를 세웠고, 그 황실에는 소통蕭 統, 소속蕭續, 소연蕭衍, 소부蕭敷, 소기蕭紀 등의 이름을 가진 인물들 이 등장했다.

'紀(기)'와 '統(통)', '續(속)' 이 세 글자는 왼쪽에 모두 '糸(사)' 변이 있다. 세 글자 모두 '실'과 관련이 있음을 알 수 있다. '紀'자의 최초 의미는 실의 첫 끄트머리, 즉 실마리를 찾는 것이고, '統'은 모든 실 의 첫머리를 찾는다는 뜻이며, '續'은 연결을 의미한다. 예컨대 남북 조시대 유협은 『문심조룡』에서 "통속統續이 갈래를 잃으면 글의 느

舜
순임금 순

紀
벼리 기

統
큰 줄기 통

續
이을 속

낌이 흐트러질 수밖에 없다"라고 말한 바 있다. 또한 송나라의 사마광司馬光은 「태자태보방공묘지명太子太保龐公墓志銘」에서 "바라옵건대 폐하께서 조종祖宗의 계통統續이 중함을 깊이 헤아리시어 종실에서 후계자를 합당하게 선택하시기 바랍니다願陛下深思祖宗統續之重, 歷選宗室宜爲嗣者"라고 사정했다. 전자의 예문에서는 '통속統續'이 체계나 두서를 나타내고, 후자의 예문에서는 '통속統續'이 종족의 계통(혈통)을 뜻한다. 이런 의미를 통해 '紀', '統', '續' 세 글자에 공히 원류를 밝히고 부단히 이어나간다는 의미가 있음을 쉽게 알 수 있다. 이는 한 가문의 성원들이 선조의 향기로운 불꽃을 받들어 대대손손 이어가려는 의도를 반영한 것이라 할 수 있다.

敷
펼 부

'敷'자의 기본적인 의미는 '넓게 펼치다' 혹은 '유포하다'이다. 예컨대 『상서』에는 "우禹는 구주九州의 범위에서 땅을 정비하고(敷) 산림을 따라 나무를 베어 길을 냈다禹敷土, 随山刊木"라는 기록이 있고, 『시경』에는 "정사를 넉넉하고 너그럽게 펼치시니(敷) 온갖 복록이 한 몸에 따르네敷政優優, 百祿是遒"라고 노래한 대목이 나온다. 전자의 '敷'자는 대우가 치수과정에서 흙을 깔고 제방을 쌓은 일을 말하고, 후자의 '敷'자는 좋은 정령政令과 조치를 내린 것을 말한다.

衍
넘칠 연

'衍'자의 최초 의미는 하천이 바다로 흘러가는 것이었으나 나중에 '넓다', '흩어지다', '확대하다' 등의 의미로 발전했다. 예컨대 『후한서』에는 "수천수만의 수레와 그보다 더 많은 말들이 갈림길과 다리 위에 나란히 늘어서 있었다千乘方轂, 萬騎駢羅, 衍陳於岐, 梁"라는 기록이 나온다. 진용의 기세가 얼마나 대단한지 충분히 상상할 수 있는 묘사가 아닐 수 없다.

이처럼 '敷'와 '衍'은 두 글자 모두 확장 혹은 전파의 뜻을 갖고 있음을 알 수 있다. 이는 가문이 부단히 발전하고 확대되어야 한다는 기본적인 목표와도 잘 들어맞는다. 하지만 안타깝게도 '敷衍(부연)'이라는 단어가 원래는 확장이나 확대의 뜻을 나타냈으나 나중에는 무성의하게 대충 대한다는 부정적 의미도 갖게 되었다. 예컨대『관장현형기官場現形記』에서는 "여러분은 관리사회에서 단련된 지 오래되어서 그런지 일을 대충대충 하는 재주가 일등입니다敷衍的本事是第一等"라는 대목이 나온다.

五. 배움에 정진하고 옛 가르침에 따르는 작명

당나라 때는 사람들이 고대 경전에서 따온 글자나 구절을 작명에 이용하는 사례가 많았다. 예컨대 중국 역사상 유일한 여성 황제였던 무측천武則天의 본가 조카로 무주武周 왕조에서 양왕梁王으로 봉해지고 재상까지 올랐던 무삼사武三思의 이름에 있는 '삼사'라는 글자는 "계문자는 세 번 생각한 이후에 행동에 옮겼다季文子三思而後行"라는『논어』의 구절을 차용한 것이다. 또한 '정관지치(貞觀之治: 당 태종이 현명한 재상과 명장을 두루 기용하여 태평성대의 치세를 이루었던 것)' 시기에 모신謀臣이었던 두여회杜如晦의 이름은 "비바람이 몰아쳐 하늘이 칠흑 같고(如晦) 닭 울음소리 그치지 않는데, 임을 만났으니 어찌 기쁘지 않으리風雨如晦, 鷄鳴不已, 旣見君子, 云胡不喜"라는 『시경』의 구절에서 따온 것이다.

思
생각할 사

'思'자의 고문 자형은 '囟(신)'과 '心'으로 구성되어 있다. 나중에는 자형의 변화에 따라 윗부분이 '田(전)'으로 바뀌었다. '囟'과 '心'을 합치면 뇌와 심장이 관통하여 하나로 연결됨으로써 마침내 예지와 통달의 상태에 도달하게 되는 것을 의미하며 '사유하다', '사려 깊다'의 뜻을 나타내게 된다. 이런 관념은 옛날 사람들이 특정한 역사적 조건 아래서 인체기관이나 그 기능에 대해 어떻게 인식했는지를 반영한다. '三'은 처음에는 수적으로 작은 성취를 의미했으나 나중에는 여기서 발전하여 '비교적 크다'는 함의를 갖게 되었다. 따라서 '三思'는 반복적으로 사유하고 진지하게 탐구한다는 뜻을 나타낸다. 이런 표현을 이름에 쓰는 것은 아마 자신이 어떤 일을 할 때 늘 꼼꼼하고 신중하게 사유하여 경솔하고 성급한 행동을 피해야 한다는 점을 스스로 상기시키기 위해서였을 것이다.

晦
그믐 회

'三思'라는 난어를 이름에 사용한 것에 비하면, '如晦(여회)'를 작명에 활용한 것은 다소 이해하기 어려운 부분이 있다. '晦'자의 맨 처음 의미가 음력으로 매월 마지막 날을 가리키며 기본적인 뜻은 '달빛이 없는', 즉 빛이 없는 암흑을 뜻하기 때문이다. 따라서 '여회'는 그렇게 어둡고 미욱한 상태를 가리키는 것이 분명하다. 이는 확실히 부정적인 의미다. 하지만 『시경』 「풍우風雨」 편에서는 이 단어가 '어둠 속에서 현인이 곧 나타난다'는 의미로 쓰였다. 이러한 교훈적 의미가 '여회'의 부정적인 느낌을 일소하고 오히려 '난세에 성현이 나타난다'는 고귀하고 원대한 의미를 갖게 된 것이다.

원나라는 북방 몽고족이 중원에 들어와 세운 왕조다. 원나라를 건국한 세조 홀필열(忽必烈: 쿠빌라이)의 조서에 따르면 왕조의 이름은 화하華夏의 경전인 『주역』에서 따온 것이다. 원나라는 여러 분야에서 수천 년 중화 역사의 전통과 문명을 수용하고 계승했다. 원나라의 일부 문헌에 많이 등장하는 인물로 원극元劇 사대가 가운데 하나인 정광조鄭光祖나 송나라 주희朱熹의 학문을 숭상하고 이에 심취했던 학자 안희安熙가 있다. '光祖(광조)'라는 이름은 자세히 설명할 필요도 없이 빛나는 선조라는 뜻을 담고 있는 것이 분명하다. 반면에 '熙(희)'와 '熹(희)' 두 글자 이면에는 감춰진 속뜻이 있을 것 같다. 글자로만 보면 이 두 글자는 같은 점도 있고 다른 점도 있다. 아랫부분의 '灬(화)'는 두 글자의 뜻이 모두 불과 관련되어 있음을 나타낸다. 게다가 현대 중국어에서 두 글자는 발음도 완전히 같다.

'熙'자의 기본적인 의미는 '햇볕을 쬐다'이고 동시에 '밝다'는 의미도 갖고 있다. '熹'자의 맨 처음 의미는 '불에 굽다'였지만 나중에는 '햇볕을 쬐다'와 '밝다'의 의미도 갖게 되었다. 이 두 글자는 '밝다'는 뜻을 나타내는 점에서 서로 일치한다. 예컨대 조식曹植의 「칠계七啓」라는 시에서는 "푸른 잎과 붉은 꽃, 맑은 하늘에 빛나는 해綠葉朱榮, 熙天曜日"라는 구절을 찾아볼 수 있고, 도연명의 「귀거래사歸去來辭」에서는 "길손에게 앞으로 갈 길을 물어보니, 새벽빛이 희미한 것이 한스러워지네問征夫以前路, 恨晨光之熹微"라고 노래하고 있다. 두 예문에 나오는 '熙'자와 '熹'자는 둘 다 '밝다'는 뜻이다. 게다가 『옥편玉

熙
빛날 희

熹
기쁠 희

篇』이나『설문해자주』같은 고대 문헌에서도 두 글자가 서로 통용되었던 현상이 확실히 증명되고 있다.

단지 안희가 정말로 선현인 주희를 숭상하여 자신의 이름을 짓는 데 그와 유사한 글자를 썼는지에 관해서는 명확한 문헌기록이 발견되지 않았다. 하지만 숭배하는 유명인사의 이름에서 글자를 취해 이름을 짓는 것은 중국뿐만 아니라 전 세계에서 상용되는 전통이기도 하다. 따라서 안희의 이름이 주희와 연관이 있다고 유추하는 데는 충분한 근거가 있는 셈이다.

물론 이름의 문제는 잠시 차치하더라도 고금을 통해 전통 전적典籍 연구에 뜻을 두고 노년에도 경서를 깊이 연구했던 수많은 문인과 학자들이 현재와 과거의 문화적 소통을 위해 튼튼한 교량을 건립했다는 데는 의심의 여지가 없다. 어떤 경학가는 불가피한 상황 탓에 산더미 같은 자료에 머리를 파묻고 분투하느라 새로운 희망 같은 것은 생각할 겨를도 없었다고 하니 감탄을 금할 수 없다. 그런 전형적인 사례가 청나라 때에 있었다.

청나라 때 일부 간사하고 후안무치한 아첨꾼들로 구성된 조정이 각종 언론에 대해 금기명령을 내리면서 관부에서는 여러 차례 대대적인 문자옥文字獄을 단행했다. 그 범위와 정도 또한 이전의 어느 왕조보다도 광범위하고 엄청났다. 이런 상황은 문인들에게도 청천벽력이나 마찬가지였다. 시를 짓고 글을 쓰는 것이 마치 홍수나 맹수를 만나는 것과 같은 재앙이 되어버렸고 가혹한 두려움에 걸핏하면 사색이 되기 일쑤였다. 이런 상황에서 말이 씨가 되는 일을 피하기 위해 수많은 문인이 경세치용의 학문을 멀리하고 전적의 정리와 고증에 몰두하게 되었다. 물론 이러한 분위기는 객관적으로는 청나라 경학연구를 촉진하는 결과를 이끌었고, 또한 후세에 지대한 영향을 미친 '건가학파乾嘉學派'의 탄생을 앞당기기도 했다.

당시 고증학의 대가들 가운데 일부 인사의 이름에는 그들이 경서에만 몰두하고 밖에서 일어나는 일에는 아예 귀를 닫고 살았던 상황과 추세가 그대로 반영되어 있다. 예컨대 명말청초의 대학자 고염무顧炎武의 생질인 서건학徐乾學과 '건가학파'의 대표직 학자인 진대흔錢大昕 등이 그렇다.

먼저 '乾'자를 살펴보자. '乾'은 '倝(간: 해 뜰 때 햇빛이 빛나는 모양)'과 '乙(을)'로 구성되고 있다. '倝'은 글자 전체의 발음을 나타내고 '乙'은 식물이 발아하여 지면을 뚫고 올라온 부드러운 줄기가 구불구불 자라는 모양을 나타낸다. 둘을 합치면 '위로 자라나다'의 뜻이 된다. 이런 의미에 '위'라는 뜻과 '햇빛 아래'라는 뜻도 내포되어 있기 때문에 '건곤乾坤'이나 '건괘乾卦' 같은 뜻을 나타내는 데 기초가 되었을 가능성이 크다. 예컨대 청나라 때 주준성朱駿聲이 쓴 『설문통훈정성說文通訓定聲』에서는 "위에 도달한 것을 乾이라고 한다. 무릇 위에 도달한다는 것은 기氣를 통해 이루는데, 하늘은 기가 모여서 이루어진 것이기 때문에 건乾을 하늘이라고 하는 것이다達於上者謂之乾. 凡上達者莫若氣, 天爲積氣, 故乾爲天"라고 설명하고 있다. 또한 『주역』에서는 "乾은 양물陽物이다"라고 규정하고 있다.

또 다른 측면에서 살펴보면 땅 위로 자란다는 것은 '幹(간: 핵심 부

乾
하늘 건

분, 줄기)'을 의미하기도 한다. 이와 상대되는 것은 '아래로 흘러들어 가다'라는 의미의 '濕(습)'이다. 따라서 '건乾'자에는 '幹'의 의미도 담겨 있었다. 단옥재의 『설문해자주』에 따르면 '乾'자가 어떤 의미를 나타내든 사실 최초에는 한 가지 발음밖에 없었다고 한다. 아마도 훗날 민간에 통속적인 독법이 나타나 두 가지 발음으로 분화된 것으로 보인다.

昕
아침 흔

　이어서 '昕'자를 살펴보자. '昕'자의 최초 의미는 태양이 떠오르기 시작하는 여명이지만 나중에는 '밝다'는 뜻도 갖게 되었다. '여명'이라는 뜻을 나타낼 때의 '昕'자는 '晞(희)'자와 상통하기도 한다. '晞'자 자체는 '마르다', '건조하다'의 뜻을 갖고 있다. 따라서 '태양'이나 '햇빛'의 의미로 보든, '마르다' 혹은 '건조하다'의 의미로 보든, 모두 '乾'과 관련이 있다. 그렇다면 이는 '昕'자와 '乾'자 사이에 깊은 연관이 있음을 간접적으로 설명하는 것이 된다. 어쩌면 이것이 바로 '전대흔錢大昕'이라는 이름 뒤에 숨겨진 우화적 의미일 것이다.

　어떤 시대는 총체적으로 보면 사회문화와 사람들의 가치관은 다원적일 수밖에 없다. 특히 오늘날에는 서로 다른 지역과 민족 사이의 交류와 융합이 점점 더 심화되고 광범위해지고 있다. 따라서 이름을 짓는 행위 역시 일종의 문화적 현상으로서 필연적으로 점점 다원화되는 방향으로 발전해나갈 수밖에 없고, 이름의 형식과 이름에 담긴 뜻도 필연적으로 이처럼 개성화되고 다원화되는 경향을 반영하게 될 것이다.

제9장

이름에도
남녀의 구별이 있다

이번 장에서는 다음의 한자들에 대해 이야기를 나누려고 한다.

嫿	好	娥	娘	嫖	丁	漢
사람이름 왜	좋을 호	예쁠 아	아가씨 낭	날랠 표	넷째 천간 정	한수 한

軻	夫	男	俠	甶	須	茜
굴대 가	지아비 부	사내 남	호협할 협	움틀 유	모름지기 수	꼭두서니 천

藘	荃	蒨	倩	淑	鳳
풀더북할 진	겨자무침 전	꼭두화 천	예쁠 천	맑을 숙	봉새 봉

一. 가볍고 부드러운 아름다움을 나타내는 이름

중국에서는 전통문화의 영향으로 성별의 차이가 이미 복잡한 사회적 차별성으로 자리 잡고 있고, 이러한 차별성은 또 사회생활 모든 분야의 구석구석에 투영되어 있다. 사람들의 이름도 예외가 아니다. 대부분의 경우 우리는 이름만 들어도 그 이름의 주인이 여성인지 남성인지 유추할 수 있다. 이는 신생아에게 이름을 지어줄 때, 대부분 남자아이의 이름은 용맹함과 강인함을 체현해야 하고 여자아이의 이름에는 부드러움과 아름다움 등 여성으로서의 특징이 담겨 있어야 한다고 생각하기 때문이다.

중국 역사에서 남성과 여성의 이름에는 맨 처음부터 상당한 차이가 존재했다. 수천 년 동안 이어진 중국의 노예제 사회와 봉건제 사회에서 여성들은 "집에서는 아버지의 말에 따르고, 출가하면 남편의 말에 따르며, 남편이 죽으면 아들의 말에 따라야 한다"는 이른바 '삼종사덕三從四德'의 신조를 지켜야 했다. 그 때문에 아주 옛날에는 여성들에게는 성만 있고 이름이 없었다. 예컨대 송나라 시인 섭몽득葉夢得의 『석림연어石林燕語』에서는 "옛날의 부녀자들은 이름이 없어 성으로 이름을 대신했다"라고 기술하고 있다. 게다가 여성들의 성씨는 아버지나 남편의 성에서 오는 경우가 대부분이다. 그렇다면 남권을 숭상하는 고대사회에 여성의 이름에는 어떤 심오한 비밀들이 감춰져 있었을까?

첫째, 고대 문헌에는 여성의 이름에 관한 기록이 대단히 희소하다. 둘째, 고대 여성들은 종종 아명은 있으나 성년의 이름이 없다. 다시 말해 이른바 '규명閨名'이 있긴 하지만 이는 집안 내부에서만 통용되는 호칭이고 대외적인 기능은 없는 셈이다. 이런 상황은 남자는 집 밖의 일을 전담하고 여자는 집 안의 일을 전담하며 여성이 남성에게 종속되어 있었던 당시의 사회현실을 그대로 반영하고 있다.

하지만 고대 여성들에게 완전히 이름이 없었다고 하는 것도 지나친 주장이다. 역사문헌에 아주 희소하긴 하지만 이러한 예증이 존재하기 때문이다. 예컨대 신화에 나오는 창세 여신의 이름은 여와女媧였고 한 고조高祖 유방劉邦의 부인 이름은 여치呂雉였다. 게다가 여치는 '아후娥姁'라는 자字도 갖고 있었다.

물론 '여와'가 이름이었는지 아니면 성씨였는지에 대해서는 아직까지 확실하게 통일된 견해가 없다. 당나라 사학자 사마정司馬貞이 『사기』를 보완하여 쓴 『삼황본기三皇本紀』에서는 "여와씨는 성이 풍風이다. 뱀의 몸에 사람 얼굴을 하고 있다"라고 기록하고 있다. 이는 여와의 원래 성이 '풍'임을 증명하는 것이다. 이 성은 수인燧人씨, 복희伏羲씨와 같은 지파에 속한다. 고대 성씨 분기의 역사에 따르면 '女媧' 혹은 '媧'는 씨의 명칭에 속할 가능성이 크다. 따라서 '여와'는 '풍와'라는 호칭으로 불리기도 한다. 예컨대 『경화록鏡花綠』에서는 "공적이 오색 돌을 녹여 구멍 난 하늘을 수리한 풍와風媧의 아름다움에 필적한다"라고 기술하고 있다.

'媧'자의 맨 처음 뜻은 '신성하여 만물을 변화시키는 사람'이었다. '신성함'의 의미를 담고 있는 동시에 독음도 '化(화)'에 가깝다. 중국

媧
사람이름 왜

전통문화에서 '化'는 대단히 폭이 넓고 다의적인 개념으로서 '유포', '변화', '신생', '포용', '융합' 등의 의미를 지니고 있다. 원래는 여성을 상징하는 '母(모)'를 의미했지만 나중에는 천지만물을 아우르는 '본원本源'의 의미를 갖게 되었다. 이런 상황에 근거하여 '媧'자에 모성의 포용과 천지만물을 잉태하는 아름다움의 뜻이 담겨 있다고 유추할 수 있다.

'女媧'보다 비교적 이른 시기에 역사문헌에 등장하는 '婦好(부호)'는 기본적으로 여성의 이름임을 확증할 수 있다. '婦好'는 상나라 제23대 군왕 무정武丁의 아내로, 중국 역사상 근거를 찾을 수 있는 첫 번째 여성 군사 통수統帥이자 뛰어난 정치가였다. 은허殷墟에서 출토된 1만 조각이 넘는 갑골문 복사卜辭에는 그녀의 이름이 200번 넘게 등장한다.

사료의 기록에 따르면 상왕 무정은 수십 명의 처첩들 가운데 세 명을 황후로 봉했다. '婦好'도 그 가운데 하나로서 상왕으로부터 가장 큰 총애를 받았다는 것은 그녀가 무정 왕소에서 중임을 맡았던 사실과 웅장한 장묘 규모를 통해 미루어 알 수 있다. 게다가 갑골문 복사의 기록에 따르면 무징이 부호가 죽은 뒤에 여러 자례 '명혼冥婚' 의식을 거행했고 세 차례에 걸쳐 대갑大甲과 성탕成湯, 조을祖乙 등 상 왕조의 역대 선왕들을 그녀의 배우자로 설정했던 것은 조상들이 저승에서 부호를 잘 보살펴줄 것을 기원하는 상징적 의미를 담고 있다.

이 밖에 사료의 기록에 따르면 무정은 '부호'에 비견할 만하고 장군

통수를 겸했던 '부형婦荊'이라는 처첩이 또 있었다. 이로써 '婦'자가 당시에 신분과 지위가 높은 여성을 통칭하는 호칭으로 쓰였음을 유추할 수 있다. 그렇다면 '婦好' 본인의 이름은 당연히 '好'였을 것이다.

'好'자의 갑골문 자형은 **䫒**로서 왼쪽은 '女'이고 오른쪽은 '子'다. 최초의 의미는 '모양이 아름답다'는 것이었지만 나중에는 사물이 좋고 아름다운 것을 나타내게 되었다. 예컨대 단옥재의 『설문해자주』에서는 "'好'는 원래 여자를 칭했는데, 의미가 확장되어 아름다운(美) 모든 것을 지칭하게 되었다"라고 설명하고 있다.

好
좋을 호

또한 단옥재의 해석에 따르면 여기서 말하는 '아름다움(美)'은 '媄(미)'이고, '媄'의 가장 기본적인 의미는 '여자의 아름다움(色好)'이다. 실제로 이른바 '色(색)'자는 맨 처음에 '얼굴'이나 '용모'를 가리켰다. 따라서 '好'는 용모가 아름답고 준수함을 나타냈던 것이 분명하다. 예컨대 『전국책』에서 "귀후에게는 아주 예쁜 딸이 있었다鬼侯有子而好"라는 구절을 찾아볼 수 있다.

이상으로 미루어볼 때, 무예가 출중하여 군대를 이끌고 나라를 다스리는 능력이 대장부에 뒤지지 않았던 '婦好'의 이름도 아름다운 용모를 추구하는 여성의 심리를 반영하고 있음을 알 수 있다.

'婦好'라는 이름에서 출발하여 우리는 '女'자가 들어가는 한자들이 여성의 이름에 빈번하게 나타나는 것을 발견할 수 있다. 예컨대 요제堯帝의 딸 '娥皇(아황)'의 '娥'를 비롯하여 중국 농경문화의 시조로 알려져 있는 후직后稷의 모친 '姜嫄(강원)'의 '嫄'을 예로 들 수 있다. 그 외에도 '姬(희)', '嫖(표)', '娘(낭)' 같은 글자들이 여성의 이름에 자주 쓰였다.

娥
예쁠 아

'娥'자의 최초 의미는 '좋다'는 것이었다. 이는 고대 진秦나라 땅, 즉 지금의 섬서陝西 일대에서 통용되는 견해다. 또한 진나라 땅은 중화 문화의 요람이기도 하기 때문에 이러한 견해가 전국에 보편적으로 유통되었을 가능성이 크다. 그 때문에 나중에는 '蛾眉(아미: 미인의 눈썹)', '娥妝(아장: 아름다운 몸단장)', '娥翠(아취: 아름다운 비취색)' 등의 단어가 생겨난 것이다. 예컨대 송나라 시인 안기도晏幾道는 「접연화蝶戀花」라는 시에서 "푸른 풀과 연못에 봄이 늦게 찾아오니, 작은 잎새에 바람이 교태를 부리어 미인의 옅은 화장을 따라하네"라고 노래한 바 있다. 여기서 말하는 '미인의 화장'이 바로 '娥妝'이다.

'娥'자는 그 자체에 '아름답다'는 뜻이 담겨 있기 때문에 여성의 이름을 지을 때 자주 쓰이는 글자가 되었다. 예컨대 전설에 달에 사는 것으로 알려진 신선 아가씨 '嫦娥(항아)'는 원래 신화에서 해를 쏘아 떨어뜨린 영웅 후예后羿의 아내로서 본명이 '姮娥(항아)'라고 한다. 또한 원나라 극작가 관한경關漢卿의 작품에 나오는 인물 가운데 악한들에게 억울한 죽음을 당해 오뉴월에 눈이 내리게 한 여인 '두아竇娥'도 있다.

娘
아가씨 랑

'娘'자는 고대에 '젊은 여자'라는 뜻으로 쓰였다. 일종의 국어사전이라고 할 수 있는 『광운廣韻』이나 『집운集韻』, 『운회韻會』 같은 문헌에서는 대부분 이 글자를 '소녀를 부르는 호칭'이라고 규정하고 있다. 이러한 의미는 현대 중국어의 '姑娘(고랑: 아가씨)'이라는 단어에 그대로 이어져오고 있다.

젊다는 것은 확실히 얼굴이 귀엽고 예쁘다는 의미로 연결된다. 예컨대 명나라 극작가 탕현조湯顯祖의『자차기紫釵記』에는 "파란 두루마기에 분칠한 얼굴, 우리 집 아이가 아가씨(娘)의 귀여움을 받네"라는 대사가 나온다. 여기서 '娘'은 젊고 용모가 아름다운 여성을 지칭한다. 옛날에는 수많은 청년 여성들이 '娘'을 이름으로 삼았다. 당나라 시인 두목杜牧은「두추랑시杜秋娘詩」에서 실존인물인 금릉金陵 여자 두추랑에 관해 묘사한 바 있고, 명나라 소설가 풍몽룡馮夢龍은『경세통언警世通言』이라는 소설에서 백보百寶 상자에 분노한 '두십랑杜十娘'의 이야기(명나라 때 북경의 명기 두십랑이 유연히 이갑李甲이라는 고위관료의 아들을 만나 서로 사랑에 빠졌으나 중간에 그녀를 가로채려는 음탕한 상인 손부孫富의 계략에 빠져 이갑은 그녀를 배신하게 된다. 이에 두십랑이 손부에게서 받은 엄청난 보물을 강물에 던지며 어리석은 이갑을 꾸짖는다. 결국 두 사람의 사랑은 맺어지지 못한다)를 서술하고 있다.

현재 상용되는 '娘'자의 의미는 고대와 완전히 일치하진 않지만 소극적인 의미를 갖고 있지는 않다. 한 가지 의아한 것은 '嫖(표)'자가 현대 중국어에서는 그다지 좋은 의미가 아닌 '음탕하다', '음란하다'의 뜻으로 쓰이고 있다는 점이다. 하지만 고대에는 많은 여성이 자기 이름에 이 글자를 즐겨 썼다. 그 이유는 무엇일까?

원래 '嫖'자의 맨 처음 뜻은 '가볍고 민첩하다'는 것으로 '僄(표)'자와 같은 의미였다. 예컨대 청나라 시인 오위업吳偉業은 선종宣宗의 귀뚜라미 화분을 노래한 시에서 귀뚜라미를 "임기응변이 신에 가깝고 날쌔고 민첩하다(僄)"라고 묘사한 바 있다. '嫖'자가 여성의 몸을

嫖
난챈 표

표현할 때는 자태가 가볍고 힘이 넘치는 것을 의미했음을 알 수 있는 대목이다.

고대에 '嫖'자를 이름에 쓴 사례로는 한 무제 유철의 고모 관도館陶 공주를 들 수 있다. 그녀의 이름은 '유표劉嫖'였다. 『사기』의 기록에 따르면 서한의 명장 곽거병霍去病은 전공이 혁혁하여 '표요嫖姚' 교위校尉(요즘의 대령 정도에 해당하는 계급)에 봉해진 뒤로 '곽표요'라고 불렸다. 이에 따라 나중에는 '嫖姚'라는 이름이 변방에서 전공을 세운 무장을 지칭하는 대명사로 자리 잡게 되었다.

이로써 '嫖'자가 맨 처음에는 현대적 어의인 '경박하다'는 뜻이 아니라 가볍고 민첩한 미감을 나타내는 글자였음을 알 수 있다. '경박하다'는 뜻은 '몸이 가볍다'는 함의에서 발전되어 나온 것이다.

이 밖에도 여성의 이름에는 '女'자가 포함된 글자가 무수히 많이 쓰였다. 예컨대 '媛(원)'이나 '娟(연)', '婷(정)', '婉(완)', '嫣(언)' 같은 글자들은 예로부터 지금까지 중국 여성들의 이름에 자주 쓰이고 있다. 대부분 아름다움에 대한 여성의 바람과 추구를 체현하는 글자들이기 때문이다.

二. 강인함의 아름다움을 체현하는 이름

사실 아름다움을 추구하는 마음은 누구나 다 갖고 있다. 남성들은 여성의 부드러운 아름다움을 좋아하는 것으로 그치지 않고 자신들 나름대로의 미적 추구를 갖고 있었다. 단지 남성들이 펼치고 자 하는 아름다움은 대부분 음유陰柔의 아름다움과 뚜렷한 대비를 이루는 양강陽剛의 아름다움이라는 것이 다를 뿐이다.

고대 중국에서 남성들은 종종 가정과 사회에서 주체적인 노동자 역할을 담당했고, 이에 따라 가장과 사회는 남성들에게 이러한 역 할에 맞는 건장하고 강한 힘을 요구했으며, 유약하거나 왜소한 모습 을 피해야 한다는 묵계와 기대를 유지했다. 국가에 대한 부세賦稅와 요역徭役은 필연적으로 남성들이 담당했다. 예컨대 서진西晉괴 동진 東晉 시기의 점전제占田制와 호조제戶調制가 그랬다. 당나라 때 방현 령房玄齡 등이 편찬한 『진서晉書』의 기록에 따르면 "정남丁男은 50무 의 땅을 경작해야 하는 데 비해 정녀丁女는 20무만 경작하면 됐다. 차정남次丁男은 그 절반만 경작하면 되고 여자는 경작하지 않아도 됐다. 남녀 공히 16세 이상 60세까지는 정정正丁이고 15세에서 13세 까지, 60세에서 65세까지는 차정次丁에 해당했다. 12세 이하와 65세 이상의 어린이와 노인은 일을 하지 않았다"라고 기록하고 있다. 청 장년 남성의 부세가 상대적으로 가장 높았던 것이다.

'정남'과 관련하여 각종 문헌자료에서 '남정男丁', '장정壯丁', '전정 田丁', '광정礦丁', '어정漁丁', '산정山丁' 등의 용어를 찾아볼 수 있다. 예컨대 양계초가 쓴 「민족경쟁의 대세를 논함論民族競爭之大勢」이라 는 글에서는 "감옥에 갇힌(入獄) 사람들로 공장을 건설하는 장인이 나…… 모某 광무회사의 광정으로 충당하고"라는 대목을 찾아볼 수 있다. 이런 예문에서는 '丁'자가 남성과 관련이 있다는 것을 분명

丁

히 알 수 있다. 그렇다면 이 글자가 맨 처음부터 남성을 의미했던 것일까?

'丁'자의 갑골문 자형은 ⬛으로 위에서 아래로 내려다본 못의 형상을 하고 있다. 이 글자는 '釘(정)'자의 옛글자로서 맨 처음에는 '못'을 의미했다. 못은 일반적으로 금속으로 만들기 때문에 재질이 아주 단단하다. 이에 따라 '丁'자에는 '견고함'과 '강건함'의 의미가 담기게 되었고, 나중에는 확실하게 '강하고 건장함'을 나타내게 되었다. 예컨대 한나라 왕충의『논형』에서는 "이가 빠져도 다시 나고 몸의 기운이 강건해진다齒落復生, 身氣丁強"라는 구절을 찾아볼 수 있고『사기』에서도 "정丁이란 만물의 강하고 건장함(丁壯)을 말한다"라는 구절을 찾아볼 수 있다.

또한『이아爾雅』에서는 "생선대가리(魚枕)를 정丁이라 한다"라는 견해를 제시하고 있다. 고대에는 생선대가리가 기구나 창문 장식으로 쓰이기도 했다.『황제내경黃帝內經』에 따르면 "머리(頭)는 왕성한 정력이 집약된 상소이고 뼈(骨)는 신체의 정수가 되는 부위다." 그렇다면 '생선대가리'는 당연히 생선의 몸에서 가장 활력이 왕성한 부분이다. 따라서 '丁'이라는 글자로 만물의 생장과 건장함을 나타내는 것은 물이 도랑으로 모이는 것처럼 자연스러운 이치다. 예컨대 단옥재의『설문해자주』에서는 "여름에는 만물이 모두 왕성해진다(丁實)"라고 했고, 전통적인 역학易學 문화가 잘 드러나 있는『한서』에서 식물의 생장을 예로 들어 처음에는 딱딱한 껍질을 뚫고 나와 싹을 틔우고, 이어서 가지가 '乙'자 모양으로 구불구불 뻗어나가다가 아주 밝은 햇빛 아래서 본연의 모습을 드러내며, 나중에는 성년 남자처럼 왕성한 활력을 나타낸다는 기록이 남아 있다.

이상의 사실들로 미루어볼 때, '丁'자의 의미는 대부분 '건장함'과 '왕성함' 등과 연결되었음을 알 수 있다. 그 때문에 상나라 제왕들은 이 글자에 남다른 애착을 보였던 것이다. 사료의 기록에 따르면 상 왕조에서는 '太丁(태정)'과 '沃丁(옥정)', '仲丁(중정)', '祖丁(조정)', '武丁(무정)', '庚丁(경정)', '文丁(문정)' 등 일곱 명이나 되는 제왕들이 제호 帝號에 '丁'자를 썼다. 물론 상 왕조 제왕들이 제호에 '丁'자를 많이 사용한 것은 천간天干과도 관련이 있지만 대부분은 '丁'자 자체가 갖고 있는 함의를 차용하려는 의도였던 것이 분명하다.

도가문화에서 丁卯(정묘), 丁巳(정사), 丁未(정미), 丁酉(정유), 丁亥(정해), 丁丑(정축) 등 이른바 육정은 천제가 부리는 음신陰神들로 숭배되고 있고 '五丁(오정)'은 신화에 나오는 다섯 명의 역사力士로서 산을 옮기고 길을 뚫었다고 전해진다.

사람을 나타낼 때 '丁'자는 남성만을 가리키는 것이 아니다. 예컨대 '添丁人口(첨정인구: 아이를 낳아 식구가 늘다)'나 '人丁興旺(인정흥왕: 인구가 많이 늘다)' 같은 성어에서는 '丁'자가 여성도 포함한다. 하지만 본질적인 의미에서 볼 때, 요즘에는 여장부도 없지 않지만 '漢(한)'자가 남성을 지칭하는 것처럼 '丁'자에는 힘이라는 의미가 담겨 있기 때문에 기본적으로 체구가 건장한 남성을 나타내는 데 주로 쓰였다고 할 수 있다.

그렇다면 '漢'자는 또 어떻게 남성과 연계된 것일까? 육유의 『노학

漢
한수 한

암필기』에는 "오늘날 천한 장부를 한자漢子라 칭한다"라는 기록이
남아 있다. 여기서 '천한 장부'는 지위가 낮은 남성을 의미한다. 따라
서 '漢'자는 미천한 신분의 남자를 지칭했음을 알 수 있다. 하지만
이 글자의 최초 의미는 대단히 아름다웠다.

　『설문해자』에서는 "漢은 출렁거리는 물(漾)이다. 동쪽으로 가면
창랑수滄浪水가 된다"라고 설명하고 있다. '漢'자의 뜻이 출렁거림이
라는 것이다. '漾(양)'자는 물 혹은 기타 물체가 흔들리거나 출렁거
리는 것을 나타낸다. 따라서 '漢'자는 물이 출렁거리는 것을 의미한
다. 하지만 유감스럽게도 무척 합리적인 것처럼 보이는 이런 추론은
실제로는 또 다른 문제를 야기한다. '漾'자가 물의 출렁거림을 나타
낸다는 데는 의심의 여지가 없지만 동시에 고대에는 강의 이름이기
도 했다. 『설문해자』에서는 이 글자를 "농서隴西 상도相道에서 나와
동쪽으로 무도武都에 이르러 한漢이 되는 물줄기"라고 해석하고 있
다. 이러한 해석을 통해 우리는 '漾'과 '漢'이 똑같은 강을 지칭했음
을 알 수 있다. 단지 동일한 하천의 상류를 '漾'이라 부르고 중류를
'漢', 하류를 '滄浪'이라고 불렀던 것이다. 『설문해자』에 이미 "동쪽으
로 가면 창랑수가 된다"라는 설명이 있는 것이 이를 증명한다.

　원래 '漢'자가 가리키는 것은 이처럼 아름다운 강이었다. 그리고
그 강의 상류를 '漾'이라 하고 하류를 '滄浪'이라 했다. 이 얼마나 다
양한 풍경을 지닌 강인가! 송나라 시인 강기姜夔는 "창랑의 안개비,
앵무산의 풀과 나무…… 하루도 마음속에서 지워지지 않네滄浪之烟
雨, 鸚鵡之草樹…… 無一日不在心目間"라고 노래했고, 중국의 역대 문인

들의 시편에서 창랑이 등장하는 사례는 부지기수다.『맹자』나『사기』에서도 "창랑의 물이 맑으면 갓끈을 씻을 수 있고 창랑의 물이 탁하면 발을 닦을 수 있다"라는 구절을 찾아볼 수 있다. 한나라 때는 강남지역에 창랑정滄浪亭이라는 정자가 세워졌고 송나라 때의 대문호 구양수歐陽脩는 장편의「창랑정」을 짓기도 했다.

또한 '漢'자는 하늘의 은하수를 지칭하기도 한다. 예컨대 조조曹操는「창해를 바라보다觀滄海」라는 시에서 "해와 달의 운행이 그곳에서 나오고 별과 은하수의 찬란함이 그 안에서 나오는 것 같네日月之行, 若出其中. 星漢燦爛, 若出其裏"라고 노래한 바 있다. 1969년에는 감숙甘肅성 무위武威 뇌대雷臺의 한나라 시기 무덤에서 동한 연간의 '마답비연馬踏飛燕'이라는 청동 조각상이 출토되었다. 이 작품은 동한 문인 장형張衡이「남도부南都賦」에서 묘사한 "천마가 은하수를 가르네天馬半漢"라고 노래한 대목을 증명해준다.

'마답비연'은 '마초용작馬超龍雀' 혹은 '동분마銅奔馬'라고 불리기도 한다. 이 작품의 가장 창의적인 부분은 달리는 말이 외부적인 힘을 전혀 차용하고 있지 않다는 것이다. 날개가 없기 때문에 바람의 힘을 빌릴 필요도 없고, 오로지 자신의 힘에 의지하여 홀로 하늘 위를 왕래할 뿐이다. 그리고 하늘을 나는 제비는 일종의 보조적 이미지로서 드넓은 우주를 비행하는

마답비연

천마를 돋보이게 하는 역할을 한다.

여기서 우리는 은하를 가리키는 '漢'자에 거대하고 드넓음의 의미가 담겨 있음을 알 수 있다. 그렇기 때문에 '霄漢(소한: 하늘)', '雲漢(운한: 높은 하늘, 은하수)' '河漢(하한: 황하와 한수, 은하수)' 등의 단어들이 사람들에게 더없이 넓은 상상의 공간을 제공할 수 있었다. 앞에서 언급한 육유의 시에 나오는 '漢子'의 견해는 사실 송나라 때 도악陶岳이 쓴 『오대사보五代史補』에 이미 용례가 있다. 여기서 '漢子'는 나귀가 끄는 수레나 우마차를 끄는 차부를 의미했다. 육유의 『노학암필기』에 따르면 '漢子'가 이처럼 남성을 지칭하는 의미와 용례는 '漢人'에서 유래한 것으로서 오대십국 시기의 북제北齊 문선제文宣帝가 한인 대신들에 대한 호칭으로 처음 사용했다. '漢人'이라는 단어는 한漢 왕조와 관련이 있는 것이 분명하다. '漢' 왕조의 명칭은 유방이 한수漢水의 발원지인 한중漢中지역에 한왕漢王으로 봉해졌던 역사적 사실에 기인한다. 따라서 한 바퀴 빙 돌아 '漢'자가 남성을 지칭하게 된 것은 결국 중국의 유명한 강과 역사상 비교적 융성했던 조대의 이름에서 기원한 것이라고 할 수 있다.

이렇게 보면 '漢'자의 적극적인 의미는 대단히 분명하다. 예로부터 오늘날에 이르기까지 원곡元曲(원나라 희곡)의 대가 관한경이나 신해혁명의 영웅 마종한馬宗漢처럼 이름에 '漢'자를 쓴 남성이 적지 않았다.

실제로 남성의 강인한 아름다움을 체현하는 것은 건장함을 의미하는 한자에 국한되지 않는다. 때로는 남성의 건장함은 용감하게 인생의 곤경을 대면하는 태도로 표현되기도 한다. 예컨대 중국 역사에 누구나 다 아는 두 위인이 있다. 하나는 공자에 이어 아성亞聖으로 숭상되는 맹가孟軻이고, 다른 하나는 "바람은 세차고 이수는 차가운데, 장사는 한 번 가면 다시 오지 못하네風蕭蕭兮易水寒, 壯士一去兮不復還"라는 시구와 함께 목숨을 던진 장수 형가荊軻다. 이 두 사람 모두 이름에 '軻(가)'자를 사용하고 있다. 그렇다면 이 글자에는 어떤 심오한 사연이 담겨 있는 것일까?

'軻'자는 '車(차)'와 '可(가)'로 구성된다. '可'는 독음을 나타내고 '車'는 글자의 뜻을 담고 있다. 이 글자는 맨 처음에 두 개의 나무를 하나로 연결하여 굴대로 삼은 수레를 의미했다.

軻
굴대 가

우리는 굴대가 수레에서 담당하는 기능을 잘 알고 있다. 굴대는 수레가 움직일 수 있도록 하는 동력 전환장치일 뿐만 아니라 그 자체가 무거운 하중을 담당하는 역할을 하기 때문에 그 견고성과 내구성이 크게 약화되기 쉽다. 그래서 수레가 정지하거나 심지어 사고가 발생하기도 한다. 이런 까닭에 '軻'자에는 불안정의 의미가 담기게 되었고, 이리하여 '轗軻(감가: 부득이함, 곤경)', '憾軻(감가: 유감, 불만)' 등의 단어가 생겨나게 되었다. 이런 단어들은 현대 중국어에서 자주 쓰이는 '坎坷(감가: 울퉁불퉁함, 시련)'라는 단어와 같은 의미로 통용된다.

형가가 진왕秦王을 칼로 찌른 이야기는 지금도 의를 위해 목숨을 버리는 숭고한 행위를 비유하는 상징적 사건으로 구전되고 있다. 형가의 운명은 정말로 가시밭길이었다. 한편 맹가, 즉 맹자의 일생은 그의 스승인 공자와 유사한 점이 많다. 그는 공자와 마찬가지로 원대한 이상을 품고 직접 제자들을 거느리고 열국을 주유하면서 자신의 치세 이념을 전파하려고 노력했다. 하지만 당시 사람들은 대부분 그의 주장이 공허하고 현실로부터 괴리되어 있어 실제 상황에 맞지 않는다고 생각했다. 따라서 그의 학문과 수양이 세상에 자랑할 만했는지는 모르지만 치세의 주장은 당시 역사적 조건에서의 주류 가치관에 부합하지 않았다. 살아서 때를 만나지 못했다는 견해는 어쩌면 맹자의 일생에서 실제 모습에 비교적 부합했다. 그렇다면 맹자와 형가 두 사람이 자신들의 일생의 시련과 실제 상황에 대해 예감을 했고 이에 대처하고 감당할 수 있었다면, 이러한 경지야말로 강력한 심리적 이상이 뒷받침되어야 했을 것이고, 과감하게 인생에 도전하는 기백을 체현하는 것이라 할 수 있다.

물론 이름으로 강인함과 용기 등의 이념을 체현하는 것이 남성들이 추구했던 것의 전부는 아니다. 이와 동시에 또 다른 남성들도 존재했다. 그들이 추구하고 드러내고자 한 것은 음유陰柔의 아름다움이다. 그리고 이와 상대적으로 또 일부 여성들은 강인함이 아름다움을 추구하기도 했다.

三. 이성異性의 아름다움을 추구하는 이름

사료의 기록에 따르면 한나라 때부터 문헌에 나타난 여성의 이름과 관련된 현상들이 다양화되기 시작한다. 재미있는 것은 수많은 여성의 이름이 남성화하기도 했다는 점이다. 이는 남성을 숭상했던 고대사회의 관념에 부합한다.

중국의 역사학자인 장맹륜張孟倫은『한위인명고漢魏人名考』라는 책에서 여성의 이름이 남성화하는 경향에 관해 그럴듯한 논술을 제시하고 있다. 이러한 사례로 한 고조 유방의 애첩 조자아趙子兒와 한 무제의 두 번째 황후인 위 황후 위자부衛子夫를 들 수 있다. 이 밖에도『후한서』에는 동한 장제章帝의 장녀 무덕武德 공주 유남劉男과 순제順帝의 딸 관군장冠軍長 공주 유성남劉成男의 이름이 올라 있다.

'子'와 '夫'는 고대에 둘 다 '성년 남자'를 의미했다. 그러다가 부계사회로 진입한 뒤에는 남자가 기본적으로 주요 노동력이 되었다. 따라서 '夫'자는 종종 육체노동을 하는 사람을 지칭할 때 쓰였다. '漁夫(어부)'나 '車夫(차부)', '農夫(농부)' 등이 그러한 예다. 고대에는 '夫'자가 어떤 업종의 우두머리를 의미하기도 했다. 예컨대『예기』에는 "夫는 지혜로써 남들을 이끄는(帥) 사람을 말한다"라고 설명하고 있다. 여기서 '帥'는 '率(솔)'과 마찬가지로 '이끌다', '인솔하다'의 뜻을 지닌다.

고대의 성년 남자들은 노역과 병역의 임무를 담당해야 했다. 그리고 이런 사람들을 '夫'라고 불렀다. 예컨대 이백은 「수양 막부로 가는 장요를 전송함送張遙之壽陽幕府」이라는 시에서 "병사들은 곰과 호랑이 같고, 적을 무찌름에 여유가 넘쳤네戰夫若熊虎, 破敵有餘閑"라고 노래했고, 서한의 가의賈誼는 「저축에 관해 논한 글論積畜疏」에서

夫
지아비 부

"사내가 밭을 갈지 않으면 굶주림을 당하게 된다—夫不耕, 或受之飢"라고 설명한 바 있다.

또한 '夫'자에는 '대장부'의 의미도 담겨 있다. 이는 틀림없이 건장한 남자를 아름답게 부르는 호칭이다. 예컨대 유아자柳亞子는 「제장육수諸將六首」라는 시에서 "서천의 유단은 원래 대장부가 아니었네西川劉禪本非夫"라고 노래함으로써, 어리석고 무능한 유선은 아버지 유비劉備가 지지하고 제갈량 같은 현신이 정치를 보좌했지만 아무래도 책임감 있게 자신의 능력을 발휘하는 사대 대장부가 아니었음을 지적하고 있다. 반면에 위 황후는 여자의 몸이지만 이름에 '夫'자를 사용했을 뿐만 아니라 주위에 훌륭한 남자의 면모를 과시했고 모든 일에 용감하게 책임지는 태도를 보였던 것으로 잘 알려져 있다.

男
사내 남

'男'자의 갑골문 자형은 ▓으로서 왼쪽은 밭이고 오른쪽은 쟁기 같은 농기구를 상징한다. 이에 대해 『설문해자』에서는 밭을 가는 등의 힘든 노동은 주로 남자가 담당하기 때문에 이런 자형으로 남성을 표시하게 된 것이라고 설명하고 있다. 예컨대 서한 대덕戴德이 쓴 『대대예기大戴禮記』에서는 "남자는 맡은 바 일이 있는 사람이기 때문에 천지의 도를 행하고 만물을 생장케 하는 대의를 책임진다. 그래야 장부丈夫라 칭할 수 있다"라고 말했다. 여기서 '丈夫'는 현대 중국어에서처럼 여성의 배우자를 의미하는 것이 아니라 행동하고 책임을 지는 남자를 가리킨다. 노신이 「답객초答客誚」에서 "무정하다고 해서 반드시 호걸인 것은 아니다. 남을 불쌍히 여길 줄 아는 사람이 어째서 장부가 아니란 말인가?"라고 말했던 것도 바로 이런 의미다.

동한 시기의 두 황실 공주는 천금같이 귀한 여성의 몸이었지만 이름은 각각 '男'과 '成男'이었다. 부모가 대를 이을 자식이 없을 것을 걱정하여 딸에게 남자의 이름을 지어준 것이 아니라면 공주가 남성의 힘과 능력을 갖출 수 있기를 기대하는 마음으로 이런 이름을 지어주었을 가능성이 크다.

고대 여성들이 강인함의 함의를 지닌 이름을 지었던 것은 개별적인 현상이 아니었다. '협俠'자나 '순順'자 같은 남성적 기질과 특징을 체현하는 글자들도 여성의 이름에 보편적으로 사용되었다.

'俠'자의 왼쪽은 '人'이고 오른쪽은 '夾'이다. '夾'은 글자 전체의 독음을 나타낼 뿐만 아니라 '돕다'라는 뜻을 나타낸다. 그 때문에 '俠'자는 맨 처음에 연약한 주인이나 높은 사람을 보좌하여 이들의 강함을 드러내거나 의를 위해 용기를 내는 사람을 의미했다.

俠
호협한 협

단옥재의 『설문해자주』에서는 "甹(pīng핑)은 俠이다. 三輔(삼보) 가운데 재정을 과장하는 사람을 甹이라 한다"라고 설명했다. 여기서 '甹'은 '俜(빙)'과 독음과 뜻이 같다. '三輔'는 서한 시기에 경기지역을 관할하던 경조윤京兆尹과 좌풍익左馮翊, 우부풍右扶風 등 세 관원을 통칭하는 말이었으나 나중에는 이 세 관원이 관할하는 지역을 의미했다. 『사기』에서는 '유협遊俠'을 "말에 반드시 신의가 있고 그 행동에 반드시 결과가 있으며 약속을 하면 성실하게 지키고 자신의 몸을 아끼지 않고 선비들이 곤경에 처한 곳으로 달려간다"라고 정의했다. 이것이 바로 '俠'이다. 이런 사람들은 보통 사람들의 눈에 거

甹
움틀 유

의 신이나 구세주처럼 보인다. 이보다 더 '크고 높고 완전한' 사람이 없는 것이다.

역사상 '俠'자를 이름에 사용한 여성으로는 한 원제의 황후 왕정군王政君의 언니 '왕군협王軍俠'과 명나라 말기에 스스로 호를 '감호여협鑒湖女俠'이라고 했던 추근秋瑾을 들 수 있다. 왕군협에 관한 사료의 기록은 많지 않다. 반면에 추근은 중국인이라면 누구나 다 아는 유명인물로서 봉건통치에 반대하고 민주혁명의 흐름 속에서 용기와 언행에 있어서 어떤 사내 대장부에도 뒤지지 않았으나 서른두 살의 젊은 나이에 산화하고 말았다. 추근은 또 일찍이 '경웅(競雄: 웅지를 다툼)'이라는 호를 썼다. 그녀의 두 자호에서 우리는 진한 양강陽剛의 아름다움을 확인할 수 있다. 짧았던 그녀의 일생은 불꽃처럼 타올랐고 인격과 행동이 후대의 모범이 되기에 부족함이 없었다.

須
모름지기 수

'須'자의 갑골문 자형은 로서 턱밑에 자란 털, 즉 수염을 나타낸다. 물론 수염은 남성의 표식이다. 그렇기 때문에 "여자이지만 남자에 뒤지지 않는다巾幗不讓須眉"라는 속담이 생겨났다. 하지만 이처럼 남자의 생리적 특징을 나타내는 글자도 여성들의 이름에 사용되었다. 예건대 한 선제 유순劉詢의 모친 이름은 '왕옹수王翁須'였다. 이름에 남성의 특징을 나타내는 두 글자를 동시에 사용한 것이다. 그녀가 정말로 남성적인 양강의 아름다움을 지녔던 것인지, 아니면 그저 이름을 통해 그런 아름다움을 추구했던 것뿐인지는 알 수 없다.

여성이 남성적인 아름다움을 추구했던 것과 대비를 이루는 또 한

가지 재미있는 사실은 예로부터 지금까지 남성들도 부드럽고 따스한 여성적 아름다움을 추구했다는 것이다.

춘추전국시대에 명성이 자자했던 진秦 목공穆公의 본명은 '任好(임호)'였다. '好'자는 앞에서 이미 설명한 것처럼 맨 처음에는 아름답고 잘생긴 용모를 나타냈다. 따라서 사람들은 진 목공이 진나라의 내정과 외교업무를 잘 처리했을 뿐만 아니라 자신의 용모가 꽃처럼 아름다워지기를 기대했을 거라는 추측을 하게 된다. 물론 진 목공의 이름은 용모와 아무 상관이 없고 다른 의도가 있는 것일 수도 있다. 위진남북조시대 남조 진陳나라에는 문제文帝 진천陳茜이라는 국왕이 있었다. 이 '茜(천)'이라는 글자는 남성의 이름에 거의 쓰이지 않는 글자다.

'茜'자는 진홍색을 내는 염료로 쓰이는 식물, 즉 꼭두서니를 지칭한다. 자연히 이 글자는 주로 진홍색과 관련된 단어에 많이 사용되었다. 예컨대 청나라 동유董兪의 시 「산화자山花子」에서는 "말없이 부드러운 정은 새벽바람을 두려워하고, 진홍빛 치마의 두 겹 허리띠는 부용꽃을 맨 듯하네脉脉柔情怯曉風, 茜裙雙帶綰芙蓉"라고 노래하고 있다. 여기서 말하는 '茜裙(천군)'이 바로 꼭두서니로 물들인 진홍빛 치마를 의미한다. 또한 남당南唐 이중李中의 시 「계변음溪邊吟」에서도 "진홍빛 치마 입은 아가씨 연꽃을 따러 가서, 웃으면서 가는 비를 맞으며 난초배에 오르네裙二八采蓮去, 笑沖微雨上蘭舟"라고 노래했다. 여기서도 '茜裙'은 진홍색 치마를 입은 아름다운 아가씨를 지칭한다.

茜
꼭두서니 천

이처럼 '茜'자의 함의는 대부분 여성과 관련이 있다는 것을 알 수 있다. 따라서 여성들이 이름에 이 글자를 쓰는 것은 전혀 이상한 일이 아니다. 하지만 건장한 사내들이 이름에 이 글자를 사용하는 것은 정상이 아니라는 생각을 갖게 한다. 사료의 기록에 따르면 진 문제 진천에게는 동성애 경향이 있었고 그의 총신이었던 한자고韓子高와 아주 오랫동안 동성애 관계를 유지했다. 물론 그의 이름이 이런 사실과 관계가 있는지 여부에 대해서는 결론이 나지 않았다. 하지만 그의 또 다른 두 가지 이름 '현천縣蒨'과 '전견荃蒨' 역시 꽃이나 풀과 관련된 글자를 활용했다.

'蒨'자는 고대에 '茜'자와 음과 뜻이 혼용되었고 둘 다 '초목이 무성하다'는 뜻을 지니고 있었다. 예컨대 진晉나라 좌사左思의 「오도부吳都賦」에 '하엽동천夏曄冬蒨'이라는 성어가 나온다. 이는 초목이 여름에는 신선하고 아름답고 겨울에도 무성한 것을 의미한다.

'蕳'자는 현대 중국어에서는 거의 사용되지 않지만 고대에는 접시꽃을 지칭하는 이름으로 쓰였다. 예컨대 송나라 시인 한원길韓元吉은 「남가자南柯子」라는 시에서 "들판의 살구가 가지 위에서 익어가고, 접시꽃이 잎을 여네野杏博枝熟, 戎葵抱葉開"라고 노래했다.

요컨대 진 문제의 이름은 그의 숙부이자 진 왕조의 개국군주였던 무제 '진패선陳霸先'의 이름과 비교할 때, 현격한 차이를 나타내고 있음을 알 수 있다.

물론 이름은 순전히 개인의 기호에 따른 것이라 일부 이름들은 성별의 차이와 관련이 있는 것처럼 보이지만, 그 최초의 자의를 따져

蒨
풀 더북할 천

茜
꼭두서니 천

蕳
촉규화 견

보면 좀더 넓은 의미에서 완전히 그렇지는 않은 경우도 적지 않다. '美'자가 그렇다. 얼핏 생각하면 여성의 이름에 주로 사용되는 글자 같지만 적지 않은 남자들의 이름에 이 글자가 등장한다. 예컨대 우리에게 잘 알려지지 않은 '반미潘美'라는 인물이 있다. 그는 중국 역사소설에서 송나라 초기 양가장楊家將을 모함하여 위해했던 간신 '반인미潘仁美'의 원형이다. 실제로 '美'자의 맨 처음 의미는 '맛이 좋은 것'이었으나 나중에 좋고 아름다운 모든 것을 지칭하게 되었고, 이어서 여성의 용모가 아름다운 것으로 의미가 점점 축소되었다.

四. 운명적인 아름다움을 나타내는 이름

중국 속담에 "아름다움을 좋아하는 마음은 누구나 갖고 있다"라는 말이 있다. 아름다운 용모를 추구하는 것이 여성들만의 전유물이 아니라는 의미다. 또 다른 각도에서 보자면, '美'자의 최초 의미는 오늘날 상용되는 것처럼 용모가 비교적 아름다운 것에 국한되지 않았다고 할 수 있다. 이는 사실 중국인들의 작명의 역사에서 개별적인 사례로 간주되지도 않는다.

'倩'자는 현대 중국 여성들의 이름에서 흔히 찾아볼 수 있는 글자다. 하지만 이 글자가 고대에는 남성에 대한 미칭이었다는 사실을 누구도 생각지 못할 것이다. 단옥재의 『설문해자주』에서는 이 글자를 사람에 대한 미칭이라 규정하고 있고, 당나라 초기의 경학가이

倩
예쁠 천

자 언어학자였던 안사고顔師古는 "倩은 선비에 대한 미칭이다"라고 설명하고 있다. '倩'자가 맨 처음에는 남성의 이름에 주로 사용되었다는 것을 알 수 있는 대목이다.

역사적으로 이름에 '倩'자가 들어가는 남성으로 서한의 승상이었던 소하蕭何의 6대손 소망지蕭望之를 들 수 있다. 그는 자가 '장천長倩'으로서 한 선제 시기에 태부太傅의 관직을 지내기도 했다. 그 외에 서한의 시인인 동방삭東方朔을 들 수 있다. 그는 본성이 장張이고 자가 '만천曼倩'이었다.

이 밖에 서양 양웅揚雄의 『방언方言』에서는 "주 왕조 때 제나라에서는 사위를 '천'이라 칭했다東齊之間, 壻謂之倩"라고 기록하고 있다. 여기서 '壻(서)'는 '婿(서)'와 같은 뜻이고, 왼쪽의 부수는 '土(토)'가 아니라 '士(사)'다. '壻'는 원래 남성에 대한 일종의 미칭이었다. 이 글자가 나중에 '딸의 배우자'를 지칭하게 된 것은 장인, 장모와 그 가족들이 당연히 자신의 딸이 좋은 사람에게 시집가기를 바랐기 때문이다. 그리고 미칭 자체를 사용하게 된 것은 사위에 대한 장인, 장모의 존중을 나타내는 것이다. 그 때문에 고대 중국에서는 매부나 조카 사위를 '妹倩(매천)', '侄倩(질천)'이라 불렀다.

'倩'자가 나중에 미모를 나타내면서 여성에게 주로 쓰이게 된 것은 어쩌면 『시경』에서 "쌩긋 웃는 예쁜 보조개, 아름다운 눈이 맑기도 하네巧笑倩兮, 美目盼兮"라고 노래한 데서 시작된 것인지도 모른다. 이 글자는 점차 여성의 용모나 자태를 나타내는 데 주로 사용되면서 '아름다움'으로 오해되었고 고대 남성들의 이름에 이 글자가 쓰인 데 대해 의혹을 갖게 되었다. 하지만 실제로 『시경』의 '巧笑倩兮(교소천혜)'가 묘사한 것은 원래 작고 귀여운 여자나 가냘프고 연약한 여성이 아니라 키가 크고 풍만한 여성이었다.

'倩'자와 비슷한 글자로 '淑'자가 있다. 오늘날 이 글자는 여성 이름의 전유물로 쓰이지만 고대 중국에서는 적지 않은 남성들이 이름에 이 글자를 사용했다. 왕충의 『논형』에 기록된 동한 광무제光武帝 유수劉秀의 수하에 있던 대신 범숙范淑이나 남북조시대 심약沈約의 『송서宋書』에 기록된 남조 송나라의 어사중승御使中丞 '원숙袁淑' 등을 그 예로 들 수 있다. 사료의 기록에 따르면 이 두 인물과 같은 이름을 가진 사람들이 적지 않다.

'淑'자의 맨 처음 의미는 '맑음'이었다. 춘추전국시대 순황荀況이 쓴 『순자荀子』에서는 "하夏나라 걸왕桀王과 상나라 주왕紂王이 통치하던 시기에는 세상이 어지러웠으나(淆) 성탕成湯과 주 무왕武王은 비교적 청명하고(淑) 지혜로운 군주였다"라고 기록하고 있다. 여기서 탁함을 나타내는 '淆(혼)'과 맑음을 나타내는 '淑(숙)'이 선명한 대비를 이룬다.

나중에 '淑'자는 현량함을 나타내게 되었고, 특히 여성의 현명하고 지혜로움과 온순하고 부드러움을 의미하게 되었다. 이는 한편으로는 이 글자 자체가 갖고 있는 '맑음'의 의미에서 발전된 것이기도 하고, 또 한편으로는 '俶(숙)'자와 독음이 같고 의미가 상통하기 때문이기도 하다. '俶'자의 최초 의미는 '착하고 아름답고 좋다'는 것이었다. 예컨대 명나라 양신楊愼의 『이란부伊蘭賦』에서는 "상서롭고 따

淑
맑을 숙

스한 바람이 부는 아름다운 시절開以風景之俶辰兮"을 노래하고 있다.

고대 중국에서는 남자 이름에 '俶'자를 사용하는 일이 드물지 않았다. 오대십국 시기 오월吳越의 마지막 군왕은 '錢俶(전숙)'이었고 당 대종代宗 이예李豫는 왕위에 오르기 전의 이름이 '李俶(이숙)'이었다. 그 때문에 사료에서는 항상 그를 '光平王俶(광평왕숙)'이라고 표현하곤 했다.

'淑'자가 '俶'자를 대신해서 '좋고 아름다움'의 뜻을 나타내게 된 뒤로 '俶'자는 이런 의미를 갖지 않게 되었다. 이 글자는 이제 거의 쓰이지 않는다. 단지 항주杭州 서호西湖 옆의 보석산寶石山에 '보숙保俶'이라는 이름의 오래된 탑이 하나 남아 있을 뿐이다.

'淑'자가 나중에 갖게 된 의미는 확실히 대부분 여성과 관련이 있다. 예컨대 "예쁘고 착한 여자는 군자의 좋은 짝이다窈窕淑女, 君子好逑"라는『시경』의 명구가 사람들의 입에 수없이 오르내리고 있고 동한 말년의 화친대사 채문희蔡文姬의 부친 채옹蔡邕은「검일부檢逸賦」에서 "내 마음은 맑고 아름다운 것을 좋아한다余心悅於淑麗"라고 읊었다.

鳳
봉새 봉

'鳳'자는 중국인들에게는 그리 낯설지 않은 글자다. '鳳'자의 갑골문 자형은 　으로서 한 신조神鳥의 형상을 묘사하고 있다고 한다.『설문해자』에서도 "鳳은 신조다"라고 정의하면서 이 새가 뱀의 목과 물고기 꼬리, 용의 무늬와 호랑이의 등골 등 여러 동물의 특징을 한 몸에 지니고 있다고 설명하고 있다. 특히 이 새는 사람들에게 대단히 상서로운 새로 인식되어 이 새가 나타나면 천하가 태평해진다는 속설이 있었다.

옛사람들의 해석에 따르면 이 새는 수컷을 '鳳(봉)'이라 부르고 암컷을 '凰(황)'이라 불렀다. 합쳐서 '봉황'이라 칭하기도 했으며 모든 새들의 왕으로 여겨졌다. 그렇기 때문에 '鳳'은 종종 남성과 관련된 사물을 나타내는 데 쓰였다. 예컨대 '鳳邸(봉저)'는 고대 제왕들이 제위에 오르기 전에 거주하던 저택을 가리키고 '鳳紙(봉지)'는 제왕이 조서를 내릴 때 쓰는 종이를 말한다.

이런 상황에서 고대 중국의 일부 남성들은 자연스럽게 이름에 '鳳'자를 넣었다. 청나라 때 도광道光과 함풍咸豐, 동치同治의 세 조대를 거치면서 호부와 형부, 병부, 공부, 이부 등 오부의 상서를 지냈던 '朱鳳標(주봉표)'를 대표적인 인물로 들 수 있다. 사료의 기록에는 명나라 때에 '唐鳳儀(당봉의)'라는 이름을 가진 감찰어사도 있었던 것으로 전해진다.

이처럼 고대 중국의 남성들이 이름에 '鳳'자를 사용하는 것은 대단히 정상적인 일이었다. 단지 나중에 '용龍'과 '봉鳳'이 서로 대조되는 상황이 빈번해지면서 용은 줄곧 남성을 상징해왔기 때문에 봉은 점점 여성을 상징하는 표식으로 자리 잡게 되었다. 바로 이런 이유 때문에 '鳳'자는 나중에 여성의 이름에 자주 등장하는 글자가 되었다.

예로부터 지금까지 언어와 문자의 변화, 발전에 따라 사람들이 작명에 활용하는 글자에는 적지 않은 오해가 생겨났고, 지금 흔히 쓰이는 '佳人(가인: 아름다운 여성을 지칭함)'이나 '千金(천금: 결혼 전 여성을 미화하여 부르는 말)' 같은 단어들도 최초의 의미와 지금 상용되는 의미 사이에 상당한 차이가 있다.

'가인'은 고대에는 비교적 중성에 가까운 어휘로서 젊고 잘생긴 남자들에게도 이런 호칭을 사용할 수 있었다. 동한 초기에 조정에서 상서령尙書令의 관직을 맡았던 육굉陸閎은 학문과 인덕이 뛰어나고 성품이 겸손한 데다 용모도 탁월했다. 황제 유수는 그를 처음 만나자마자 정신을 잃고 "남방에는 가인들이 많구나"라고 감탄했다고 한다. 고대에는 '천금千金'이라는 단어도 남자를 지칭했다. 『남사南史』「사비전謝朏傳」의 기록에 따르면 사비는 젊었을 때 똑똑하고 시문에 능해 사람들 사이에 신동으로 알려졌다고 한다. 그의 부친은 손님들 앞에서 자신의 아들을 자랑하며 "이 애는 우리 집의 천금입니다"라고 말했다고 한다.

제 10장

이름 속의 좋은 글자들

이번 장에서는 다음의 한자들에 대해 이야기를 나누려고 한다.

富	貴	福	侯	鑫	年	壽
가멸 부	귀할 귀	복 복	과녁 후	기쁠 흠	해 년	목숨 수

永	龜	鶴	松	玉	圭	璧
길 영	거북 귀	학 학	소나무 송	옥 옥	홀 규	둥근 옥 벽

瑗	環	璋	瑕	馬	駒	駿
도리옥 원	고리 환	반쪽 홀 장	티 하	말 마	망아지 구	준마 준

騏	驥
털총이 기	천리마 기

一. 부귀를 강조한 이름

의식주는 인간의 가장 기본적인 생활 내용이자 인간 정신활동의 물질적 기초다. 따라서 풍족하고 편안한 물질생활을 추구하는 것은 시비의 대상이 될 수 없는 정상적인 심리태도이고, 심지어 사회발전의 동력이기도 하다. 공자는 『논어』에서 "부富와 귀貴는 인간이 바라는 바이지만, 도로써 얻은 것이 아니라면 거기에 머물지 말라"라고 말했다. 모든 인간에게 부귀를 추구하는 욕망이 있지만 정당한 방법으로 얻어서 누려야 한다는 뜻이다.

예로부터 지금까지 '富(부)'자와 '貴(귀)'자를 이름에 쓴 사람은 무수히 많다. 『한서』에 기록된 서한 종실의 홍후紅侯 '유부劉富'와 『당서唐書』에 기록된 당나라 초기의 명장 '장사귀張士貴' 등을 예로 들 수 있다.

富
가멸 부

'富'의 갑골문 자형은 (圖)로서 바깥은 '宀(면)'으로 집을 의미하고 안은 '畐(복)'으로 일종의 용기로 해석되기도 하고 배가 부른 상태로 간주되기도 한다. 둘이 합쳐져 '충족', '부유함' 등의 의미를 나타낸다. 예컨대 『국어』에서는 "국가의 정령 등이 농업에 관여하지 않는 상황이 나타나면, 백성들이 편안하게 농사에 종사할 수 있고 노동을 통해 풍족한 생활을 실현할 수 있다(無奪民時, 則百姓富)"라고 했다.

하지만 『논어』에 나오는 '백관지부百官之富'라는 말이 종종 오해를 불러일으키곤 한다. 여기서 특별히 주의해야 할 것은 이 구절을 "수많은 관원들이 부유했다"라고 해석하면 안 된다는 점이다. 여기서 말하는 '官'은 실제로는 '館(관)'과 통용되는 의미로 관사와 같은 건축물을 지칭한다. 공자의 뛰어난 학문과 수양이 높은 담장 안에 있는 종묘의 관사처럼 웅장하고 아름다웠음을 말한 것이다.

또한『장자』에도 "도가의 시조인 노자는 마음속에 천차만별의 온갖 사물을 다 포용하는 것을 일컬어 '富'라고 했다有萬物不同之謂富"라는 구절이 나온다. 옛사람들은 넓은 포용력과 정신을 가진 것을 '부유富有'하다고 표현했음을 알 수 있다. 따라서 옛사람들이 이름에 '富'자를 사용했던 것은 물질적 풍요와 향수만을 중시하는 협애한 사상적 경지를 추구한 것이 아니라 정신적인 풍요로움도 동시에 추구한 결과일 가능성이 크다고 할 수 있다.

'貴'자는 '臾(유)'와 '貝(패)'가 결합된 글자로서 상단의 '臾'는 자형의 변화를 거쳐 지금의 형태를 갖추게 되었다. '臾'는 '蕢(괴)'자의 최초 자형으로서 풀을 엮어 만든 용기를 의미했지만 '貴'자의 일부가 되면서 글자 전체의 독음을 나타내게 되었다. '貝'는 당연히 재물과 관련이 있다. 그 때문에 '臾'와 '貝'가 결합된 '貴'자는 맨 처음에 가격이나 가치가 높은 것을 의미했다. 예컨대『한서』에는 "국가가 가격을 조절할 수 있는 장치를 마련하여 양곡가격이 낮을 때 조금 높은 가격으로 사들여 농민들에게 이익을 주고 곡물가격이 지나치게 높아질(貴) 때 국고의 재고를 풀어 시장가격을 낮춰야 한다. 이로써 국고의 양곡 보유상태가 비교적 안정된 균형을 갖춰야 한다"라는 기록이 남아 있다.

'貴'자는 가치나 가격이 높은 것을 나타내는 함의가 점차 발전하

貴
귀할 귀

여 '존귀함이나 고귀함'의 의미를 갖게 되었다. 예컨대 『사기』에서는 진승陳勝의 입을 통해 "형제들이여, 우리 중에 누군가 고귀하고 부유해지면 서로 잊는 일이 없도록 합시다(苟富貴, 無相忘)"라는 명구를 남기고 있다.

물론 '富'자나 '貴'자를 이름에 쓰는 것은 비교적 직접적인 작명 방식이다. 사실 쉽게 드러나지는 않지만 '부귀'와 같은 함의를 갖는 다른 글자들도 작명에 자주 사용되고 있다. 예컨대 '福(복)'이나 '侯(후)', '鑫(흠)' 같은 글자들도 중국인들의 이름에 자주 등장하는데, 그런 이름에 담긴 실질적인 의미와 기대 역시 '부귀'와 다르지 않다.

'福'자의 갑골문 자형은 ₩이다. 왼쪽은 '示(시)'로서 제사를 나타내고 오른쪽은 두 손으로 그릇을 받쳐 들고 있는 형상이다. 이를 합치면 두 손으로 그릇을 받쳐 들고 제사를 지냄으로써 신령님과 조상님들께서 복을 내려주고 보호해줄 것을 기원하는 것이다.

동한의 유희는 『석명』이라는 책에서 "福은 부유함(富)이다"라고 정의하고 있다. 이로써 '福'이 '富'와 상통하며 복이 있으면 부유하게 된다는 뜻을 나타낸다는 것을 알 수 있다. 확실히 중국인들의 전통적 관념에 따르면 신령들의 보호를 받아 생활이 풍족해지는 것이 복이고, 이는 속세의 범속한 사람들 누구나 갖는 소박한 바람이었다. 따라서 고금을 막론하고 작명에 '福'자를 활용하는 사람이 무수히 많았다. 예컨대 『한서』의 기록에 따르면 서한의 종실 해상후海常侯의 이름이 유복劉福이었고, 청나라 유용劉墉과 기효람紀曉嵐 등이 황명을 받들어 편찬한 『속통지續通志』에 따르면 명 태조 주원장이

福
복복

국성國姓을 하사했던 인물 가운데 도독 주복朱福도 포함되었다.

'侯'자의 갑골문 자형은 辰이다. 이 글자의 바깥 부분은 'ㄏ(한)'으로 전개 혹은 확장을 의미하고 안쪽은 화살을 나타내는 '矢(시)'이다. 둘을 합치면 활을 쏘는 과녁을 지칭한다.

侯
과녀 후

서주 시기에는 '활쏘기(射)'가 예의범절(禮)과 음악(樂), 말 타기(御), 붓글씨(書), 수학(數) 등과 함께 이른바 육예六藝의 하나로 학자들의 필수적인 수양과목이었다. 또한 활쏘기는 중요한 사냥활동이기도 했다. 고대에는 사냥에도 갖가지 번잡한 예절이 필요했고 규칙도 아주 많았다. 예컨대 천자와 제후, 경대부가 쏠 수 있는 동물이 제각기 달랐다. 그렇기 때문에 '侯'자는 나중에 '제후', '왕후王侯' 등의 함의를 갖게 되었다. 그리고 '마상봉후(馬上封侯: 말 위에서 후에 봉하다)'처럼 빠른 출세와 영달, 그리고 부귀를 상징하는 성어까지 생기게 되었다.

옛 중국인들 가운데 이름에 '侯'자를 사용한 대표적인 인물로는 동한 시기에 세 조대를 거치면서 삼공의 관직을 누렸던 맹후孟侯 장포張酺와 소설『포공안包公案』에서 청렴하고 똑똑한 지현(知縣: 관직이름)으로 등장했던 진후秦侯를 들 수 있다.

'鑫'자는 '金'자 세 개가 합쳐진 글자로서 '금이 많다'는 뜻을 갖고 있다. 재물이 풍성하고 재산이 계속 증식되어나간다는 뜻이라 중국에서는 인명이나 상호에 많이 쓰인다. 경극계의 태두라고 할 수 있는 담흠배譚鑫培를 대표적인 사례로 들 수 있다. 또한 명나라 말기 장자열張自烈이 편찬한『정자통正字通』에는 "이름이 송우宋友, 자가

鑫
기쁠 흠

자허子虛인 사람의 다섯 아들 이름이 鑫, 森(삼: 숲), 森(묘: 아득함), 焱
(염: 불꽃), 垚(요: 사람이름)였다"라는 기록이 있다.

　이처럼 같은 글자가 중첩되어 구성된 새로운 한자를 이름에 사용
하는 것도 상당히 재미있는 현상이다. 중국의 유명한 국학자 장태염
章太炎도 네 딸의 이름을 각각 㸚(리: 밝은 모양), 叕(철: 연하다), 朤(집: 여
러 사람의 힘), 㸚(전: 펴다) 등으로 지었고, 그 결과 혼사 때 뜻밖의 불
편을 겪었다고 한다. 이런 글자들을 아는 사람들이 거의 없어 제대
로 읽지도 못했을 뿐만 아니라 무슨 뜻인지도 잘 몰랐기 때문이다.

二. 장수를 강조한 이름

　부귀와 공명은 평범한 사람들이 누구나 포기하지 못하는 추구의
대상이지만 생명과는 비교할 수 없을 것이다. 절대 다수의 사람들
이 부 귀영화보다 생명을 바라기 때문이다. 아무리 평범하고 세속적
으로 살아도 살아 있는 게 좋은 것이다.

　전해지는 이야기에 따르면 한 고조 유방은 황제가 된 직후에 연회
자리에서 자신을 보좌하여 천하를 얻는 데 큰 공을 세운 대신들에
게 세월과 인생은 너무나 빨리 지나가버린다고 말했다고 한다. 반면
에 진시황이 장생불로長生不老를 위해 방사 서복徐福을 해외로 보내
불로초를 구해 오게 했다는 이야기는 누구나 다 알고 있을 것이다.

　이처럼 고대 중국인들은 장생과 장수를 중시했고, 이를 작명에

그대로 반영했다. 이리하여 年(년), 壽(수), 永(영) 같은 글자들이 작명에 즐겨 사용되었다. 대표적인 사례로 북송의 음운학자로 황명을 받들어『절운切韻』과『대송중수광운大宋重修廣韻』같은 운서들을 편찬한 진팽년陳彭年이나 사서『삼국지』의 저자 진수陳壽, 북송의 시인 유영柳永 등을 들 수 있다.

'年'의 갑골문 자형은 𥝩으로서 상반부는 '禾(화)'이고 하반부는 '人'이다. 사람이 등에 농작물을 지고 있는 형상으로 작물이 성숙한 것을 의미한다. 양진兩晉 시기 곽박郭璞과 북송 형병邢昺이 주석한 『이아주소爾雅注疏』에 따르면 "'年'은 농작물이 무르익은 것을 말한다. 일반적으로 농작물은 한 해에 한 번 무르익기 때문에 '年'으로 1년이라는 시간의 주기를 나타내는 것이다." 이것이 바로 일반적인 의미에서의 '주년周年'이다.

'年'자는 시간적 함의를 지니기 때문에 인간의 수명과도 연관된다. 그래서 '연년익수(延年益壽: 해를 이어 오래 산다)'라는 말이 생겨나게 되었다. '延年'은 시간을 연장한다는 뜻으로 수명을 연장시킨다는 의미로 확장되기도 한다. 그 때문에 예로부터 지금까지 중국에는 '延年'이라는 이름을 가진 사람이 부지기수였다. '팽년彭年'이라는 이름은 전설에 나오는 장수의 별이자 양생의 비조인 '팽조彭祖'를 지향한 것으로 추정된다. 전설에 따르면 팽조는 800년을 살았다고 한다. 그 때문에 고대 중국에서는 수많은 사람이 이 이름을 그대로 자기 이름에 차용했다. 한나라 경제景帝의 여덟 번째 아들도 이름이 유팽조劉彭祖였다.

年
해 년

壽
목숨 수

'壽'자의 금문 자형은 이다. 상반부는 '老(로)'자가 축약된 것으로 나이가 많음을 나타낸다. 하반부는 범위나 구역을 나타내는 '疇(주)'자의 최초 자형으로서 글자 전체의 독음을 나타낸다. 이를 합치면 '장구함', '장수' 등의 뜻이 된다.

양한 시기의 문헌기록에 따르면 이름에 '壽'자가 들어가는 사람 수가 40명이나 되는 것으로 나타났다. 그 가운데 일부는 '壽'라는 외자 이름을 갖고 있었고 나머지 사람들의 이름은 '延壽(연수)', '長壽(장수)', '增壽(증수)', '益壽(익수)' 등이었다.

永
길 영

'永'자의 갑골문 자형은 이다. 물줄기가 구불구불 흘러가는 모습을 형상화하고 있으며 뜻은 '물줄기가 길다'는 것이다. 예컨대 『시경』에 "강물이 길게 흐르네江之永矣"라는 구절이 있다.

'永'자는 나중에 물줄기가 길다는 뜻에서 발전하여 모든 사물의 길거나 먼 상태를 나타내게 되었고, 시간적으로도 장구함을 의미하게 되었다. 우리가 지금 쓰고 있는 '영원永遠'이나 '영주永駐' 같은 단어도 전부 여기서 유래한 것이다.

사실 '壽'나 '永' 같은 글자 이외에도 중국의 전통문화에는 거북(龜)이니 학(鶴), 소나무(松), 잣나무(柏)처럼 장수를 의미하는 상징과 표식이 무수히 많다.

龜
거북 귀

'龜'의 갑골문 자형은 로서 두말할 것도 없이 거북이를 형상화한 것이다.

'龜'가 장수와 연관된 것은 일반적으로 이 동물의 평균수명이 상대적으로 길고 옛사람들의 관념 속에서 신비한 짐승으로 여겨졌기 때문이다. 그래서 조조 같은 인물도 「귀수수龜雖壽」라는 문학작품을 남겼던 것이다. 이와 동시에 옛날에는 '龜'자의 독음이 '舊(구)'와 같았기 때문에 오래 간다는 함의를 갖게 되었다. 그리고 이러한 의미는 장구하다는 의미와 매우 가깝다.

고대 중국에서 '龜'자를 이름에 쓴 대표적인 인물로 동한 시기의 경조윤(京兆尹: 지방장관 격의 관직)이었던 진구陳龜와 당나라 때 광주자사廣州刺史 등의 관직을 지냈던 유숭구劉崇龜, 그리고 당나라 말기의 농학자이자 문학가였던 육구몽陸龜蒙 등을 들 수 있다.

'鶴'자는 '隺(확)'과 '鳥(조)' 두 부분으로 구성된다. 왼쪽의 '隺'은 글자 전체의 독음을 나타내는 동시에 '대단히 높다' 혹은 '새가 아주 높은 곳으로 날아가다'라는 뜻을 갖고 있어 학과 직접적인 관련이 있다. 오른쪽의 '鳥'는 학이 조류에 속한다는 것을 나타낸다.

鶴
학 학

'鶴'자가 장수와 연관되게 된 원인은 여러 가지가 있다. 첫째, 학은 목이 길고 목구멍이 커서 낡은 것을 토해내고 새것을 받아들이는 데 편리하기 때문에 신진대사 능력이 탁월하다. 그래서 수명에 유익한 것으로 간주되었다. 둘째, 온몸이 눈처럼 흰 것이 마치 노인의 수염과 머리칼을 연상시키기 때문이다. 상서로운 눈처럼 흰 수염과 머리는 오래 사는 것을 상징한다. 셋째, 학은 고대 중국인들의 마음속에 신조神鳥로 인식되어왔기 때문이다. 전해지는 이야기에 따르면 학은 1,000년을 살면 깃털이 청색으로 변하고 2,000년을 살면 짙은 검정색으로 변한다고 한다. 그래서 "소나무와 학처럼 오래 살면 학의 깃털 같은 머리에 동안을 갖게 된다松鶴延年, 鶴髮童顔"라는 말이 생겨나게 되었다.

'鶴'자를 이름에 사용한 인물로는 명나라 말, 청나라 초기에 『춘추집설春秋集說』, 『시경통의詩經通義』 같은 책을 쓴 유생 주학령朱鶴齡과 금나라 태조 완안아골타完顏阿骨打의 증손 완안영승完顏永升을 들 수 있다. 그의 본명은 사불출斜不出이지만 '학수鶴壽'라는 이름을 쓰기도 했다.

장수를 상징하는 선학仙鶴은 항상 청송靑松과 연결되어 나온다. '松'자의 왼쪽은 '木'으로 종류를 나타내고 오른쪽은 '公(공)'으로 독음을 나타낸다. 소나무는 모든 나무의 으뜸으로 여겨지기 때문에 암암리에 '公'자가 나타내는 '무리를 이끌다'라는 함의도 지니고 있다.

松
소나무 송

'松'이 '鶴'과 그림자처럼 붙어 다니긴 하지만 '松'이 장수로 연결되는 것이 '鶴'의 후광 덕분은 아니다. 소나무 자체가 사계절 항상 푸르기 때문에 영원한 청춘을 의미하게 된 것이다. 또한 호박琥珀 같은 물질도 소나무의 수지가 땅속에 수천 년 매장되어 결정된 것이다. 게다가 중국의 옛사람들은 수천 년을 생존하는 소나무 위에는 새삼 같은 기생 넝쿨풀이 뒤엉켜 있지만 뿌리 부분에는 복령茯笭 같은 진귀한 약제가 생장하고 있다고 믿었다. 이 모든 것이 '장구함'과 장생의 의미로 이어지다 보니 자연스럽게 '장수'로 연결된 것이다.

이름에 '松'자를 썼던 대표적인 인물로 『요재지이聊齋志異』의 저자 포송령蒲松齡과 명나라 만력萬曆 연간에 왜적을 물리쳐 관직이 요동총병遼東總兵에 이르렀던 이여송李如松을 들 수 있다.

이러한 동물이나 식물의 장수 이미지는 이미 중국 전통문화의 중요한 구성 부분이 되었고, 수많은 축수와 길상의 용어들 가운데 쉽게 그 흔적을 찾아볼 수 있다. 하지만 작명을 통해 장수를 기원하는 것은 일종의 이념의 표현일 뿐이다. 실제로는 앞에서 말한 덕행 등이 이름을 짓고 자字를 취하는 데 있어서 훨씬 더 중요한 부분이었다.

三. 아름다운 옥을 이용한 이름

고대 중국에서는 '군자는 옥으로 덕을 비유한다'는 전통이 있다. 『시경』에도 "님을 생각하면, 그 모습이 옥처럼 따스하게 느껴지네言念君子, 溫其如玉"라는 명구가 남아 있다. 자연히 몸에 옥 장식물을 패용하는 것이 군자의 고상한 품격의 상징이었다. 따라서 옥 혹은 옥과 관련된 글자들은 사람들의 작명에 가장 일반적인 추구대상이 되었다. 예로부터 지금까지 시인 묵객에서부터 평민 백성들에 이르기까지 '玉'자가 들어간 이름은 무수히 많다. 대표적인 인물로 전국시대 문학가였던 송옥宋玉이나 유명한 현대화가 황영옥黃永玉, 연극 및 공연예술가 백옥상白玉霜 등을 들 수 있다. 청나라 때의 장회소설 『홍루몽』에도 가보옥賈寶玉, 임대옥林黛玉, 묘옥妙玉 등 '玉'자가 들어간 인물들이 적지 않다.

'玉'자의 갑골문 자형은 丰으로서 세 조각의 옥을 하나로 꿰어놓은 듯한 형상이다. 『설문해자』에서는 옥과 관련하여 "옥석에는 다

玉
옥 옥

섯 가지 품덕이 있다. 부드럽고 매끄러운 광택은 인仁을 대표하고 무늬와 맑기의 정도는 의義를 대표하며, 두드렸을 때 나는 맑고 청아한 소리는 지혜(智)를 대표하고 부러질지언정 구부러지지 않는 기질은 용기(勇)를 대표하며 모서리가 있지만 사람을 상하게 하지 않는 것은 청결함(洁)을 상징한다"라고 설명하고 있다.

또한 『공자가어孔子家語』나 『예기』 같은 문헌에서도 옥의 품덕에 관한 기술을 찾아볼 수 있다.

중국 전통문화에서 옥을 이처럼 중시하는 원인은 첫째, 중국의 유구한 옥 가공과 사용의 역사에서 유래하고, 둘째, 사회생활에서의 옥의 중요한 기능에 기인한다. 현재까지의 고고학적 발견에 따르면 흥륭왜興隆洼문화와 홍산紅山문화(고대 유적지에 대한 고고학 발굴에서 일정한 규모의 문물이 출토되면 그 지역의 지명에 '문화'라는 단어를 붙여 표식으로 삼는다) 유적지에서 출토된 옥기는 약 7,000~8,000년의 역사를 지니고 있다. 그리고 고대에는 옥이 다른 물건으로 대체가 불가능한 중요한 예기禮器로 사용되었다. 서주 시기에 이미 천지와 사방에 제사를 지내는 이른바 '육기六器'와 천자가 제후들에게 내리는 신표인 '육서六瑞'가 있었다.

'육서'는 주나라 천자가 창제하여 각 제후들에게 하사하는 일종의 신표로서 자신의 신분과 지위를 나타내는 징표로 이용되었으며 도합 여섯 가지 유형이 있었다. 『주례』에서는 "제후들이 천자를 알현할 때 왕은 진규鎭圭를 지니고, 공작公爵은 환규桓圭를 지니며, 후작侯爵은 신규信圭를 지니고, 백작伯爵은 궁규躬圭를 지닌다. 자작은 곡벽谷璧, 남작은 포벽蒲璧을 지닌다"라고 하여 조회나 회맹의 자리에서 모든 사람이 자신의 신분과 계급에 맞는 옥기를 손에 들었음을 설명하고 있다.

'圭'의 금문 자형은 ⏚로서 옥기가 아니라 두 개의 흙더미를 한데 겹쳐놓은 형상이다. 동한의 정현鄭玄과 당나라 가공언賈公彦이 쓴 『주례주소周禮注疏』에서는 "규는 뾰족한 것이 봄에 식물이 처음 싹을 틔우는 것과 같다"라고 했고, 『설문해자』에서는 "규는 상서로운 옥이다"라고 해석하면서 '圭'를 과거에는 '珪(규)'로 표기했다고 설명하고 있다. '圭'가 다른 사물의 비유를 통해 믿음을 표시하는 옥기였음을 알 수 있다. '瑞(서)'자가 맨 처음에는 '옥으로 만든 신물'이라는 뜻을 나타냈던 것이 그 증거라 할 수 있다.

'圭'의 제식은 다양하고 구체적인 명칭도 제식과 용도에 따라 차이를 보인다. 예컨대 '琬(완)'은 모서리가 없는 규이고, 玠(개)나 珽(정)은 크기가 비교적 큰 규를 말한다. 또한 瑒(창)은 제사에 쓰이는 규를 지칭한다.

고대에 '圭'나 '珪'자를 이름에 쓴 대표적인 인물로 남당의 먹 제조 명인인 이정규李廷圭와 송원 교체기에 '장동墻東선생'이라고 불렸던 유명한 은사 육문규陸文圭, 남북조시대 북위의 개국황제였던 척발규拓跋圭, 당나라 초기 사대명인 가운데 하나였던 왕규王珪 등을 들 수 있다.

'璧'은 중간에 구멍이 뚫린 옥으로서 『설문해자』에서는 "璧은 길상을 나타내는 옥환玉環이다"라고 설명하고 있다. 역사적으로 가장

圭
홀 규

璧
둥근 옥 벽

명성이 높았고 그 가치가 도성의 성채 하나에 맞먹었다는 화씨벽和
氏璧에 얽힌 포박읍혈(抱璞泣血: 전국시대 초楚나라 사람 변화卞和가 깊은
산에서 박옥을 주워 초나라 여왕勵王에게 바쳤다가 옥공이 돌이라고 판정하
는 바람에 왼쪽 다리를 잘리고 말았다. 이어 무왕武王이 즉위하자 다시 이 박
옥을 바친 변화는 또다시 군왕을 속였다는 죄로 오른쪽 다리마저 잘렸다. 이
어서 문왕이 즉위하여 그의 사연을 듣고는 다시 박옥을 검사한 결과 대단히
희귀한 옥으로 판명되어 '화씨벽'이라는 이름을 갖게 되었다)의 이야기는 중
국인이라면 누구나 다 아는 이야기다.

사서의 기록에 따르면 명나라에 어렸을 때는 집안이 가난했으나
열심히 공부해서 과거에 급제한 양벽楊璧이라는 인물이 있었고 청
나라 때는 주여벽周如璧이라는 유명한 희곡작가가 있었다. 또한 학
자들의 고증에 따르면『홍루몽』의 주인공 임대옥의 부친 임청해林
青海의 모델은 청나라 때 관직이 호남湖南, 안휘安徽 지역의 순무巡撫
와 예부상서, 병부상서에 이르렀던 위연진魏延珍으로, 그의 자가 군
벽君璧이었다고 한다.

『설문해자』에 따르면 '璧'과 '環'은 의미가 유사하다.『이아』에서
도 "육배호肉倍好를 璧이리 하고 호배육好培肉을 瑗(원)이라 하며 육
과 호가 하나가 되는 것을 環(환)이라 한다"라고 설명하고 있다. 벽
과 원, 환 세 가지 옥기의 형태가 서로 큰 차이가 없음을 암시하는
대목이다. 이른바 '肉'이란 옥기의 몸체를 말하고 '好'는 옥기에 뚫린
구멍을 말한다. 상대적으로 '璧'이 구멍이 가장 작고 '環'은 구멍의
크기가 중간에 해당하며 '瑗'의 구멍이 가장 크다.

瑗
도리옥 원

環
고리 환

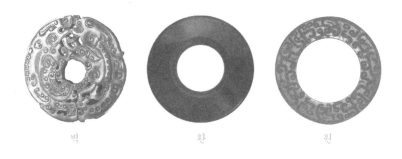

벽   환   원

　역사적으로 '環'자를 이름에 사용한 가장 대표적인 인물로 고대 중국의 4대 미녀 가운데 하나인 양옥환楊玉環을 들 수 있다. 양옥환은 당 현종玄宗 이융기李隆基와 현종의 아들 이모李瑁 사이에서 복잡한 은원과 갈등으로 얽혀 있었다. 후대의 문인들과 평민들 사이에 이 세 사람을 둘러싼 이야기들이 끝없이 펼쳐지고 이어졌다. '瑗'자를 이름에 사용한 역사적 인물로는 동한의 유명한 서예가이자 문학가였던 최원崔瑗과 당나라 때 직간으로 무측천에 대항했던 시중侍中 한원韓瑗 등을 들 수 있다.

　서주 시기에는 '창벽蒼璧', '포벽蒲璧' 등 '육서'가 병행되었으며 동시에 천지사방에 제사할 때 쓰이는 육기도 있었다. 예컨대 『주례』에서는 "옥으로 육기를 만들고 이로써 천지사방에 제사를 올린다. 창벽은 하늘에 제사할 때 쓰이고 황종黃琮은 땅에 제사할 때 쓰인다. 청규靑圭는 동쪽에 제사할 때 쓰이고 적장赤璋은 남쪽에 제사할 때 쓰이며, 백호白琥는 서쪽에, 현황玄璜은 북쪽에 제사할 때 쓰인다"라고 기록하고 있다.

　'璋'은 뾰족하거나 날카로운 모서리가 없고 '圭'를 절반으로 자른

璋
반쪽 홀 장

것 같은 형상을 한 옥기로서 대부분 평평하고 기다란 기둥 모양이다. 이 옥기는 남쪽 불의 신인 축융祝融에게 제사할 때 쓰일 뿐만 아니라 그 자체로서 사내아기의 탄생을 상징한다. 예컨대『시경』에서는 "사내아기를 낳으면 침대 위에 뉘이고, 옷을 입혀 옥장玉璋을 장난감으로 쥐어주네"라고 노래하고 있다.

바로 이런 이유로 나중에 '농장弄璋' 혹은 '농장지희弄璋之喜'라는 단어로 한 가정에 남정이 하나 늘었음을 나타내거나 남자아이의 출생을 축하하게 되었다. 노신의『서신집』에서도 "농장의 기쁨을 크게 축하한다"라는 문구를 찾아볼 수 있다.

옛사람들 가운데 '璋'자를 이름에 쓴 사람으로는 동한 시기 익주목益州牧이었던 유장劉璋, 당나라 말기 황건적의 모사였던 조장趙璋, 청나라 말기 회군淮軍의 장령이었던 유병장劉秉璋 등을 들 수 있다.

지금까지 서술한 사람들의 이름에 쓰인 옥기를 나타내는 한자 이외에도 '瑾(근)'이나 '瑜(유)', '琮(종)', '璜(황)', '琪(기)' 등 옥과 관련된 수많은 한자기 인명에 자주 등장한다. 예컨대 삼국시대 동오東吳의 명장 주유周瑜는 자가 공근公瑾이라 이름과 자에 두 개의 옥을 품고 있었다.

하지만 사료의 기록에 따르면 '瑜'자를 이름에 사용한 최초의 인물은 동주의 제9대 제왕이었던 희유姬瑜였다. 게다가 동주의 제6대 군주였던 희유의 형 이름은 희반姬班이었다. 역시 옥과 관련된 이름이었다. '班(반)'자의 최초 의미는 옥을 자른다는 것이었다. 하지만 이해하기 어려운 것은 서주의 제4대 군주의 이름이 희하姬瑕였다는 점이다. '瑕(하)'자는 옥의 티나 흠, 결함 등의 부정적인 의미를 갖는 글자이기 때문이다. 고대에도 이 글자는 전부 부정적인 의미로만 쓰였다.

물론 제왕이었던 인물이 '瑕'자의 부정적인 의미조차 이해하지 못했을 리는 없다. 그 이면에는 또 다른 사연이 있을 것이다.

원래 고대에도 '瑕'자가 옥의 티나 결함을 나타내는 데만 쓰이진 않았다. '붉은 옥'이라는 뜻도 가지고 있었다. 예컨대 동한의 장형張衡이 「칠변七辨」이라는 글에서 "달빛을 받아 붉은 옥의 무늬를 즐겼다收明月之照耀, 玩赤瑕之璘㻞"라고 기술한 바 있다. 여기서 말하는 '瑕'가 다름 아닌 붉은 옥이다. 또한 중국의 전설에는 '적하궁赤瑕宮'이라는 궁전이 전해진다. 이는 옥황상제가 영허진인靈虛眞人에게 봉한 저택이라고 한다. 『홍루몽』에서 가보옥과 임대옥이 전세前世의 인연을 맺은 곳도 바로 이 적하궁이다.

이로써 우리는 서주의 제왕 희하가 왜 세인들의 오해를 초래할 위험을 무릅쓰고 굳이 '瑕'자를 골라 이름에 썼는지 이해할 수 있을 것 같다.

瑕
티 하

四. 준마를 이용한 이름

옥처럼 우아하고 부드러운 풍격은 역대 중국의 남성들이 추구한 고상한 경지임에 틀림없다. 하지만 다른 각도에서 보자면 이른바

"머무를 때는 수줍은 처녀와 같이, 움직일 때는 놀란 토끼와 같이 하라靜如處子, 動如脫兎"는 말은 조용하고 우아하면서도 반응은 민첩하게 하라는 처세태도로서 대부분의 고대 남성들이 지향했던 바다.

중국의 전통문화에서 잠재력이 뛰어나고 막강한 동력을 갖추고 있으며 행동이 빠른 실존 동물들 가운데 인간과 가장 밀접한 관계를 맺고 있는 동물로 준마를 능가하는 것은 없을 것이다. 백락伯樂의 눈에 들었던 천리구千里駒든 당 현종이 타고 서역을 다녀왔던 백룡마白龍馬든 간에 준마들에게는 항상 영험하고 특이한 아우라가 서려 있다. 실제로 주周 효왕孝王 시기의 진비자秦非子는 말을 키우는 것으로 공을 세움으로써 '진지秦地'에 봉해졌고 나중에 진시황이 6국을 통일하는 패업의 기초가 되었으며, 진시황은 중국 역사에서 봉건시대의 문을 연 천고의 황제가 되었다.

'馬'의 갑골문 자형은 🐎로서 말의 형상을 묘사하고 있다. 『설문해자』에서는 말을 "기세가 맹렬하고 대단히 용무勇武한 동물"이라고 징의하고 있다. 말은 인류에게 가장 먼저 길들여져 활용된 가축 가운데 하나로서 주요 기능은 물건을 운송하는 것이었다. 물론 운송 대상에는 물자뿐만 아니라 사람도 포함된다. 명나라 때 낙소봉樂韶鳳과 송렴宋濂 등이 편찬한 운서 『홍무정운洪武正韻』에서는 말을 사람이 탈 수 있는 가축으로 분류했다. 이처럼 사람이 타거나 물건을 실어 나를 수 있는 축력畜力에도 여러 등급이 있었다. 예컨대 『주례』에서는 "최고의 말은 화살이 비 오듯 쏟아지는 상황에서도 네 발굽을 바람처럼 움직이는 융마戎馬이고, 둘째는 주인을 위해 물건을 나를 수 있는 전마田馬이며, 셋째가 특별한 쓰임새가 없는 노마駑馬다"라고 분류하고 있다.

수렵을 넓은 의미에서의 농업으로 분류한다면 고대 중국의 비교적 중요한 국가 사무에서 말이 체현했던 가장 큰 기능이 군사와 농업이라고 할 수 있다. 진秦나라 때 변법과 혁신을 주장했던 대표적 인물인 상앙商鞅은 "농업과 군사가 국가를 안정시키고 군주를 빛나게 할 수 있는 가장 기초적인 조건이다"라고 지적한 바 있다.

말은 이처럼 중요하다 보니 중국인의 전통적인 작명 관념에서 사람의 이름에 말의 그림자가 많이 나타나게 되었다. 하지만 '馬'자를 그대로 이름에 이용하는 것이 너무 직설적이라고 생각되었는지, 아니면 다른 원인이 있는지는 모르겠지만 '馬'자 자체가 이름에 쓰이는 일은 그다지 흔치 않고 똑같이 말을 지칭하는 '駒(구)'자가 기타 말과 관련된 글자들에 자주 애용되었다.

'駒'자는 원래 작은 말을 의미한다. 『설문해자』를 비롯한 고대의 자료들은 한 걸음 더 나아가 '두 살 난 말'이라고 좀더 구체적으로 설명하고 있다. 말의 생리적 특성에 따르면 일반적인 상황에서 서너 살 때 이미 성년에 들어선다. 따라서 두 살이면 생명력이 가장 왕성한 발육기에 해당한다. 그래서 이 시기의 말을 지칭하는 '駒'자를 이름에 쓰는 의도는 매우 분명하다. 말처럼 싱싱한 생명력을 지녀 앞길이 빛으로 가득하기를 바라는 마음일 것이다.

駒
망아지 구

고금을 막론하고 중국인들의 이름에는 '駒'자가 많이 등장한다. 예컨대 남북조시대에 효성과 뛰어난 시문으로 이름을 날렸던 북위의 육앙陸卬은 자가 운구雲駒였다. 또한『책부원귀册府元龜』등의 문헌기록에 따르면 남북조와 당나라 때 이른바 마용구馬龍駒와 서용구徐龍駒라는 환관이 있었고 청나라 때는 이가구李家駒라는 인물이 경사대학당의 총감을 맡았다고 한다.

'駒'자가 '훌륭한 말'을 의미한다면 작명에 이용되는 '준駿'자는 더욱 분명하게 종횡무진하는 준마의 힘과 무한한 잠재력을 상징한다고 할 수 있다.

駿
준마 준

'駿'자에 대해『설문해자』에서는 "말 가운데서도 양재良材에 해당하는 것들"이라고 설명하고 있다. 모든 능력이 뛰어난 말이라는 뜻이다. 한편『이아』와『설문해자주』에서는 한 걸음 더 나아가 '駿'자가 모든 사물 가운데 큰 것을 의미한다고 정의한다. 그래서 '駿功(준공)'이나 '駿業(준업)' 같은 단어가 위대한 사업이나 공적을 나타낸다. 예컨대 명나라 방효유方孝孺는「송왕문경서送王文聞序」라는 글에서 "예로부터 나라가 흥하면 준공이 그 안에 넘쳐나고 왕성한 기운이 해와 달을 능가한다. 이로써 천지가 한없이 광대해지고 산익이 요동친다"라고 말한 바 있다. 나중에는 '駿'자가 재능이 탁월한 사람을 시칭하기도 했다. 예컨대 당나라 시인 나은羅隱은「양동시兩同書」에서 "따라서 여러 인재를 구함에 있어서 지극함을 다해야 준족駿足들이 돌아온다"라고 했다. 여기서 '준족'이 가리키는 것이 바로 현명하고 유능한 인재다.

또한『전국책』에는 춘추전국시대 연燕의 소왕昭王의 객경 곽외郭隗가 소왕에게 들려준 이야기가 있다. 이야기의 대강은 이렇다.

옛날에 한 군주가 천금을 들여서라도 천리마를 한 필 사고 싶어 했다. 하지만 3년이 지나도 그런 말을 살 수 없었다. 관원 중에 임금을 가까이 모시는 신하 하나가 용감하게 나서서 말을 사오겠다고 장담했다. 석 달 뒤에 마침내 그는 간신히 천리마를 구했지만 말은 이미 죽은 뒤였다. 하지만 그는 그래도 500금을 들여 그 죽은 말의 머리를 사가지고 가서 군주에게 바쳤다. 군주는 몹시 화를 내면서 자신이 돈을 쓴 것은 살아 있는 말을 사기 위해서인데 죽은 말의 머리를 사가지고 돌아온들 무슨 소용이 있느냐고 따졌다. 그러자 그 신하가 말했다. "천하 모든 사람이 대왕께서 500금을 들여 말 머리를 사들였다는 것을 알면 곧 천리마를 보내올 것이니 아무 걱정 마시옵소서." 정말로 1년이 채 지나지 않아 세 필의 천리마가 군주의 손에 들어오게 되었다. 말이 이렇게 소중하니 지혜롭고 능력 있는 인재들은 더 말할 필요도 없었던 것이다.

이야기를 다 듣고 나서 소왕은 곽외를 중용하게 되었다. 이것이 바로 '연준천금燕駿千金'이라는 성어에 얽힌 이야기다. 게다가 그 뒤로 악의樂毅와 추연鄒衍, 극신劇辛 같은 현신과 명장들이 줄줄이 연나라로 갔고 이들을 통해 연왕은 큰 위업을 이룰 수 있었다.

중국 고대에 이름에 '駿'자를 사용한 대표적인 인물로 남조의 송 효무제孝武帝 유준劉駿이나 청나라의 유명 문인화가 항세준杭世駿을 들 수 있다.

확실히 중국 역사에는 말과 관련된 이야기가 아주 많고 그 가운데 일부는 지금까지도 강한 생명력을 보이고 있다. 말과 관련된 문

준마

학예술 작품도 중국의 문학예술사에서 중요한 영역을 형성하고 있
나. 예컨대 주周 목왕穆王이 곤륜산崑崙山을 여행할 때 수레를 끌었
던 여덟 필의 말을 소재로 한 〈팔준도八駿圖〉는 역대 화가들에게 진
귀한 소재로 간주되면서 여러 화가의 작품이 전해지고 있다. 그 가
운데 낭세녕郞世寧이나 서비홍徐悲鴻의 작품은 위대한 걸작으로 평
가되고 있다.

　전통문화에서 준마를 예찬하는 경향에 호응하여 앞에서 언급한
말과 관련한 몇 개의 한자 외에 '騏(기)'나 '驥(기)', '驊(화)', '騮(류)' 같
은 글자들도 중국인들의 작명에 자주 쓰인다.

『설문해자』에서는 '騏'를 "검푸른 털이 엇갈려 나 있어 무늬가 마치 바둑판 같은 말"이라고 정의하고 있다. 하지만 단옥재의 『설문해자주』에서는 "기본적으로 흰색을 바탕으로 검푸른 털이 무늬를 이루고 있어 직물 색깔의 검푸른(綦) 빛처럼 서로 교차된 무늬를 나타낸다"고 설명하고 있다.

어떤 상황이 맞는 것이든 간에 이런 말이 모든 종류의 말 가운데 가장 훌륭한 진품으로 여겨졌던 것은 분명하다. 예컨대 『시경』에서는 "네 필의 기를 타면, 네 필 모두 날아갈 듯하네乘其四騏, 四騏翼翼"라고 노래하여 나란히 고개를 쳐들고 있는 전마의 모습을 묘사하고 있다. 또한 '騏驥(기기)'는 천리마라는 뜻을 지니고 있다.

확실히 '驥'자는 그 자체로 천리마를 뜻한다. 이것이 바로 백락이 알아보았다는 '천리양구千里良駒'다. 허신과 단옥재의 고증에 따르면 '驥'자 오른쪽의 '冀(기)'는 동한 이전의 조대에는 설치되지 않았던 한양군漢陽郡 기현冀縣을 의미한다. 동한 시기에 한양군은 천수天水군으로 바뀌었고 기현도 천수군의 관할지로 귀속되었다. 하지만 기현은 천리마의 산지로서 그 유적지가 오늘날 감숙甘肅성 천수天水시 감곡甘谷현 일대에 남아 있다. 바로 산지 때문에 천리마를 '驥'라고 부르게 된 것이라 할 수 있다. 예컨대 『여씨춘추呂氏春秋』에서는 "사람들이 천리마를 귀하게 여기는 것은 하루에 1,000리를 달릴 수 있기 때문이다. 열흘에 1,000리를 달리는 것은 '노태駑駘' 같은 열등한 말들도 할 수 있다"라고 설명하고 있다.

그 자체가 '천리마'의 뜻을 지니고 있기 때문에 '驥'와 '騏驥(기기)'

는 나중에 둘 다 뛰어난 인재를 의미하는 단어로 쓰이게 되었다. 예컨대 당나라 때 방현령方玄齡이 쓴 『진서晉書』에는 "세상에는 인재(驥)가 부족하지 않기 때문에 구하고자 하면 얼마든지 구할 수 있다", "나는 멀리 인재(騏驥)를 구한다"라는 구절이 있다. 여기서는 '驥'와 '騏驥' 모두 탁월한 인재를 의미하는 단어로 쓰였음을 알 수 있다.

옛 중국인들 가운데 이름에 '騏'와 '驥'자를 쓴 사람은 적지 않지만 대표적인 인물로는 명나라 홍무 연간에 장원壯元이었던 이기李騏와 명나라 때의 시인 오기吳騏, 동한 효무제 시기에 남방 정벌에 성공했던 장군 두기杜驥, 그리고 청나라 말기의 화가 풍예기馮譽驥 등을 들 수 있다.

이 밖에도 수많은 역사문헌에 '驊(화)', '騮(류)', '驪(려)', '驂(참)', '駟(사)' 등 말과 관련된 한자들이 인명에 자주 등장한다. 이런 역사적 인물들의 이름을 통해 중국의 전통문화에서 말의 이미지가 얼마나 두드러졌는지 알 수 있다. 하지만 물이 너무 맑으면 물고기가 살지 못한다는 말이 있듯이 말 중에는 준마와 양구도 있지만 동시에 '駑(노: 느린 말)'나 '駘(태: 둔한 말)'처럼 열등한 말도 존재한다. 중국인들은 이름을 지으면서 이런 글자들을 피하게 되었고, 자연스럽게 일종의 금기가 되었다.

제 11 장

작명에서의 피휘

이번 장에서는 다음의 한자들에 대해 이야기를 나누려고 한다.

禁	避	諱	顧	泰	太	序
금할 금	피할 피	꺼릴 휘	돌아볼 고	클 대	클 태	차례 서
引	聖	賢	去	棄	疾	過
끌 인	성스러울 성	어질 현	갈 거	버릴 기	병 질	지날 과
改	忌	無				
고칠 개	꺼릴 기	없을 무				

一. 황권의 압력에 의한 작명 피휘

예로부터 지금까지 좋은 뜻을 갖는 글자는 사람들의 작명에 가장 최상의 선택대상이 되어왔다. 반면에 뜻이 좋지 않은 글자는 거의 사용되지 않고 잊히기 일쑤였다. 하지만 뜻이 좋은 글자라고 해서 마음대로 쓸 수 있는 것이 아니었다. 앞에서도 언급한 바 있는 산천이나 관직 등의 명칭에 이용할 수 없는 글자들이 있었던 것과 마찬가지로 인명에도 함부로 쓸 수 없는 글자들이 있었다. 예컨대 '檜(회)'는 원래 측백나무(柏)의 일종이었으나 송나라 때 이후로 사람의 이름에 이 글자가 쓰인 예를 거의 찾아볼 수 없다. 그 원인들 가운데 하나는 모든 중국인이 잘 알고 있는 나라를 팔아먹은 간신 진회秦檜 때문이다. 항주杭州 서호西湖의 악비岳飛 무덤 밖에 진회의 조각상을 만들어놓고 사람들로 하여금 마음대로 때리게 하고 있는 것처럼 '檜'자는 작명에 반드시 피해야 하는 글자가 되었다.

이름에 좋은 뜻을 가진 글자를 쓰는 것은 위로는 군주부터 아래로는 일반 백성들에 이르기까지 누구나 추구하는 일종의 원리다. 하지만 지고무상의 황권이 지배하던 봉건왕조시대에는 "주관州官들만 불을 피울 수 있고 백성들은 등을 켤 수 없었고", 이름을 짓는 다분히 개인적인 행위에도 직접적으로 황권의 제약을 받았다. 황가의 이름에 사용된 글자는 황족들만 쓸 수 있고 다른 사람이 사용함으로써 그 글자를 오염시키는 일은 절대로 허용되지 않았다. 다시 말해 황가나 황실 외척들의 이름에 쓰인 글자는 일률적으로 다른 사람들에게 사용이 금지되었다. 황가에서 사용하기 전에 이미 썼던 글자도 일단 황실에서 사용하면 다른 글자로 바꿔야 했다. 이것이 바로 작명에 있어서 가장 먼저 고려해야 하는 금기로서 '피휘'라고 칭했다.

『시경』의 내용이 풍風, 아雅, 송頌 세 부분으로 구성된다는 것은 거의 모든 중국인이 잘 알고 있는 사실이다. 이 가운데 풍은 이른 바 국풍國風을 지칭하지만 사실 맨 처음에는 '국풍'이라 칭하지 않고 '방풍邦風'이라 불렀다. 그러다가 나중에 한 고조 유방의 이름에 '邦' 자가 사용되었기 때문에 피휘를 위해 '방풍'을 '국풍'으로 바꾼 것이다. 이와 유사한 사례는 일반 글이나 서적이 아니라 공구서적인『설문해자』안에도 여지없이 반영되어 있다. 예컨대 저자인 허신은 '秀(수)'자를 해석하면서 어의를 분명히 밝히지 않고 "상휘(上諱: 황제의 이름)로서 한 광무제光武帝의 이름이다"라고만 기록했다. 동한의 황제 유수劉秀의 이름에 이 글자가 쓰였기 때문이다. 그래서 '秀'자 본래의 의미는 해석할 수도 없고 감히 해석하지도 못한다.

'禁'자 윗부분의 '林(림)'은 글자 전체의 독음을 나타내고 아랫부분의 '示(시)'는 점복占卜과 제사를 나타낸다.『설문해자』에서는 "禁은 점복과 제사를 통해 길흉의 징조를 묻는 것과 마찬가지로 반드시 피해야 하는 것을 말한다"라고 설명하고 있다. 또한『예기』에서는 "다른 지역 경내에 들어가거나 다른 나라, 남의 집에 들어갈 때는 반드시 그 지역과 나라, 집안의 금기와 풍속 등의 상황을 물어 숙지해야 한다"라고 지적하고 있다.

禁
금할 금

'禁'자는 금기를 나타내는 데서 더 발전하여 나중에는 '궁금宮禁'과 '문금門禁', 즉 대문과 담장 사이, 특별구역에서의 통행금지라는 뜻도 갖게 되었다. 일정 지역에는 사전허가를 받아야만 들어갈 수 있다는 뜻이다. 이러한 의미에서의 '禁'자가 어떤 사람의 이름에 대한 피휘를 위해 다른 글자로 대체된 사례도 있었다.

서한 효원孝元 황제 유석劉奭의 장인은 나중에 정권을 찬탈하여 '신新'이라는 왕조를 세웠던 왕망王莽의 조부로서 이름이 왕금王禁이다. 그의 이름에 '禁'자가 쓰였기 때문에 이를 피하기 위해 원래 '금중禁中'이라 불리던 황실의 금지구역을 '성중省中'이라고 개칭했다.

避
피할 피

'避'자 안에 있는 '辟(벽)'자는 글자 전체의 독음을 나타내고 바깥 부분의 '辶(착)'자는 모종의 행동을 나타낸다. 이 두 글자를 합치면 '회피'의 뜻을 갖게 된다. 예컨대 『사기』「염파인상여열전廉頗藺相如列傳」에서는 "인상여가 대국을 살핀 뒤에 서로 마음이 맞지 않는 장군 염파와의 충돌을 일으켜 조趙나라의 대사에 영향을 미칠 것을 두려워하여 하는 수 없이 가던 길을 돌려 염파를 피했다(避匿)"라고 기록하고 있다.

諱
꺼릴 휘

'諱'자의 뜻은 '휘를 꺼린다(忌諱)'는 것이다. 『설문해자』에서는 이를 '誋(기)'자로 표현했지만 단옥재의 『설문해자주』에서는 이를 '忌'로 수정했다. 고대에는 '誋'와 '忌' 두 글자가 의미에서나 발음에서나 서로 혼용되는 경향이 있었지만 근원을 따져보면 '忌'는 '증오'를 의미하는 데 비해 '誋'는 '경계' 혹은 '경고'를 의미한다는 사실을 알 수 있다. '諱'는 경고의 의미를 갖는다기보다는 어떤 사물을 증오하거나 혐오한다는 뜻에서 발전하여 회피하고 꺼리는 것을 나타내게 되었다.

중국 삼국시대 위魏 명제明帝 연간에 편찬된 백과전서 형태의 공구서인 『광아廣雅』에서는 '諱'자에 대해 '피하는 것'으로 해석하고 있다. 재미있는 것은 『광아』 자체가 피휘의 이야기를 담고 있다는 점이다. 수나라 때에 이르러 조헌曹憲이라는 학자가 『광아』의 책 이름에 음역을 달면서 수 양제 양광楊廣의 이름을 피하기 위해 『박아博雅』라고 개칭했던 것이다. 하지만 당나라 때 다시 원래의 책이름을 회복하여 『광아』로 전해지게 되었다.

이처럼 고대 제왕들의 이름은 모든 것을 압도하는 숭고한 지위를 지니고 있었다. 어떤 사물의 명칭도 제왕들의 이름에 글자를 양보해야 했다. 그렇다면 이러한 규정은 어떻게 생겨난 것일까?

역사문헌의 근거를 찾자면 『좌전』에 "주나라 사람들은 피휘의 방식으로 신령에 대한 존중을 표했고 사람의 이름에 대해서는 세상을 떠난 뒤에 피휘를 적용했다"라는 기록을 들 수 있다. 사람이 죽은 지 100년이 지나도 제사의 대상이 되고, 제단 위의 어떠한 위패도 고인에게는 신령한 것이기 때문이다. 따라서 옛사람들은 천지사방에 제사를 지내거나 조상에 대해 제사를 지내거나 그 핵심은 기본적으로 일치한다고 할 수 있다. 당연히 보통 사람들은 신령에 대해 직접 이름을 부를 수 없다.

피휘라는 현상이 처음 생긴 구체적인 시기에 대해서는 몇 가지 주장이 존재한다. 첫째는 하상夏商 시기에 시작되었다는 주장이고, 둘째는 서주 시기, 셋째는 춘추시대에 시작되었다는 주장이다.

그 근원이 어디이든 간에 피휘가 맨 처음에 신령에 대한 경외에서 비롯되었다는 것은 분명한 사실이다. 나중에는 갖가지 원인으로 왕위에 오른 사람들마다 스스로 하늘의 사자임을 자처하다 보니 제왕의 이름에 자연스럽게 피휘라는 규정이 생긴 것으로 간주된다.

이름에 대한 피휘의 핵심은 다른 사람들이 그 이름을 직접 입에 올릴 수 없다는 것이다. 결과적으로 다른 사람들은 그 이름에 쓰인 글자를 사용할 수 없게 된 것이다. 그러지 않을 경우 죄를 범하게 된다.

『상서尙書』의 기록에 따르면 서주 시기에 주공 단旦이 병상에 있는 주 무왕武王을 위해 조상인 주 태왕太王 고공단보古公亶父에게 기도하는 축도문을 썼다고 한다. 그 가운데 '당신들의 큰손자 아무개가(惟爾元孫某)'라는 구절이 있다. 여기서 '아무개(某)'는 주 무왕의 이름을 대체한 것이다. 이는 그 시대에 이미 군주의 이름에 피휘가 있었음을 증명하는 사례라 할 수 있다.

그 이후로 군주의 이름에 대한 피휘의 풍속은 갈수록 더 엄격해져 진秦, 한漢, 당唐, 청淸 왕조에 특히 심했다. 진나라 때는 '正(정)'자가 진시황의 이름 '政(정)'자와 음이 같다는 이유로 음력 '정월正月'이라는 단어를 쓰지 못하고 '端月(단월)'이라고 썼다. 군주의 이름에 대한 이런 피휘 풍조는 피휘의 최초 규칙을 크게 뒤흔들어놓았다.

양진 시기에는 진晉 문제文帝 사마소司馬昭에 대한 피휘를 위해 서한 시기에 화친을 위해 흉노에게 시집갔던 '王昭君(왕소군)'을 '王明君(왕명군)'으로 개명했다. 한나라 왕실에서도 이와 비슷한 사례가 있었다. 예컨대 한 문제 유항劉恒의 피휘를 위해 전설에 나오는 달 속의 여신 '姮娥(항아)'를 '嫦娥(항아)'로 개명했고 춘추전국시대에는 제나라의 권신 진항陳恒과 전항田恒을 전부 진상陳常과 전상田常으로 개명했다. 이 가운데 전상은 그다지 지명도가 높지 않았지만 백성들의 민심을 얻기 위해 대두로 양곡을 풀었다가 소두로 거둬들이는 정책을 펼쳐 나중에 제나라 대권을 장악했던 인물이기 때문이다.

북송 시기에는 흠종欽宗 조환趙桓의 피휘를 위해 춘추전국시대에 유명한 패주였던 제나라 환공桓公도 역사문헌에서 '위공威公'으로 바뀌었다.

하지만 천만다행인 것은 제왕들은 백성들의 작명에 있어서 한자 사용을 제한하긴 했지만 양심의 발로에서였는지, 아니면 자신의 문화적 수양을 드러내기 위해서였는지는 알 수 없지만, 한나라 시기에는 제왕들의 이름이 일반 백성들의 피휘의 범위를 크게 축소시켰음을 알 수 있다. 또한 수많은 제왕이 항상 희귀한 글자들을 이름에 사용했다. 예컨대 한 원제元帝 유석劉奭이나 평제平帝 유간劉衎, 장제章帝 유달劉炟 같은 이름들은 다른 사람들이 비교적 상용되는 한자를 선택하는 데 큰 도움을 주었다고 할 수 있다.

二. 가족의 이름에 대한 피휘

황실의 이름에 대한 피휘는 황제가 만인지상의 지위를 갖고 있고 나머지 모든 사람은 가장과 자녀의 관계와 같은 신민臣民이자 자민子民이기 때문에 가능했다. 따라서 이러한 관념을 가정에 적용하면 부모와 연장자의 이름 역시 반드시 피휘의 대상이 된다.

가족 성원의 이름에 대한 피휘는 '가휘家諱'라고도 한다. 이른바 '친족을 위해 글자를 기피하는' 것으로 원래는 친족 내부로 국한되어 있었다. 하지만 사교과정에서의 예의로서 일반적으로 다른 사람들과 교류할 때는 규칙에 따라 반드시 다른 사람들의 '가휘'도 존중하게 되었다. 다시 말해 교류과정에서 타인이 존중하는 윗사람의 이름을 함부로 부를 수 없는 것이다. 이러한 피휘는 존귀한 사람에 대한 피휘처럼 때로는 '변태'적인 느낌을 갖게 한다. 게다가 '살얼음 위를 걷는' 것처럼 아슬아슬하고 아무리 신중을 기해도 실수를 범하게 되는 일이 생길 수밖에 없다. 이런 일이 있었다.

동진 시기에 왕침王忱이라는 대신이 있었다고 한다. 하루는 그가 조정의 무장 환현桓玄을 만나러 갔다. 환현은 집사람에게 술과 음식을 준비하게 하여 왕침을 대접했다. 왕침은 방금 약을 복용한 상태라 차가운 술을 마실 수 없기 때문에 술을 데워줄 수 없는지 물었다. 그러자 뜻밖에도 환현이 소리 내어 울음을 터뜨리는 것이었다. 대사마大司馬였던 환현의 부친 환온桓溫 때문이었다. 왕침의 요청이 '桓'자에 대한 가휘를 건드렸던 것이다. 그 결과 왕침은 술자리에서 음식을 먹지 못했을 뿐만 아니라 큰 실례를 범했다는 오명을 얻게 되었다.

『예기』에서 "그 나라의 경내에 들어서는 나라의 법으로 금하는 것이 무엇인지를 묻고, 도성都城에 들어서는 그 도시의 풍속이 어떠한지를 물으며, 어느 집안에 들어서는 그 집안에서 꺼리는 사물이 무엇인지를 묻도록 하라入境而問禁, 入國而問俗, 入門而問諱"라고 경고한 것이 말로 그치는 게 아님을 알 수 있다.

남북조시대에 송나라의 유명문인이자 사학자였던 범엽范曄은 『후한서』를 지으면서 부친의 이름이 범태范泰였기 때문에 책 안에 동한의 유명인사였던 곽태郭泰에 관해 기술하면서 가휘를 피해 곽태郭太로 기록했다.

'顧'자의 왼쪽 '雇(고)'는 맨 처음에 '농사의 때를 알리는 철새'를 의미했다. 글자 전체의 독음을 나타내면서 동시에 의미도 나타냈다. 오른쪽의 '頁(혈)'은 머리와 관련이 있음을 나타낸다. 두 부분을 합치면 '돌아보다'의 의미를 갖게 된다. 길을 걷는 과정에서 돌아본다는 것은 종종 뒤따라오는 사람을 부르거나 안내하는 것을 의미하게 된다. 자연스럽게 '顧'자는 나중에 '이끌다'의 의미로 발전하게 되었다. 그 때문에 동한 시기 덕행에 있어서 모범이 되었던 여덟 명의 문인과 고상한 인사들을 이른바 '八顧(팔고)'라고 불렀고 곽태도 그 가운데 하나였다.

'泰'자는 '大(고대에는 '태'라고 읽었음)'와 '廾(공)', '水'의 세 부분으로 구성된다. 이 가운데 '大'는 독음을 나타내고 '廾'은 두 손을 형상화한 것으로 '水'와 합쳐 손 안에 든 물이 빠르게 흘러내리는 것을 의미한다. 글자 전체의 의미는 '滑(활: 미끄러지다)'이다. '滑'자에는 또 유창하다는 의미가 담겨 있고 공간이 넓은 것을 나타내기도 한다. 이

顧
돌아볼 고

泰
클 태

런 의미에서 한 걸음 더 나아가 '泰'자는 '크다'는 뜻을 갖게 되었다.

또한 넓다는 것은 종종 생활의 안정을 의미하기도 한다. 그래서 나중에 '국태민안國泰民安'의 개념이 파생되기도 했다. 예컨대『논어』에서는 "군자는 태연하나 교만하지 않고, 소인은 교만하나 태연하지 않다君子泰而不驕, 小人驕而不泰"라고 지적하고 있다. 여기서 '泰'자의 의미도 안정이라는 의미의 체현이라 할 수 있다.

太
큰태

'太'자는 만들어진 시기가 비교적 늦다. 정도에 있어서 크고 높고 깊음을 나타낼 때, 고대에는 주로 '大'자를 사용했다. '大廟(대묘: 큰 묘당)'나 '大學(대학)', 관직이름인 '大傅(대부)', '大師(대사)' 등을 예로 들 수 있다. 여기서 '大'자를 지금 쓴다면 '太'로 바꿔 써야 할 것이다.

또한 '太'자는 고대에 '泰'자와 음이 서로 통용되었다. 청나라 주준성의『설문통훈정성』에서는 "泰는 汏라고 쓰기도 한다. 泰와 汏, 太 세 글자는 사실 같은 자나 다름없다"라고 설명하고 있다. 고대의 일부 문자학자들은 '泰'자와 '太'자가 같은 글자에서 나왔고 음도 서로 상통한다고 생각했음을 알 수 있는 대목이다. 예컨대『사기』에서는 "황제께서 위엄을 떨치시고 덕으로 제후들을 병합하시며 처음으로 통일을 이루고 태평을 실현했다皇帝奮威, 德幷諸侯, 初一泰平"라고 기록하고 있고, 노신의 소설『방황』에서는 "황혼 때도 되지 않았는데, 천하가 이미 태평해졌다"라고 묘사하고 있다. 여기서 말하는 '태평'은 어지럽지 않고 고통도 없는 상태로 두 사례가 완전히 일치한다.

따라서 '泰'자에 대해 피휘해야 하는 상황을 만나면 이를 '太'자로 고치는 것이 가장 우선적인 방법이었다. '郭泰(곽태)'가 '郭太(곽태)'가

된 것도 바로 이런 방법을 활용한 것이다.

독음이 같고 의미가 유사하며 자형이 다른 글자로 피휘해야 할 글자를 대체하는 것이 피휘의 가장 일반적인 방법이었다. 하지만 앞에서 언급한 바와 같이 진시황의 이름 영정嬴政에 대한 피휘를 위해 '正月(정월)'을 '端月(단월)'로 바꿨던 것처럼 때로는 어떤 글자의 피휘를 위해 다른 글자를 선택해야 하고 독음도 피휘해야 하는 글자와 동일하게 하지 못하는 경우도 있다. 예컨대 송나라의 대문호였던 소식蘇軾은 부친의 이름에 '序(서)'자가 들어가기 때문에 피휘를 위해 어떤 책이나 글의 서序를 쓸 때 항상 '敍(서)'자로 바꿔 썼고, 나중에는 이 방법도 마음에 내키지 않아 '序'자를 '引(인)'자로 바꿔 썼다고 한다.

'序'자의 바깥 부분은 '广(엄)'으로 집과 관련이 있음을 나타낸다. 안쪽의 '予(여)'는 글자 전체의 독음을 나타낸다. 둘을 합치면 '거주하는 집 좌우 양쪽의 벽'을 의미한다. 예컨대 『의례』에서는 "연회에 참석하러 온 손님들은 본채 주변 벽 동쪽에 서야 한다賓升, 立於序內, 東方"라고 규정하고 있다.

序

차례 서

이에 대해 『이아주소』에서는 "당상堂上과 동상東廂, 서상西廂이 각각 벽으로 분리되어 있어 친소에 따라 순서가 정해져 있는데 이를 서序라고 했다"라고 해석하고 있다. 다시 말해 '序'는 벽으로 분리한 친소의 서열을 나타내는 작용을 하는 것이다. 고대 중국 가옥에서 정당庭堂은 한 가정 혹은 가족의 핵심적인 공간으로서 당堂에 오르고 실室에 들어가는 것이 엄격한 의례와 서열에 따라 이루어졌다.

예컨대 굴원屈原의 「이소離騷」에서는 "해와 달이 홀연히 가버리니, 봄과 가을이 순서대로 오가네日月忽其不淹兮, 春與秋其代序"라고 노래하고 있다.

'序'자는 순서를 나타내는 데서 발전하여 모든 책이나 글에서 맨 앞에 배치되는 '서문'의 의미를 갖게 되었다. 예컨대 『문심조룡』에서는 "서언에서는 말을 세워 감정과 근본취지를 이끌어낸다序以建言, 首引情本"라고 기술하고 있다. '序'자의 이러한 의미는 나중에 파생되어 나온 '引(인)'자의 확장 의미와 유사하다. 그래서 '序言'와 '引言'이 거의 같은 의미로 쓰이게 되었다.

이 밖에 '序言'이나 '引言'과 유사한 단어로 '緒言(서언)'이 있다. '緒'자는 맨 처음에 비단실의 첫 끄트머리를 의미했지만 나중에 '시작', '서두'의 의미로 발전하게 되었다. 예컨대 한유는 「진학해」라는 글에서 "희미하게 쇠퇴한 서업을 찾아, 홀로 널리 뒤져 멀리 이었습니다尋墮緒之茫茫, 獨旁搜而遠紹"라고 기술하고 있다. '緒'자의 바로 이런 의미 때문에 '緒論(서론)'이라는 단어가 논저의 맨 앞에 배치되어 책 전체의 내용과 저술 의의를 설명하는 부분을 의미하게 되었다.

'引'자의 갑골문 자형은 𢎨으로서 왼쪽은 '弓(궁)'이고 오른쪽은 '手(수)'로 현을 당기는 모습을 형상화한 것이다. 활에 화살이 매겨져 발사를 기다리고 있는 것 같다. 이 글자의 원래 의미는 '활을 쏘다', '활을 당기다'였다. 예컨대 『회남자』에서는 "활을 당겨 쏘다引弓而射"라는 기술을 찾아볼 수 있다.

활을 당겨 화살을 쏘는 행위에는 자연히 '당기다', '연장하다'의 의미가 담기게 된다. 예컨대 『시경』에서는 "자자손손 영원토록, 끊임없이 이 제사를 이어가길子子孫孫, 勿替引之"이라고 노래하고 있다. 이런 의미는 한 걸음 더 나아가 '견인', '이끌다'의 의미로 확장되어 '引子'와 '引言'처럼 인도 작용을 하는 글을 의미하게 되었다.

이런 이유로 소식은 '序'를 쓰게 될 때마다 부친 이름에 대한 피휘를 위해 '序'와 음이 같은 '敍'자를 사용하다가 다시 '引'자를 쓰게 되었던 것이다.

소식의 경우와 유사한 기묘한 상황이 사마천에게도 있었다. 사마천 부친의 이름은 사마담司馬談이다. 그 때문에 『사기』에서는 '談'자가 단 한 번도 나오지 않는다. 서한 문제 시기의 환관이었던 조담趙談에 관해 기술할 때도 조동趙同으로 이름을 바꿔 기술했다. 예컨대 『사기』「보임안서」에서 "조담이 함께 수레에 오르자 원앙의 안색이 바뀌었다同子參乘, 袁絲變色"라고 기술하고 있는데, 여기서 '同(동)'은 이름을 바꾼 조담을 지칭하고 '袁絲(원사)'는 문제 시기의 신하였던 원앙袁盎을 지칭한다. 이 이야기는 조담과 원앙 사이의 원한을 설명하는 대목으로 한 문제와 그가 총애했던 신하 조담이 함께 수레에 오르는 것을 본 원앙이 화가 나 안색이 바뀌면서 조담을 수레에 오르지 못하게 했던 사건을 말한다.

이처럼 집안 윗사람의 이름에 대한 피휘의 풍속과 원칙은 고대 중국에 미친 영향이 지대했다. 시성詩聖 두보도 여기서 자유로울 수 없었다. 두보는 해당화로 유명한 사천四川에 오래 거주했고 평생 수많은 전원시를 썼으면서도 해당화를 노래한 시는 단 한 수도 없었다.

나중에 북송의 이기李頎는 『고금시화古今詩話』라는 책에서 "두보는 모친의 이름이 해당海棠이었기 때문에 피휘를 위해 해당에 관한 시를 한 수도 쓸 수 없었다"라고 그 이유를 설명한 바 있다.

물론 부모와 조상의 이름에 대한 피휘도 중화 전통문화의 아주 중요한 부분으로서 그 자체의 가치를 따지는 것은 의미가 없다. 하지만 오늘날에는 일부 부모들이 자녀들의 이름을 지을 때 오히려 혈맥을 잇고 조상의 뜻을 전승하기 위해 이름 안에 '小', '子' '慕(모)', '仰(앙)', '繼(계)' 같은 글자를 종종 쓴다. 그런 다음 부모나 조상대의 이름에 사용했던 글자를 넣어 이름을 완성한다. 예컨대 어느 조상의 이름이 '衡(형)'이었다면 후대의 이름을 '小衡(소형)', '繼衡(계형)' 등으로 짓는 것이다. 작명에 이런 방식을 활용하는 의도는 너무나 명백하다. 게다가 이런 방식에는 성현의 이름에 쓰인 글자가 계승되어 존중과 추앙을 나타내기도 한다. 피휘와는 정반대의 방식인 셈이다.

三. 성현과 같은 이름을 피하다

하지만 오늘날 같은 작명방식을 고대에 적용한다면 의도가 아무리 좋아도 충분히 활용되기 어려울 것이다. 현자들에 대한 피휘도 고대에는 작명에 있어서 반드시 지켜야 하는 중요한 규칙이었기 때문이다.

고대 중국에서는 이름을 지을 때나 평소에 얘기를 주고받을 때,

군주나 연장자의 이름에 들어간 글자를 피해야 할 뿐만 아니라 고대 성현의 이름에 대해서도 피휘해야 했다.

고대 성현들 가운데 지고지상의 지위를 갖고 있는 인물이 공자일 것이다. 공자는 이름이 '丘(구)'이기 때문에 그의 55대손으로 원나라 사람이었던 공극제孔克齊는 「정재지정직기靜齋至正直記」라는 글에서 "'丘'자는 성인의 이름이기 때문에 자손들은 경사經史를 읽을 때 공구라는 이름이 나오면 그대로 읽지 않고 공 아무개라고 읽었고 '丘'자마다 붉은색으로 동그라미가 쳐져 있어 모든 '丘'자를 '區(구)'로 읽었다. 시에서 '丘'자로 압운을 할 때는 일부러 건너뛰었다"라고 기록하고 있다.

공자에 대한 존중에 있어서는 역대 왕조마다 제도화된 조치가 있었다. 여진족이 세운 금金나라에서는 교전의 상대가 한족이 통치하는 송나라였지만 유가를 숭상하고 공자를 존중하는 데 있어서는 이미 전통적인 관례가 형성되어 있었다. 예컨대 『금사金史』에는 "갑술년 과거시험 진사과에 합격한 사람들 가운데 공자에 대한 피휘를 지키지 않은 자가 있는지 확인하여 적발된 자는 반드시 피휘하게 하고 이를 엄격하게 법령으로 집행했다"라는 기록이 남아 있다. 이리하여 금나라에서 과거시험 진사과에 합격한 사람들 5,000∼6,000명 가운데 절대다수가 '丘'라는 이름을 갖지 못하게 되었다.

청나라 때도 공자의 이름에 대한 피휘 정책은 이상하리만치 엄격했다. 공자의 이름은 무조건 피해야 하고 고서에 그 글자가 나오면 획이 한두 개 빠진 글자로 바꿔야 했다. 예컨대 일부러 '丘'자의 획을 하나 덜 쓰거나 '北(구)'로 표기했다. 실제로 '北'는 '丘'자의 옛 자형으로서 '丘'자와 독음과 의미가 완전히 일치한다. 그뿐만 아니라 당시에는 심지어 공자의 모친인 안징재顔徵在의 이름에 대해서도 피휘한 사례가 있었다.

하지만 맹자의 이름(軻)에 대해 피휘했다는 문헌기록은 찾아보기 어렵고 다른 조대의 피휘 상황도 분명치 않다. 문헌기록에 대한 조사 결과 서진 시기에 역학易學에 조예가 깊었던 사람 중에 양가楊軻라는 이가 있었고 수나라 양제의 황후 소蕭씨의 외삼촌 중에 장가張軻라는 사람이 있었다. 또한 당나라 때는 관원으로 저술이 『신당서·예문지』에 수록된 바 있는 유가劉軻라는 인물이 있었다. 이런 상황으로 볼 때, 성인의 이름에 대한 피휘 요구는 조대에 따라 일정치 않았음을 알 수 있다. 하지만 성현의 이름에 대한 피휘가 중국 전통문화에서 아주 독특한 현상이었던 것만은 분명한 사실이다.

성현의 이름에 대한 피휘 현상의 심층적 함의는 성현에 대한 전통관념의 인식이다. 역대 왕조의 황제들이 용과 봉황에 해당하는 최고의 존재가치를 갖는 사람들이라면, 성현은 중생을 월등히 초월하는 숭고한 지위를 갖고 있는 존재로서 신에 가깝다고 할 수 있다. 중국 전역에 보편적으로 분포하고 있는 문묘文廟나 공묘孔廟에서 공자는 이미 신처럼 숭배의 대상이 되고 있다.

聖
성스러울 성

'聖'자의 연원은 금문 𦕈에서 찾아볼 수 있다. 위쪽에 돌출된 부분은 귀와 입으로 경청과 언변에 능하다는 것을 상징한다. 사리에 통달했다는 의미다. 『설문해자』 등의 문헌에서는 이런 연원에 근거하여 '聖'을 '通(통)'으로 해석하고 있고, 또한 수많은 문헌에서 '정통하지 않은 바가 없음'으로 설명하고 있다. '聖'자가 인간 세상에서 '극도로 맑고 밝은 자'라는 함의를 갖고 있음을 알 수 있다. 범인을 초월하여 성인의 반열에 오른 사람들을 의미하는 것이다. 예컨대 당나라 한유는 「사설師說」이라는 글에서 "성인이 성인으로 인식되고 우인愚人이 우인으로 인식되는 것은 아랫사람들의 질문에 치욕을 느끼는지의 여부에 달려 있다"라고 지적한 바 있다.

賢
어질 현

'賢'자의 윗부분은 '臤(현)'으로 글자 전체의 독음을 나타내고 아랫부분은 '貝(패)'로 돈과 관련이 있음을 의미한다. 합치면 재물이 많음을 뜻하게 된다. 하지만 '財(재)'는 '才(재)'와 독음이 같기 때문에 '賢'자는 나중에 '다재다능'의 의미를 나타내게 되었다. 예컨대 『사기』에서는 "인상여가 완전히 조나라에 귀의하자 조왕이 그를 대단히 유능한 신하(賢大夫)로 여겼다"라고 기록하고 있다.

'賢'자는 재능이 있음을 나타내는 의미에서 나중에는 재능이 있는 사람을 의미하게 되었다. 예컨대 『삼국지』에서는 "어진 이를 사모함이 마치 목마른 사람 같다思賢如渴"라는 기록을 찾아볼 수 있다. 나중에 '聖'자와 '賢'자가 결합하여 역시 품성과 덕이 고상하고 능력이 범인을 뛰어넘는 사람들을 지칭하게 되었다. 예컨대 남북조시대 안지추가 쓴 『안씨가훈』에서는 "무릇 성현들의 책은 사람들을 효성스럽고 언행에 신중하게 가르친다"라는 구절을 찾아볼 수 있다. 나중에는 성현이라는 단어가 신선이나 신령을 나타내기도 했다. 예컨대 왕실보王實甫의 『서상기西廂記』에서는 "나한들을 열거하고 보살들을 참배하며 성현들을 숭배한다"라는 기술을 찾아볼 수 있는데, 여기서 '성현'은 신령을 의미한다.

이런 사실을 통해 '성현'이 '인걸'이라는 의미에서 점차 정신세계의 신령으로 신격화되었음을 알 수 있다. 따라서 이런 의미에서 '성현'의 이름에 대해 피휘하게 된 원인을 유추할 수 있다. 신령은 모독하거나 범접할 수 없는 존재이기 때문이다.

『안씨가훈』에서 말한 것처럼 선현들이 책을 남기는 것은 몽매한 사람들을 깨우치고 교화하며 지식을 늘리고 언행과 수신에 신중을 기하게 하기 위해서다. 중국의 수천 년 문명사에서 제자백가 같은 지식인들은 전부 이러한 성현의 자질을 지니고 있었다. 게다가 역사문헌의 기록에 따르면 일부 왕조에서는 공자와 맹자 이외의 다른 성현들에 대한 피휘 정황도 있었음을 알 수 있다. 예컨대 송나라 때는 상대적으로 도가 학문이 번성하던 시기로 노자의 이름과 기타 호칭에 관련된 '耳(이)', '伯陽(백양)', '聃(담)' 같은 글자들에 대해 피휘했던 정황이 분명하게 드러나고 있다.

앞에서 언급한 관방을 배경으로 하는 피휘 규칙 외에 민간에서도 개인적 신념이나 신앙, 기호, 가치지향에 따라 적지 않은 사람들이 자기 마음속의 성현들을 갖고 있었고, 이들 성현에 대해서도 피휘의 방법으로 존경과 경앙의 마음을 나타냈다.

예컨대 당나라 시인 원진元稹은 벼슬자리에서 내쫓겨 고향으로 돌아가는 길에 섬서陝西 무관도武關道에 있는 양성陽城역을 지나게 되었다. 양성은 당 덕종德宗 시기에 시비가 분명하고 책임감이 강해

간언을 두려워하지 않았던 고관의 이름이었다. 게다가 그는 인자하고 후덕하여 이웃과 현지 백성들 사이에 이름이 널리 알려져 있었다. 원진 본인도 그를 무척 존경하고 앙모해 마지않았다. 그 때문에 그는 양성역을 지나면서 시흥이 일어 「양성역」이라는 장시를 짓게 되었다. 이 시의 마지막 구에서 시인은 "공의 이름을 피하고 싶어 이름을 피현우라 고치네我愿避公諱, 名為避賢郵"라고 하여 피휘의 방식으로 그에 대한 존경의 마음을 표하려 했음을 밝히고 있다. 전해지는 바에 따르면 나중에 원진이 이 시를 백거이에게 적어 보여주자 백거이도 깊은 공감을 표했다고 한다.

물론 이에 대한 다른 견해도 있다. 예컨대 같은 당나라 시인이었던 두목杜牧은 "역 이름을 쉽게 바꿀 수 없으니, 그대로 남겨 천조의 사람들에게 두려운 마음을 갖게 하려는 것이네驛名不合輕移改, 留警朝天者惕然"라고 하여 '양성'이라는 현인의 이름으로 후세 사람들에게 두려운 마음을 갖게 하고 싶지 않아서 '양성역'을 '피현우避賢郵'로 바꾼 것이라 주장하고 있다. 송나라 때 시인 왕우王禹의 「양성역이 보이지 않네不見陽城驛」라는 시에서는 원진과 두목 두 사람의 본의를 밝히고 있다. "원진은 피휘로 귀신을 섬기려 감히 이름을 부르지 못한 것이고, 두목은 이름으로 사람들에게 두려움을 갖게 하려 했으니 이름으로도 사람들을 교화할 수 있었네. 선한 뜻이 다르긴 하지만, 둘 다 교화의 기초가 되네一以諱事神, 名呼不忍為. 一以名驚衆, 名在教可施. 為善雖不同, 同歸化之基." 이 시구는 '양성역'과 관련하여 이름을 바꾼 일에 대한 이상적인 결론이자 원만한 정리라고 할 수 있다.

四. 부정적인 의미의 글자를 피하다

주관적인 생각을 배제한다면 이러한 피휘 상황은 본질적으로 어쩔 수 없이 하는 행위에 속한다. 이에 비해 부정적인 글자를 피하는 것은 사람들이 작명에 있어서 취하는 자각적이고 자발적인 행위라 할 수 있다.

이 부분에 있어서는 우리가 다 아는 바와 같이 일부 글자들은 작명의 범주에서 아주 멀리 격리되어 있다. 예컨대 동물의 신진대사와 배설을 지칭하는 글자나 저속한 욕설 등 이른바 '더러운 글자'들이 이에 해당한다. 하지만 부정적이고 소극적인 의미의 글자를 피하는 데 있어서도 아주 교묘하고 재미있는 방법들이 있다. 기본적으로는 '去病(거병: 병을 제거함)', '無忌(무기: 거리낌 없음)', '改過(개과: 잘못을 고침)' 같은 이름처럼 불길한 글자를 부정하고 제거하는 방법을 전략으로 취한다.

서한 시기에 군마를 타고 동분서주했던 명장 곽거병郭去病은 지금까지도 중국인들 사이에 명성이 자자하다. 그의 부모가 강보에 싸여 있는 그를 보고 그가 자라서 힘들게 전장을 누비며 부상과 질병에서 자유롭지 못할 것을 예감하고 이런 이름을 지어 일생의 안전과 건강을 기원한 것인지는 알 수 없다.

'去'의 갑골문 자형은 **춪**로서 윗부분은 사람을 묘사한 것이고 아랫부분은 '口(구)' 혹은 'ㄴ(감)'으로 추정된다. 합쳐서 사람이 동굴이나 구덩이를 벗어나는 것을 나타낸다. 이 글자의 최초 의미는 떠나

去
간 거

거나 벗어나는 것이었다. 예컨대 남북조시대 안연지顏延之는 「사령운에게和謝靈運」라는 시에서 "나라를 떠났다가 다시 고향에 돌아오니, 옛집 대문 위에 명아주만 잔뜩 자라 있네去國還故里, 幽門樹蓬藜"라고 노래하고 있다.

어떤 사람이나 사물에서 벗어난다는 것은 때로는 친척이나 친구들로부터 잠시 떨어져 있는 것처럼 객관적인 정세에 따른 것이기도 하다. 하지만 어떤 사람과 일로부터 아주 멀리 떨어지는 것이 주관적 감정의 지배에 따른 결과인 경우도 있다. 예컨대 재난이나 강력한 적을 피하는 것 등이 그렇다. 따라서 '去'자가 나타내는 '떠나거나 벗어나다'라는 의미에는 수동적인 성분도 담겨 있지만 자발적인 요소도 포함되어 있다고 할 수 있다.

한편, '떠나다'라는 뜻을 갖고 있다 보니 '去'자는 나중에 다른 사물을 어떤 형식으로든 '몰아내다'라는 함의로 발전하게 되었다. 다시 말해 모종의 행동을 취해 다른 사람이나 사물을 떠나가게 하는 것이다. 예컨대 『후한서』에서는 "더러움을 제거하고 사악함을 멀리해야 한다去斥貪汚, 離遠佞邪"라고 경계하고 있다. 이는 역병 등의 질병을 멀리한다는 뜻으로 해석할 수도 있고 자발적으로 질환을 제거한다는 의미로 해석할 수도 있다. 약을 복용하여 '화기를 제거하는(去火)' 것과 같은 것이다. 또한 정치에 있어서의 부패와 아첨을 멀리해야 한다는 경고로 받아들일 수도 있을 것이다.

"금빛 창과 무장한 말, 그 기운 범처럼 만 리를 삼켰지金戈鐵馬, 氣吞萬里如虎." 이처럼 웅휘한 기세를 담은 호방한 시구는 남송 시인 신기질의 붓끝에서 나왔다. '기질棄疾'이라는 이름에는 아들의 안녕을 기원하는 부모의 바람이 담겨 있다. 이런 점에서 신기질의 자 '유안幼安'에서도 이러한 증거를 찾아볼 수 있다. 하지만 시인이 어렸을 때 몸이 허약했을 것이라는 사실은 상상의 공간으로 남겨두는 수밖에 없다.

棄
버릴 기

'棄'자의 갑골문 자형은 🪶로서 윗부분은 핏방울이 뚝뚝 떨어지는 영아의 형상이고 아랫부분은 두 손으로 키를 들고 있는 모습이다. 이 글자는 맨 처음에 손에 키를 들고 머리가 위로 향해 나오는 '역생逆生' 영아를 버리는 것을 의미했다. '역생'은 불길함을 상징했기 때문이다. 예컨대 춘추시대에 유명한 장공오생(莊公寤生: 정鄭나라 무공武公의 아내 무강武姜이 아들 장공과 공숙단公叔段을 낳았다. 무강은 거꾸로 나온 장남 장공을 미워하여 동생인 공숙단을 후계자로 세우려 했으나 무공이 허락하지 않았다)의 사건이 있었다. 이 사건으로 장공과 모친 무강 사이에 원한과 적대가 오래 지속되었다.

'去'지와는 달리 '棄'자는 완전히 사발적인 행농을 나타낸다. 주관적인 의지와 객관적인 행동이 통일을 이루는 것이다. 예컨대 명나라 왕양명王陽明은 『전습록傳習錄』에서 "욕망이 석으면 내면의 맑고 깨끗한 상태에 도달할 수 있고, 내면이 맑고 깨끗하면 세상의 복잡한 일들을 버리지(棄) 않아도 홀로 조용히 은거할 수 있다"라고 지적하고 있다.

疾
병 질

'疾'자는 '疒(역)'자와 '矢(시)'자가 결합되어 이루어진다. '疒'은 질병과 관련이 있음을 나타내고 '矢'는 화살처럼 빠른 속도를 의미한다. 합쳐서 아무런 징조도 없이 나타났다가 흔적도 없이 사라지는 질병을 뜻한다. 세분하여 설명하자면 고대에는 '疾'자가 증상이 그다지 심하지 않은 병이나 어떤 질병의 초기 증상을 지칭했고 '病'자는 비교적 심한 병이나 병세가 중기 혹은 말기에 이른 질병을 지칭했다. 물론 둘 다 본질적으로 질병을 의미했고 양자 사이의 미세한 차이는 무시되는 일이 많았다. 예컨대 『한비자』에서는 "지금 군왕께 있는 질병(疾)은 피부와 피하조직의 질환에 불과하지만 제때에 치료하지 않으면 병독이 신체 깊숙이 들어가 심각한 문제를 일으키게 됩니다"라고 경고하는 구절을 찾아볼 수 있다.

'棄疾(기질)'이라는 이름이 갖는 우언寓言적 의미는 아주 분명하다. 다름 아니라 질환을 제거함으로써 신체의 건강을 유지하는 것이다. 그리고 건강한 육체는 종종 건강한 정신을 의미한다. 그렇다면 옛사람들은 심리 분야의 드러나지 않는 질병에 대해서는 어떻게 이름을 통한 기피의 의지를 표현했을까?

마음을 굳건히 하는 방법과 경로는 여러 가지가 있다. 그 가운데 하나는 문제가 발생했을 때, 특히 문제를 인식한 즉시 이를 수정하고 변화시키는 것이다. 중국에는 고대 사람들의 이름에서 이러한 정황을 찾아볼 수 있다. 예컨대 『용주집龍州集』이라는 책으로 유명한 송나라의 한 시인은 성이 '劉(유)'이고 이름이 '過(과)', 자가 '改之(개지)'였다. 물론 '過' 자체는 과오를 의미하기 때문에 사람들이 받아들이기 어려웠다. 그래서 자를 '改之'라고 하여 과오에 대한 교정을 암시했던 것이다.

'過'자 안쪽의 '咼(괘)'는 글자 전체의 독음을 나타내고 바깥쪽의

過
지날 과

'辶(착)'은 어떤 행위와 연관이 있음을 암시한다. 두 부분이 합쳐져 '지나다', '지나가다' 등의 의미를 갖게 되었다. 이런 의미는 나중에 점차 '전송', '전달'을 뜻하는 '郵(우)'자와 유사하게 발전했다. 그리고 모든 전달행위에 있어서의 착오는 '過失(과실)'이라 칭하게 되었다. 이러한 변화의 과정을 거쳐 '過'자는 마침내 '착오', '과실'의 의미를 갖게 되었다. 예컨대 『전국책』에서는 "모든 신하, 관원, 백성들 가운데 과인寡人의 허물을 직접 말할 수 있는 자는 상등의 상을 받게 되리라群臣吏民, 能面刺寡人之過者, 受上賞"라는 구절을 찾아볼 수 있다.

그렇다면 이처럼 부정적인 의미를 갖는 '過'자를 이름에 사용한 사람들은 필연적으로 그 영향을 줄이거나 제거하려 노력할 것이다. 이를 위한 방법 가운데 하나가 이름과 자를 관련시켜 그 의미를 희석시키는 것이다.

改
고칠 개

'改'자는 '己(기)'와 '攵(복)'으로 구성된다. '己'는 자기라는 의미를 나타내고 '攵'은 최초 자형이 손에 자 같은 물건을 쥐고 있는 형상을 나타내면서 독촉의 의미를 가졌다. 좌우 두 부분을 합치면 재촉을 통한 수정, 개선의 뜻을 갖게 된다. 당나라 문인이자 서예가였던 이양빙李陽冰은 일찍이 이 글자에 대해 '자신에게 잘못이 있으면 이름을 고쳐서 변화시키는 것'이라고 해석한 바 있다. 이러한 해석은 시인 '劉過'의 이름과 자(改之)의 선명한 대조를 잘 설명해준다.

일단 문제가 발견되면 고치고 바로잡는 행위가 뒤따라야 한다. 이런 태도는 소 잃고 외양간 고치는 듯한 느낌을 면하기 어렵다. 애당초 이름을 지을 때 이런 갖가지 문제를 피할 수 있다면 더없이 좋을 것이다.

홍콩의 유명 무협소설가 김용金庸의 작품 『소오강호笑傲江湖』는 중화권 전체에 엄청난 영향력을 미쳤기 때문에 주인공 장무기張無忌의 이름을 모르는 사람이 거의 없다. 사실 중국 역사에 '無忌'라는 이름을 가진 인물은 적지 않다. 춘추전국시대 위魏나라의 정치가이자 군사가였던 신릉군信陵君 위무기魏無忌와 당나라 초기 벼슬이 재상까지 올라갔던 장손무기長孫無忌 등을 대표적인 사례로 들 수 있다. 이들의 이름은 대부분 '아무런 금기도 없다'는 의미를 갖는다. 사실 '無忌'라는 이름 자체에 '기탄없다', '거리낌 없다' 등의 당당하고 대범한 태도가 담겨 있다고 할 수 있다.

'忌'자의 최초 의미는 '증오'였다. 그리고 사람들은 증오하는 것들을 최대한 피하고 가까이 다가오지 못하게 금지구역을 설정한다. 그래서 '忌'자는 나중에 '금기', '기휘忌諱' 등의 의미를 갖게 되었다. 예컨대 『한비자』에서는 "신하들의 금기와 분노를 자아내면 자신에게 해롭다忌怒, 則能害己"라고 경계하고 있다.

'無'자의 최초 의미에 대해서는 학계에도 아직 통일된 견해가 없다. 혹자는 무기를 들고 춤을 추는 것을 지칭한다고 하고 혹자는 수목이 무성한 것을 의미한다고 한다. 이는 아마도 자형과 연관이 있는 것으로 추정된다.

재미있는 사실은 오히려 이 '無'자의 자형이다. 이 글자는 맨 처음에 '비어 있음', '없음' 등의 의미를 갖고 있었다. 하지만 이런 의미가 자형과 어떤 관련이 있는지 속 시원한 견해를 제시한 사람이 없었

忌
꺼릴 기

無
없을 무

다. 그러다가 서진 시기에 왕육王育이라는 사람이 "하늘이 서쪽으로 기운 것을 無라고 한다"는 해석을 내놓았다. 창천이 서북 방향으로 기울면 동남 방향의 땅이 텅 비는 현상이 나타난다는 것이다.

고대 중국에는 '물의 신 공공共工이 화가 나서 불주산不周山을 건드린' 신화가 전해 내려왔다. 상고시대 물의 신 공공과 물을 다스린 대우 사이에 상상의 대치가 있지만 불의 신 축융과의 대치도 있었다. 나중에 축융에게 패해 그의 부하가 된 공공은 창피함과 분노를 참지 못하고 신력을 이용하여 서북쪽 하늘을 받치고 있는 곤륜산, 즉 불주산에 몸을 부딪쳐 원래 사방이 평형을 유지하고 있던 하늘의 서북쪽이 기울어지게 했다. 그래서 서북쪽 지세가 높아지고 동남쪽은 낮아지는 국면이 조성되었다. 이때부터 엄청난 양의 흙으로 동남쪽을 메워야 했고 강물이 전부 서북쪽의 모래와 진흙을 동남쪽으로 실어 나르게 되었다. 이러한 전설이 '無'자에 대한 왕육의 해석을 뒷받침해주고 있다.

어쨌든 '無믌'는 모든 부정적 요소가 제거된 극치의 상태를 지칭한다. 그리고 이런 방식은 시대의 발전과 변화에도 따라 변하지 않는다. 하지만 일부 피휘의 방식은 일정한 시대성을 나타내기도 한다. 예컨대 서주 시기에는 산천의 명칭을 이름에 사용하지 않는 등의 규칙이 있었지만 나중에는 이러한 관례가 사라지게 되었다. 대천세계의 아름다운 산천이 산수 사이를 오가는 문인묵객들이 이름을 짓는 데 중요한 착안점이 되었기 때문에 점차 이름에 산천의 명칭이 사용되었던 것이다.

제 12장

이름 속의 대천세계

이번 장에서는 다음의 한자들에 대해 이야기를 나누려고 한다.

秀	榮	才	楷	岱	海	每
빼어날 수	꽃 영	재주 재	나무이름 해	대산 대	바다 해	매양 매
浩	雄	虎	彪	豹	能	雲
클 호	수컷 웅	범 호	무늬 표	표범 표	능할 능	구름 운
陽	申					
별 양	아홉째 지지 신					

一. 화초와 수목에 기탁한 이름

우리가 사는 이 세계에 존재하는 사물의 종류는 무수히 많고 복잡하다. 화조어충花鳥魚蟲에서 초목산석草木山石에 이르기까지 자연계의 모든 사물은 인류와 함께 사는 이웃이자 예로부터 지금까지 문인과 시인들이 시와 노래, 이미지로 표현해내는 대상이며 영감의 원천이다. 예컨대 '매란국죽梅蘭菊竹'의 사군자는 예로부터 문학예술의 주인공이었다. 송나라 문학가 임포林逋의 '매화 같은 아내와 학 같은 자식(梅妻鶴子)'이라는 칭호와 이에 얽힌 이야기는 중국 전통문화의 미담으로 전해지고 있다.

옛사람들은 자연풍물을 무척 존중하고 숭상했다. 그 때문에 서주 시기에 이미 산천을 작명에 사용하지 않는 금기현상이 나타났다. 하지만 한편으로는 시대발전의 필연성이 사회운행 메커니즘에 변화를 가져오게 되고, 또 한편으로는 자연계의 삼라만상에 대한 인간의 인식과 명명 자세도 끊임없이 반전하고 심화된다. 따라서 자연풍물의 명칭이 사람들의 작명범주 안으로 들어오게 되는 것은 물이 흐르면 도랑이 생기는 것처럼 자연스럽고 필연적인 일이라 할 수 있다.

한 무제 유철劉徹은 「추풍사秋風辭」라는 시에서 "난초꽃 피고 국화 향기로우니, 뭇 신하를 생각하며 잊을 수가 없네蘭有秀兮菊有芳, 懷佳人兮不能忘"라고 노래했고 송나라 시인 구양수歐陽脩는 「취옹정기醉翁亭記」에서 "들에 꽃이 피니 그윽한 향기 나고, 어여쁜 초목이

빼어나 무성하게 녹음이 지네野芳發而幽香, 佳木秀而繁陰"라고 노래하여 자연계의 수목과 화초에 대한 인간의 찬탄을 재현하고 있다. 이처럼 유미한 시문과 이미지는 '시로써 뜻을 밝히는(詩言志)' 중국 문인들의 아름다운 전통을 잘 보여준다. 하지만 '이름'으로 뜻을 밝히고 '글자'로 뜻을 밝히는 것도 대부분의 사람이 자연스럽게 추구하는 바다.

'秀'자는 중국인의 이름에 가장 많이 쓰이는 글자인 데다 남성과 여성의 구분 없이 고루 쓰이고 있다. 한나라 광무제 유수劉秀와 태평천국운동의 지도자 홍수전洪秀全, 남북조시대 송 왕조의 보국장군 맹옥수孟玉秀, 팽성왕彭城王 유의강劉義康의 딸 유옥수劉玉秀 등을 예로 들 수 있다.

'秀'자는 원래 '곡물에 이삭이 나는 것'을 의미했다. 예컨대『이아』에서는 "꽃가루의 수정 없이 직접 이삭이 나오고 열매를 맺는 것을 '수秀'라 하고 꽃만 있고 열매가 없는 것을 '영英'이라고 한다"라고 설명하고 있다. 하지만 동한 말년의 청렴하고 강직한 관리였던 이순李巡은『이아』의 해석을 "각기 다른 이름으로 사람들을 분별하는 것으로 이해해야 한다면서 '英'과 '秀'를 대비하여 설명했지만 실제로 '黍(서: 기장)'와 '稷(직: 피)'은 둘 다 먼저 꽃을 피운 다음에 열매를 맺는다"라고 설명하고 있다. 예컨대「소아小雅·출거出車」에서 "옛날에 내가 떠날 때 기장과 피가 한창 꽃을 피웠네昔我往矣, 黍稷方華"라는 구절을 찾아볼 수 있다는 것이다. 현대 식물학자들도 일부 곡물은 원추 모양의 꽃이 있다고 한다. 옛사람들의 자연에 대한 관찰이 대

秀
빼어날 수

단히 정확했음을 알 수 있는 대목이다.

'秀'자는 '이삭을 토해내고 꽃을 피운다'는 함의를 지니고 있고, 꽃과 열매 모두 식물의 핵심이자 식물 생명체의 집중적인 체현이기도 하다. 그 때문에 나중에는 이 글자로 아름답거나 성취가 뛰어난 사람들을 지칭하게 되었다. 예컨대 당나라 문인 한유韓愈는 「반곡으로 돌아가는 이원을 보내며 쓰다送李愿歸盤谷序」라는 글에서 "초승달 같은 눈썹에 도톰한 뺨, 맑은 목소리에 사뿐한 몸가짐, 외모는 수려하고 마음씨는 유순하네曲眉豊頰, 淸聲而便體, 秀外而惠中"라고 대장부로서 출세한 사람의 모습을 묘사한 바 있다.

또한 『예기』에서는 "그러므로 사람이라는 것은 천지의 덕이고 음양의 사귐이며 귀신의 모임이고 오행의 빼어난 기운이다故人者, 其天地之德, 陰陽之交, 鬼神之會, 五行之秀氣也"라고 천명하고 있다. 이처럼 '秀'자로 사람을 묘사하는 것은 전통관념과 정신세계의 뒷받침을 받고 있다.

榮
꽃잎

'秀'자와 마찬가지로 식물의 성화라는 함의를 지닌 글자는 아주 많다. 예컨대 '榮(영)'과 '英(영)', '華(화)', '花(화)', '萼(악)', '蕊(예)' 등을 들 수 있다. "목본식물의 꽃을 '華'라고 하고 초본식물의 꽃을 '榮'이라 한다", "꽃이 없이 열매를 맺는 것을 '秀'라고 하고 꽃이 있는데 열매를 맺지 못하는 것을 '英'이라 한다"라는 『이아』의 기술에 근거하면 '榮'자가 맨 처음에는 꽃 혹은 꽃이 피는 것을 의미했음을 알 수 있다. 하지만 '榮'자가 꽃을 피울 수 있는 오동나무를 의미한다는 견해도 있고 양쪽으로 치켜 올라간 처마를 의미한다는 주장도 있다.

어쨌든 이 모든 견해의 공통점은 '榮'자가 초목과 관련이 있다는 것이다. 처마도 나무로 만들기 때문이다.

재미있는 것은 현재 중국인들이 사용하는 '榮'자의 윗부분이다. '榮'자의 금문 자형은 🌱 이다. 혹자는 여기서 글자의 윗부분이 두 송이 꽃을 지칭한다고 말하고, 혹자는 두 개의 횃불이라고 주장한다. 물론 이 글자의 의미에 근거하여 두 송이 꽃이라는 견해가 더 합리적인 것으로 평가되고 있다.

횃불이 교차되어 타오르는 형상이라는 주장은 어쩌면 '榮'자가 나중에 가문을 빛낸다는 함의를 갖게 되었기 때문에 생긴 것인지도 모른다. 하지만 실제로 '榮'자가 '영광' 등의 뜻을 나타낼 수 있는 원인 가운데 하나는 꽃이 피는 것을 의미하기 때문이다. 그렇다면 이는 '무성함', '번영' 등의 함의로도 연결된다. 사물이 번성하는 모양을 나타낼 수 있다면 그 자체가 이미 '영광'이나 '영예'가 나타내는 뜻을 갖고 있는 셈이다.

또한 '榮'자가 '영광', '영예' 등의 뜻을 갖게 된 것은 '처마'를 나타내는 데서 유래한다고 생각하는 견해도 있다. 처마 양쪽이 치켜져 올라간 것은 '올리다', '높이 들다' 등의 함의를 상징하고 '영광', '영예' 등도 사물을 높이 들어 잘 드러나게 하는 것과 상통하기 때문이다.

요컨대 어떤 시각에서 보든지 간에 '虛榮(허영)'처럼 거울에 달이 비친 식의 부정적인 의미를 제외하면 '榮'자는 대자연의 찬란한 경관이든 모범으로 삼기에 충분한 사람들의 훌륭한 성취든 간에 사람들에게 탄복과 경앙의 대상이 될 수밖에 없다. 예컨대 남북조시대 진晉나라 문인 육기陸機는 「동산의 해바라기園葵」라는 시에서 "아침에는 꽃이 서북쪽으로 기울고 저녁에는 서남쪽으로 햇빛을 찾네 朝榮東北傾, 夕穎西南晞"라고 하여 하루 종일 해를 따라 방향을 바꾸는 해바라기의 특이한 속성을 묘사하고 있고 당나라 유종원은 「대광남절도사사출진표代廣南節度使謝出鎭表」라는 글에서 "신이 요행히 미천한 몸으로 특별한 영광을 더하나이다臣幸以芻賤, 累添殊榮"라고 하여 겸손한 마음을 표현한 바 있다.

중국 역사상 '榮'자를 작명에 이용한 인물로는 명나라 초기의 장수 주영朱榮과 청나라 건륭 연간의 대신 한영韓榮 등을 들 수 있다. 현대 중국인들 가운데 이름에 '榮'자를 사용한 사람은 헤아릴 수 없을 정도로 많다.

식물이 무성하게 자라는 것이나 아름다운 꽃을 피우는 것은 맨 처음에 한 알의 씨앗으로부터 시작된다. 한자 가운데 사람들의 작명에 빈번하게 등장하는 글자로 '才(재)'자가 있다. 이 글자는 맨 처음에 초목의 새싹을 의미했다.

才
재주 재

'才'자의 삽골문 자형은 ♆로서 옆으로 그은 직선은 지면을 나타내고 그 아래는 식물이 뿌리를 내리고 있는 모습을 형상화한 것이다. 윗부분은 초목이 막 땅 위로 새싹을 내밀고 있는 모습이다. 『설문해자』에서는 "'才'는 초목의 시작이다"라고 설명하고 있고 『설문해자주』에서는 한 걸음 더 나아가 "초목의 새싹에는 무성해질 가지와 잎이 감춰져 있다. 이처럼 사람도 무수한 재능을 갖추고 태어난다. 그래서 사람이 가지고 있는 능력을 '才'라 한다. 이는 인간이 선천적으로 갖고 태어나는 자질이다"라고 해석하고 있다.

이 말에 담긴 의미는 대단히 아름답다. 하늘에 닿을 듯이 큰 나무와 뛰어난 인물들은 본질적으로 생명의 시작 단계에 기원한다는 사실을 말해주고 있는 것이다. 그래서 셀 수 없이 많은 사람이 작명에 있어서 '才'자에 깊은 애정을 보이는 것이다. 예컨대 남북조시대에서 수나라 초기까지 『수상지垂象志』라는 책으로 이름을 날렸던 유계재劉季才와 당나라 정관貞觀 연간에 『서택경敍宅經』이라는 서서로 유명했던 여재呂才 등을 대표적 인물로 들 수 있다.

어떤 시대든지 간에 뛰어난 인물들은 민중에게 모범(모해模楷)의 기능을 발휘한다. '模(모)'자는 비교적 이해하기 쉽다. '본보기', '모형' 등의 의미에서 발전되어 나온 '범례', '표준' 등의 의미를 갖는 것이다. 그렇다면 '楷(해)'자의 맨 처음 의미는 무엇이었을까?

식물학자들의 해석에 따르면 '楷'는 황련목黃連木이라고도 불리는 나무를 지칭한다고 한다. 가지가 성기긴 하지만 단단하고 굽힐 줄 모르는 성격을 갖고 있는 나무다. 『설문해자』에서는 이 글자에 대해 "나무다. 공자의 무덤을 뒤덮고 있다"라고 설명하고 있다. 이러한 해석은 '楷'가 공자의 무덤에 심어진 나무라는 것을 말해준다.

楷
나무이름 해

삼국시대 위魏 문제 시기에 유소劉劭 등이 어명을 받아 편찬한 『황람皇覽』에는 "(공자의) 무덤에 심어진 나무가 100주가 넘는데 종류가 전부 다르다. 제자들이 각자 자기 고장에서 가져온 나무라고 한다"라는 기록이 남아 있다. 이는 공자 능묘의 나무가 100종이 넘고 전부 제자들이 자기 고향에서 가져온 것으로 황련목(楷樹) 역시 그 가운데 하나임을 말해준다.

또한 명나라 만력萬曆 연간의 진사로서 관직이 광서우포정사廣西右布政司(오늘날의 감사관에 해당하는 고위관직)에 이르렀던 사소제謝肇淛의 『오잡조五雜組』에서는 공자 능묘의 황련목에 얽힌 아주 재미있는 전설을 소개하고 있다.

전하는 바에 따르면 공자가 세상을 떠나자 제자 자공子貢이 두 개의 상장喪杖을 짚으면서 스승을 애도했다고 한다. 너무 슬퍼하다 보니 상장 두 개가 진흙에 깊이 박혀버리고 말았다. 나중에 진흙에 박힌 지팡이가 뿌리를 내리고 싹이 나더니 큰 나무로 자랐는데 버드나무 같기도 하고 홰나무 같기도 한 아주 희한한 나무였다고 한다. 자공은 선현 주공周公 단旦 무덤의 '模(모)'나무를 연상하여 이 나무에 '楷樹'라는 이름을 붙였다. 이에 따라 후세 사람들은 '楷'자와 '模'자를 합쳐 '楷模(해모)'라는 단어로 사표가 되는 인물이나 본받을 만한 훌륭한 인물을 지칭하게 되었다고 한다.

중국 역사에 이름에 '楷'자를 사용한 인물로는 동한 시기 군벌이 있던 공손찬公孫瓚 수하의 장수 전해田楷와 서진의 관원이자 명사였던 배해裵楷, 명나라의 유명화가 원해袁楷 등을 들 수 있다.

이상의 설명으로 미루어 식물과 관련된 글자를 작명에 이용하는 것은 '秀', '英', '華', '松', '楨(정)' 같은 글자처럼 식물 자체의 성질을 차용하여 비유하는 방식과 '楷'자나 형제를 비유하는 '棠(당)', '棣(체)' 같은 글자처럼 좀더 깊은 차원의 함의를 부여하는 방식이 있었음을 알 수 있다. 그렇다면 다른 자연물과 연관되는 글자들에는 역사적으로 어떤 재미있는 사정이 얽혀 있는지 살펴보자.

二. 고산대천에 뜻을 둔 이름

　나무 한 그루, 꽃 한 송이는 종종 사람들에게 아기자기하고 서정적인 전원의 감상을 갖게 한다. 그리고 고산준령이나 거대한 강과 바다는 사람들의 마음을 격정에 젖게 하고 호방하고 장엄한 웅지를 갖게 한다.

　일찍이 공자는 "지혜로운 사람은 물을 좋아하고, 어진 사람은 산을 좋아한다知者樂水, 仁者樂山"라고 말한 바 있다. 중국 전통문화에서는 '山'과 '水'가 가장 대표적인 표지성 코드라는 것을 알 수 있다. "옆에서 보면 이어진 준령이요, 곁에서 보면 뾰족한 봉우리가 되니 원근과 고저에 따라 각기 달라지네橫看成嶺側成峰, 遠近高低各不同", "양자강 물은 동으로, 물결 따라 사라져갔네. 아득한 옛날을 풍미했던 인물들과 함께大江東去, 浪淘盡, 千古風流人物"처럼 사람들 입에 쉽게 오르내리는 시구들은 무수히 많다. 이와 동시에 중국화의 기법에서는 발묵산수潑墨山水가 상당히 중요한 지위를 차지하고 있다. 따라서 금기 같은 제한을 고려하지 않는다면 산수와 관련된 글자가 인명에 쓰이는 것은 너무도 당연하고 자연스러운 일이다.

　중국은 지형과 지세가 매우 다양하고 산지 자원도 풍부하다. 크고 작은 고개와 봉우리, 산맥이 거대한 중국 대륙 사방 도처에 우뚝 솟아 있다. 여러 아름다운 산들 가운데 이른바 '오악五嶽'은 독특한 지리적 위치와 지형적 특색을 나타내면서 예로부터 지금까지 중국 산악을 대표하고 있다.

그 가운데 태산泰山은 '오악의 우두머리'로 불린다. 중국 신화에 따르면 천지개벽의 신 반고盤古가 세상을 떠난 뒤에 그 머리가 변해서 된 산이 바로 태산이라고 한다. 그래서 "태산이 평안하면 사해四海가 다 평안하다"라는 말이 전해 내려오고 있는 것이다.

앞에서도 언급한 바 있지만 '泰'자는 원래 '반들반들하다', '미끄러지다'라는 뜻이었으나 나중에 '넓다', '안정되다', '크다' 등의 의미를 갖게 되었다. 따라서 태산이라는 이름은 '안정', '큼' 등의 의미와 긴밀한 연관을 갖는다고 할 수 있다.

또한 수많은 제왕이 거행했던 '봉선封禪'의식도 항상 태산에서 이루어졌으며, 중국 왕조의 역대 문인과 선비들이 태산을 두루 유람하면서 아름다운 시구를 남겼던 것도 이러한 상황에 부합한다고 할 수 있다.

옛 중국인들의 이름에 '泰'자가 들어간 사례로는 앞에서 언급한 바 있는 곽태郭泰와 남북조시대 송 왕조의 대신으로 『고금선언古今善言』이라는 책의 저자이기도 한 범태范泰를 들 수 있다.

태산은 또 '岱山(대산)' 혹은 '岱嶽(대악)'이라 칭하기도 한다. '岱'자의 상반부는 '代'로 독음을 나타내고 하반부는 '山'으로 산과 관련이 있음을 나타낸다. 『설문해자』에서는 "岱는 태산太山이다"라고 설명하고 있다. 고대에는 '泰'자와 '太'자가 서로 통용되었다. 그래서 '岱'는 태산의 다른 이름이 되었다. 동한 반고가 정리한 『백호통白虎通』에 따르면 '岱'자가 동악東嶽인 태산을 의미한 것은 만물의 세대교체가 동쪽에서 이루어졌음을 나타낸다고 한다. 따라서 '岱'자 안에서는 '代'자가 의미를 나타내는 기능을 한다고 할 수 있다.

동한의 태산 태수 응소應劭는 『풍속통의風俗通義』에서 "태산은 여러 산 가운데 가장 존귀한 산으로 대종岱宗이라 부르기도 한다. '岱'는 시작을 말하고 '宗'은 우두머리를 말한다. 만물의 시작으로서 음양이 교대하여 돌에 부딪쳐 나와 얼마 되지 않는 거리에서 만나면 순식간에 천하에 비를 내리게 할 수 있는 것은 태산뿐인가?"라고 기술하고 있다. 사람들의 마음속에서 태산이 바람과 비를 부르고 만물을 생장하고 세대교체를 이루게 하는 등의 신과 같은 역할을 한다는 것을 알 수 있다.

고대 중국에 '岱'자를 작명에 이용한 인물로 동한 말년 황족으로서 연주兗州 자사를 맡았던 유대劉岱와 그와 같은 시대에 명성을 다투었던 조조 수하의 장수이자 동오東吳의 중신이었던 여대呂岱를 들 수 있다.

이처럼 '岱'자를 이름에 쓴 인물들이 확실히 태산이 만물의 대를 잇게 한다는 아름다운 뜻에 착안했다면 천지간에 만물을 촉촉이 적시면서 자양분을 공급하는 물은 더더욱 생명의 근원이라 할 수 있을 것이다. 물과 관련된 글자도 사람들의 이름에 빈번하게 등장하는 중요한 주인공 가운데 하나다.

岱
대산 대

강과 호수, 바다는 지구 표면적의 큰 부분을 차지한다. 물방울이 모여 작은 줄기를 이루고 거대한 강과 하천을 이루어 바다로 흘러 가는 것 역시 모든 생명의 찬가라고 할 수 있다.

'海'자는 'ㆍ(수)'자와 '每(매)'자의 결합으로 이루어진다. 일반적인 해석에 따르면 '每'는 독음을 나타내고 'ㆍ'와 결합하여 수많은 강이 큰 바다로 합류하는 것을 나타낸다. 동한 유희의 『석명』에 따르면 '海'자에는 '晦(회: 어둠)'의 의미가 담겨 있다고 한다. 강물에는 진흙과 모래가 섞여 있어 바다를 어둡고 검게 만든다는 것이다. 실제로 바다의 색깔이 진한 것은 수심과 관련이 있다. 물이 깊을수록 흡수 하는 광선은 많아지고 반사하는 광선은 적어지기 때문이다. 따라서 명도가 낮아지고 색깔도 검게 변한다.

또한 단옥재가 "땅이 크고 물산이 풍부한 것은 전부 바다라 칭할 수 있다"라고 한 바 있고 여기에 '海'자에 모든 강을 수용한다는 의 미가 더해지면 실제로 이 글자의 '포함'이라는 의미가 훨씬 더 분명 해진다. 게다가 '每'자의 갑골문 자형은 '母'자와 대단히 유사하기 때 문에 모체가 생명을 품는 본질에 따라 '每'자가 '海'자 안에 있는 것 이 단순히 독음만을 나타내는 것이 아니라는 점을 유추할 수 있다.

허신과 단옥재 두 사람의 '每'자에 대한 해석을 자세히 음미해보 면, 두 사람 모두 '每'자의 소전체 자형에 따라 '每'자가 원래 '초목 이 무성한 것'을 나타냈으나 나중에 점차 발전하여 모든 사물의 풍 성한 모습을 지칭하게 되었다고 이해하고 있음을 알 수 있다. 하지 만 '盛(성)'자가 갖고 있는 '무성함' 등의 의미는 그 '성'이라는 독음과 '물건을 담는다'는 의미에서 유래한 것이다. 따라서 '每'자에는 실제로 '수용', '받아들임'의 뜻이 있는 것이 분명하다. 『시경』을 비롯한 고대 문헌에도 '每懷(매회)'라는 단어가 출현하는데, 단옥재 같은 사람은 이 단어의 뜻이 '속에 사적인 마음을 감추고 있는 것'이라고 설명하고 있다. 여기서 '懷'자는 '그리움'이라는 의미에서 점차 '사적인 마음'으로 변천했다는 것이다.

이렇게 볼 때, '海'자가 갖는 포용이라는 의미는 '每'자의 기본적인 의미와 밀접한 관련이 있다고 할 수 있다. 게다가 바로 이런 이유 때문에 '海'자에는 나중에 '용량이 크다'라는 일련의 더 넓은 의미가 추가되었다. '海量(해량: 넓은 도량, 큰 주량)'이나 '海碗(해완: 대단히 큰 그릇)' 같은 단어를 대표적인 예로 들 수 있다.

이러한 '海'자를 이름에 사용한 역사적 인물로는 태평천국 시기에 충왕忠王 이수성李秀成 휘하의 장수로 홍수전 때문에 피휘를 위해 성을 '동童'으로 바꿨던 홍용해洪容海와 청나라의 유명한 서예가로서 금석학에도 조예가 깊었던 풍안해馮晏海 등을 들 수 있다.

바다에 나가 항해했던 경험이 있는 사람은 바다와 하늘이 같은 색으로 끝없이 펼쳐졌던 풍경의 기억이 새로울 것이다. 이와 관련하여 중국인들의 입에 자주 오르내리는 문구가 있다. 송나라 범중엄范仲淹이 「악양루기岳陽樓記」에서 "먼 데 산을 머금고 장강을 삼켜 힘찬 기세가 끝 간 데를 모르네銜遠山, 吞長江, 浩浩蕩蕩, 橫無際涯"라고 술회한 구절이다. 하늘과 바다가 같은 색으로 끝없이 펼쳐지고 파도가 넘실대는 모습은 사람들에게 확실히 호방한 기상을 갖게 한다.

浩
큰 호

'浩'자는 맨 처음에 물의 흐름이 크고 거센 것을 의미했으나 나중에 모든 사물의 넓고 성대하고 풍성한 모습을 지칭하게 되었다. 예컨대 원나라 신문방辛文房의 「당재자전唐才子傳」에서는 "산수가 그윽하고 구름과 안개가 끝없이 넓고 아득하네山水幽闃, 雲烟浩渺"라는 구절을 찾아볼 수 있고, 청나라 전대흔錢大昕의 「십가재양신록十駕齋養新錄」에서는 "천하고금의 사물은 여러 책에 흩어져 수록되어 있고 그 편질이 거대하여 쉽게 찾아보기 어렵다天下古今事物, 散載諸書, 篇帙浩穰, 不易檢閱"라는 구절을 찾아볼 수 있다.

바다처럼 넓고 원대한 포부를 갖는 것은 수많은 사람이 공동으로 추구하는 바일 것이다. 수많은 사료의 기록을 살펴보면 이름에 '浩'자를 사용한 대표적인 인물로 동한 말년 조조 수하의 장령으로 둔전제의 발기인이기도 했던 한호韓浩와 동진 시기의 장수 은호殷浩 등을 들 수 있다. 포부와 흉금이 넓다는 것은 종종 능력이 탁월함을 반증하기도 한다. 그렇다면 초월적인 능력에 대한 추구는 작명에 어떤 양상으로 나타났을까?

三. 무예와 건장함을 지향한 이름

옛사람들의 눈에는 '영웅'이란 초인적인 능력을 가진 인물이었다. 물을 다스린 대우나 활로 해를 쏘아 떨어뜨린 후예后羿, 산을 옮긴 우공愚公 같은 사람들이 대표적이다. 세상 사람들의 눈에 이들은 거의 신에 가까운 존재였다.

'雄'자의 왼쪽은 '厷(굉)'으로 사람의 팔이 긴 것을 나타내는 '肱(굉)'자의 최초 자형이기도 하다. 오른쪽의 '隹(추)'는 꼬리가 짧은 새를 지칭한다. 두 부분을 합치면 수컷 조류를 의미하지만 나중에는 모든 동물의 웅성을 나타내게 되었다. 예컨대 이백의 「촉도난蜀道難」에서는 "다만 보이는 건 고목에서 슬피 우는 새들뿐, 수놈 날자 암놈 좇아 숲을 맴도네但見悲鳥號古木, 雄飛雌從繞林間"라고 노래하고 있고 「목란시」에서는 "두 마리 토끼가 나란히 달려가면, 어찌 자웅을 구별할 수 있으랴雙兎傍地走, 安能辨我是雄雌"라는 구절을 찾아볼 수 있다.

동물들의 웅성만 언급하자면 당장 우리 눈앞에 늠름한 사자 왕의 모습이 어른거릴 것이다. 건장한 체구로 산꼭대기에 앉아 발밑의 신성불가침한 영지를 내려다보는 모습이다.

절대다수의 남성들에게 있어서 이처럼 영지를 지키면서 처자식을 보호하는 늠름하고 침범할 수 없는 정서는 필생의 추구일 것이다. 따라서 중국 역사에서도 무수한 남성이 이름에 '雄'자를 사용하고 있다. 대표적인 인물로 『방언方言』의 저자인 서한의 양웅揚雄과 청나라 가경嘉慶 연간의 무장이었던 왕문웅王文雄을 들 수 있다.

'웅사(雄獅: 수사자)'는 초원과 숲의 패주이고 '虎(호: 호랑이)'는 산중의 대왕이다. '虎'자의 갑골문 자형은 🐯로서 민첩하게 움직이는 호랑이의 형상을 묘사하고 있다.

호랑이는 양강陽强의 기운이 극도로 강한 동물로서 예로부터 모

雄
수컷 웅

虎
범 호

든 사악한 기운을 물리치는 능력이 있는 것으로 알려져 있다. 고대의 전쟁에서도 장수의 방패에 호랑이 머리가 그려져 있어 적군의 사기를 떨어뜨리는 역할을 했다. 영아들의 호랑이 머리 모자와 호랑이 머리 신발도 사악한 기운을 제거하는 의미가 있는 것으로 알려져 있다.

또한 호랑이는 권력과 위엄의 상징이기도 하다. 어느 집단의 우두머리가 커다란 의자에 호랑이 가죽을 깔거나 고대의 제왕이 장수에게 병권을 주면서 옥이나 나무로 만든 호랑이 모양의 신표를 수여하는 것도 이러한 상징을 이용한 행위다. 전국시대에 여희如姬를 시켜서 황제의 병부를 훔쳐 조나라를 구한 절부구조竊符求趙의 유명한 역사 이야기도 이러한 '호부虎符'에 얽힌 것이다.

중국 민간에는 호랑이와 관련된 속담이나 이야기가 무수히 많다. 예컨대 험준한 지세를 나타내는 '호거용반(虎踞龍盤: 범이 웅크리고 앉은 듯하고 용이 서려 있는 듯함)'이나 남의 권세를 빌려 위세를 떠나는 의미의 '호가호위狐假虎威' 같은 성어를 비롯하여 "호랑이 엉덩이는 만질 수 없다", "임금을 모시는 것이 호랑이를 모시는 것과 같다" 등의 속담도 있다.

'彪'자도 '虎'자와 관련이 있다. 자형으로 볼 때, '虎'자 옆에 '彡(삼)'자를 더한 것에 다름 아니다. 실제로 '彡'자는 꽃무늬의 뜻을 갖고 있고 '彪'자 안에서도 호랑이 가죽에 꽃무늬가 있는 것을 나타낸다. 따라서 '彪'자는 원래 호랑이 몸의 무늬를 지칭했다.

호랑이과 관련이 있다 보니 나중에 사람들은 '彪'자로 체구가 크고

彪
무늬 표

횐칠한 사람이나 강인함을 표현했다. 예컨대 '彪悍(표한: 용맹스러움)', '彪形大漢(표형대한: 우람한 체구의 사나이)' 같은 단어가 대표적이다.

고대 중국에 '虎'자나 '彪'자를 이름에 사용한 역사적 인물로는 춘추시대에 공자의 천시를 받았던 노魯나라 대신 양호陽虎와 청나라의 유명화가 사사표史嗣彪 등을 들 수 있다. 특히 사사표는 문인으로서 용사와 같은 정서를 드러낸 사례로 꼽힌다.

표범은 호랑이처럼 그렇게 잘 알려진 동물은 아니지만 역시 건장하고 동작이 민첩한 맹수다. 사슴을 놓고 호랑이와 겨룬다면 누가 사슴을 차지하게 될지 장담할 수 없다.

'豹'자의 갑골문 자형은 贲로서 '虎'자의 갑골문 자형과 유사하지만 몸의 반점이 꽃무늬가 아님을 확인할 수 있다. 『설문해자』에서는 "표범은 호랑이와 비슷하고 무늬는 둥근 무늬(圓紋)다"라고 설명하고 있다.

豹

표범 표

사람들이 칭송하는 표범의 가장 뛰어난 능력은 달리는 속도일 것이다. 연구결과에 따르면 사냥하는 표범의 최고 주행속도는 시속 110킬로미터에 달한다고 한다. 이런 속도는 육지동물들 가운데 최고 수준이라고 할 수 있다. 그 때문에 '豹'자에는 '민첩하고 용맹하다'는 의미가 부여되었다. 예컨대 『주역』에서는 "군자의 변화는 표범처럼 빠르고 소인의 변화는 겉으로만 미세하게 나타난다君子豹變, 小人革面"라고 지적하고 있다.

고대 중국 역사에서 '豹'자를 이름에 사용한 인물로는 전국시대의 정치가 서문표西門豹와 『당서·경적지唐書·經籍志』의 저자 원표袁

豹 등을 들 수 있다.

　사실 호랑이의 강인함과 표범의 민첩함, 그리고 모든 웅성 동물의 용맹함에는 강력한 능력이라는 함의가 감춰져 있다. 그래서 '能(능)'자도 동물과 연관이 있다고 할 수 있다.

能
능할 능

　'能'자의 금문 자형은 🐾으로서 커다란 입과 발바닥이 돌출되어 있다. 『설문해자』에서는 "곰(熊) 종류는 발이 사슴과 같다"라고 설명하고 있다. 이 글자가 가리키는 것이 체형이 비교적 커다란 육지동물인 '곰(熊)'이라는 것을 알 수 있다. 『설문해자』에서는 한 걸음 더 나아가 "能이라는 짐승은 굳셈을 안에 감추고 있다. 그래서 현능하다고 한다. 그리고 강장한 자를 능걸이라고 하는 것이다能獸堅中, 故稱賢能, 而强壯, 稱能傑也"라고 설명하고 있다. 곰이라는 동물은 몸 안에 강하고 건장함을 감추고 있어 잠재적인 에너지가 거대하다는 의미다. 여기서 '賢(현)'자의 고문 자형은 '臤(현)'으로서 '堅(견: 굳셈)'의 의미를 지니고 있다.

　에너지가 거대하고 체구가 건장한 것을 나타내다 보니 나중에 '能'자는 모든 유형의 능력을 지칭하는 함의를 갖게 되었다. 그리고 어느 동물을 지칭하든 원래의 의미는 '熊(웅)'이라는 새로운 글자로 나타내게 되었다. 이렇게 파생된 '잠재적 능력'이라는 함의는 다른 한자에서도 충분히 체현되었다.

　예컨대 '態' 같은 글자다. '態'자는 맨 처음에 마음속에서 어떤 에너지가 숙성되고 있고 그것이 표면적으로 반영되어 나타나는 상태나 동정을 의미했다. 사실 생각해보면 그렇지 않은 인간의 태도가 어디 있겠는가? 일정한 능력의 지지를 받는 태도만이 진정한 의미의 태도라고 할 수 있을 것이다. 그렇지 않다면 공중누각이거나 거울에 비친 달일 뿐이다.

물론 에너지와 강건함은 모든 사람이 갖기를 원하는 특징이다. 역사적으로 이름에 '能'자를 사용한 인물로 당나라 때 소년시절부터 고학으로 능력을 키워 벼슬이 영남嶺南 절도사에 이르렀던 최능崔能이나 명나라 초기에 탁월한 용맹함으로 뛰어난 전공을 세워 성국공成國公에 봉해졌던 주능朱能, 그리고 관직이 예부좌시랑禮部左侍郎에 이르렀고 서화 감상에 뛰어났던 한세능韓世能 등을 들 수 있다.

바다가 넓은 것은 물고기가 뛰는 것을 보고 알 수 있고 하늘이 높은 것은 새가 나는 것을 보고 알 수 있다. 능력이 탁월한 사람에게는 우주천지가 전부 자신의 능력을 발휘할 수 있는 무대가 된다. 그래서 하늘과 땅을 마음대로 종횡하고 비와 바람을 부르는 무소불능의 동물 '龍(용)'도 사람들의 이름에 자주 쓰인다. 아마도 포부와 야망이 대단한 사람들이 추구하는 이상적 상태가 우주와 창궁을 품는 것이기 때문일 것이다.

四. 우주와 창궁을 품은 이름

한없이 넓고 아득한 우주는 일찍이 옛사람들의 상상 속 신화의 세계였다. 옥제玉帝와 왕모王母, 오강吳剛, 항아嫦娥 그리고 하늘의 병사와 장수에 이르기까지 이 모든 것이 정교하고 아름답고 신비한 세계다. 과학기술의 발전에 따라 이러한 환상의 세계가 오늘날에는 점차 현실로 다가오고 있다.

중국의 우주선 '신주神州'호가 우주궤도 진입에 성공함에 따라 이제 중국인들의 삶은 우주와 한층 더 가까워졌고 비행기를 이용한 여행도 보편화되어 일과 생활을 위해 하늘 위를 빈번히 왕래하고 있다.

雲
구름 운

'雲'자의 갑골문 자형은 ♂으로서 두 개의 가로획은 하늘을 의미하며 '上(상)'자의 고문 자형이기도 하다. 아랫부분은 구름의 수증기가 돌돌 휘감아 솟아오르는 모양을 형상화한 것이다. 나중에 이 글자에는 '雨(우)'자가 더해져 '雲'자로 변형되어 '云(운)'과 '雨'가 서로 연관이 있음을 나타내지만 글자 자체의 뜻에는 변화가 없다. 『설문해자』에서는 "云은 산천의 수증기다"라고 하여 '云'이 산천의 물 기운이 하늘로 올라가 응결됨으로써 형성된다는 것을 말해준다.

'云'은 하늘에 떠다니기 때문에 형태가 변할 수 있고 색깔도 여러 가지로 변할 수 있다. 여기에 신비로운 색채가 더해지면서 옛사람들은 농작물의 수확과 생활의 길흉화복을 예견할 수 있디고 믿었다. 예컨대 『주례』에서는 "다양한 형태의 구름을 관찰함으로써 길흉을 변별하고 가뭄과 홍수를 예견하며 흉년과 풍년을 가늠할 수 있었다以五雲之物, 辯吉凶, 水旱, 降豊荒之祲象"라고 설명하고 있다. 여기서 '침(祲)'은 태양 주변에 있는 수증기를 말한다.

또한 '雲'은 지면에서 아주 멀리 떨어져 있기 때문에 종종 '높다'는 뜻으로 해석되기도 한다. 그래서 아주 높이 우뚝 솟은 나무와 대나무를 '雲木(운목)'이나 '雲竹(운죽)'이라 했고, 고대에 성을 공격할 때 쓰이거나 현대에 사람들을 구출하는 데 이용되는 높은 사다리를 '雲梯(운제)'라 부르기도 한다.

'雲'자가 담고 있는 '높고 멈', '상서로움' 등의 의미 때문에 이 글자는 사람의 이름에도 자주 쓰인다. 예컨대 삼국시대 동오의 승상이었던 육손陸遜의 손자인 서진西晉의 문인 육운陸雲을 비롯하여 『청사고淸史稿』 열전에서 언급된 복건福建의 무장 마보운馬步雲과 등청운鄧靑雲 등을 들 수 있다.

'雲'자가 많은 사람의 이름에 들어갈 수 있었던 것은 구름이 잔뜩 끼거나 해와 달이 빛을 발하지 못하는 부정적인 분위기 때문이 아니라 푸른 하늘과 흰 구름과 같은 기분 좋은 이미지 때문일 것이다. 이는 하늘에 떠다니는 구름은 하늘의 일부 배경일 수밖에 없고, 사람에게는 해와 달이야말로 하늘의 영원하고 절대적인 주역이기 때문이다.

'陽(양)'자의 왼쪽 '阝(부)'는 토산의 언덕(阜)을 의미하고 오른쪽의 '昜(양)'은 '陽'자의 오래전 자형이다. '阜(부)'자 자체가 '높고 크다'는 함의를 지니고 있고 자형에서의 '日(일)'은 태양을 지칭한다. 그래서 '陽'자는 맨 처음에 '높고 밝음'을 의미했고 '阜'는 원래 토산을 뜻하기 때문에 '陽'은 "산 남쪽이 양이다山南爲陽"라는 의미도 갖게 되었다.

맨 처음부터 햇빛을 빌려 '높고 밝음'의 의미를 나타내기 때문에 '陽'자는 나중에 '태양'을 지칭하기도 했다. 예컨대 송나라 시인 신기질은 「영우락·경구 북고정에서 옛일을 회상하다永遇樂·京口北固亭

陽
변 양

懷古」라는 사詞에서 "비스듬한 해가 초목을 비추니…… 일찍이 기노가 갔던 길이네斜陽草樹…… 人道寄奴曾住"라고 노래한 바 있다. 여기서 '寄奴(기노)'는 남조 송나라 무제武帝 유유劉裕의 아명兒名이다.

실제로 '陽'자의 최초 자형인 '昜'은 그 자체로 '햇빛', '해'라는 의미를 갖는다. 이 글자의 갑골문 자형은 昇으로서 윗부분은 '日'이 확실하고 아랫부분은 'T(하)'다. '日'은 비교적 이해하기 쉽다. 다름 아니라 해를 의미한다. 'T'는 한편으로 '下'의 고대 자형이기도 하지만 다른 한편으로 '示(시)'자의 갑골문 자형이 T인 것을 고려하면 昇의 아랫부분과 완전히 일치한다고 볼 수 있다. 따라서 이러한 상황에 근거하자면 '昜'자의 최초 의미가 어쩌면 햇볕이 땅 위에 내리쬐는 것이었다고 유추할 수 있다. 혹은 태양이 인간에게 드리워진 형상, 즉 '명시明示'를 의미하는 것이다.

이렇게 볼 때 첫째, '陽'의 가장 오래된 자형인 '昜'자 자체에 이미 '햇빛', '밝음', '태양' 등의 의미가 담겨 있었고, 나중에 왼쪽에 'ß'가 더해신 것이라고 추론할 수 있다. 'ß'가 더해진 것은 '높음'을 강조하고 '산 남쪽이 양임'을 체현하기 위해서인 것이다. 둘째, 나중에 허신 등은 '陽'자 소전체를 분석하면서 '昜'자가 '日'과 '一', '勿'로 구성되었다고 설명했다. 하지만 이런 자형 연구에 근거하여 글자의 의미와 형태의 관계를 밝히는 것은 역사적 조건의 한계 때문에 그 정확성을 담보할 수 없다.

지구와 인류에 대한 태양의 작용은 아무리 강조해도 지나치지 않을 것이다. 역사적으로 태양이 인간에게 가져다준 고통과 고난을 내용으로 하는 신화들이 많이 유전되고 있지만 '羲和(희화)'나 '東君(동군)', '金蔦(금조)' 등 태양에 대한 별칭이 수십 개나 존재하는 것으로 미루어 태양에 대한 고대인들의 숭배와 경앙을 알 수 있다. 따라서 이름에 '陽'자를 넣는 것도 수많은 사람의 바람이었음을 짐작할 수 있다.

역사적으로 이름에 '陽'자를 쓴 가장 대표적인 인물로 황제黃帝와 누조嫘祖의 아들 소호少昊를 들 수 있다. 그의 별호가 '靑陽(청양)'이었던 것이다. 또한 동주 시기 정나라에 정자양鄭子陽이라는 싱경上卿(정승에 해당하는 벼슬)이 있었다. 그는 다른 사람들의 건의를 받아들여 부하에게 명령을 내려 굶주림에 시달리고 있는 열자列子에게 양곡을 보내게 했던 것으로 잘 알려져 있다. 물론 품행이 범상치 않기로 유명한 열자는 이를 받아들이지 않았다.

이름에 '陽'자가 들어간 사람들은 대개 천성이 햇빛과 같아서 태양처럼 주위 사람들에게 자신의 유쾌함과 따뜻함을 전파한다. 햇빛은 곧게 전개되고 확장되는 특성을 지니고 있을 뿐만 아니라 우리가 잘 알고 있는 번개라는 성질도 지니고 있다. 고문자에서 '申(신)'자가 바로 이러한 번개를 나타내는 글자였다.

'申'자의 갑골문 자형은 🖎으로서 번개의 모양을 묘사하고 있다. 번개 자체가 확장하고 드러나는 특징을 갖고 있기 때문에 '申'자는 나중에 '펴다', '펼치다' 혹은 '표명하다', '표현하다' 등의 의미를 갖게 되었다. 예컨대 한나라 반초班超는 「북정부北征賦」에서 "시대의 흐름을 잘 살펴 할 수 있을 때 행하고 멈춰야 할 때 멈춰야 하며, 움

申
아홉째 지지 신

츠러야 할 때 움츠리고 펴야 할 때 펴야 하네行止屈申, 與時息兮"라고 노래한 바 있다. 또한 두보는 「병거행兵車行」이라는 시에서 "상관이 묻는다 해서 병역에 징집된 사람이 어찌 감히 원망을 털어놓겠는가 長者雖有問, 役夫敢申恨"라고 한탄했다.

심신을 펼치는 것도 좋고 정의를 신장하는 것도 좋다. 이런 우언적 의미는 충분히 긍정적인 함의를 지니고 있기 때문에 고대 중국인들은 원래 번개를 나타내는 이 글자를 이름에 종종 사용했다. 예컨대 당나라에는 두신竇申이라는 귀족 자제가 있었다. 품행은 그다지 훌륭하지 않았지만 이름에 어울리는 추구에 큰 방해가 되진 않았다. 또한 당나라에는 유종원이나 한유 같은 유명시인들과 긴밀한 교류를 유지했던 독고신숙獨孤申叔이라는 문인이 있었다.

친구들과 교류하는 것은 인지상정이다. 그리고 사람들과 교류하는 과정에서 개인의 표식이 되는 '이름'은 다른 사람들에게 호칭으로 작용한다. 하지만 현실생활에서는 대부분의 경우 우리가 상대방을 부를 때, 특히 관계가 아주 친밀한 사람을 부를 때는 종종 이름을 부르지 않게 된다. 이름을 대신하는 것이 바로 삼촌, 아주머니, 언니, 농생 같은 호칭이다. 그렇다면 서로의 관계, 특히 친연親緣 관계에서 형성되는 호칭에는 또 어떤 특징과 이야기들이 얽혀 있을까?

제 3 부

친소親疎와 장유長幼의 관계를 나타내는 이름

제 13장

친척에 대한 복잡한 호칭

이번 장에서는 다음의 한자들에 대해 이야기를 나누려고 한다.

族	親	戚	屬	眷	直	旁
겨레 족	친할 친	겨레 척	엮을 속	돌아볼 권	곧을 직	두루 방

系	血	嫡	庶	姻	家	舍
이을 계	피 혈	정실 적	여러 서	혼인 인	집 가	집 사

內	外	堂	表
안 내	밖 외	집 당	겉 표

一. '구족九族'이란 무엇인가

성씨는 가족의 중요한 표식이다. 그래서 중국인들은 항상 누군가를 처음 만났을 때 상대방의 성씨를 물어보고 나서 이렇게 말하곤 한다. "우리가 500년 전에는 한 가족이었네요." 그리고 이 500년 전에 한 가족이었던 사람은 상대방의 성과 이름을 듣고 난 뒤에는 아주 적극적으로 그들 사이의 항렬문제에 대해 토론하기 시작한다. 보아하니 사람의 이름에는 뭔가 대단한 비밀이 숨겨져 있는 것 같다.

중국인들이 예로부터 친연관계를 중시해왔다는 것은 논쟁의 여지가 없는 사실이다. 정사와 야사를 불문하고 문헌기록뿐만 아니라 널리 전해 내려오는 속담이나 격언에서도 이러한 전통적 내용들이 충분히 반영되어 있다. 예컨대 "호랑이를 잡는 것도 친형제가 해야 하고, 전쟁에 나가는 것도 부자父子가 함께 나가야 한다打仗親兄弟, 上陣父子兵", "조상을 빛내다光宗耀祖", "한 사람이 높은 벼슬에 오르면 그 주변 사람들도 권세를 얻는다一人得道, 鷄犬升天", "구족을 연좌시키다株連九族" 같은 표현들을 들 수 있다.

'구족'이라는 단어는 중국인들의 넓은 친족범위를 나타내기에 충분하지만 이는 중국인들로부터 사랑과 증오를 동시에 받는 관념이기도 하다. 누군가 조정에서 일을 잘하고 있다면 그의 삼촌과 이모, 고모, 외삼촌 같은 친척들도 함께 덕을 볼 가능성이 크다. 하지만 반대로 나무가 쓰러지면 원숭이들도 흩어지게 마련이다. 이런 상황을 만나면 친척들도 피해를 피할 수 없을 것이다.

우선 '아홉(九)'이라는 숫자를 살펴보자. 이는 실제적인 것 같기도 하고 허구적인 것 같기도 한 숫자다. 실제적인 의미는 한 자리 수에서 가장 큰 수라는 것이고, 허구적인 의미는 불확실하지만 큰 수량을 나타내는 데 쓰인다는 것이다. 심지어 수량이 극한의 정도에 이르는 것을 나타내기도 한다. '구우일모九牛一毛'나 '구사일생九死一生' 같은 성어를 대표적인 예로 들 수 있다.

族
거레 족

이어서 '族'자에 관해 살펴보자. 이 글자의 갑골문 자형은 🏹으로서 깃발 아래 화살이 모여 있는 것을 나타낸다. 이로써 최초의 의미는 바로 화살촉, 즉 '鏃(족)'이었음을 알 수 있다. 나중에는 모인다는 의미에서 점점 발전하여 한 무리 혹은 한 유형의 사람이나 사물을 나타내게 되었다. 예컨대 가족, 민족, 월광족月光族, 탄소족원소 같은 단어들이다. 청나라 오광성吳廣成이 『서하서사西夏書事』에서 "종묘를 가다듬고 종친들을 위로하여 온 가족(擧族)을 평안하게 한다"라고 한 말도 바로 이런 뜻이다.

'구족'이라는 단어의 구체적 의미에는 역사적으로 몇 가지 서로 다른 주장이 존재했다. 그 가운데 하나는 자기 위로 4대를 거슬러 올라간 고조까지, 그리고 아래로 4대를 내려간 현손玄孫까지 합치면 9대가 된다는 것이다. 또 다른 주장은 부계 4대, 모계 3대, 처가 2대를 합쳐서 9족이 된다는 것이다. 좀더 구체적으로 말하면 자신 일족은 출가한 고모와 그의 아들, 출가한 자매와 외조카, 출가한 딸과 외손자, 외조부 일가, 외조모의 친정, 이모와 그의 아들, 장인 일가와 장모의 친정 등이다.

첫 번째 주장에 따르면 기본적으로 남권男權이 지고지상의 지위를 갖게 되고 종족관계가 완전히 남성의 장유 서열과 맥락에 따라 결정된다. 두 번째 견해에 따르면 친족관계의 범위가 더 넓어진다. 물론 이런 주장에 따르면 '하나가 좋은 평판을 얻으면 전부 좋은 평판을 얻게 되고 하나가 명예를 잃으면 전부 명예를 잃게 되는一榮俱榮, 一損俱損' 결과를 초래할 수 있다. 예컨대 『홍루몽』에 등장하는 가賈, 왕王, 사史, 설薛 네 가문은 전부 친족으로 연결되어 있어 한 집안이 영예를 얻으면 전부 영광스러워지지만 한 집안이 명예를 잃으면 전부 오명을 얻게 되기 때문에 서로 잘못을 눈감아주고 서로를 보살피게 된다.

물론 어떤 견해에 따른 '구족'이든 간에 그 핵심은 혈통과 연관되어 있다. 혈통을 통해 수많은 사람이 친척관계의 집단을 형성하는 것이다.

二. '친척'은 어떻게 형성되는가

'親'자의 최초 의미는 어디에 도달하거나 근접한다는 것이었으나 나중에는 '아주 가까운 상태'를 나타내게 되었다. 이 글자의 오른쪽 부분 '見'은 드러냄을 의미한다. 그래서 독음이 '견'이 아니라 '현'이다. 예컨대 중국인들에 매우 친숙한 「칙륵가敕勒歌」에는 "바람이 불면 풀 밑으로 소와 양이 모습을 드러낸다風吹草低見牛羊"라는 구절이 있다.

親
친할 친

여기서 '見'자의 의미는 어떤 사물이든지 가까이 다가가야만 모습과 상태가 드러난다는 것이다. 물론 거리가 멀면 모습과 상태가 드러나기 어렵다. 그래서 '親'자가 '매우 가깝다'는 의미를 갖게 되었다.

사람과 사람 사이의 관계는 서로 공간적으로 아주 가까워지면 확실히 친근하고 친밀해지는 것이 상례다. 그래서 모든 사람의 일생에서 가장 사랑하고 친밀한 사람이 부모가 되는 것이다. 부모가 있어야만 '親'이라는 호칭이 가능하다. 게다가 부모가 우리와 함께 있을 경우 행복하게도 양친兩親이 모두 살아 계신다고 말할 수 있다. 어떤 이유로 부모가 서로 떨어져 있거나 두 분 중의 한 분이 유명을 달리할 경우에도 우리는 다행스럽게 '편부모(單親)'를 가질 수 있을 것이다. 물론 자녀 된 사람들이 가장 후회하고 탄식해 마지않는 상황은 의심의 여지없이 "자식이 부모를 봉양하고자 하지만 부모가 계시지 않는子欲養而親不待" 것이다. 따라서 설사 현대사회에는 부모님들을 '겨울에는 따뜻하고 여름에는 시원하게 해드리고, 저녁에는 잠자리를 보살펴드리고 새벽에는 문안을 드릴(冬溫夏清, 昏定晨省)' 기회가 많지 않다 해도 부모님들이 건재하실 때 최대한 자주 찾아뵙고 문안을 드리는 것이 바람직한 자세일 것이다.

옛사람들의 견해에 따르면 '親'자가 부모 양친을 나타내게 된 또 다른 이유는 자녀에 대한 부모의 사랑이 가장 지극하기 때문이다. 다시 말해 사랑의 최고 상태, 가장 선하고 아름다운 극치에 달한 사랑이 부모님의 사랑인 것이다. 이러한 감정상태야말로 '親'자가 나타내는 '무한근접'의 함의에 부합한다고 할 수 있다. 그래서 '親'자에는 특별히 '부모'라는 의미가 부여되는 것이다.

'親'자로 우리와 가장 긴밀한 관계에 있는 친족을 나타낼 수 있다 보니 이 글자는 나중에 친족 전체를 의미하게 되었다. 그 때문에 관계의 원근에 무관하게 혈연관계든, 아니면 사회의 예법을 기초로 한 기타 관계든 간에 우리는 누구나 사회에서 '親'의 네트워크 안에 존재하게 된다. 물론 중국 현대사회에서 인터넷에 유행하는 '親'은 서로의 관계를 가까이 밀착시키고 친절함을 표현하기 위한 용어에 불과하다. 실제적인 친연관계와는 완전히 별개의 현상인 것이다.

현재 우리가 흔히 '親'자와 함께 써서 친연관계를 나타내는 단어들 가운데 가장 빈번하게 쓰이는 것으로 친척親戚, 친속親屬, 친권親眷 등을 들 수 있다. 그렇다면 '戚'과 '屬', '眷' 등의 글자는 맨 처음에 어떤 의미를 갖고 있었던 것일까?

'戚'의 금문 자형은 𢧵이다. 왼쪽 하단부의 '尗'는 글자 전체의 독음을 나타내고 오른쪽 상단부는 도끼 형태의 병기를 나타낸다. 맨 처음에는 좌우 두 부분을 합쳐 병기라는 뜻으로 사용했다. 예컨대 『산해경』에는 "형천刑天이라는 신화 속 거인이 방패(干)와 날카로운 도끼(戚)를 휘둘렀다"라는 기록이 나온다.

병기가 인간에게 갖는 의미는 누구나 다 알 것이다. 차가운 외형과 섬뜩한 빛이 피와 죽음을 연상시키면서 중압감을 준다. 그렇기 때문에 '戚'자는 처음에 이러한 압박의 의미를 가졌다가 나중에는 점차 가까이 다가간다는 뜻을 갖게 되었다. 그리고 '親'자와 결합한 '친척'이라는 단어가 친연관계를 의미하게 되었다.

戚
겨레 척

물론 '戚'자가 친연관계를 나타내게 된 원인과 과정에 대해서는 역사적으로 또 다른 해석이 존재한다. '戚'자가 근심을 의미하고 근심이 긍률, 배려 등의 감정 또는 행위와 밀접히 연결되어 있다는 주장이다. 게다가 고대에는 '戚'자에 또 다른 자형 '慽(척)'이 함께 쓰였다. 예컨대『예석隷釋·한소황문초민비漢小黃門譙敏碑』에는 "사정을 알고서 친히 근심하여寮明親慽"라는 구절이 나온다. 여기서 '慽'자에는 하단부의 '心'을 포함하여 '상대를 불쌍히 여기고 걱정한다'는 의미가 훨씬 더 극명해진다. 따라서 '戚'자는 상대에 대한 걱정과 연민의 의미로 쓰였으나 나중에 점차 친연관계를 나타내는 함의를 갖게 되었다.

三. '가속家屬'과 '가권家眷'은 같은 의미인가

친연관계를 나타내는 단어로는 '친척' 외에 '친속'이나 '친권' 같은 단어도 있다. 그렇다면 이 두 단어가 '친척'과 완전히 같은 의미를 갖는 것일까?

屬
엮을 속

'屬'자는 '尾(미)'와 '蜀(촉)' 두 부분으로 구성되어 있고 소전체로는 𡳏으로 쓴다. '蜀'은 글자 전체의 독음을 나타내고 '尾'는 동물의 꼬리와 몸이 연결된 상황을 나타내며, 글자 전체는 연결을 의미한다. 그러므로 '屬'자의 가장 기본적인 의미는 연결 혹은 접속이라고 할 수 있다. 예컨대『사기』에는 "사자가 쓴 관과 수레가 계속 이어진다

冠蓋相屬"라는 구절이 있고, 『후한서』에는 "장형張衡이 소년시절에 글자와 단어를 잘 연결하여 문장을 짓는 데 뛰어났다(衡小善屬文)"라는 기록이 남아 있다.

물론 '屬'이 연결의 의미로 쓰일 경우, 현대에는 대부분 '촉'으로 읽지만 고대에는 독음이 '속' 한 가지였다.

'屬'은 '연결'의 의미에서 점차 '서로 다른 개체들이 어떤 연관을 통해 공통된 특징을 갖게 되는 것'이라는 함의를 갖게 되었고, 이를 기초로 '유별', '종류'라는 뜻을 갖게 되었다. 예컨대 도연명陶淵明의 『도화원기桃花源記』에는 "넓은 땅이 펼쳐져 있고 가옥들이 가지런하며 기름진 밭과 아름다운 연못, 뽕나무와 대나무 같은 것들이 있었다有良田美池桑竹之屬"라는 구절이 나온다.

분명한 것은 연결과 유형이라는 의미 때문에 '屬'자가 나중에 친연관계의 의미를 나타내게 되었다는 것이다. 이것이 바로 '親屬(친속)'이나 '家屬(가속)' 같은 단어들이 생겨난 배경이다. 예컨대 송나라 때 시인 소식은 「천석연명발天石硯銘跋」이라는 글에서 "원풍元豊 2년 가을 7월에 내가 치죄를 받아 감옥에 투옥되자 가속家屬들은 이리저리 뿔뿔이 흩어지고 서적도 어지럽게 흩어져버렸다"라고 기록하고 있다.

'眷'자는 '䒑'와 '目' 두 부분이 결합된 것이다. 상단의 '䒑'의 독음은 '권'으로 글자 전체의 독음을 나타내고 하단의 '目'은 이 글자의 의미가 눈과 관련이 있다는 것을 암시한다.

위아래 두 부분이 합쳐진 글자의 맨 처음 뜻은 '돌이켜보다'였다.

眷
돌아볼 권

한번 상상해보자. 어떤 일을 돌이켜볼 가치가 있다면 그 가운데는 역사적으로 조감할 만한 의미가 있는 것으로 그치는 게 아니라 마음에 걸려 잊기 어려운 사정이 있기 마련이다. 이를 중국인들은 '권념眷念' 혹은 '권연眷戀'이라고 표현한다. 어떤 일이나 사람이 계속 마음 한구석에 남아 있어 자꾸 생각나게 한다면 그런 일이나 사람은 필연적으로 자신과 천 갈래 만 갈래로 얽힌 긴밀한 연계가 있을 것이다. '眷'자에 담긴 친연관계의 함의는 이런 상황에서 한 걸음 한 걸음 단계적으로 발전해 나온 것이다.

이런 점에서 볼 때, '친속'과 '친권'은 사람과 사람 사이의 친연관계를 나타낸다. 하지만 상대적으로 말하자면 '屬'과 '眷' 모두 각자 일정한 부가적 함의를 갖고 있다. 예컨대 '屬'은 객관적인 친연관계를 나타내는 경우가 많고, '眷'은 비교적 감정적 색채가 농후한 편이라 주로 그리움을 자아내는 친연관계를 지칭한다. 따라서 이 두 글자를 가정과 결합하여 '家屬'과 '家眷'을 비교해보면 그 사이의 미묘한 차이를 좀더 선명하게 알 수 있을 것이다.

예컨대 병원에 가면 우리는 종종 진료를 받는 사람의 가속이 서명하는 상황을 보게 된다. 여기서 '가속'은 객관적으로 진료를 받는 사람과 비교적 가까운 친연관계에 있는 사람들을 말한다. 반면에 중국어에서 '가권'이라는 단어는 일반적으로 남성의 처와 자녀들을 지칭한다. 남성이 매일 이끌고 보호해야 하는 가족을 가리키는 것이다. 예컨대 원나라 시인 왕철王喆은 자신의 인도수행 의지를 밝히기 위해 「답사행踏沙行·별가권別家眷」이라는 시를 써서 아내와 자식들에 대한 석별의 정을 노래한 바 있다.

여기서 우리는 '가속'이 가리키는 친연관계의 범위가 더 크고 넓다는 것을 알 수 있다. 배우자와 아들딸 외에 부모와 형제자매, 심지어 기타 비교적 가까운 친척들까지 포함될 수 있는 것이다. 반면에 '가권'은 기본적으로 남성의 아내와 자식들만을 의미한다.

또한 종종 '眷'자와 '屬'자가 합쳐져 친연관계를 나타내기도 한다. 예컨대 노신의 『서신집』에서도 "비천한 몸은 여전하고 권속眷屬들도 편안하고 건강한 것이 그나마 위안이라 할 수 있지요"라는 구설을 찾아볼 수 있다. 하지만 주의해야 할 점은 '眷屬'이 친연관계를 나타내는 것 외에 '眷顧(권고: 보살피다)', '環顧(환고: 사방을 둘러보다)'의 의미를 나타낼 수도 있다는 점이다. 예컨대 송나라 왕안석王安石의 「수조령시사사표手詔令視事謝表」에서도 "황상께서 보살펴주신(眷屬) 은혜를 저버릴 수도 있겠지만, 다행히 공직에서 물러난 상태입니다"라는 구절을 찾아볼 수 있다.

이러한 상황에 대해 정확한 이해를 보장하는 방법은 고전을 많이 읽음으로써 앞뒤 문맥에 맞는 말을 찾는 수밖에 없을 것이다.

물론 '친속'의 가장 중요한 의미는 역시 친연관계를 나타내는 것이다. 친연관계를 고찰하면서 우리는 친척에도 가까운 친척과 먼 친척의 구분이 있다는 것을 알게 되었다. 그렇다면 어떤 글자들이 이러한 원근과 친소의 차이를 잘 나타낼 수 있을까?

　친연관계에 있어서 어떤 사람을 기준으로 하여 그와 관련된 친속관계를 그림으로 그려보면 일반적인 상황에서는 나뭇가지 형태를 나타낸다는 것을 알 수 있다. 어떤 친속은 나무의 줄기에 해당하고 어떤 친속은 서로 다른 가지 위에 놓이게 된다.

　줄기에 해당하느냐 가지에 해당하느냐 하는 양분법에 따라 친연관계를 따져보면 일반적으로 줄기에 해당하는 사람들은 주로 '직계 혈친'이고 가지에 해당하는 사람들은 '방계 혈친'임을 알 수 있다.

直
곧을 직

　글자 그대로 '직계 혈친'은 본인과 직접적인 혈연관계를 갖는 사람들을 지칭한다. '直'자의 고문 자형은 눈과 직선을 묘사하는 방식으로 이루어져 전방을 직시하는 것을 나타내며, 의미는 '구부러지지 않고 직선을 이루고 있는 상태'를 지칭하는 것이었다. '직계 혈친'이란 서로 간에 직접적인 혈연관계가 있는 친속으로 자신을 배출한 쪽과 자기가 배출한 쪽이 포함된다. 부모와 조부모, 외조부모, 자녀와 손자손녀, 외손자외손녀 등이 이에 포함된다. 물론 현재의 법률 규정에 따르면 양부모와 양자녀, 양조부모와 양손자손녀, 부양관계가 있는 계부모와 계자녀 등도 직계 혈친에 속한다.

　직계 혈친에 상대되는 것이 방계 혈친이다. '방계 혈친'은 직접적인 혈연관계는 없지만 혈연상 자신과 동일한 근원을 가진 친속을 지칭한다. 형제자매와 그 자녀, 부모의 형제자매, 사촌 형제자매, 이종사촌 형제자매 등이 이에 포함된다. 이런 친속들과 본인 사이에는 직접 혹은 간접적인 생육·피생육 관계가 존재하지 않는다. 그 때문에 방계로 분류되는 것이다.

'旁'자의 갑골문 자형은 𣃟으로서 윗부분은 넓이를 나타내는 선의 구간이고 아랫부분은 이 글자의 독음을 나타낸다. 위아래가 합쳐져 맨 처음에는 '넓음', '광대함'을 의미했다. 예컨대 『상서』에서는 "넓게 인재를 구한다旁求俊彦"는 문구를 찾아볼 수 있다. 이처럼 '넓음'을 지칭하는 의미가 점차 발전하여 나중에는 '파생'이라는 함의를 갖게 되었다. '파생' 역시 개척, 확대라는 중요한 과정을 거쳐야 이루어지기 때문이다. 나무의 가지도 바로 이런 파생의 결과물이라 할 수 있다. 그래서 '旁'자는 '곁가지'라는 의미도 지니게 되었고 나중에는 '측면에 있거나 측면에 속한 모든 것'을 의미하게 되었다. '방계 혈친'이라는 개념도 바로 여기서 기원한다.

旁
두루 방

'系'자의 갑골문 자형은 𦃟로서 윗부분은 '爪(조)'이고 아랫부분은 '絲(사)'다. '손에 쥔 실이 아래로 늘어진 것'을 나타낸다. 따라서 '직계'든 '방계'든 간에 사람과 사람 사이에 아래로 이어지는 계승의 관계가 있음을 나타낸다. '혈친'이라는 개념을 고려하면 '친연관계' 역시 '혈연관계'라 할 수 있다.

系
이을 계

'血'자의 갑골문 자형은 𧗗로 핏방울과 피를 담고 있는 그릇을 형상적으로 묘사하고 있다. 따라서 '혈친'이란 혈연관계 혹은 법률상 부양·피부양 관계를 갖고 있는 친속을 지칭한다고 할 수 있다. 『중화인민공화국 혼인법』 제7조의 규정에 따르면 직계 혈친과 3대 이내의 방계 혈친 사이에는 통혼이 불가능하다. 이러한 규정의 목적은 근친

血
피 혈

번식으로 발생할 수 있는 유전자·생리 문제를 방지하는 것이다.

한 가지 재미있는 문제는 청나라 때의 장회소설 『홍루몽』의 주인
공 가보옥과 임대옥은 현대사회의 혼인규정에 부합하느냐 하는 것
이다.

五. 고대사회의 혼인관과 가족 성원의 지위

가보옥과 임대옥의 이야기는 수백 년 동안 전승되어 내려오면서
무수한 사람의 심금을 울리고 서로 권속이 되기를 원하는 수많은
커플의 눈물을 자아냈다. 하지만 현대사회의 관련 법규에 따르면
두 사람의 통혼이 불가능한 것은 차치하고라도 두 사람의 사랑의
파경과 슬픈 운명은 어쩔 수 없는 필연의 결과였을 것이다.

『홍루몽』에 등장하는 가모賈母와 가정賈政, 왕부인王夫人 등은 가
보옥과 임대옥의 혼인을 지지하는 직접적인 원인이다. 이들의 존재
가 두 사람을 끊임없이 탄식하게 만드는 동시에 이들의 동기와 의도
에 대한 의심을 품게 한다. 그리고 이는 중국 봉건시대의 혼인관과
가정 성원들의 지위라는 문제로 이어진다.

우선 당시의 혼인관을 살펴보자. 봉건시대 중국인들은 혼인에 있
어서 양가 가문과 사회적 지위의 대등함을 기본 조건으로 삼았다.
『홍루몽』에 등장하는 가씨 집안은 갈수록 몰락해가고 있긴 했지만
여전히 당시 사회의 4대 가문 중 하나였다. 반면에 임씨 집안은 역

시 관원의 가문이고 문인의 가정이긴 하지만 가씨 집안에는 크게 미치지 못했다. 게다가 임대옥은 모친이 일찍 세상을 떠나고 어린 동생도 요절한 터라 그녀의 세대에서 가업을 이을 방법이 없었다. 더욱 중요한 것은 임대옥의 진정한 신분의 문제였다. 『홍루몽』에서는 그녀의 신분이 분명하게 묘사되어 있지 않다. 임씨 집안의 귀한 딸이자 가모의 친외손녀이기는 하지만 여러 차례 그녀가 정식 가족이 아님을 암시하는 대목이 나온다. 따라서 이런 배경을 지닌 임대옥은 가씨 집안의 혼담에서 배우자 선택의 대상이 되지 못한다.

또한 서주 시기 이래로 이미 통행되기 시작한 이른바 '적서嫡庶제도'는 청나라 시기에 이르러 이미 지고지상의 제도는 아니었지만 지위가 높은 권문세가들은 여전히 이를 매우 중시했다. 이것이 봉건시대 일부다처제 혼인제도의 핵심이기 때문이다.

이른바 '적서'라는 것은 처가 낳은 자식을 '적출嫡出' 혹은 '적자嫡子'라 하고 희첩이 낳은 자식은 '서출庶出' 혹은 '서자庶子'라고 불러 구별하는 것을 말한다. 이와 동시에 '적서'는 원래 정실과 희첩의 구분을 지칭하기도 한다. 한 가족 내에서 '적'과 '서'의 지위와 권익은 크게 다른데, 때로는 하늘과 땅 차이가 나기도 한다.

'嫡'자는 고대 문자학자들의 고증에 따르면 원래 '신중함(謹愼)'을 나타내며 '嬌(촉)'자와 의미가 같았으나 나중에 '正妻(본처)'를 의미하면서 '適(적)'자를 대체하게 되었다. '適'자에는 '가다'의 뜻이 내포되어 있고 항상 어디엔가 간다는 것은 목적지가 정해져 있음을 암시했다. 따라서 봉건시대에는 딸을 출가시키는 것을 '適' 또는 '嫡'이라

嫡
싱싱 적

칭했고, 이와 상통하는 간접적 함의로 '定(정하다)'의 뜻도 지니게 되었다. 여기서 더 발전하면 '정해져' 변동이 없는 사물은 왕왕 필연적으로 정통의 지위를 갖게 된다. 그래서 '嫡'자가 본처와 그 소생 자녀들을 지칭하게 된 것이다.

봉건시대에는 본처는 사회적 지위와 향유하는 대우가 기본적으로 남편과 대등했을 뿐만 아니라 본인이 가족의 내정에 있어서 최고권력자이자 관리자의 역할을 담당했다. 본처가 낳은 자녀들은 가족사회의 지위를 계승했고 필연적으로 가장 중요한 조상의 유산을 계승했다. 『홍루몽』에 등장하는 임대옥은 건강에 문제가 있어 주위 사람들로 하여금 건강한 자녀의 생육을 걱정하게 만들었을 뿐만 아니라 그와 동시에 지나치게 내향적이고 연약한 성격 때문에 집안일의 처리와 내정을 담당할 능력을 의심받게 했다. 따라서 이런 갖가지 고려를 기초로 가모 등의 눈에는 그녀가 가보옥의 배필로 적합하지 않았던 것이다.

庶
어리 서

'庶'자의 금문 자형은 로서 상반부는 '石'이고 하반부는 '火'다. 불로 돌을 달구는 형태로 상당 부분 음식을 가공하는 것과 관련이 있다. 그렇기 때문에 일부 학자들은 이것이 바로 '煮(자: 삶다)'자의 최초 형태라고 주장하기도 한다.

하지만 『설문해자』의 해석에 따르면 이 글자는 '广(엄)'자와 '茨'으로 구성되며 '집 안에 사람이 많은 것'을 나타낸다. '广'은 집을 가리키고 '茨'은 고대에 사용되었던 '光'자의 또 다른 자형이다. 두 분이 합쳐지면 집 안에 빛이 많고 가득한 것을 지칭하며 간접적으로 '많음'을 나타낸다.

일부 학자들의 고증에 따르면 사실 갑골문에서 '많음'을 나타내는 글자는 '庶'자 아래 '衆(중)'자가 더해진 형태였다고 한다. 하지만 이런 자형은 지금 어느 문헌에도 전해지지 않고 있다. 따라서 '庶'자에 '많다'는 뜻이 부여되어 지금까지 전해 내려오고 있는 것이다.

'庶'자가 '많음'을 나타내지만 어떤 물건이든지 수량이 많아지면 평범하고 일반적인 것으로 인식되는 법이다. 물건이 희소해야 진귀하게 여겨진다는 것은 불변의 진리다. 그렇다면 가족이라는 배경에서 '庶'는 유일하게 정통의 지위를 차지할 수 있는 '嫡'과 선명한 대비를 이루게 된다. 상대적으로 말해서 '庶'는 보편적이고 평범한 것이라 수많은 동류들과만 하나가 될 수 있다. 예컨대『한서』에서도 "적適을 존귀하게 여기고 서庶를 비천하게 여긴다"라고 명시하고 있다. 제왕이 적서嫡庶의 규례를 정하여 '적자'를 존중하고 '서자'를 낮게 여겼음을 분명히 밝힌 대목이다. 여기서 '適'이 나중에 '嫡'이 된 것이다.

물론 적서嫡庶를 불문하고 둘 다 당사자들이 혼인하고 혼인을 통해 두 집안에 연결된 결과다. 그리고 이런 결과는 두 당사자와 두 집안에게 새로운 친척들을 가져다준다. 이처럼 혼인을 통해 새로 생긴 친척들을 '인친姻親'이라 한다.

'姻'자는 '女'자와 '因'자로 구성된다. '因'자의 최초 의미는 사람들에게 눕거나 앉을 수 있는 자리를 제공하는 것이었다. 사람이 위에 앉거나 누울 수 있기 때문에 나중에는 '가깝다', '붙어 있다' 등의 뜻

姻
혼인 인

을 갖게 되었다. 그리고 이런 의미에서 더 발전하여 '기대다', '의지
하다'라는 함의도 갖게 되었다. 이렇듯 '姻'자의 기본적인 의미는 '여
성이 가까이 하거나 의지하는 사물'을 지칭하는 것이었다. 그리고
봉건시대의 관념에 따르면 이는 여성의 친정을 의미했다. 그래서 '인
친'이 혼인을 통해 형성되는 친척관계를 의미하게 된 것이다.

실제로 고대 중국에서는 혼인을 통해 형성된 친척관계를 '婚'과
'姻' 두 가지로 세분할 수 있었다. 한 가정에 있어서 며느리의 부모는
'婚'이라 하고 사위의 부모는 '姻'이라 했다. 물론 현대사회에서는 혼
인을 통해 형성된 친척을 전부 '인친'이라 칭한다.

그렇다면 혼인관계를 통해 발생한 친속에 대해 중국어에는 어떤
특별한 호칭들이 있는지 살펴보자.

六. 같은 처마 안의 친속

일반적으로 말해서 혼인은 분명히 가정의 기초다. 따라서 혼인의
직접적인 결과는 '집(家)'이라는 실체와 관념을 형성하는 것이다. 그
래서 오늘날까지 중국인들은 결혼을 항상 '가정을 이룬다(成家)'라
고 말하는 것이다.

家
집 가

'家'자는 '宀(면)'자와 '豕(시)'자의 결합으로 이루어진다. 상반부의
'宀'은 고대에는 하나의 독립된 글자로서 '집'을 의미했다. '豕'자는
돼지를 의미한다. 위아래가 합친 '家'자는 맨 처음에 돼지를 사육하

기 위한 우리를 지칭했다.

'家'자가 어떻게 돼지우리에서 오늘날 인간이 사는 집을 의미하게 되었는지 그 변화의 연결점에 대해서는 현재 몇 가지 견해가 존재한다. 그 가운데 하나는 고대에 생산력이 매우 낮아서 돼지를 키우는 일은 항상 사람이 거주하는 곳에서 이루어졌기 때문에 '家'자가 사람이 거주하는 집을 의미하게 되었다는 견해다. 또 다른 견해는 돼지새끼의 수량이 많고 인간도 자손 번식의 문제가 있기 때문에 원래 돼지우리를 의미하던 '家'자로 인간이 거주하는 공간을 나타내게 되었다는 것이다.

어떤 견해가 맞든지 간에 '家'자는 인간이 거주하는 공간을 지칭하게 되면서 돼지우리를 지칭하는 의미는 사라지게 되었다. 이때부터 '집(家)'과 '사람(人)'은 불가분의 인연을 맺게 되었다.

사실 '집'과 '사람' 관계의 밀접한 정도에 대해서는 '人家'와 '家人' 같은 단어들이 충분히 설명해준다. 예로부터 지금까지 수많은 경전

의 아름다운 글에서 이런 단어들의 그림자를 무수히 볼 수 있다. 예컨대 당나라 시인 두목은 「산행山行」이라는 시에서 "멀리 한산 오르는 돌길 비탈지고, 흰 구름 이는 곳에 인가 두세 집遠上寒山石徑斜, 白雲生處有人家"이라고 노래하고 있고, 『시경』에서는 "싱싱한 복숭아나무에 화사한 꽃이 피었네. 시집가는 아가씨여, 한 집안을 화목하게 하라桃之夭夭, 其葉蓁蓁, 之子於歸, 宜其家人"라는 구절을 찾아볼 수 있다. 상상해보라. 아름다운 복숭아꽃이 요염하고 잎이 무성한 가운데 아름다운 아가씨가 문을 지나간다. 그리고 그녀는 번창하는 시댁의 며느리가 된다. 경치와 시인의 감정이 어우러지면서 너무나 아름다운 장면을 연출하고 있지 않은가!

하지만 한 가지 주의할 점은 문언문文言文, 특히 진한 시기 이전의 고대 문헌에서는 '家人'이 때로는 가정의 성원을 가리키는 것이 아니라 '人家' 혹은 '家'의 의미로 쓰이기도 한다는 것이다. 예컨대 『묵자墨子』에는 "성벽 아래에 있는 거리에 사는 사람들이 각자 자기 집 전후좌우를 보위하는 것이 마치 성벽 위에 있는 군사가 사방에 포진하고 있는 것과 같다城下里中家人, 各葆亓左右前後, 如城上"라고 기술하고 있다. 여기서 '家人'은 '人家'를 말한다.

'家'자는 사람들이 거주하는 공간을 의미하게 된 뒤로 자연히 사람과 사람 사이의 친연관계를 나타내게 되었다. 예컨대 파금巴金의 소설 『가을秋』에서는 "(집안의) 외삼촌(家舅)께서 역서를 보시더니 다음 달 초나흘이 가장 좋다고 하셨다"라는 구절을 찾아볼 수 있다. 이처럼 호칭 앞에 '家'자를 붙이는 유사한 표현으로 '家父(아버지)', '家母(어머니)', '家兄(형)', '家祖(조상)', '家翁(집안 어른)' 등을 들 수 있다. 이러한 친속들은 전부 자신 혹은 자기 가정과 대단히 밀접한 관계에 있는 사람들이다. 따라서 '家'자가 나타내는 친연관계는 일반적으로 대부분 비교적 가깝다.

이러한 '家'자와 유사한 상황으로 '舍'자가 있다. 예컨대 두보는 「달밤에 동생을 그리워하네月夜憶舍弟」라는 시에서 '舍'자로 친속관계를 나타내고 있다. 이와 같은 표현은 이러한 친속관계가 가정 내부에 속한다는 뜻과 함께 '寒舍(한사: 누추한 집)'에서처럼 자기 집안을 스스로 낮춰 말하는 겸손의 뜻도 포함하고 있다. 이리하여 '舍'자는 '舍弟(우리 동생)'나 '舍妹(우리 여동생)'에서처럼 자신을 낮추는 겸손의 의미로 많이 쓰이게 되었다.

舍
집 사

실제로 '舍'자는 맨 처음에 가정이나 가정의 소재와는 아무런 관계도 없는 글자였다. 원래는 거리의 노점이나 저잣거리처럼 남들에게 임대하는 장소를 의미했던 것이다. 예컨대 당나라 시인 왕유王維는 「안서에 사신으로 가는 원이를 보내며送元二使安西」라는 시에서 "위성의 아침에 비 내려 먼지를 적시고, 푸르고 푸른 객사에 버들잎 새로워라渭城朝雨浥輕塵, 客舍青青柳色新"라고 노래하고 있다. 나중에 이처럼 임대를 위한 빈 방을 지칭하는 의미가 점차 확대되어 가정의 소재인 집을 의미하게 되었다.

가정 혹은 가족을 기점으로 하여 '이분법'으로 친연관계를 평가한다면 원근과 친소에 따라 대체로 '內', '外'와 '堂(당)', '表(표)' 두 가지의 구별이 가능할 것이다.

內
안 내

‘內’자의 갑골문 자형은 **冈**로서 바깥쪽의 ‘冂(경)’은 덮는 것을 의미하고 안쪽의 ‘入’은 안으로 들어온 사물을 가리킨다. 두 부분을 합쳐 밖에서 안으로 들어오는 것을 의미했다. 나중에는 ‘안’, ‘내부’를 의미하게 되었다.

‘안’, ‘내부’의 함의를 갖고 있어서 그런지 오늘날 중국인들은 흔히 ‘內人(내인)’이라는 단어로 아내를 부르기도 한다. 이런 호칭은 친연관계의 긴밀성을 더욱 부각시킨다. 이런 상황과 유사하면서 비교적 우아한 호칭으로 ‘內子(내자)’가 있다. 예컨대 중국의 유명한 교육자였던 서특립徐特立은 「요국신에게 보내는 편지致廖局新的信」에서 “우리 집에는 두 늙은이와 어린 자식 하나만 남았네. 나는 아무 상관없지만 내자內子는 수시로 자식들을 보고 싶어해 측은하기 그지없네”라고 말한 바 있다.

한편 ‘內兄(내형)’과 ‘內弟(내제)’는 ‘內人’에서 파생된 호칭으로 이를 통해 나타내는 친연관계는 그다지 긴밀하지 않다.

外
밖 외

‘外’사의 금문 자형은 **卟**로서 왼쪽의 달 모양은 ‘夕(석)’자로 저녁을 의미하고 오른쪽은 점복을 나타내는 ‘卜(복)’자다. 이 글자에 대한 해석은 주로 두 가지로 나뉜다. 한 가지 견해는 밤에 점을 치는 행위를 의미한다는 것이다. 변방에는 항상 전쟁 발생의 가능성이 있기 때문에 긴급 상황에 대비하기 위해 원래 낮에 진행하던 점복의식을 임시로 밤에 진행한다는 것이다. 이 경우 ‘外’자는 한 국가의 변경지대를 의미한다. 또 하나는 밖에서 밤을 보내기 위해 점을 치는 것이라는 견해다. 따라서 '外'자가 지칭하는 것은 '집 밖의 장소'라는 것이다.

어쨌든 '外'가 '內'에 대비되는 것이라는 점이 두 견해의 공통점이다. 따라서 한 가정 혹은 가족에게 있어서 '외조부', '외손', '외조카' 등의 친속은 본인의 가장이나 가족을 그 안에 포함시키지 않은 친척이다. 가정이나 가족 밖의 외연에 존재하는 친속이라 할 수 있다.

이처럼 가정이나 가족 밖에 존재하는 것과 대비되는 것이 가정 혹은 가족에 속하는 내부의 친척이다. 예로부터 지금까지 가정 혹은 가족 내부의 친연관계를 나타낼 때는 일반적으로 '堂(당)'자를 사용했다. 예컨대 '堂叔(당숙)', '堂弟(당제: 사촌동생)', '堂姐(당저: 사촌누나 혹은 언니)' 같은 것들이다.

'堂'자의 금문 자형은 으로서 아주 높고 큰 전당의 형상을 묘사하고 있다. 맨 처음에는 전당을 의미했으나 나중에는 모든 건물의 본채 혹은 본당을 지칭하게 되었다.

堂
집 당

고대 중국의 전통건축 제식과 격식에 따르면 규모가 비교적 큰 가정과 가족, 다시 말해 식구가 많은 대가족에서는 정청正廳이 일반적으로 가족 내부의 대사를 의논하고 귀한 손님을 접대하는 공식 장소였다. 따라서 방문객 외에는 본가의 가족 성원들에게만 안으로 들어갈 수 있는 자격이 주어졌다.

이런 원인으로 당숙, 당형, 당저 등의 친속 호칭에는 한 건물 안에 함께 거한다는 공통된 의미가 담기게 되었다. 또한 바로 이런 이유로 나중에는 '登堂入室(등당입실: 학문이나 예술에 대한 조예가 깊어지다)', '肯構肯堂(긍구긍당: 부친의 가업을 이어받아 성공시키다)' 등의 성어가 생겨나게 되었다.

'堂'과 상대되는 개념이 '表'다. '堂'자가 갖는 정청의 의미는 '내부'라는 함의를 동반하지만 '表'는 '외부적인', '표면적인'이라는 뜻을 나타낸다.

'表'자는 맨 처음에 '毛(모)'자와 '衣(의)'자 두 부분으로 구성되어 사람들이 짐승의 가죽으로 만든 옷을 입을 때 털이 항상 밖으로 오게 한 상황을 나타내며 '외표外表'라는 뜻으로 쓰였다. 따라서 이른바 '表親(표친)'은 사실 친연관계가 비교적 소원한 것을 나타낸다. 중국 속담에 "표로 불리는 사촌, 육촌은 거리가 3,000리나 된다—表三千里", "한 세대 걸치면 가까운 친척이고, 두 세대 걸치면 아주 먼 친척이며, 세 세대 걸치면 아무것도 아니다—一代親, 兩代表, 三代無了了"라는 말이 이런 상황을 잘 말해준다.

요컨대 친소와 원근을 따지지 않는다면 실제로 모든 친속관계의 근원은 의심의 여지없이 혼인이다. 한 쌍의 부부가 혼인관계를 형성하고 하나의 가정을 이루어야만 다른 가정의 성원과 친속관계를 발생시킬 수 있기 때문이다. 따라서 친속관계와 친속의 호칭을 따지는 일은 본질적으로 모든 것을 탄생시키는 부부라는 존재를 벗어나지 못한다.

表
겉 표

제 14 장

모든 친속관계에 따라 달라지는 부부의 호칭

이번 장에서는 다음의 한자들에 대해 이야기를 나누려고 한다.

夫	妻	娶	嫁	歸	婚	伉	儷
지아비 부	아내 처	장가들 취	시집갈 가	돌아갈 귀	혼인할 혼	짝 항	짝 리
偶	配	結	髮	妾	姬	嬪	妃
짝 우	아내 배	맺을 결	터럭 발	첩 첩	성 희	아내 빈	왕비 비
側	偏	篷	相	官	良	郎	君
곁 측	치우칠 편	비녀자리 추	서로 상	벼슬 관	좋을 량	사나이 랑	임금 군
先	生	愛	助	堂	客	細	梓
먼저 선	날 생	사랑 애	도울 조	집 당	손 객	가늘 세	가래나무 재
童	荊	釵	拙	賤	執	帚	渾
아이 동	모형나무 형	비녀 채	졸할 졸	천할 천	잡을 집	비 추	흐릴 혼

一. 영원히 한마음으로 연결된 부부

　　인류의 기원은 사람들의 호기심을 자극하긴 하지만 의문과 미혹으로 가득한 문제라 확실하고 분명한 결론을 내리기가 불가능하다. 에덴동산의 아담과 하와도 우리에게 무한한 가상의 공간을 제공한다. 어찌 되었든 인류라는 존재가 계속 유지될 수 있는 것은 부부관계와 분리해서 생각하기 어려울 것이다.

　　"그대는 대나무 말을 타고 와서 침상을 뱅뱅 돌며 푸른 매실로 장난을 쳤지郞騎竹馬來, 繞床弄靑梅."이는 두 남녀가 연출하는 너무나 따스하고 해맑은 풍경이 아닐 수 없다. 유구한 역사의 흐름 속에서 이처럼 어린 나이에 부부관계가 정해지는 전통은 한 세대 또 한 세대 젊은 남녀들의 마음의 밭을 따스하게 일궈왔다. 물론 어린 나이에 정혼하는 이런 전통이 있음에도 오늘날 대부분의 부부는 기묘한 인연과 감정의 일치를 기초로 영원한 마음의 결합을 이룬다. 이는 우리의 인생에서 정말 아름답고 소중한 일이 아닐 수 없다.

夫
지아비 부

　　'夫'자의 금문 자형은 夫로서 '大'자와 '一'자로 구성된다. '大'는 서 있는 사람의 형상이고 '一'은 머리를 묶을 때 쓰는 비녀를 상징한다. 이를 합치면 성년 남자를 의미하게 된다. 중국 고대의 예법제도에 따르면, 남자는 20세가 되면 성년이 되었다는 표시로 일반적으로 '머리를 묶고 관을 쓰는(束髮加冠)' 의식을 거행한다. '夫'자의 형태는 바로 이런 예법제도의 전통을 반영한다.

　　'夫'자는 맨 처음에 성년을 의미했고 남자는 성년이 된 뒤에야 아내를 맞아 아이를 낳을 수 있는 조건을 갖추게 된다. 그렇기 때문에 이 글자는 나중에 '여성의 정식 배우자'라는 의미를 갖게 되었다.

또한 여성의 배우자를 '장부丈夫'라 칭하기도 한다. '丈'자의 형태는 손에 '十'을 들고 있는 모습으로 10척尺(자)을 의미한다. 고대 문헌기록에서는 "주나라의 제도에서는 8촌寸을 1척이라 하고 10척을 1장丈이라 했다. 사람은 보통 키가 8척이기 때문에 장부라고 했다"라는 기술을 찾아볼 수 있다. '장부'의 최초 의미가 성년 남자를 지칭하는 것이고 나중에서야 여성의 배우자라는 의미를 갖게 되었음을 알 수 있다.

'妻'의 금문 자형은 數로서 손에 여성의 두 발을 잡고 있는 형상이다. 상고시대의 약탈혼인 습속을 형상적으로 반영한 것이라 할 수 있다. 이 글자의 최초 의미는 '성년 남자의 정식 배우자'였다.

妻
아내 처

물론 역사조건의 한계 탓에 고대의 문자학자들은 이 글자의 갑골문 자형을 찾아내지 못했다. 따라서 그들이 소전小篆의 자형에 근거하여 근원을 추적해 올라간 결과는 여전히 추론의 단계에 머물 수밖에 없었다. 예컨대 '妻'자의 소전 자형은 鹴로서 그 안에 있는 '屮(좌)'는 글자 전체의 독음을 나타낸다. 한편 '屮'가 집안일을 처리할 때 쓰는 도구라고 주장하는 학자들도 있다.

실제로 '妻'자가 고대 약탈혼의 습속을 반영한다는 주장은 완전히 '娶(취)'자에서 방증을 얻은 결과다.

'娶'자는 '取(취)'와 '女'가 결합한 글자로 최초 의미는 아내를 맞는 것이었다. 이 글자 상단부의 '取'는 글자 전체의 독음을 나타내는 동

娶
장가들 취

시에 '잡다'라는 의미를 내포하고 있다. 약탈형식을 통해 여자를 아내로 만든다는 뜻이다. 예컨대 『주역』 구괘姤卦의 괘사에서는 "여자가 강하면 아내로 맞아들이기(取女) 적합하지 않다"라고 설명하고 있다. 여기서 '取'는 '娶'와 같은 의미다.

이처럼 남성들의 혼인이념이나 형식과 선명한 대조를 이루는 것은 여성의 입장에서 볼 때는 '약탈당해 남성의 배우자가 되는 것'이 '시집가는 것(嫁)'에 해당한다는 점이다.

嫁
시집갈 가

'嫁'자는 '家'와 '女'로 구성되며, 원래 의미는 여자가 타인의 지어미가 되는 것이었다. 이 글자 오른쪽의 '家'는 글자 전체의 독음을 나타내는 동시에 여자의 '출가出家'를 나타낸다. 다시 말해 고대 관념에 따르면 남편의 집이 바로 여자의 몸이 있어야 할 집, 즉 여자의 일생의 귀숙歸宿이 되는 것이다. 그래서 고대에는 남성을 기점으로 하여 여자가 출가하는 것을 '歸(귀)'라고 칭하는 상황이 존재했다.

歸
돌아갈 귀

'歸'자의 갑골문 자형은 𧶠이다. 왼쪽의 '𠂤(퇴)'는 글자 전체의 독음을 나타내고 오른쪽은 '婦(부)'자로 '女'가 생략된 형태다. 소전에 이르면 이 글자의 하단부에 '止(지)'가 추가되어 𧼒의 형태를 취하게 된다. 이 글자의 의미는 여자가 진정을 떠나면 출가한 남자의 집이 자기 인생의 종점[걸음을 멈추는(止步) 곳]이 된다는 것이다. 예컨대 당나라 시인 두보의 「신혼별新婚別」에는 "딸을 낳으면 시집을 보내야 하는 것, 닭과 개마저 데리고 가지만生女有所歸, 鷄狗亦得將"이라는 구절이 있다. 중국의 전통 혼인관념에서는 여자의 운명이 '닭에게 시집가면 닭을 따르고 개에게 시집가면 개를 따르는 것'이었음을 알 수 있다.

어떤 관념이나 수사든 간에 부부가 되는 과정에는 가는 행위와 이에 대한 영접이 수반된다. 이것이 우리가 흔히 말하는 결혼이다.

'婚'자 왼쪽의 '女'는 여성과 관련이 있고 오른쪽의 '昏(혼)'은 일몰 시간과 관련이 있다. 이 글자의 최초 의미는 이미 결혼한 여자의 친정을 지칭하는 것이었다. 중국의 전통적 음양관념에 따르면 여성은 음陰이고 음은 어두움을 나타낸다. 따라서 여성의 친정집을 '婚'이라는 글자로 표현한 것이다. 또한 고대에 아내를 맞이하는 시간은 일반적으로 일몰 때였다. 이미 황혼 무렵이라 조명이 어두울 수밖에 없다. 따라서 '婚'자는 시간의 의미도 내포하고 있다고 할 수 있다. 예컨대 『백호통』에서는 "황혼 무렵에 혼례를 행했기 때문에 '婚'이라 칭했다"라고 설명하고 있다.

婚
혼인할 혼

二. 거안제미擧案齊眉의 '부부'

해가 서산에 질 때, 지는 해의 잔광이 화려하고 찬란한 증인이 되어주는 가운데 한 쌍의 남녀가 손을 잡고 신성한 혼례의 전당에 들어선다. 이는 가슴이 몹시 두근거리고 일생에 걸쳐 기억될 순간이다. 이때부터 남자는 밭에 나가 일을 하고 여자는 집에서 옷감을 짜면서 함께 보금자리를 만들어 서로를 의지하며 백년해로하게 된다.

아마 중국인의 조상들은 자신들이 수천 년 전에 창조한 황혼 무렵의 약탈혼인의 습속이 오늘날 사람들의 마음을 취하게 하는 아름다운 모습으로 변하리라고는 상상도 하지 못했을 것이다.

물론 혼례가 성대하든 소박하든 간에 아름다운 순간이 지나가고 나면 일생을 함께하기로 굳게 맹세한 두 사람은 부모에게 효도하고 자녀를 양육하면서 가정을 번성하게 해야 하는 책임을 수행하게 된다. 이것이 현실세계의 부부의 모습이다.

물론 이상 속 부부의 모델은 서로를 귀한 손님으로 대하고 거안제미(후한後漢 양홍梁鴻의 처 맹광孟光이 남편에게 밥상을 올릴 때, 눈높이까지 받쳐 들었다는 데서 온 말로 아내가 남편을 깍듯이 존경하는 것을 말한다)하는 것이다. 그래서 중국 역사에는 부부를 '아름다운 짝'이라는 의미로 '항려伉儷'라고 부르는 전통이 존재했다.

伉
짝 항

'伉'자는 '人' 변에 '亢(항)'자를 더해 이루어진다. 원래 의미는 '상당하다' 혹은 '필적하다'는 것이었다. 예컨대 『전국책』에서는 "천하에 필적할 만한 것이 없다天下莫之能伉"라는 표현을 찾아볼 수 있다. 소진蘇秦이 조趙나라 군주에게 합종의 방략을 유세하여 그의 인정을 받은 뒤로 일시적으로 기세가 등등해져 지위와 권력이 그에게 필적할 만한 사람이 없있음을 표현한 말이다.

하지만 '伉'자에 대한 역대 자서字書들의 해석은 대부분 상세하지 못하다. 『설문해자』마저도 사람의 이름에 쓰이는 글자라고 간단히 설명하고 있을 뿐이다. 대부분의 자서들은 '亢'이 글자 전체의 독음을 나타낸다고만 설명하고 있다. 하지만 실제로 '伉'자 안에 있는 '亢'은 독음을 표시할 뿐만 아니라 그 자체로서 '伉'자의 기본적인 의미를 체현하고 있다는 견해가 우세하다.

'亢'자의 갑골문 자형이 사람의 목을 크게 부각시키고 있는 것으로 보아 원래 의미는 사람의 목과 목구멍을 지칭하는 것이라고 보는 것이 합리적이다. 그리고 목은 '위로 곧게 뻗는' 기능을 갖고 있기 때문에 나중에 '놓다', '들다', '저지하다' 등의 의미를 지니게 되었다. 그리고 이러한 의미가 점차 발전하여 '필적하다', '상당하다'의 의미가 발생하게 된 것이다.

물론 '亢'자로 부부를 표현하는 본의는 부부 두 사람이 지위의 고하를 다투거나 가정불화를 일으키는 것을 말하기 위해서가 아니라 서로를 빛내는 부부의 조화를 말하는 것이다.

'儷'자는 '人'변과 '麗(려)'자가 결합된 형태로서 원래 의미는 배필을 지칭하는 것이었다. 예컨대『좌전』에서는 "새나 짐승들은 짝을 잃는 법이 없다鳥獸猶不失儷"라는 문구를 찾아볼 수 있다.

儷
짝 려

'儷'자가 배필을 나타낼 수 있게 된 것은 사실 글자 오른쪽의 '麗'자 때문이다. '麗'자 자체에 '둘', '짝', '짝을 맺다' 등의 뜻이 담겨 있기 때문이다. 게다가 고대의 일부 문헌에서는 나중에 '儷'자를 사용하여 표현하는 상황을 '麗'자로 표현하고 있다. 예컨대 유협의『문심조룡』에서는 "한대의 4대 사부가인 양웅揚雄과 사마상여司馬相如, 장형張衡, 채옹蔡邕 등은 변체문駢體文의 대구 형식을 숭상했다自揚馬張蔡, 崇盛麗辭"라고 설명하고 있는데, 나중에는 '麗辭(여사)'가 점차 '儷辭'로 변해 오늘날까지 이어져 내려오고 있다.

'儷'자는 부부를 의미할 때 항상 상대방에 대한 존중의 뜻을 지닌 글자들과 함께 쓰이곤 한다. 예컨대 노신의 『서신집·소군과 소홍에게致蕭軍蕭紅』에서는 "그런 일을 반복하지 말고 서로 상대방의 행복을 칭송하도록 하게幷頌儷祉"라고 당부하는 대목을 찾아볼 수 있다.

물론 '伉'자와 '儷'자가 독립적으로 사용되는 용례는 이미 그리 많지 않다. 일반적인 상황에서는 '부부의 깊은 정(伉儷情深)'처럼 2음절 '伉儷'라는 단어로 부부를 나타내는 경우가 대부분이다.

'伉儷'는 문언문의 성격이 아주 강한 단어인 데 비해 상대적으로 말해서 '배우자'라는 단어는 수사학적으로 그다지 멋진 단어가 되지 못한다.

偶
짝 우

'偶'는 '耦(우)'자가 나중에 변형된 글자로서 그 안에는 '두 사람'이라는 뜻이 담겨 있다. 하지만 이 글자 자체의 원래 뜻은 나무로 만든 꼭두각시(木偶)다.

配
아내 배

'配'자는 '酉(유)'자와 '己(기)'자의 결합으로 이루어져 있다. 이 글자는 '釀造(양조)'와 관련이 있는 것이 분명하다. 그리고 '己'자는 '妃(비)'자에서 '女'가 생략된 형태로서 '配'자의 독음을 나타내는 동시에 그 자체가 갖고 있는 '배필'이라는 뜻을 글자 전체의 의미로 확대하는 역할을 한다. 그렇기 때문에 '配'자의 맨 처음 의미는 '술의 색깔을 조절하는 것'이었다.

이리하여 '配'자와 '偶'자가 합쳐지면 기본적으로 '협조', '배필이 된 두 사람'을 의미하게 되었다. 이 세상에서 상대방과 마음이 통하고 모든 소통이 묵계로 이루어지며 남성의 강함과 여성의 부드러움이 잘 조화를 이루는 두 사람의 관계 가운데 부부만한 것이 또 있을까?

서로를 위한 반려자가 되면 두 사람 사이의 모든 이해와 묵계는 깊은 정을 주고받던 맨 처음 '결발(結髮: 초혼 부부)'의 상태에서 비롯된다. 중국인들은 항상 처음 혼인의 전당에 들어선 두 사람을 '결발부부'라 칭하곤 한다. 여기서 말하는 '결발'이란 중국 고대의 전통습속 가운데 하나다.

'結'자는 실 '糸(사)' 변에 '吉(길)'자가 결합되어 이루어지며 실 같은 것으로 지은 매듭을 지칭한다. 이 가운데 '吉'은 글자 전체의 독음을 나타내고 '髮(발)'은 머리칼을 의미한다.

'결발'의 습속에 관해서는 몇 가지 대동소이한 견해들이 존재한다. 예컨대 송나라 맹원로孟元老의 『동경몽화록東京夢華錄』에서는 "무릇 아내를 얻을 때는 남녀의 맞절이 끝나면 곧 침상에 오르는데, 남자가 왼쪽, 여자가 오른쪽에 눕는다. 머리털을 조금 잘라 두 집에서 준비한 비단과 비녀, 나무빗, 머리털, 수염 등을 주고받는다. 이를 합계合髻라 한다"라고 설명하고 있고, 육조의 시인 유신庾信도 "실을 엮어 용과 봉황의 인연을 맺고 무늬를 새겨 구름과 놀을 직조하네. 한 마디 같은 마음으로 1,000년을 함께하리라交絲結龍鳳, 鏤彩織雲霞, 一寸同心縷, 千年長命花"라고 노래하고 있다. 또한 서한 시기에 흉노에 사신으로 갔던 소무蘇武도 오늘날의 부부들에게 "상투 틀고 쪽 찌어 부부의 인연을 맺은 뒤로 둘 사이에 은혜와 사랑을 의심한 적이 없노라結髮爲夫妻, 恩惠兩不疑"라는 명구를 남겼다.

이러한 문헌들은 모두 고대 중국의 초혼 부부들이 신혼의 밤에

結
맺을 결

髮
터럭 발

잘라낸 머리칼을 하나로 묶음으로써 일심동체가 되었음을 잘 보여준다.

한편 『예기』에서는 '결발'이 여자가 결혼을 허락할 때 술 장식으로 머리를 묶고 성혼 당일에 신랑이 직접 이를 풀어줌으로써 이름난 꽃에 주인이 생겼음을 나타낸다고 설명하고 있다.

'결발부부'와 관련하여 중국 역사에는 감동적이고 아름다운 이야기가 무수히 전해 내려온다. 그 가운데는 이런 이야기도 있다.

아주 옛날에 파촉지역에 복희씨伏羲氏의 후예로 무상務相이라는 사람이 있었다. 그는 남다른 재주를 바탕으로 부락의 수령으로 선출되어 늠군廩君이라 불렸다. 그는 부족의 발전을 도모하기 위해 군중을 이끌고 북상하여 호북湖北 청강淸江에서 염수鹽水 부락의 여신을 만나게 되었다. 두 사람은 만나자마자 서로 마음이 끌려 함께 사랑의 강에 빠져들었다. 염수 여신은 늠군과 그의 부족 사람들에게 청강에 거주할 것을 요청했으나 부족의 앞길을 위해 늠군은 여신의 만류를 완곡하게 거절했다. 이에 여신은 반딧불이로 변해 천만의 동료들을 모아 구름처럼 하늘을 가려버렸다. 이에 늠군은 방향을 분간하지 못하고 앞으로 나아갈 수도 없게 되었다. 나중에 늠군은 사람을 보내 여신에게 파란 줄을 사랑의 징표로 선물하면서 그 줄을 몸에 묶게 했다. 그러면서 그 줄이 두 사람의 마음을 영원히 하나로 묶는 상징이라고 했다. 여신은 계략인 줄도 모르고 흔쾌히 그 제안을 받아들였다. 그러나 뜻밖에도 다음 날 아침 날이 밝자 늠군은 양지바른 바위 위에 서서 파란 줄을 향해 활을 쏘았다…… 전해지는 바에 따르면 나중에 늠군의 부족은 계속 북상하여 적당한 안거의 터전을 발견했고, 늠군은 혼자 청강으로 돌아와 염수 여신을 지키다가 결국에는 강가 바위 위의 석상이 되었다고 한다.

三. 정통 혼인에서 유리된 '부부'

따스함도 좋고 처연한 아름다움도 좋다. '걸발'은 부부의 은혜와 사랑을 비유하는 동시에 실제로는 전통관념도 담고 있다. 다름 아니라 고대 중국의 이른바 '명매정취(明媒正娶: 중매인을 통해 정식으로 배우자를 맞아들이는 혼인방법)'다.

하지만 오늘날의 관념으로 볼 때, 상당히 풍자적인 의미를 갖는 것은 고대의 일부 달관귀인達官貴人이나 문인아사文人雅士들도 정통 혼인 외에 따로 첩이나 총애하는 비녀婢女를 거느렸다는 사실이다. 고위관리이자 대문호로 이름을 날렸던 소식의 경우를 살펴보자. 당시의 역사조건 아래서 그는 "삶과 죽음으로 아득히 나뉜 지 10년이 지났지만, 생각하지 않으려 해도 스스로 잊기 어렵네十年生死兩茫茫, 不思量, 自難忘"라고 아내의 죽음을 슬퍼하면서도 저속하게도 아내가 시집올 때 데려온 사촌여동생을 새 아내로 맞았고, 본처가 데려온 하녀를 특별히 총애하기도 했다. 게다가 그는 자신의 아이를 가진 비녀 둘을 다른 사람에게 선물하기도 했다.

이처럼 정통 혼인관계 밖에 유리된 여인들을 부르던 세인들의 호칭은 세속의 비열하고 천박한 분위기를 잘 반영하고 있다.

妾
첩 첩

'妾'은 정통적인 혼인 밖에 있지만 실질적인 부부관계를 유지하고 있는 여성에 대한 호칭이다. 이 글자의 갑골문 자형은 **ꑦ**으로서 윗부분은 머리가 평평한 삽 모양의 형구刑具다. 이를 현재 쓰고 있는 한자로 표기하면 '辛(신)'이 되고 하단부는 '女'자다. 위아래를 합쳐서 죄 있는 여자를 의미한다. 죄가 있긴 하지만 그 죄가 크게 문제되지는 않는다. 그래서 남에게 복무하는 여성 노복이 되는 것이다. 예컨대 『사기』에는 '월왕越王 구천句踐이 전쟁에 패하자 실력을 보전하여 재기하기 위해 오왕吳王 부차夫差에게 자신을 남자 노예로 삼고 아내를 여자 노예로 삼아달라고(妻爲妾) 간청한' 기록이 남아 있다. 오늘날에는 이 부분을 오해하여 구천이 자기 처자를 부차에게 첩으로 주었다며 비난하는 사람들이 있지만 이는 사실을 잘 모르는 곡해임에 틀림없다.

이렇게 볼 때, 좀더 근원을 추적해 들어가면 '첩'은 주인에게 복무하는 과정에서 '총애를 빌어' 나중에는 실질적인 부부의 관계가 된 경우임을 알 수 있다. 예컨대 『예기』에는 "부모의 명령과 중매인의 설명에 공식적으로 맞아들이는 여자는 처가 되지만 사사로이 맞아들일 경우 평생을 함께한다 해도 첩이 될 수밖에 없다"라고 설명하고 있다.

'妾'과 유사한 호칭으로 '姬(희)'와 '嬪(빈)', '妃(비)', '婢(비)', '側室(측실)', '偏房(편방)', '箒室(추실)' 등이 있다.

'姬'는 원래 높고 큰 지위를 의미했다. 상고시대 황제黃帝의 성이 바로 '姬'였고 동주와 서주 시기에는 이미 황실의 성이 되어 있었다. 하지만 나중에 한자가 변천해가는 과정에서 상당한 신분과 지위를 가진 여자를 지칭하기 시작하거나 점차 또 다른 발전경로를 거쳐 '姬妾(희첩)'이라는 의미를 갖게 되었다. 당나라 사마정司馬貞이 쓴 『사기색은史記索隱』(사마천의 『사기』에 대한 주석) 가운데 「제태공세가齊太公世家」 편에서는 "황희王姬, 서희徐姬, 채희蔡姬 등 여러 첩의 총칭이 나온다. 이들은 전부 부정한 여자들로 명명된다"라고 기술하고 있다.

'嬪'자는 '賓(빈)'자와 '女'자가 결합되어 이루어진다. 원래는 '제왕에게 시집간 여자'를 의미하면서 '남에게 복무하는 여자'를 지칭하기도 했다. 글자 오른쪽의 '賓'은 사실 독음만 나타내는 것이 아니라 그 자체에 "군주는 주인이 되고 신하는 빈이 된다君爲主, 臣爲賓"는 의미를 지니고 있다. 따라서 '嬪'자는 '主(주)'자와 상대적인 의미를 갖는다. 물론 여기서 '主'는 제왕의 정부인을 지칭한다. 따라서 '嬪'은 제왕이나 제후의 희첩姬妾을 지칭했다. 예컨대 『국어』에서는 "비妃와 빈嬪, 첩妾들이 수백 명에 달했다. 먹는 것은 반드시 기장밥과 고기여야 했고, 입는 옷은 양질 비단이어야 했다"라고 기술하고 있다. 제 환공의 눈에 선왕인 양공襄公의 생활이 얼마나 사치스럽게 보였는지 알 수 있는 대목이다.

'妃'자는 '女'와 '己(기)'가 합쳐져 이루어지며, 원래 의미는 하늘이 맺어준 배필을 지칭하는 것이었다. 예컨대 『좌전』에는 "좋은 짝을 '妃'라 하고 원수 같은 짝을 '仇(구: 원수)'라 하는 것이 고대의 호칭이

姬
성 희

嬪
아내 빈

妃
왕비 비

었다'라는 기록이 남아 있다. 나중에 이 글자는 점차 발전하여 제왕의 정부인 이외의 처첩들을 총칭하게 되었고, 때로는 황자나 왕후의 배우자에 대한 호칭으로도 쓰이게 되었다. 예컨대 『신당서』에는 "당나라의 제도에 따르면 황후 밑에 귀빈貴賓과 숙비淑妃, 덕비德妃, 현비賢妃 등이 있었다"라고 기록되어 있다. 또한 오늘날에도 일부 군주제 국가에서는 왕자, 왕손의 배우자를 '妃'라 칭한다. 예컨대 영국에는 이미 고인이 된 다이에나 비가 있었고 그녀의 아들 윌리엄 왕자의 아내 케이트도 '왕비'라고 칭한다.

'嬪'과 '妃' 이 두 글자는 종종 함께 쓰여 제왕의 희첩을 지칭하기도 한다. 예컨대 '귀신들의 이야기'라는 뜻의 소설 『봉신연의封神演義』에서는 "모란정에는 빈비들이 오가고, 함박꽃 꽃잎 흐드러진 정원을 채녀(궁녀)들이 한가롭게 거니네牧丹亭嬪妃往來, 芍葉院彩女嬪閑游"라는 시구를 찾아볼 수 있다.

이미 황가의 첩실을 지칭하는 말로 자리 잡은 '妃'나 '嬪'과는 달리 일반적으로 권문세가의 남성이 정부인 이외의 첩을 받아들일 경우, 기본적으로 '側室(측실)', '偏房(편방)', '箠室(추실)' 등의 호칭을 사용했다.

'室'과 '房'이 거주를 위한 건물의 공간을 의미한다는 데는 논쟁의 여지가 없다.

'側'자는 '人' 변과 '則(칙)'자로 구성되며 맨 처음에는 '옆'을 의미하면서 때로는 '옆으로 기울다'라는 뜻으로 쓰이기도 했다. 예컨대 당나라 시인 유우석은 "물에 잠긴 작은 배 옆으로 1,000대의 돛배가

지나가네沉舟側畔千帆過"라고 노래한 바 있다. 이 두 가지 의미 가운데 어떤 것이든 간에 '側'자는 가운데에 거하지 않고 중앙을 지키지 못함을 의미한다. 따라서 조연이나 옆에서 보조하는 역할만을 지칭한다. 따라서 '側室'은 본채에서 살 수 없는 둘째나 셋째 부인에 대한 호칭으로 자리 잡게 되었다. 예컨대 남조 시인 하장유何長瑜는 「친척 하욱에게 보내는 편지寄宗人何勖書」에서 "육전陸展이라는 사람은 머리와 수염이 다 하얗게 셌지만 첩실의 환심을 사기 위해 수염과 머리를 검게 물들였네陸展染須髮, 欲以媚側室"라고 풍자한 바 있다.

'偏'자는 '人' 변에 '扁(편)'자가 합쳐져 이루어지며, 최초 의미는 머리가 편향된 측면을 향하는 것이었으나 나중에는 한쪽으로 치우친 것을 의미하게 되었다. 예컨대 사령운謝靈運은 「산거부山居賦」에서 "산세가 한쪽으로 치우쳐 있고(偏側) 땅이 둥글지 않다"라고 하여 망산邙山과 낙수洛水 일대의 산세가 험하고 지형이 가파른 것을 묘사했다. '偏房'과 '側室'은 기본적으로 의미가 같다. 예컨대 명나라 문인 왕세정王世貞이 썼다고 알려진 「명봉기鳴鳳記」에서는 "여자를 하나 맞아들인 것은…… 편방偏房으로 삼아 가문의 대를 잇기 위해서였네"라고 기록하고 있다. 봉건시대 중국 여성들의 지위가 얼마나 미천했는지 극명하게 보여주는 대목이다.

'簉'자의 최초 의미는 '부속', '보조' 등이었다. 따라서 '簉室'도 '側室'과 같은 뜻이었다. 예컨대 청나라 유정섭兪正燮의 『계사유고癸巳類稿』에서는 "작은 마누라를 첩妾, 혹은 孺(유), 희(姬), '측실', '추실'이라고 불렀다"라고 기술하고 있다. 이로써 고대 중국에는 첩실을

偏
치우칠 편

簉
버금자리 추

가리키는 호칭으로 '孀'도 있었음을 알 수 있다.

물론 중국의 전통관념에서 첩실은 지위가 정실에 미치지 못했지만 부정할 수 없는 사실은 첩실과 남편 사이에 깊은 사랑이 지속된 사례가 적지 않았다는 것이다. 중국인들에게 수천 년 동안 전해 내려오는 영웅 항우와 우미인虞美人의 이야기 '패왕별희覇王別姬'를 실례로 들 수 있다. 그렇다면 예로부터 지금까지 부부 사이에는 어떤 호칭이 있었을까?

四. 우러러봐야 하는 '부군夫君'

중국 역사상 상고시대의 모계사회를 제외하면 기본적으로 항상 남권지상, 남존여비의 사회형태였다. 한나라 여후呂后와 당나라 무측천, 청나라 자희태후慈禧太后 등은 봉황의 깃털과 기린의 뿔처럼 매우 보기 드문 사례라 할 수 있다. 따라서 부부 간의 호칭에는 일반적으로 아내가 남편을 우러러보고 남편은 아내를 내려다보는 상황이 반영되어 있다.

남편에 대한 아내의 호칭으로는 相公(상공), 官人(관인), 良人(양인), 郎(낭), 君(군), 夫(부), 外子(외자), 伯(백), 先生(선생) 등이 있다.

相
서로 상

'相'은 '木'과 '目'이 결합하여 이루어지며 최초 의미는 자세히 관찰하는 것이었다. 예컨대 한나라 학자 왕충의 『논형』에서는 "백락伯樂이 말을 알아보는(相) 법을 배울 때는 보고 듣는 모든 것이 말이 아닌 것이 없었다"라고 기술하고 있다.

'相'자에는 눈빛과 나무가 결합된 의미가 있고, 서로 결합된 사물은 항상 서로 간의 지지와 지원을 의미하게 된다. 따라서 나중에 '相'자는 '보조하다', '돕다' 등의 뜻을 갖게 되었다. '남편을 도와 자식을 가르치다相夫教子', '승상丞相', '재상宰相' 같은 어휘들의 의미가 전부 여기서 기원했다. '相公'은 원래 제왕에게 복무하며 상당한 관직과 지위를 갖는 남자들에 대한 호칭인데, 이런 호칭이 부부 사이에 쓰였다는 것은 남편에 대한 아내의 존중이 어느 정도였는지 말해주는 것이라 할 수 있다.

'官人'이라는 호칭에는 아내가 남편을 우러러보는 의미가 더욱 선명하게 나타난다. '官'자는 고대에 건물을 나타내는 '宀(면)'과 수많은 작은 흙주머니를 의미하는 '㠯'가 결합되어 이루어지며 지붕이 많은 것을 덮어주듯이 많은 사람의 일을 처리해준다는 뜻을 지니고 있다. 그 때문에 '官'자는 맨 처음에 공무를 담당하는 관리를 의미했다. 아내가 한편으로는 '官人'이라는 호칭으로 남편을 존중하면서 다른 한편으로는 남편이 벼슬길에 올라 가문을 빛내주기를 기대했음을 알 수 있다.

官
벼슬 관

'良'자의 갑골문 자형은 髙으로서 가운데 취사를 위한 도구가 있고 위쪽은 향기가 날리고 있는 형상이다. 최초 의미는 아름답고 좋은 냄새였으나 나중에는 세상의 모든 좋고 아름다운 것을 통칭하게 되었다. 따라서 '良人'은 완벽하고 최적화된 사람을 의미한다. 이런 의미는 원래 배우자의 어느 일방을 지칭하는 데 국한되어 있었으나

良
좋을 량

나중에는 점점 남성 한쪽만 지칭하게 되었다. 예컨대 백거이는 「대주시행간對酒示行簡」이라는 시에서 "어제 혼례를 다 마쳤는데, 남편들이 전부 믿을 만하네昨日嫁娶畢, 良人皆可依"라고 노래한 바 있다.

郎
사나이 랑

'良'자와 대단히 밀접한 관계를 갖는 글자로 '郎'이 있다. '郎'자에는 '良'자가 포함될 뿐만 아니라 사람과 관련된 뜻을 나타내게 되면 원래의 의미가 '良'자가 한동안 차용했던 자형과 같다. 단지 나중에 차용된 의미에서 원래의 의미로 돌아가지 않고 그대로 남아 '良'자와 같은 의미를 갖게 되었을 뿐이다. 고대에는 부군을 지칭하는 단어로 '郎'자가 상용되었음을 알 수 있다. 예컨대 "낭군은 죽마를 타고 오네郎騎竹馬來" 같은 표현이 이를 방증한다.

'郎'자 자체의 오른쪽에 있는 'ß'은 원래 '邑'이다. 따라서 이 글자는 맨 처음에 현재 산동성 경내에 있는 어느 지역의 옛 지명이었던 것으로 추정된다.

君
임금 군

'君'자는 '尹(윤)'과 '口'로 구성되며 갑골문 자형은 이다. 상단부의 '尹'은 손에 붓을 쥔 형상으로서 사무를 처리하는 것을 의미하고 하단부의 '口'는 명령을 반포하는 것을 의미한다. 위아래를 합치면 명령을 내려 국가를 다스리는 군주를 지칭하게 된다. 나중에 이 글자는 점점 발전하여 일정한 신분과 지위, 학문을 갖춘 사람들을 지칭하게 되었다. 물론 아내들도 이 호칭으로 자기 남편을 부르게 되었다. 예컨대 두보의 「신혼별」에서 "그대 떠난 곳이 멀지 않아도, 변방 지키러 하양에 갔으니君行雖不遠, 守邊赴河陽"라는 구절을 찾아볼 수 있다.

고대 중국에서는 때로는 '君'자가 남편이 아내를 부르는 호칭으로 쓰이기도 했다. 예컨대 당나라 시인 이상은李商隱의 「밤비에 북으로 부치며夜雨寄北」라는 시에서 "(당신은 내게) 돌아올 때를 물었지만 아직 결정하지 못했다네君問歸期未有期"라는 구절을 찾아볼 수 있다. 또한 '郎'자와 '君'자가 합쳐진 '郎君(낭군)'이라는 단어도 아내가 남편을 부르는 호칭으로 쓰였다. 예컨대 명나라 소설 『두십랑이 화가 나서 백고상을 물에 빠뜨리다杜十娘怒沉百寶箱』에서 "첩은 낭군을 탓하지 않는데 낭군이 자신의 첩을 원망한다妾不負郎君, 郎君自負妾耳"라는 구절을 찾아볼 수 있다.

'外子'라는 호칭은 남자는 주로 바깥에서 일하고 여자는 주로 집안일을 한다는 중국인의 전통관념을 잘 나타내고 있다. 남성들이 집 밖의 일을 주로 처리한다는 관념에 기초하여 여성들이 사용하는 호칭인 것이다. '伯'은 아내가 남편을 부를 때 쓰는 아주 오래된 호칭이다. 예컨대 『시경·위풍衛風』에서는 "그 사람 동쪽으로 간 뒤로, 내 머리는 헝클어진 쑥대머리 같네. 어찌 윤기 나게 목욕하지 못할까마는 누굴 위해 꾸민단 말인가自伯之東, 首如飛蓬. 豈無膏沐, 誰適爲容"라고 노래하고 있다.

'先生'은 현대 중국어에서 자주 쓰이는 호칭으로서 의미가 다양하며 이 가운데는 아내가 남편을 부르는 호칭의 기능도 있다. 사실 이 단어가 남편을 부르는 호칭으로 쓰이기 시작한 것은 아주 오래전 일이다. 예컨대 한나라 유향劉向이 쓴 『열녀전』에서도 "난세에는 재난이 많아 첩들은 남편이 생명을 보전하지 못할 것을 두려워한다亂

世多害, 妾恐先生之不保命也”라는 기술을 찾아볼 수 있다.

先
면저 선

生
날 생

　‘先’자의 갑골문 자형은 ♣으로 상단부는 발을 나타내는 ‘止(지)’이고 하단부는 ‘人’으로서 합쳐서 ‘앞에서 걷는 것’을 의미한다. 따라서 ‘先生’의 표면적인 의미는 남들이 자기보다 앞서 태어난 상황을 지칭하는 것이고 안에 감춰진 의미가 바로 상대방을 윗사람으로 간주하여 타인에 대한 존중을 나타내는 것이다.

　현재 대부분의 중국 여성들이 남편을 ‘노공老公’으로 부르는 것은 친밀함과 사랑을 강조하는 호칭이지만 기본적으로 단어의 의미와는 별로 관계가 없다. 사실 ‘老’자는 나이의 많고 적음에 관계없이 흔히 쓰는 접두사이기 때문이다. 심지어 남녀 친구 사이에도 ‘老公’이라는 호칭을 쓰는 경우가 있다.

五. 고개를 숙이고 내려다봐야 하는 ‘낭자娘子’

　‘노공’에 상대되는 호칭으로 ‘노파老婆’가 있다. 이는 남편이 아내를 부를 때 상용하는 호칭으로서 적어도 당송 시기에 이미 나타나기 시작했다. 예컨대 송나라 오자목吳自目이 쓴 『몽양록夢粱錄』에는 “시운이 닥치면 밭을 갈고 마누라(老婆)를 얻는다”라는 구절이 나온다. 이 호칭과 마찬가지로 비교적 자주 쓰이는 호칭으로 ‘媳婦(식부)’가 있다. ‘媳婦’라는 호칭의 발생 시기는 늦어도 원나라 때로 추정된다. 예컨대 원나라 이수경李壽卿의 희곡 「오원취소伍員吹簫」에서 “그대의 아내(媳婦)에게 앞당겨 제약을 받도록 하겠다"라는 구절을 찾아볼 수 있다.

하지만 '老', '婆', '媳', '婦' 등 이 몇 개의 글자들은 다른 부분에서 설명하기로 하고 여기서는 잠시 접어두기로 한다.

앞에서 말한 두 가지 호칭에 비해 '愛人(애인)'이라는 호칭은 적용 범위가 비교적 넓다. 부부 쌍방 모두 상대를 '愛人'이라 부를 수 있기 때문이다. 이 호칭은 완전히 20세기의 산물이라 할 수 있다.

'愛'자의 맨 처음 의미는 오늘날 사용되는 의미와 달랐다. 이 글자의 소전 자형은 𢖻로 윗부분의 '㤅(애)'는 독음을 나타내고 아랫부분의 '夂(치)'는 사람의 두 다리 사이에 낀 굴레 같아 보인다. 두 부분을 합치면 천천히 걸어가는 모습을 나타낸다. 실례로 '愛'는 감정 분야의 의미를 나타내며 최초 자형은 '㤅'로서 금문으로는 𢖻로 썼다. 윗부분은 독음을 나타내고 아랫부분은 '心'으로 의미를 나타내다가 나중에는 '愛'로 대체되었다. 예컨대 굴원의 「구장九章」에서는 "세상이 혼탁하여 알아주는 이 없으니, 사람의 마음을 일깨울 수 없네. 죽음을 물릴 수 없음을 알았으니, 애석하다 여기지 말라世溷 濁莫吾知, 人心不可謂兮. 知死不可讓兮, 願勿愛兮"라고 노래했다. 시인은 추방의 고통은 감내하면서도 여전히 초왕楚王에 대해 자신의 진심을 토로하고 있는 것이다.

아내에 대한 호칭으로 '太太(태태)'도 있다. 이는 완전히 현대사회의 산물이다. 고대에는 '太'자의 의미가 '大'와 같았다. 따라서 '太太'는 지위가 높은 여성에 대한 존칭으로 쓰였다. 예컨대 청나라의 유

愛
사랑 애

학자 양소임梁紹壬이 쓴 「양반추우암수필兩般秋雨盦隨筆」이라는 글에 따르면 한나라 애재는 조모 정도공왕태후定陶恭王太后 부부씨를 제태태후帝太太后로 추존하고 나중에는 황태태후로 추존했다. 양소임은 이를 부인을 '太太'로 칭한 최초의 사례로 간주하고 있다.

사실 고대 중국에서 아내에 대한 호칭으로 빈번하게 쓰이던 것으로 낭자娘子, 내자內子, 내인內人, 내조內助, 당객堂客, 재동梓童, 세군細君 등이 있다.

이 가운데 '娘子'는 중국인들에게 그다지 낯설지 않은 호칭이다. 일부 고대의 생활상을 소재로 한 연극 대사에서 흔히 볼 수 있기 때문이다. '內子'나 '內人' 등도 고대 문헌에 흔히 등장한다. 예컨대 당나라 권덕흥權德興의 「칠석견여제손제걸교문七夕見與諸孫題乞巧文」이라는 글에서 "외손들은 다투어 걸교(음력 칠월칠석날 밤에 부녀자들이 바느질을 잘하게 해달라고 직녀성에 빌던 민간풍속)를 하고 아내는 나와 함께 글을 쓰네外孫爭乞巧, 內子共題文"라고 기술하고 있다. '娘'자와 '內'자에 대해서는 다른 장에서 설명하기로 하고 여기서는 일단 섭어두기로 한다.

'內助(내조)'라는 호칭은 오늘날 중국 사회에 크게 유행하고 있다. 하지만 이는 순전히 역사적 전승이라고 할 수 있다. 예컨대 『송사宋史』에서는 "선인宣仁태후가 황제에게 어진 아내(內助)를 얻는다는 것은 간단한 일이 아니라고 말했다"라는 기록을 찾아볼 수 있다. 황태후도 어질고 지혜로운 아내를 얻는 것이 가벼운 일이 아님을 인식했던 것이다. 제왕은 강산과 사직을 전부 관장하기 때문이다.

‘助’자는 ‘且(차)’자와 ‘力(력)’자로 구성된다. 왼쪽의 ‘且’는 맨 처음 助
에는 ‘조’로 읽어 ‘助’자의 독음을 나타냈다. 오른쪽의 ‘力’은 ‘助’자가 도울 조
힘을 내어 돕는다는 뜻을 나타낸다. 예컨대 『맹자』에서는 “(밭을) 출
입함에 있어 서로 동반하게 하고, 방비함에 있어 서로 돕고, 질병에
있어 서로 도와 붙들게 한다면, 백성들은 서로 친목할 것입니다出入
相友, 守望相助, 疾病相扶持, 則百姓親睦”라는 기술을 찾아볼 수 있다.

‘堂客(당객)’은 일정 지역에서만 쓰이는 호칭으로 알려져 있지만 실 堂
제로는 중국 전역에서 수백 년 동안 보편적으로 상용되어온 호칭이 집 당
다. 예컨대 청나라 오경재吳敬梓가 쓴 장편소설 『유림외사儒林外史』
에서는 “내일 네 가지 장식품을 가지고 우리 아내(堂客)를 불러 그에
게 전달하게 하시오”라는 구절을 찾아볼 수 있다.

‘客’자의 윗부분 ‘宀(면)’은 집을 나타내기 때문에 이 글자는 맨 처 客
음에 ‘기거하다’라는 의미로 쓰였다. 예컨대 백거이의 시 「비 오는 손 객
밤의 그리움雨夜有念」에서 “우리 형은 숙주에 머물고, 우리 동생은
동천에 기거하네吾兄寄宿州, 吾弟客東天”라고 읊고 있다. 일반적으로
어느 곳엔가 머무는 사람은 전부 나그네이기 때문에 이 글자는 나
중에 ‘손님’의 의미를 갖게 되었다. 남편과 시댁에게는 아내가 항상
외부인이었다는 점을 알 수 있는 대목이다. 과거 중국의 시댁들은
아내를 뼛속 깊이 ‘주인’이 아닌 ‘손님’으로 인식했던 것이다.

‘細君(세군)’과 ‘梓童(재동)’은 둘 다 우아한 아취를 지닌 호칭이다. 細
‘細’자는 비단실의 끄트머리로 가늘고 작은 것을 상징한다. 오른 가늘 세
쪽은 원래 ‘囟(신)’으로 글자 전체의 독음을 나타냈다. 예컨대 남조

오균吳均의 「여주원사서與朱元思書」에서는 "물이 전부 비단처럼 푸르러 1,000장 깊은 바닥이 훤히 들여다보이네. 노니는 물고기와 가는 돌들이 막힘없이 다 보이네水皆縹碧, 千丈見底. 遊魚細石, 直視無礙"라는 기술을 찾아볼 수 있다. '細'자가 갖는 '작다'라는 의미는 지금도 일부 중국어 방언에 남아 있다. 예컨대 광동 방언에서는 '세마細碼'라는 단어로 '작은 치수'를 나타낸다.

'細君'이라는 호칭은 어른이 아이를 대하는 듯한 일종의 비유적인 호칭임이 분명하다. 예컨대 한나라 한유의 「악양루에서 두사직과 이별함岳陽樓別竇司直」이라는 시에서는 "아내는 비단을 짤 줄 알고, 아이는 이미 음식을 만들 줄 아네細君知蠶織, 稚子已能餉"라는 구절을 찾아볼 수 있다. 아리따운 아내와 어린 아들에 대한 시인의 깊은 사랑과 흐뭇한 마음을 느낄 수 있다.

梓 가래나무 재

童 아이 동

'梓童'은 '細君'과 유사한 호칭이다. 역사적으로 '梓'자가 '子'와 서로 음이 통용되기 때문에 '梓童'을 '小童(소동: 어린아이)'으로 간주하기도 한다. 하지만 다른 각도에서 보자면 고대의 '喬梓(교재: 아버지와 아들)'가 '梓童'의 내원이라고 보는 것이 더 타당하다. 『상서대전尙書大傳』에 따르면 남산 양지바른 언덕에 크고 높고 큰 나무(喬樹)가 있고 북쪽 언덕에는 생장이 늦은 작고 왜소한 나무(梓木)가 있는데, 두 나무가 서로 올려다보고 내려다보는 모습이 마치 아버지와 아들 같다는 대목이 나온다. 그 때문에 나중에는 '喬梓'라는 단어로 아버지와 아들을 지칭하게 되었다. 예컨대 『수호후전水滸後傳』에서는 "나는 말 한 필로 도망을 쳤는데 다행히 지혜로운 부자(喬梓)를 만나 어려움에서 벗어날 수 있었다"라는 구절이 나온다.

이렇게 볼 때, '梓童' 역시 크고 작음의 대비에서 기원한 호칭일 가능성이 크다. 단지 이런 호칭이 기본적으로 황실의 전권에 독점되면서 백성들은 사용할 수 없었을 뿐이다.

六. 겸손한 배우자 호칭

남편과 아내의 호칭에 담긴 내려다보고 우러러보는 관계는 서로에 대한 애정의 발로인 동시에 사회관념과 문화전통의 체현이라 할 수 있다. 예컨대 역사적으로 아내에 대한 어떤 호칭에는 그녀들 자신에 대한 호칭이 담겨 있다. 따라서 실제로는 중국 전통문화에서의 겸양의 습속을 반영하는 것이라 할 수 있다.

페미니스트들에게는 다음과 같은 호칭들이 일고의 가치도 없을 것이고 심지어 경멸의 대상일 것이다. 예컨대 荊釵(형채), 拙荊(졸형), 荊人(형인), 荊室(형실), 荊婦(형부), 山荊(산형), 賤荊(천형), 執帚(집추), 渾家(혼가) 등이다.

글자로만 따지자면 이런 호칭들은 확실히 눈에 거슬리고 어떤 의미에서는 봉건시대의 여성 천시 전통을 반영한다고 할 수 있다. 하지만 다른 한편으로 중국인들의 처세철학에는 자신을 낮추고 남을 높이는 습속이 있었다. 거대한 저택과 마당을 갖고 있고 누대와 정자까지 갖춘 집에서도 손님이 찾아오면 "누추한 곳을 찾아주셔서 영광입니다"라고 말하곤 한다.

따라서 '賤荊' 등의 호칭은 종종 정말로 아내를 미천하고 저열한 존재로 보는 것이 아니라 남들 앞에서 몸을 낮춤으로써 상대방을 높이는 방법에 다름 아니다. 이는 얼굴 표정을 바꿔 상대방의 환심을 사려는 심리와 같다. 예컨대 과거에 급제한 아들을 자랑스럽게 여기면서도 그런 아들을 남들 앞에서 '견자犬子'라고 부르는 것이다.

荊
모형나무 형

'荊'자는 자라서 가시가 나는 관목을 지칭한다. 이런 식물은 특별한 것이 없기 때문에 힘들이지 않고 쉽게 얻을 수 있다. 따라서 평민을 지칭하는 데 흔히 쓰인다.

천성적으로 훌륭하고 아름다운 자질을 가진 평범하고 꾸밈이 없는 묘령의 아가씨가 시냇가에서 빨래를 하고 있다고 가정해보자. 이런 아가씨를 '荊釵'라는 호칭으로 부른다 해서 이 아가씨를 미천하고 지위가 낮은 하녀라고 상상할 수 있겠는가? 요컨대 이른바 '荊釵'라는 호칭은 타인의 면전에서 쓰는 겸손의 표현으로서 자신의 아내가 특별히 화려하거나 부유하지 않은 평범한 부녀자임을 나타낸다.

釵
비녀 채

'釵'자의 최초 자형은 '叉(차)'이고 갑골문 자형은 ᕕ이다. 손가락을 서로 깍지 낀 모양으로 '교차'를 의미했으나 나중에는 '叉(깍지)' 모양의 모든 사물을 지칭하게 되었다. 머리장식인 '釵(비녀)'는 '叉'자에 '金'자가 더해진 것으로 점차 비녀를 지칭하는 의미로 굳어졌다. 예컨대 백거이의 「장한가」에는 "오직 옛 물건으로 깊은 정을 표하려 하니, 자개상자와 금비녀를 보내겠다고 했지唯將舊物表深情, 鈿合金釵寄將去"라는 구절이 나온다. 여기서 자개상자는 여인들의 머리장식물을 보관하는 함을 말한다.

실제로 '釵'자보다 이런 의미가 더욱 분명한 한자로 '簪(잠)'자가 있다. 고대 중국에서는 여자 나이가 15~16세가 되면 '급잠及簪'의 예를 올려 머리를 묶고 비녀를 꽂음으로써 이때부터 혼인을 거론할 수 있다는 것을 나타냈다.

'拙'자의 뜻은 서투르고 좋지 않다는 것이다. 또한 '賤'자의 뜻은 가치가 높지 못하고 저렴하다는 것이었으나 나중에는 비겁하고 누추한 모든 것을 지칭하게 되었다. 따라서 '拙荊(졸형)'이나 '賤荊(천형)'은 본질적으로 '荊釵'와 완전히 같다고 할 수 있다. 마찬가지로 이런 상황에 속한 호칭으로 '荊人', '荊室', '荊婦', '山荊' 등이 있다.

'執帚(집추)'의 뜻은 대단히 직설적이다. 다름 아니라 청소도구를 들고 집안일을 하는 것을 나타낸다. '執'자의 갑골문 자형은 ♝으로서 사람이 손에 사물을 쥐고 있는 모습을 나타낸다. '帚'자의 갑골문 자형은 ♟로서 청소하는 형상을 나타낸다. 아내를 '執帚'로 부른 것은 가사를 담당하는 여성의 책임을 분명하게 나타내는 일이라 할 수 있다. 가사노동이 아내들의 주요 사회적 역할이었던 것이다. 예컨대 청나라 왕유정王猷定의 『탕비파전湯琵琶傳』에서 "첩이 10년을 과부살이를 하면서 어머니에게 의지하다가 어머니가 돌아가시자 다른 사람에게 몸을 기탁하고 싶었으나 적절한 사람을 찾지 못하고 키와 빗자루를 들고 다른 남자의 아내가 되고자 했다(愿執箕帚爲君婦)"라는 기술을 찾아볼 수 있다. 여기서 '키와 빗자루를 들고자 했다愿執箕帚'라는 말의 고대의 함의는 시집을 가서 아내가 되겠다는

拙
졸한 졸

賤
천할 천

執
잡을 집

帚
비 추

것이었다. 그래서 그 뒤에 이어지는 '爲君婦(위군부)'는 중복인 셈이다. 제대로 하자면 "아내가 되어 키와 빗자루를 들고자 했다願爲君婦執箕帚"라고 해야 할 것이다.

渾
호린 혼

'渾'자의 최초 의미는 비교적 큰 물줄기가 공중으로 치솟는 소리를 나타내는 것이었으나 나중에는 물줄기가 합쳐지는 것을 지칭하게 되었다. 예컨대 청나라 부택홍傅澤洪의 『행수금감行水金監』(수리水利의 원칙과 감시)에서는 "제수濟水의 물길을 바꾸고 나서 포대蒲臺 동쪽을 거친 황하와 합류하여(與河渾濤) 거대한 물줄기를 이루어 바다로 흘러갔다"라고 기술하고 있다. '회합'의 의미에서 더 많고 더 완전하다는 뜻으로 확대된 이 글자는 나중에 '전부'라는 뜻도 지니게 되었다. '온몸이 땀(渾身是汗)' 같은 표현을 예로 들 수 있다. 따라서 '渾家(혼가)'는 '全家(전가: 집안 전체)'와 같은 의미로 쓰이면서 아내가 집안 전체의 일을 담당하는 사람이라는 것을 암시하게 되었다. 예컨대 현대 문학이론가 구추백瞿秋白의 『문예잡저文藝雜著』라는 책에서는 "그는 갑자기 집안 전체(渾家)를 깨웠지만 식구들 모두 손을 구부려 그의 돼지 귀를 잡았다 놓고 전부 다시 잠들었다"라는 표현을 찾아볼 수 있다.

아내는 집안일을 담당하고 남편은 집 밖의 일을 담당하는 현상에는 남녀의 분업만 존재하는 것이 아니라 갖가지 즐거움도 내포되어 있다. 또한 남편과 아내에게는 훨씬 더 중요한 사명이 주어진다. 다름 아니라 집안의 대를 잇는 것이다. 그 때문에 대부분의 부부는 언젠가는 누군가의 아버지가 되고 누군가의 어머니가 된다.

제 15장

모든 사람에게
가장 친근한 호칭

이번 장에서는 다음의 한자들에 대해 이야기를 나누려고 한다.

父	母	媽	娘	爺	爸	爹
아비 부	어미 모	어미 마	아가씨 낭	아비 야	아비 파	아비 다

公	翁	媼	嫗	喬	岳	丈
공공연할 공	늙은이 옹	할미 온	할미 구	높을 교	큰산 악	어른

繼	考	老	妣	嚴	慈	尊
이을 계	상고할 고	늙을 로	죽은어미 비	엄할 엄	사랑할 자	높을 존

椿	萱
참죽나무 춘	원추리 훤

一. 나를 낳고 길러주신 부모님

고대 중국의 전통에서는 '동방화촉洞房華燭'이 '과거에 급제하여 이름이 방에 오르는 것(金榜題名)'보다 훨씬 더 중요한 인생의 대사이자 기쁜 일이었다. 귀족이나 거상이든 평범한 백성이든 간에 부부가 예로써 결합하여 가정을 이루고 동방에 붉은 대추와 땅콩, 용안龍眼 열매, 연꽃 열매 같은 상징물들이 가득한 광경은 신혼 부부에 대한 뜨거운 축복과 아름다운 가정이 지속되고 후세가 번성하기를 기원하는 사람들의 마음을 잘 표현하고 있다.

세월은 빠르게 흘러 자신도 모르는 사이에 새로운 생명이 어머니의 배 속에 잉태되고 오이가 다 익으면 꼭지가 떨어지듯이 아기의 우렁찬 울음소리가 부부의 역할에 새로운 문화를 예고한다. 이때부터 인간 세상에는 자녀를 보호하면서 바람과 비를 막아줘야 하는 어머니와 아버지라는 존재가 새로 탄생하게 된다.

父
아비 부

'父'자는 아주 재미있는 글자로 그 갑골문 자형은 **ᚽ**이다. 한 손에 막대기를 높이 든 모습이라고 할 수 있다. 글자의 연원으로 살펴볼 때, 이 글사는 막대기 같은 물건으로 가볍게 때린다는 뜻의 '攴(복: 때로는 '攵'으로 쓰기도 한다)'과 대단히 가깝다. 그렇다면 손에 작은 막대기를 든 형상은 감독과 재촉을 상징하고 사람들에게 뭔가를 경계하면서 어떤 행위를 하게 하는 것을 의미할까? 아니면 작은 막대기가 그저 명령을 내리는 표식으로서 군중을 이끄는 통수를 의미하는 것일까?

사실 채찍이나 막대기를 휘두르는 것은 어떤 행위에 대한 감독과 재촉일 수도 있고 솔선수범으로 행동의 방법을 제시하는 것일 수도 있다. 앞에서 제시한 갑골문이 충분히 암시하고 있듯이 이는 가장의 권위를 수립하는 것이라 할 수 있다. 그래서 '父'자의 최초 의미는 한 집안의 수장인 '부친'이었다.

'母'자의 갑골문 자형은 𩑣이다. '父'자에 비해 가장의 위엄은 덜하지만 여성으로서의 자애가 넘친다. 쪼그려 앉은 상태에서 포유기관이 돌출된 여성의 형상이 한 세대를 젖을 먹여 기르는 어머니의 위대함을 생동감 있게 묘사하고 있다. 이 글자의 최초 의미는 자녀를 낳아 기르는 '어머니'였다.

母
어미 모

모든 개인에게 부모는 일생을 통해 가장 가까운 가족으로서 자신을 세상에 태어나게 하고 일정 시대와 접촉할 수 있는 소중한 인연을 제공한 사람들이다. 그렇기 때문에 『사기』에서는 "부모는 인간의 기본이다"라고 천명하고 있다. 생명에 대한 부모의 결정적이고 중요한 역할 때문에 '부모'는 나중에 만물의 본원이라는 파생적 함의도 갖게 되었다. 예컨대 『상서』에는 "하늘과 땅은 만물의 부모다"라는 기록이 남아 있다. 확실히 부모는 우리 마음속의 하늘과 땅이라 할 수 있다.

사실 '母'자는 원래 세상만물의 근원을 의미했다. 예컨대 노자의 『도덕경』에서는 "천하의 만물은 도道에서 시작되었다. 이것이 바로 만물의 본원이다. 이 본원을 잘 지키기만 하면(復守其母) 평생 위험한 일을 당하지 않을 것이다"라고 설명하고 있다. 또한 우리가 흔히 말하는 '자모字母'나 '효모酵母' 같은 단어에서도 '母'자는 근원을 의미한다.

'父'자는 '아버지'라는 의미에서 확장되어 나중에는 존귀한 사람이나 연장자, 어떤 사물의 창시자에 대한 호칭으로 쓰이기도 했다. '師父(사부)'나 '伯父(백부: 나이 든 성인 남성에 대한 존칭)', '국부國父' 같은 단어가 대표적인 예다.

또한 '父'자는 때때로 다른 동물의 웅성雄性을 나타내기도 한다. 예컨대 북위의 가사협은 『제민요술』에서 "수말(父馬)이 많은 상황에서는 말구유와 마구간을 많이 준비하여 따로따로 수용해야만 서로 싸우는 것을 피할 수 있다"라고 지적한 바 있다.

중국어에서 '父'자는 독음이 여러 개인 글자라 3성으로 읽을 경우 나이가 많거나 존경하는 남성을 나타내거나 남성 전체를 미화하는 호칭으로 쓰이기도 한다. 예컨대 당나라 시인 왕유는 「정주에 묵다宿鄭州」라는 시에서 "농부는 풀숲 끝에서 돌아오고 마을 아이는 빗속에서 가축을 돌보네田父草際歸, 村童雨中牧"라고 노래하고 있다. 여기서 '田夫(전부)'는 늙은 농부를 의미한다.

실제로 중국인들의 편지에서는 상대방에 대한 존칭으로 '臺甫(대보)'라는 단어를 종종 볼 수 있다. 여기서 '甫'는 '父'와 통용되는 글자로서 남성에 대한 일반적인 미칭이다. 이와 유사한 예로 '중보衆甫'라는 단어를 들 수 있다. 예컨대 송나라 때 유학자였던 주희朱熹와 은사隱士였던 유온劉韞이 주고받은 시에 "먼 곳에 있는 여러 현자들께 감사의 뜻을 전한다超搖謝衆甫"라는 구절이 있다.

부모는 우리를 낳고 길러주는 가장 가까운 가족이다. 우리는 항상 부모를 부를 때 직접 '아버지' 혹은 '어머니'로 부른다. 그럼 평소에 부모에 대한 호칭은 어떨까?

二. 아버지와 어머니에 대한 호칭

영아가 출생 이후 만월(滿月: 태어난 지 한 달이 됨), 백일, 돌 등의 단계를 거치면 대개 말을 배우는 단계로 접어들게 된다. 일반적인 상황에서 영아가 가장 먼저 내뱉는 의미 있는 말은 대부분 '엄마'다.

어머니가 된 모든 여성은 이처럼 인생의 첫 번째 기묘한 순간에 도달할 때마다 폐부에 온갖 감정의 소용돌이가 일게 된다. 어머니들의 내면세계에는 열 달 동안 아기를 품었던 기억이 깊이 각인되어 있다. 처음 엄마가 되면 생명 지속의 기쁨을 느끼게 되고 '어머니'라는 생명의 가장 감동적인 호칭을 듣게 된다. 눈가에 뜨거운 눈물이 고이고 기쁨이 절정에 이르는 순간 뺨을 타고 흘러내린다. 이 순간 어머니들이 갖는 진실하고 간절한 마음의 상태는 그 무엇으로도 정확히 표현해낼 수 없을 것이다.

오늘날 중국에서 어머니에 대한 아이들의 가장 보편적인 호칭이 '엄마(媽媽)'라는 사실에는 의심의 여지가 없을 것이다. 심리학자들의 연구에 따르면 그 주요 원인은 'ma(마)'라는 음이 발음하기 가장 쉽기 때문이라고 한다. 'ma'라는 소리는 복잡한 발음기관이나 발음 방법이 필요치 않고 두 입술을 벌리기만 하면 되기 때문이다. 게다

媽
어미 마

가 이런 현상은 전 세계 어느 지역, 어느 나라에서도 공통적으로 나타나고 있다. 영어권 국가의 아동이나 제1언어가 영어인 지역의 아동들은 엄마를 부를 때 'mom/mommy(미국식 영어)' 혹은 'mum/mummy(영국식 영어)'라고 부른다. 인류 언어의 본원적 측면에 공통 요소가 있는 것을 알 수 있는 대목이다.

하지만 중국어에서는 현재 사용되고 있는 '媽(마)'가 어머니를 부르는 최초의 호칭이었다는 기록이 없다. 고증에 따르면 어머니를 부르는 호칭으로 가장 먼저 나타난 한자는 역시 '母'였다. 단지 시간이 지나면서 어머니를 부르는 호칭인 '母'의 독음에 분화가 일어나 고대에 이미 어머니를 부르는 호칭에 'ma'라는 발음이 나타났던 것이다. 연구결과에 따르면 '엄마'라는 의미를 기록하는 한자로 일찍이 '媽(마)'와 '嬤(마)', '嫫(모)', '姥(모)', '姆(모)' 등의 한자가 사용되었다고 한다. '媽'자는 원래 어미 말을 의미하는 글자였다. 그렇기 때문에 고대 중국에서는 종종 '馬'자와 통용되는 양상을 보이기도 했다. 지금도 중국 남부지방에서 여신으로 추앙되는 '마조媽祖'를 '馬祖'와 혼용하고 있다.

'媽'와 마찬가지로 어머니에 대한 호칭으로서 역사적으로 비교적 오래 사용되고 있는 글자로 '娘'자가 있다.

娘
아가씨 낭

'娘'자는 맨 처음에는 모든 여성, 특히 젊은 여성을 지칭하는 글자였다. 예컨대 고대 악부시樂府詩의 하나인 「자야가子夜歌」에서는 "웃음을 머금고 기뻐하는 그대 얼굴 보니, 그대와 더욱 부부가 되어 살고 싶네見娘喜容媚,願得結金蘭"라는 구절이 있다. 이 글자는 나중에 위진남북조시대에 이르러 어머니에 대한 호칭으로 쓰이기 시작했다. 예컨대 「목란시」에서 "아침에 아버지, 어머니께 작별인사를 드리고旦辭爺娘去"라는 구절이 있는데, 여기서 '娘'은 어머니에 대한 호칭임에 틀림없다.

'娘'이 일반 여성 전체를 지칭하는 단어로 쓰이는 경향은 현대 중국어에도 아직 남아 있다. '廚娘(주낭: 여성 주방장)'이나 '紅娘(홍낭: 중매쟁이)', '老板娘(노판낭: 상점이나 음식점의 여주인)' 등이 그 예다.

또한 중국 역사에서는 '姐(서)', '娣(제)', '家(가)', '社(사)' 등의 한자도 일정 시기에 어머니를 지칭하는 단어로 사용되었다. 예컨대 『설문해자』에서는 "촉蜀 지방에서는 어머니를 '姐'라고 칭했고 회하淮河 이남 지역에서는 어머니를 '社'라고 불렀다"라고 기록하고 있다.

「목란시」에서 '娘'에 관한 시구들을 살펴보면 당시 부친에 대한 호칭이 '爺(야)'였음을 알 수 있다.

'爺'자의 최초 의미는 부친을 지칭하는 것이었다. 「목란시」나 두보의 「병거행」 같은 고대 문헌에서는 '耶'자를 쓰기도 했지만 나중에 기본적으로 '爺'로 정착되었다. 예컨대 당나라 시인 백거이의 「신풍땅 팔 부러진 노인에게新豊折臂翁」 같은 시에서는 "마을 남쪽과 북쪽이 온통 곡소리로 슬픈데, 자식은 부모와 이별하고 남편은 아내와 이별하네南村北村哭聲哀, 兒別爺娘夫別妻"라고 노래하고 있다.

爺
아비 야

좀더 후대로 가면서 '爺'자는 아버지를 지칭하던 것에서 점차 세대를 거슬러 올라가 조부와 조부 세대의 남성을 지칭하게 된다. 그리고 이런 의미는 오늘날까지 이어지고 있다. 지금도 중국에서는 할

아버지를 '爺爺(야야: 중국어로는 '예예'로 발음한다)'라고 부른다.

또한 '爺'자는 나중에 연장자 혹은 지위가 아주 높은 남성을 지칭하는 호칭, 심지어 신이나 부처를 지칭하는 호칭으로도 쓰여 존경을 나타내게 되었다. 예컨대 '大爺(대야: 어르신)', '張爺(장야: 장씨 어른)', '官爺(관야: 정부 관원)', '소야(少爺: 도련님)', '노천야(老天爺: 하느님)', '토지야(土地爺: 토지신)' 등이 그렇다. 물론 어떤 상황에서 자신을 내세울 때 자신을 가리키는 호칭으로 쓰이기도 한다. 예컨대 노사老舍의 소설 『낙타상자駱駝祥子』에서 "이제 여기 이 어르신은 없고 어르신의 자리만 남았다"라고 말하는 대목이 있다. 여기서 '이 어르신'은 자신을 지칭하는 말이다.

'爺'자에 비하면 '爸'나 '爹'는 줄곧 부친을 의미하는 호칭으로만 쓰였고 지금까지도 사용되고 있다. 또한 이 두 글자는 의미상으로 아주 가까울 뿐만 아니라 기원에도 많은 공통점을 지니고 있다. 고증에 따르면 이 두 가지 호칭 모두 고대 한족이 거주하던 일부 지역 혹은 소수민족 언어에서 온 것이라고 한다. 예컨대 『강희자전康熙字典』에서는 "오랑캐 언어에서는 노인을 '八八' 혹은 '巴巴'라고 하는데 나중에 여기에 '父'자를 더해 '爸'자가 되었다. 오吳 지방에서는 아버지를 '爸'라고 한다", "형토荊土 방언으로는 아버지를 '爹'라고 했고 강족 사람들도 아버지를 이렇게 불렀다"라고 설명하고 있다.

지금까지의 설명을 통해 우리는 중화민족 대가족의 공통 언어와 중화문화가 서로 다른 지역, 다른 민족이 공동으로 창조해낸 인류 문명이고 중국 대륙에서 생활하는 모든 사람이 화하 자손의 공동

爸
아비 파

爹
아비 다

재산이라는 점을 확인할 수 있다. 물론 중국 대륙 전체를 놓고 보자면 각 민족은 사실 부모에 대한 특별한 호칭을 지니고 있다. 그리고 그 다양하고 방대한 내용은 이 책에서 다 다루는 것이 불가능하다. 따라서 우리는 그저 한자가 기록하고 있는 일부 사료에 근거하여 부모와 관련된 호칭의 근원과 현상을 살펴볼 뿐이다.

三. 영원한 부모

먼 조상에서 시작하여 오늘날에 이르기까지 사실 인간은 이미 자신의 힘으로 전환시킬 수 없는 객관적 현실을 의식하게 된다. 다름 아니라 부모와 우리가 함께 생활할 수 있는 시간이 제한적이라는 점이다. 그래서 중화 전통문화에서의 '효도' 외에 중국인 조상들은 부모가 살아계실 때 혹은 사후 100년이 지나서도 그분들을 부를 수 있는 특별한 호칭을 창조해냈다.

우선 자녀들이 부모의 슬하에 있는 천륜의 행복한 광경을 살펴보자. 태사의(太師椅: 중국의 전통가구로 팔걸이가 있는 나무의자의 일종)에 한 중년 남자가 단정한 자세로 앉아 있다. 그는 연장자로서 말을 하거나 웃음을 보이지는 않지만 마음속에 즐거움이 가득하다는 것을 알 수 있다. 이것이 바로 보통 중국인 아버지들의 모습이다.

아버지에 대한 호칭은 앞에서 이미 설명했지만 춘추전국시대로 거슬러 올라가면 '公'이라는 단어를 찾아볼 수 있다. 예컨대 『전국책』에는 "장의張儀가 진진陳軫을 묶어 구금할 생각으로 위왕魏王에게 거짓으로 그를 불러다가 재상의 자리에 앉힐 것을 제안했다. 하지만 실제로는 진진이 부름에 응해 가려고 하자 아들 진응陳應이 아버지를 만류했다"라는 기록이 남아 있다.

公
공공인할 공

'公'자의 갑골문 자형은 〴으로서 상단의 '八(팔)'과 하단의 '厶(사)'로 구성되어 있다. 이 글자의 맨 처음 의미는 '공정한 분배'와 공평무사였다. 이 글자의 자형은 옛 중국인들이 글자를 만들던 지혜를 잘 반영하고 있다. '八'자의 최초 의미는 분리 혹은 이탈이었고 '厶'자는 '私(사: 사사로움)'의 최초 형태이기 때문이다. 위아래 두 부분이 합쳐져 사심이나 사익에서 멀어짐을 나타낸다. 이것이 '公'자의 가장 기본적인 함의다.

'공평'이나 '공정' 등의 의미는 항상 대중을 겨냥한 개념이기 때문에 '公'자는 나중에 '공공의', '대중적인' 등의 의미를 갖게 되었다. '公款(공금)', '公共事務(공공사무)' 같은 단어를 예로 들 수 있다. 나중에는 공중업무를 처리하는 사람들도 '公'이라 불리기 시작했다. '公卿(공경: 고위관리)' 같은 단어가 그 예다. 한 가정의 주인인 부친도 어떤 의미에서는 가정에서 여러 일을 판할하고 처리하는 주역이고, 이런 일들은 모든 가정 성원 공통의 일이기도 하다. 따라서 '公'자가 나중에 '부친'의 의미를 나타내게 된 것은 대단히 자연스럽고 이치에 부합하는 일이라 할 수 있다. 마찬가지 이치로 '公'자는 여성의 남편의 부친인 '시아버지(公婆)'도 의미하게 되었다.

자형에 '公'자가 포함되어 있는 글자로 '翁'자가 있다. 이 글자도 부친이라는 의미로 쓰인 바 있다. 예컨대 『사기』에서는 서초패왕 항우와 한 고조 유방의 이야기를 다루면서 항우가 일찍이 부하 병사들이 밥을 먹지 못하게 되자 유방의 부친을 살해하겠다고 위협했을 때 뜻밖에도 유방은 "우리가 형제가 되기로 약속했으니 나의 아버지(翁)는 바로 너의 아버지이기도 하므로 너의 아버지를 죽여 삶아 먹게 되면 내게도 국물 한 그릇쯤 맛보게 해달라"라고 말하는 장면을 핍진하게 묘사하고 있다. 이는 유방의 남다른 담력과 지혜를 표현한 이야기지만 난세 영웅의 거친 언사는 우리로 하여금 할 말을 잃게 만든다.

'翁'자가 일찍이 부친을 지칭하긴 했지만 맨 처음 의미는 새의 목에 난 깃털을 나타내는 것이었다. 당나라 때의 학자 현응玄應은 『일절경음의一切經音義』라는 책에서 "새의 머리에 난 털을 '翁'이라고 한다. '翁'은 몸의 맨 윗부분을 의미한다"라고 설명한 바 있다. 현대 중국어에서 '白頭翁(백두옹: 일락할미새)', '信天翁(신천옹: 알바트로스과의 새 이름)' 같은 새 이름에 들어 있는 '翁'자도 바로 이런 의미다.

'翁'자로 부친을 나타내게 된 것은 '公'자에 의해 차용된 결과다. 하지만 '翁'자의 최초 의미를 자세히 따져보면 조류의 목에 난 깃털과 사람의 수염의 관계든, 아니면 새의 머리에 감춰져 있는 가장 높은 자리라는 의미든 간에 이 글자 자체의 발전 맥락에서 부친을 지칭하는 의미가 파생된 것인지도 모른다.

'翁'자와 자주 함께 쓰이면서 모친을 의미하는 글자로 '媼'자가 있다. 예컨대 송나라 때 시인 육유는 「길을 가다 한데 모여 술을 마시

翁
늙은이 옹

媼
할미 온

는 농민들을 만나다道上見農民聚飮」라는 시에서 "집집마다 조세를 내고 나면, 봄술로 영감과 노파들의 장수를 기원하네家家了租稅, 春酒壽翁嫗"라고 노래한 바 있다.

'嫗'자의 최초 의미는 노년의 여자들을 지칭하는 것이었으나 나중에는 나이 든 모친을 의미하게 되었다. 이 글자 오른쪽의 '昷(온)'은 그릇에 음식을 담아 죄수에게 건네는 것을 나타내면서 인의仁義의 의미를 지녔다. 그래서 '嫗'자도 인자하고 의로운 여성을 의미하게 되었다. 이는 의심의 여지없이 천하 모든 어머니의 가장 진실한 표현일 것이다.

嫗
할미 구

'嫗'자와 의미가 비슷하면서 역시 어머니를 의미하는 글자로 '嫗'자가 있다. 예컨대 『한서』 같은 문헌기록에 따르면 본적이 동해인 엄嚴씨 오형제가 있었다고 한다. 어머니의 교육방법이 뛰어나 오형제 모두 벼슬길에 올라 봉록이 2,000석에 달하고 직위가 부승상 혹은 큰 기관의 주무관에 해당하는 높은 관직을 얻었다고 한다. 덕분에 그 어머니에게는 '만식임구萬石嚴嫗'라는 칭호가 붙었다.

'嫗'자 자체에는 체온으로 어린 자식을 따스하게 하거나 새의 알을 부화시킨다는 함의가 담겨 있다. 그래서 이 글자는 어머니라는 의미를 갖는 동시에 '嫗'자와 마찬가지로 절묘하게 어머니의 큰 사랑과 위대함을 나타내기도 한다.

어머니의 거대한 사랑은 마음에 새길 만하다. 그렇다면 아버지의 사랑은 그렇지 않은 걸까? 부모님의 사랑은 우리 곁에서 멀어져도 항상 기억하게 된다. 부모의 형상과 이미지가 이미 우리 마음에 깊이 새겨져 있고 동양 전통문화의 옥토에 깊이 뿌리를 내리고 있기 때문이다.

앞 장에서 부부의 호칭에 관해 언급하면서 '梓童'과 '喬梓'라는 단어로 부자父子를 나타낸 바 있다. 고대에는 '喬'자가 확실히 '아버지'라는 이미지를 갖고 있었던 것이 분명하다.

'喬'자의 금문 자형은 𠐍로서 크고 높은 것을 나타낸다. 예컨대 『시경』에는 "산에는 거대한 소나무(喬松)가 있다"라는 구절이 있다. 이 글자는 항상 크고 높은 것을 표현하다 보니 역사적으로 '橋(교)'로 표기하기도 했다. 하지만 청나라 학자 단옥재의 견해에 따르면 이처럼 한자의 구성상 왼쪽 부분인 편과 오른쪽 부분인 방이 증가된 것은 전부 식견이 짧은 사람들의 소행이라고 한다. '喬'는 양지에서 자라기 때문에 나무의 형태가 크고 높은 데다 음지에서 자라 체형이 작은 '梓(재: 가래나무)'와 비교하면 '자녀들 마음속의 부모'라는 우언적 의미를 갖게 된 것이다.

喬
높을 교

'喬'자와 마찬가지로 크고 높다는 의미를 지니면서 부모와 연관이 있는 글자로 '岳(악)'자도 있다. 단지 이 글자는 아내의 부모를 나타내는 데만 쓰일 뿐이다.

'岳'자의 갑골문 자형은 𡶼으로서 높이 솟은 봉우리를 나타낸다. 이 글자가 왜 아내의 부모를 지칭하게 되었는가 하는 의문과 관련해서 중국 민간에 전해 내려오는 이야기가 하나 있다.

岳
큰 산 악

당 현종 이융기李隆基가 '봉선(封禪: 고대 중국에서 제왕이 태산泰山에 가서 천지에 제사를 지내는 전례)'을 위해 태산을 찾으면서 장항張頊을 봉선사로 임명했다. 그러자 장항은 이런 기회를 놓치지 않고 자신의 사위 정감鄭鑑의 관직을 9품에서 5품으로 올려주었다. 현종이 이런 사실을 알아채고 정감을 직접 대면하여 추궁하자 그는 곧장 얼굴이 귀까지 새빨개지면서 아무 말도 하지 못했다. 당시 같은 자리에 있던 관원이 조롱하듯이 웃으면서 말했다. "이것이 바로 태산의 힘이지요." 그 뒤로 사람들은 아내의 아버지를 '태산'이라 부르게 되었고, 태산은 또 5악 가운데 하나라 '岳父'라는 단어가 생겨나게 되었으며, 이어서 아내의 어머니를 지칭하는 '岳母'라는 단어도 생겨나게 되었다.

丈
어른 장

'岳父'는 일반적으로 '장인丈人'이라 불리기도 하는데, 여기서 '丈'자는 연장자의 '長'자와 지팡이를 뜻하는 '杖(장)'자와 독음이 유사하기 때문에 '丈'자는 나중에 이 두 가지 뜻을 다 갖게 되었다. '長'은 말할 것도 없고 '杖'은 일반적으로 연장자의 상징이다. 중국인들에게는 여태군(余太君: 북송의 명장 양업楊業의 아내로서 대표적인 여전사로 알려져 있다)이 손에 지팡이를 들고 있는 모습이 낯설지 않을 것이다. 따라서 '丈人'은 사실 맨 처음에 연장자에 대한 존중을 나타내는 단어였으나 나중에 '岳父'에게 전이되면서 장모, 장인을 지칭하는 '장모랑丈母娘', '노장인老丈人' 등의 단어가 생겨나게 되었다.

장인, 장모가 완전히 혼인으로 발생하는 관계인 것처럼 혼인으로 생겨난 또 다른 관계로 '계부모繼父母'가 있다.

繼
이을 계

'繼'자의 금문 자형은 🧵로서 비단실이 이어져 있는 것을 나타낸다. 그렇다면 계부모는 친생 부모를 잇는 부모라고 할 수 있을 것이다. 계부모의 출현에는 여러 가지 원인이 있겠지만 그 가운데 가장 슬픈 것은 친생 부모가 세상을 떠나는 것이다.

친부모가 세상을 떠나면 가족들은 고인들이 저세상에서 평안하기를 기원하는 마음에서 묘비명을 새김으로써 슬픈 마음을 기탁한다. 사실 이는 부모를 향해 애환을 토로할 수 있는 공간을 마련하려는 것에 다름 아니다.

중국의 수많은 묘비명에서는 자녀들이 새겨놓은 '考妣(고비)'라는 단어를 볼 수 있다.

'考'자의 갑골문 자형은 🦴로서 머리가 긴 노인이 지팡이를 짚고 있는 모습을 형상화하고 있다. 맨 처음 의미는 '나이가 많거나 늙은 사람'을 지칭하는 것이었으나 나중에는 세상을 떠난 부모를 지칭하게 되었다. 예컨대 『이소』에는 "나는 황제인 고양씨의 후예이며, 백용의 아들이다帝高陽之苗裔兮, 朕皇考曰伯庸"라는 구절이 나온다.

考
상고할 고

'考'자와 자형뿐 아니라 의미도 비교적 유사한 글자로 '老'자가 있다. '老'자의 갑골문 자형은 🦴로서 역시 노인이 지팡이를 짚고 있는 형상이고 의미 또한 나이가 많거나 늙은 것을 나타낸다. 나중에 이 글자는 부모도 지칭하게 되었다. 물론 세상을 떠난 부모만 지칭하는 것은 아니다. 예컨대 송나라 장효상張孝祥은 「자고새의 하늘鷓鴣天 · 노모의 장수를 위해爲老母壽」라는 글에서 "불초한 자식들이 부모님께서 거북이처럼 장수하시고 하늘이 두 분의 귀밑머리를 다시 푸르게 해주시기를 기원합니다"라고 기술하고 있다. 부모님이 영원히 젊음을 유지할 수 있기를 바라는 자식들의 진한 애정이 잘 드러나 있다.

老
늙을 로

妣
죽은 어미 비

하지만 다소 모순된 일이긴 하지만 자녀들이 부모의 장수를 기원함에도 불구하고 한자에는 '세상을 떠난 어머니'라는 의미의 글자 '妣'가 있다. 이 글자의 최초 의미는 고인이 된 어머니를 지칭하는 것이었다. 예컨대 명나라 유학자 방효유方孝孺는 「동려의 두 손 선생 묘비문을 읽고 나서 글을 쓰다題桐廬二孫先生墓文後」라는 글에서 "슬퍼서 흐느낌이 노모를 잃은 것과 같네如失考妣"라고 기술하고 있다.

四. 강함과 부드러움을 두루 갖춘 부모

부모를 잃는다는 것은 확실히 가슴이 찢어지는 인생의 고통이 아닐 수 없다. 고통이 깊어지다 보면 지나간 날들이 주마등처럼 눈앞에 펼쳐진다. 단지 우리의 일생을 따스하게 해주었던 그 목소리와 웃는 모습을 잡을 수 없을 뿐이다.

주위가 완전히 고요해진 밤에 등 불을 앞에 놓고 문채와 인품과 기질이 전부 아름다웠던 중국의 산문가 주자청朱自淸의 명문 「뒷모습背影」을 읽다 보면 자식 된 사람이라면 누구나 가슴이 따스해지면서 마음 한구석이 싸하게 아파옴을 느낄 것이다. 아들에게 귤 몇 개를 사주려고 철로를 넘어갔다가 돌아오는 길에 한쪽 다리를 높이 든 채 두 손으로 플랫폼을 짚고 기어오르는 뚱뚱한 아버지의 몸이 왼쪽으로 기운다. 아들을 위해 어떤 고생도 마다하지 않는 아버지의 뒷모습이다. 이는 이 세상 거의 모든 아버지들의 모습이기도 하다. 아버지의 사랑은 산과 같은 것이다!

하지만 남성으로서의 강인한 모습과 아버지로서의 깊은 사랑은 예로부터 지금까지 사회 전체에 '엄숙'과 '위엄'이라는 이미지로 체현되어왔다. 이것이 지난 수백 년 동안 고정된 아버지의 이미지다.

'嚴'자의 상단부는 '吅(훤)'으로 소리가 요란하고 시끄러운 것을 의미한다. 하단부는 '厰(감)'으로서 산세가 험준한 것을 의미하여 위아래를 합치면 상황이 긴박한 것을 나타낸다. 나중에는 사태가 긴박하다는 의미에서 점차 '엄중함'과 '위엄'의 의미로 발전했다. 아버지의 이미지는 줄곧 이런 의미와 연결되어왔다. 『삼자경』에서 "자식을 가르치지 않는 것은 아비의 잘못이다子不敎, 父之過"라고 했는데, '敎(교)'자의 오른쪽 '攵(복)'은 손에 자 같은 도구를 쥐고 있는 형상이다. 따라서 '嚴'자는 나중에 부친을 의미하게 되었다. 예컨대 중국의 유명작가인 파금의 소설 『가을』에는 "사촌형이 생각이 맞았다. 나는 원래 우리 아버지(家嚴)의 주장에 그다지 찬성하지 않았다"라는 대목이 나온다.

'엄한 아버지(嚴父)'에 상대되는 이미지는 당연히 '자애로운 어머니(慈母)'일 것이다. 당나라 시인 맹교孟郊의 「나그네의 노래游子吟」에서 "자애로운 어머니 손에 쥐고 있는 실과 바늘, 길 떠나는 아들이 몸에 걸칠 옷, 떠나는 날에 맞춰 어머니는 꼼꼼히 바느질을 하시면서 아들이 돌아올 날 늦어질까 걱정하시네慈母手中線, 游子身上衣, 臨行密密縫, 意恐遲遲歸"라고 노래한 것처럼 어머니는 줄곧 자상함과 인자함의 상징이었다.

嚴
엄할 엄

慈
사랑할 자

　'慈'자 상단부의 '茲(자)'는 초목이 무성한 것을 의미하는 동시에 자양분이 많은 것을 가리킨다. 하단부는 마음을 가리키는 '心'이다. 위아래를 합치면 '자애로운 마음'을 의미한다. 이리하여 평생 힘들게 가사를 돌보고 웃어른들을 섬기며 마음을 다해 자녀들을 보살피는, 추호의 부끄러움도 없는 어머니에게 '慈'라는 이름이 주어지는 것이다. 예컨대 송나라 시인 매요신梅堯臣은 「저주의 구양영숙에게寄滁州歐陽永叔」라는 시에서 "이곳에는 맛이 좋은 먹을 게 많아, 노모와 친척들을 봉양할 수 있네此外有甘脆, 可以奉親慈"라고 노래한 바 있다.

　예로부터 엄한 아버지와 자애로운 어머니의 존재는 땅과 하늘이 결합하고 산과 물이 어우러지며 부드러움과 강인함이 서로 잘 조화되는 것과 같았다. 그렇기 때문에 '嚴'자와 '慈'자는 항상 함께 붙어서 나타나곤 했다. 예컨대 『청사고淸史稿』에서는 "어려서 엄한 아버지와 자애로운 어머니를 잃으면 정성껏 키워줄 사람이 없어 의지할 데 없는 처량함이 말로 다할 수 없다幼失嚴慈, 撫育無人, 形影伶仃, 莫可言狀"라고 하여 부모 없는 고아의 쓸쓸한 모습을 핍진하게 묘사하고 있다.

　'嚴'이나 '慈'와 마찬가지로 부모를 지칭하는 글자로 '尊(존)', '堂(당)', '椿(춘)', '萱(훤)' 같은 글자들이 있다.

　먼저 한 가지 사례를 살펴보자. 청나라 때 유전되던 『설당說唐』이라는 소설 제8회에는 호한 진경秦瓊이 고모부 나예羅藝와 만나는 장면에서 나예가 "조카, 나는 자네 부친(令尊)께서 나라를 위해 너무 일찍 돌아가셨다는 생각이 드네"라고 말해 진경의 부친인 진이

秦彝 장군에 대한 애도의 뜻을 표하는 대목이 나온다.

'尊'자의 갑골문 자형은 으로서 두 손으로 기명을 받쳐 들고 있는 것을 나타내며, 맨 처음 의미는 제사나 손님접대에 쓰이는 술잔을 지칭하는 것이었다.

고대에 쓰였던 이 글자의 또 다른 자형은 算으로서 하단부의 '廾(공)'은 갑골문에서 으로 표기했다. 두 손을 펼친 모양이다. '尊'자에서 하단부를 '寸(촌)'으로 쓴 데는 대략 두 가지 의미가 있다. 하나는 '寸'자가 원래 수부手部와 관련이 있기 때문이라는 것이고, 다른 하나는 '寸'자가 계량단위의 함의를 지니고 있으므로 그 자체로 법도를 의미하기 때문이라는 것이다.

고대 중국에서는 예법과 규율을 매우 중시했고, 제사와 손님접대에 쓰이는 술잔은 이러한 예법과 규율을 드러내기에 가장 좋은 지표였다. 고대 중국에서 사용되었던 술잔의 종류와 이에 대응하는 당시의 복잡한 예법과 제도를 체감할 수 있을 것이다.

제사나 손님접대는 법도와 관련되어 있기 때문에 '尊'자도 '존중'과 '존귀'의 의미를 갖게 되었고, 나중에는 사람들로부터 존경을 받는 사람이나 신을 지칭하게 되었다. 예컨대 고대 중국에서는 항상 '구오지존九五之尊'이라는 단어로 제왕을 지칭했고 도가에서는 '도덕천존道德天尊'이라는 단어로 노자老子를 지칭했다. 또한 부친은 모든 사람의 마음속에 가장 존귀하고 존경받는 존재다. 그래서 '尊'자로 부친을 지칭하는 것은 대단히 자연스럽고 적절한 일이다.

'堂'자는 앞에서도 언급한 바 있지만 한 가정 혹은 가족이 거주하는 집의 한가운데 있는 마루를 지칭한다. 한 가족에게는 매우 표지성을 갖는 공간이라 할 수 있다. 그렇기 때문에 '堂'자로 모든 가사와 내정을 처리하는 어머니를 지칭하게 되었고, 이는 더없이 적절한 방법이라 할 수 있다. 예컨대 중국의 극작가이자 교육가였던 홍심洪深의 「작은 할머니의 부채小奶奶的扇子」라는 작품에 "대인께서 살아 계실 때 영당令堂에 관해 말씀하시지 않았습니까?"라는 대사가 나온다.

椿
참죽나무 춘

'椿'은 고대 중국의 전설에서 장수를 상징하는 나무다. 『장자』에서 주장하는 견해에 따르면 이 나무는 '8,000세를 봄으로 삼고 8,000세를 가을로 삼는'고 한다. 얼마나 장수하는 나무인지 충분히 알 수 있는 대목이다. 나중에는 '椿'자로 부친을 지칭하게 되었다. 아버지에 대한 자녀들의 기대와 축복을 잘 드러내는 단어라고 할 수 있다.

이런 견해와 아주 밀접한 관련이 있는 단어로 '椿庭(춘정)'이라는 말이 있다. 역시 부친을 지칭하는 말이다. 여기서 '庭'은 '趨庭(추정)'이 생략된 것이다. '춘정'이라는 단어는 공자와 관련이 있다. 『논어』에 따르면 공자의 아들 공리는 부친이 혼자 대청에 앉아 있을 때면 여러 차례 그 곁을 지나간 적이 있다고 한다. 그리고 그럴 때마다 부친의 훈계를 들었다고 한다. 그래서 '추정'이라는 단어로 자녀가 부친의 훈계를 받아들이는 상황을 지칭하게 되었다. 예컨대 당나라 시인 왕발王勃의 「등왕각서藤王閣序」에서 "대청을 지날 때마다 공리가 아버지의 훈계를 받아들인 것처럼 나도 그렇게 하리라他日趨庭, 叨陪鯉對"라고 다짐하고 있다. 나중에는 '庭'자도 간접적으로 부친이라는 단어와 일정한 연관을 맺게 되었다.

'椿'자의 크고 높으며 장수하는 이미지와 대조적으로 '萱(훤)'자는 따스함과 자양을 상징한다.

'萱'자는 원래 망우초를 의미했고 고대에는 이 풀을 몸에 지니고 다니면 아이를 낳는 데 도움이 된다고 여겨졌다. 이런 의미에서 '萱'자는 어머니라는 존재와 불가분의 관계를 맺게 되었다.

萱
원추리 훤

또 다른 의미에서 보자면 '萱'의 고대 자형은 '藼'이었다. 여기서 '諼(훤)' 부분은 '잊다'라는 뜻을 지니고 있다. 예컨대『시경』에는 "이처럼 우아하고 아름다운 군자는 정말로 잊기 어렵네有匪君子, 終不可諼兮"라고 노래하고 있다. 여기서 '匪(비)'자는 '斐(비)'와 상통하는 글자로 '우아하고 아름다움'을 의미한다.

『시경』에는 또 「伯兮(백혜)」 편에 "어떻게 망우초를 한 가닥 얻어 마당 북쪽에 심을 수 있을까焉得諼草, 言樹之背"라는 구절이 있다. 이는 아내가 전쟁에 나간 남편을 그리워하는 시로서 행간에 절절한 그리움의 고통이 담겨 있다. 너무 고통스럽다 보니 망우초에 기탁하여 근심을 잊으려는 것이다.

이 시구에 나오는 '諼草(훤초)'가 바로 '萱草'이고 '背(배)'는 북쪽을 의미한다. '北'의 갑골문 자형은 𠓜으로 두 사람이 서로 등을 지고 서 있는 형상을 나타내며 맨 처음 의미는 '등지고 떠나다'였다. 나중에 '北'자는 방위와 방향을 나타내는 의미를 갖게 되었고, 중국의 건축양식에서 정원 북쪽에는 대부분 모친이 거주하는 공간이 있기 때문에 '萱堂(훤당)'이라는 단어로 모친의 거처를 지칭하게 되었고 나아가 어머니를 의미하게 되었다. 예컨대 원나라 야율초재耶律楚材는 「망우거사의 장수를 기원함祝忘憂居士壽」이라는 시에서 "얼룩무늬 옷을 흔들어 어머니를 즐겁게 해드리네班衣搖曳悅萱堂"라고 노래했고, 송나라 시인 섭몽득葉夢得의 「재임 후 고향에 가서 석림을 보며再任後譴模歸按視石林」라는 시에서도 "백발의 어머니에게서白髮萱堂上"라는 구절을 찾아볼 수 있다.

나중에는 '萱堂'에서 '堂'이 생략되어 '萱'자 하나만으로 어머니를 지칭하게 되었다. 예컨대 당나라 모융牟融의 「서호를 보내며送徐浩」라는 시에 "대청에 앉으신 아버님, 어머님의 머리에 흰 눈이 가득 내려앉았네堂上椿萱雪滿頭"라는 구절이 있다. 백발이 성성한 부모님을 앞에 두고 차마 떠나지 못하는 석별의 정이 핍진하게 드러나 있다. 당나라의 또 다른 맹교도 「유자시」에서 "인자하신 어머님은 대청 앞에 몸을 기대고 서 계셨는데, 이내 어머니의 꽃이 보이지 않네慈母依堂前, 不見萱草花"라고 노래하여 길 떠나는 아들에 대한 어머니의 아쉬움을 절절하게 그려내고 있다. 길 떠나는 아들은 어머님에 대한 그리움을 억제하기 위해 망우초를 심지만 어머님의 마음에는 오히려 떠나가는 아들에 대한 그리움이 더 깊게 사무치니 어떻게 눈에 망우초가 보이겠는가?

이처럼 아버지와 어머니의 사랑은 모든 세대의 자손들이 잘 성장할 수 있도록 자양분을 공급하고 우리에게 서로 지켜보고 도와야 하는 친족들을 안겨줌으로써 우리의 인생을 진실한 정과 사랑의 감정으로 충만하게 해준다.

제 16 장

연배의 상하에 따른 호칭

이번 장에서는 다음의 한자들에 대해 이야기를 나누려고 한다.

祖	奶	婆	姥	伯	叔	姑
조상 조	젖 내	할미 파	할미 모	맏형 백	아재비 숙	시어미 고
舅	姨	妗	兒	女	子	嗣
시아비 구	이모 이	외숙모 금	아이 아	여자 여	아들 자	이을 사
息	婿	媳	侄	甥	孫	曾
숨쉴 식	사위	며느리 식	어리석을 질	외조카 생	손자 손	일찍 증
烈	鼻	玄	來	晜	仍	雲
세찰 열	코 비	검을 현	올 래	형 곤	인할 잉	구름 운
耳						
귀 이						

一. 부모의 양친

많은 사람에게 아주 익숙한 장면이 있다. 산부인과 병원의 출산실 밖에서 노인 몇몇이 기쁨과 걱정이 교차하는 심정으로 좌불안석하면서 자꾸만 닫혀 있는 병실문 안을 바라다보고 있다. 끊임없이 서로 뭔가를 얘기하고 있고, 그 옆에는 얼굴에 피로한 기색이 역력한 젊은 남자 하나가 완전히 내팽겨진 채로 마치 외부인인 것처럼 사람들의 홀대를 받고 있다.

이 시각 엄마의 몸속에서 힘을 비축한 채 바깥으로 나오려고 준비하는 녀석은 아버지 역할이 쉽지 않음을 좀 알아줘야 할 것 같다. 지금 할아버지와 할머니, 외할아버지와 외할머니의 마음과 눈에는 온통 이 아이뿐이다. 이전에는 그토록 아꼈던 아들이나 사위를 안중에 두는 사람은 하나도 없다. 이런 풍경을 통해 아기가 조부모 세대의 마음속에서 얼마나 중요한 자리를 차지하고 있는지 짐작해볼 수 있을 것이다.

祖
조상 조

'祖'자의 갑골문 자형은 **￼**이다. 제단에 올린 위패의 형상으로서 맨 처음에는 '조종祖宗'과 '조상'을 의미했다.

사실 이 글자는 원래 지금 쓰이고 있는 '且(차)'자다. 예로부터 지금까지 이 글자의 모양에는 기본적으로 큰 변화가 없었다. 단지 나중에 제사의 의미를 더욱 부각시키기 위해 왼쪽에 제사와 관련된 '示(시)'자를 붙여 '祖'자가 되었을 뿐이다.

'祖'자는 나중에 조상을 나타내던 의미에서 점점 더 발전하여 대가족의 '1인자'를 의미하게 되었다. 이것이 바로 우리의 '祖父(할아버지)'인 것이다. 예컨대 당나라 문인 유종원의 산문 「뱀 잡는 사람의 이야기」에는 "우리 할아버지는 뱀 때문에 돌아가셨고 우리 아버지도 뱀 때문에 돌아가셨으며吾祖死於是, 吾父死於是"라는 구절이 나온다.

'祖'자는 맨 처음에 '조상', '선조' 등의 의미를 지니고 있었기 때문에 자손 대대로 나고 자란 나라를 '祖國(조국)'이라고 부른다. 예컨대 청나라 말기 여성 혁명가였던 추근秋瑾은 「아무개에게 보내는 편지柬某君」라는 글에서 시인의 입을 빌려 반문의 형식으로 "머리에 있는 사람들이 한가한 노인들을 부리려 한다면 조국이 어찌 재난을 이겨낼 수 있겠는가頭顱肯使閑中老, 祖國寧甘劫後灰"라고 하여 오랜 세월 동안 가난과 연약함이 누적되어 조국이 위험과 재난의 고비에 처했을 때 젊은 아들딸들이 자신의 의지를 마비시키거나 현실을 무시해서는 안 된다고 호소한 바 있다.

'祖'자가 조부를 지칭할 수 있다면 당연히 조부의 배우자는 '祖母'가 되어야 할 것이다. 하지만 일부 지역에서는 조모에 대한 호칭에 있어서 종종 약간의 차이를 보이기도 한다. 예컨대 '婆婆(파파)', '娘娘(낭랑)', '娭毑(애자)' 등의 호칭이 사용되고 있는 것이다. 물론 상대적으로 현대 중국어에서는 '奶奶(내내)'가 가장 광범위하게 쓰이고 있다.

하지만 '奶'자가 출현한 시기는 비교적 늦은 편으로 최초로 나타났을 때의 자형은 '嬭(내)'로서 여성의 유방을 지칭했다. 일부 문자학

奶
젖 내

자들의 연구에 따르면 조모를 '奶奶'라고 부른 시기는 아무리 일러도 원나라 시기 이전이고, 원나라 때도 그다지 보편적으로 사용되지는 않았던 것으로 밝혀졌다. 그러다가 청나라 때에 와서야 조모를 일컫는 호칭으로 '奶奶'가 점차 확산되기 시작했다. 예컨대『홍루몽』에서는 "너희 연이璉二 오빠는 멍청하니 친할머니에게 맡기고(放着親奶奶), 다른 사람을 보내도록 해"라는 구절을 찾아볼 수 있다.

'奶奶'와 비슷한 정황으로 조부를 칭하는 호칭 '爺爺(야야)'의 역사 역시 그리 길지 않다. 오늘날 확인할 수 있는 사료에 따르면 조부에 대한 이런 호칭은 대략 원나라 때에 이르러서야 나타나기 시작하여 그 뒤로 용례가 점점 많아지기 시작했다고 한다. 여기서 우리는 한자 어휘가 비교적 엄정한 대칭성을 지니고 있음을 알 수 있다.

'婆婆'로 조모를 지칭한 역사는 '奶奶'보다 조금 이른 편이다. 예컨대 당나라 권덕여權德輿가 쓴「손자 법연사를 위한 제문祭孫男法延師文」이라는 글에 나온다. "할아버지, 할머니는 젖과 과일을 가장 존귀하게 여겨 그것으로 아홉 살 손자 법연사의 영혼에 제사를 올렸다翁翁婆婆以乳果之尊, 致祭於九歲孫男法延師之靈"라는 구절을 찾아볼 수 있다.

역사적으로 이보다 훨씬 앞서 조부와 조모를 지칭했던 호칭으로 大父, 大母, 王父, 王母, 大王父, 大王母 등이 있다. 여기서 '大'자는 독음이 '대'가 아니라 '태'로서 '太'와 같았다. 예컨대『한비자』에서는 "요즘 사람은 다섯 명의 자식이 많다고 하지 않는데 자식에게 또 다섯 명의 자식이 있으면 할아버지가 돌아가시기 전에는 스물다섯 명

婆
할머 파

의 손자가 있게 된다今人有五子不爲多, 子又有五子, 大父未死而有二十五孫"라는 구절을 찾아볼 수 있다.

이 외에 역사문헌을 살펴보면 '大父'라는 호칭은 조부뿐만 아니라 외조부의 의미로도 쓰였음을 알 수 있다. 예컨대 『사기』에서는 "모돈은 살아서는 폐하의 사위가 되고, 죽으면 폐하의 외손이 선우(單于: 흉노족의 왕)가 될 것입니다. 폐하께서는 외손자가 감히 외할아버지와 대응한 예를 취하는 경우를 들어보셨습니까?冒頓在, 固爲子壻, 死, 則外孫爲單于, 豈嘗聞外孫敢大父抗禮者哉"라는 구절을 찾아볼 수 있다. 여기서 '大父'는 외할아버지를 지칭한다.

지금도 외조부에 대한 호칭은 지역마다 다르지만 비교적 사용범주가 넓은 것으로 '外公(외공)'과 '老爺(노야)' 등을 들 수 있다.

글자의 표면적인 의미로 보자면 '外公'은 당연히 '內公'에 상대되는 의미일 것이다. 하지만 친연관계에 있어서는 '內'자는 '家'자와 의미가 거의 비슷하다. 역사문헌에서도 발견할 수 있듯이 옛날 사람들은 종종 조부를 '家公'이라고 불렀다. 예컨대 『안씨가훈』에서는 "옛날에 후작이나 패자들의 자손은 조부를 '가공'이라 불렀다昔侯霸之子孫稱其祖父曰家公"라는 기록을 찾아볼 수 있다.

물론 지역 차이 때문에 일부 지역에서는 외조부를 '家公'이라고 부르기도 한다. 예컨대 『안씨가훈』에서는 "하북 지방의 사대부들은 모두 외조부, 외조모를 '家公', '家母'라고 부르고 하남 지방의 농촌에서도 그렇게 한다"라고 설명하고 있다.

'老爺'라는 단어는 맨 처음에 높은 신분과 지위가 있는 관료나 부자 등을 지칭했으나 나중에는 남에 대한 존칭으로 쓰이게 되었다. 이 단어를 외조부를 지칭하는 데 사용한 것은 일부 지역에 국한된다. 예컨대 명나라 심방沈榜이 쓴『완서잡기宛署雜記』에서는 "외조카는 엄마의 아버지를 '老爺'라 칭했다"라고 설명하고 있다.

姥
할미 모

'老'자와 중국어 발음이 비슷하여 외조모를 지칭하게 된 단어로 '姥姥(모모)'가 있다. 하지만 중국어에서의 '姥'자는 독음이 두 가지다. 여기서는 '노'로 읽지만 '모'로 읽을 경우 '母' 혹은 '姆'와 기본적으로 같은 의미를 갖는다. 게다가 이런 '모'의 독음이 '노'의 독음보다 더 오랜 역사를 갖고 있다. 그 때문에 이 글자가 맨 처음에는 어머니나 어머니와 같은 항렬의 여성을 지칭했으나 나중에 일부 지역에서 '姥姥'라는 단어로 외조모를 지칭하게 되었다는 주장이 설득력을 얻고 있다. 예컨대 앞에서 언급한『완서잡기』에서도 "외손자의 어미의 아버지를 '老爺'라고 하고 어미의 어미를 '姥姥'라고 한다"라고 설명하고 있다.

이 밖에 형식적으로는 '外公'과 대칭을 이루면서 외조모를 지칭하는 '外婆(외파)'라는 단어가 있다. 청나라 때 소설『유림외사儒林外史』에서는 "우리 집은 저 앞에 있는 길에 살고 있었다. 맨 처음에 포구에 있는 외할머니(外婆) 집에서 컸기 때문에 아명을 포랑浦郎이라고 했다"라는 구절을 찾아볼 수 있다.

二. 부모와 같은 연배의 친척들

소설에 나오는 '포랑'처럼 조모와 외조모의 보살핌 속에서 자라는 일은 중국에서는 예로부터 지금까지 아주 흔히 있는 일이다. 아들과 손자가 부모 곁을 맴도는 것은 지천명知天命의 나이인 50대가 되면 자연스럽게 추구하게 되는 상황이다. 중국 현대문학 작가 노사의 역작인 『사세동당四世同堂』에서는 일본 왜구의 잔혹한 침략 아래서 중국 민족의 존망의 위기에 직면한 다양한 사람들의 선택과 추구를 묘사하는 동시에 이처럼 여러 세대가 한 집에 살면서 갖게 되는 끈끈한 혈육의 정을 잘 표현하고 있다.

실제로 조모나 외조모의 곁에서 자라다 보면 어른들의 사랑과 관심, 보호를 훨씬 더 많이 누리게 된다. 이런 어른들은 위로는 부모를 공경하고 아래로는 아들과 손자를 길러주면서 대가족을 위해 비바람을 막아주는 보호자 역할을 한다. 이 어른들이 바로 백부와 백모, 숙부, 숙모, 고모, 고모부, 외삼촌, 외숙모, 이모, 이모부 등이다.

'伯'자는 맨 처음에 장자를 지칭했으나 나중에 '부모의 형'을 지칭하는 의미를 갖게 되었다. 예컨대 두보는 「취하여 부른 노래醉歌行」라는 시에서 "네 몸은 침을 뱉어도 구슬이 되는 것을 보여주는데, 네 큰아버지가 어떻게 다시 젊어질 수 있겠느냐?汝身已見唾成珠, 汝伯何由發如漆"라고 노래하고 있다. 이는 시인이 과거에서 낙제한 조카 두근杜勤에게 써준 시로서 대략적인 뜻은 시인 자신은 아직 성공하지 못했는데 조카가 어린 나이에 성공해 시문으로 유명해진 것을

伯
맏형 백

칭찬하는 것이다. 조카에 대한 따뜻한 위로와 격려가 담긴 작품인 셈이다.

또한 '伯'자는 다음자로서 현대 중국어의 3성으로 읽을 경우에는 남편의 형을 가리킨다. 예컨대 중국의 현대시인 원동흥袁同興의 「날이 밝아 해가 나오기를 기다리다盼到天明出日頭」라는 시에서 "아주버님이 나를 싫어해서 도와주질 않네大伯子嫌俺不做活"라고 한탄하는 구절을 찾아볼 수 있다.

'叔'자의 금문 자형은 $\Uparrow$으로서 왼쪽의 '朱(숙)'은 콩류의 작물인 '菽(숙)'을 지칭하고 오른쪽은 손을 나타낸다. 좌우를 합치면 '거두다', '줍다' 등의 뜻을 갖는다. '叔'자는 '少(소)'자와 성모聲母가 같아 독음이 유사하기 때문에 나중에 '나이가 어리다'라는 뜻을 갖게 되었고, 이어서 아버지보다 나이가 어린 사람을 지칭하게 되어 자연스레 삼촌을 의미하게 되었다.

삼촌의 배우자는 보통 '婶(심)', '婶子(심자)' 등으로 부른다. 예컨대 오자목吳自牧의 『몽양록夢梁錄』에는 "아이를 안고 앉아 계신 여러 친척께 감사의 인사를 건네고, 아이를 안아 숙모의 방으로 들어가는 것을 '보금자리를 옮긴다'라고 했다抱兒遍謝諸親坐客, 及抱入姆婶房中, 謂之'移窠'"라는 기록이 있다. 당시 항주杭州 일대에서 아이를 낳아 양육하는 민간풍속의 한 장면을 잘 보여준다.

'姑'자는 맨 처음에 남편의 어머니, 즉 시어머니를 의미했다. 당나라 문인 이조위李朝威의 『유의전柳毅傳』에서 "결혼한 여자가 자신의 남편이 온종일 시녀의 미색에 빠져 연연해하자 이 일을 시부모님에

叔
아재비 숙

姑
시어미 고

게 고했으나 시부모는 오히려 아들을 너무 사랑하여 이를 막을 수 없었다旣而將訴於舅姑, 舅姑愛其子, 不能御"라는 기록을 찾아볼 수 있다.

'姑'자가 윗사람을 가리키는 호칭으로 쓰일 수 있었던 것은 독음이 '故'자와 유사하기 때문이었다. 게다가 '姑'자 자체에 '옛 친구(故舊)'라는 뜻이 포함되어 있어 점차 연배가 높은 사람을 가리키게 되었다. 그 때문에 '姑'자는 나중에 또 아버지의 여자형제를 부르는 호칭으로도 쓰이게 되었다.

'舅'자는 '姑'자의 상황과 아주 유사하다. 우선 글자의 독음이 '舊'자와 같기 자연스럽게 연장자를 지칭하게 되었다. 그리고 『유의전』의 사례에서 볼 수 있듯이 맨 처음에는 남편의 아버지를 지칭하다가 나중에는 '어머니의 남자형제'를 지칭하게 되었다.

舅
시아비 구

어머니의 형제들과 관계가 아주 밀접한 사람들로 어머니의 자매와 어머니 형제들의 배우자를 들 수 있다.

'姨'자는 맨 처음에 아내의 여동생을 의미했다. '姨'자의 중국어 독음이 '弟(제)'자와 비슷하기 때문에 아내보다 나이가 어린 사람이라는 뜻을 갖게 되었다. 예컨대 『시경』에서는 "제齊나라 태자의 누이고, 형邢나라 제후의 이모요東宮之妹, 邢侯之姨"라는 구절을 찾아볼 수 있다. 나중에 이 글자는 의미가 점차 확대되어 아내의 언니를 지칭할 수도 있게 되었다. 이미 결혼해서 아이의 어머니가 된 여성들의 자매는 자신의 자식들에게는 어른이 된다. 따라서 '姨'자는 나중에 '어머니의 자매'라는 의미를 갖게 되었다.

姨
이모 이

'舅母(구모)'는 외삼촌의 배우자로서 일반적으로 '舅媽(구마)'라 불린다. 이 외에 오늘날에도 중국의 일부 지역에서는 외숙모만 지칭하는 호칭으로 '姈'자를 쓰기도 한다. 하지만 옛사람들의 고증에 따르면 이는 민간에서 사용하는 외숙모에 대한 비교적 통속적인 호칭이다. 이 글자 자체로 따지자면 맨 처음에는 '기뻐서 웃는 모습'을 지칭했다. 단지 이러한 의미가 담겨 있는 용례를 역사문헌에서 찾기가 쉽지 않을 뿐이다.

하지만 어찌 됐든 간에 오늘날의 중국인들은 '姈'자가 가졌던 최초의 의미에서 여러 가족이 모인 가운데 무척 즐거워하는 따스한 분위기를 느낄 수 있을 뿐만 아니라 사람들을 편안하게 하는 이러한 분위기가 영원히 지속될 수 있기를 바라게 된다고 한다.

三. 우리의 다음 세대

친속의 정을 이어가기 위해 필수불가결한 조건의 하나가 혈맥을 계속 이어가는 것이다. 그 때문에 우리는 누군가의 아들딸이자 손자손녀로서 윗어른들이 만들어놓은 나무그늘 아래서 더위를 식히며 보살핌을 받지만, 독수리가 날개가 튼튼해지면 하늘로 날아올라야 하듯이 언젠가는 부모의 그늘을 떠나 부모를 부양하고 보호하는 책임을 맡게 된다. 그리고 다음 세대를 위해서도 성실하게 보호하고 이끌어주는 역할을 해야 한다.

슬하에 아들과 딸을 하나씩 두는 것이 중국인들의 전통관념에서 가장 이상적인 가족구성이었다. '兒'자의 갑골문 자형은 🔆로서 아랫부분은 인간의 몸을 나타내고 윗부분은 대단히 돌출된 커다란 머리를 상징한다. 이 글자는 맨 처음에 영아 사내아이를 의미했지만 나중에는 여자아이를 지칭하게 되었다.

兒
아이 아

유아들은 머리 길이가 몸 전체 길이의 3분의 1을 차지하는 데 비해 성인은 머리가 몸 전체의 7분의 1밖에 되지 않는다. 이런 점에서 고대 중국인들이 한자를 만들면서 사물의 주요 특징을 파악하는 데 있어서 상당히 지혜로웠을 뿐만 아니라 한 살이 채 되지 않은 아기의 숫구멍이 아직 닫히지 않은 상황을 대단히 창의적으로 표현해 냈음을 알 수 있다.

'兒'자는 맨 처음에 영아를 지칭했기 때문에 이를 바탕으로 나중에는 아이들 전체를 통칭하게 되었다. 물론 이 글자로 자녀를 표시할 때는 일반적으로 아들을 의미한다. 예컨대 송나라 시인 신기질은 「청평악淸平樂·촌거村居」에서 "큰아들은 시냇물 동쪽에서 콩밭을 매고 있고 둘째 아들은 닭 조롱을 짜고 있네大兒鋤豆溪東, 中兒正織鷄籠"라고 노래했다.

'女'자의 갑골문 자형은 🔆로서 무릎을 꿇고 앉은 온화한 여성의 모습을 묘사하고 있다. 이 글자는 맨 처음에 부녀자를 지칭했다. 고대 중국에는 여자 영아를 나타내는 글자로 가장 먼저 '嬰(영)'자를 썼다. '女'자로 여자아이를 지칭한 것은 나중에 발전되어 나온 의미다. 예컨대 「목란시」에서는 "아버지, 어머니가 여자아이를 부르는 소리가 들리지 않았네不聞爺娘喚女聲"라는 구절을 찾아볼 수 있다.

女
이자 어

子
아들 자

'子'자의 갑골문 자형은 🉑로서 역시 머리가 큰 영아가 강보에 싸인 형상을 나타낸다. 두 손을 위로 향해 흔들고 있지만 몸과 두 다리는 강보에 싸여 있다. 이 글자의 최초 의미는 영아를 지칭하는 것이었으나 나중에 '兒'자와 마찬가지로 점차 자녀 혹은 아들을 의미하게 되었다. 예컨대 『맹자』에서는 "이런 이유로 현명한 임금은 백성들의 재산을 정해주어, 반드시 위로는 넉넉하게 부모를 섬길 수 있고, 아래로는 넉넉하게 처자를 기를 수 있도록 한다是故明君制民之産, 必使仰足以事父母, 俯足以畜妻子"라는 구절을 찾아볼 수 있다.

자녀를 부양하고 양육하는 것은 어떤 의미에서 보면 사실 생명의 연장이라고 할 수 있다. 따라서 역사에는 '子嗣(자사)', '子息(자식)' 등의 단어가 기록되게 되었다.

嗣
이을 사

'嗣'자의 금문 자형은 🉑로서 '冊(책)', '司(사)', '口', '子' 네 부분으로 구성되며 제후가 문서(典冊)로 명령을 반포함으로써 지위를 적장자에게 전승하는 것을 의미한다. 여기서 '司'는 법령의 반포를 지칭한다.

장자의 계위繼位는 후계자 계승을 의미한다. 따라서 '嗣'자는 나중에 모든 유형의 후계자 계승을 의미하게 되었다. 즉 아들 혹은 후대를 지칭하게 된 것이다. 예컨대 송나라 왕안석은 「겹대부에게 답하는 글答郟大夫書」에서는 "가르침을 이어받아 영사令嗣께서 장례 때 명문을 새길 수 있게 해야 합니다"라는 구절을 찾아볼 수 있다. 여기서 '영사'는 상대방의 아들을 높여 부르는 말이다. 또한 『한서』에서는 "후비가 정숙한 언행을 보이면 윤사胤嗣 중에 현성賢聖한 군주가 나온다"라고 기록하고 있다. 여기서 '윤사'는 후대 전체를 지칭한다.

'息'자의 금문 자형은 _(금문자형)으로서 최초의 의미는 '호흡' 혹은 '숨결'이었다. 인간에게 있어서 숨결은 생명의 유지를 의미한다. 그리고 어떤 의미에서 자녀도 마찬가지로 생명의 연속을 의미한다. 따라서 '息'자는 나중에 '자녀'의 의미로 발전하게 되었다. 예컨대 당나라 시인 장적張籍은 「동공시童公詩」(집안의 수호신인 동공을 노래한 시)에서 "그대의 자식이 내 아들이고, 그대의 아버님이 내 아버님일세汝息爲我子, 汝親爲我翁"라고 노래한 바 있다.

또한 '息'자는 자녀를 지칭할 뿐만 아니라 손아래를 지칭하기도 한다. 예컨대 송나라 금석학자이자 태평천국의 지도자 홍수전의 선조인 홍적洪適은 「동료재여모문同寮祭呂母文」에서 "현식들은 함께 연부를 여행했습니다賢息幷游蓮府"라는 구절을 찾아볼 수 있다. 여기서 '현식賢息'은 타인의 후손을 높여 부르는 말이다.

息
숨쉴 식

四. 아들딸 세대와 관련된 호칭

'賢(현)'자와 '令(령)'자는 호칭 앞에 쓰여 상대방에 대한 존중의 의미를 갖는다. 하지만 이 두 글자 사이에는 비교적 선명한 차이가 존재한다. '令'자는 예외 없이 일률적으로 제3자에게만 쓰이는 데 비해 '賢'자는 제3자에게도 쓰이고 '賢弟(현제)'나 '賢婿(현서: 상대방의 사위를 높여 부르는 말'처럼 상대방에게도 쓰인다는 점이다.

　장인어른이 사위에게 '賢'자를 사용하는 데는 확실히 지나친 격식을 갖추는 것 같지만 고대 중국에서는 이것이 일종의 예절이었다. 게다가 '婿(서)'자 자체가 '賢良(현량: 지혜롭고 훌륭함)'의 의미를 담고 있다.

婿
사위 서

　'婿'자는 원래 '壻'로 썼다. 오른쪽은 '土(토)'가 아니라 '士(사)'이고 왼쪽은 '胥(서)'로서 고대에는 '諝'자와 통용되면서 '지혜'라는 의미를 가졌다. 좌우 양쪽을 합쳐서 원래는 '지혜로운 남자'를 의미했다. 누구나 딸이 이런 남자를 배우자로 맞기를 원했기 때문에 '壻'자가 '사위'라는 뜻을 갖게 되었고 나중에는 '婿'자를 상용하게 되었다.

　'婿'자에서 장인어른의 사위에 대한 존중과 중시를 확인할 수 있지만 이런 중시와 존중은 사위에 대한 다른 호칭에도 반영되어 있다. 예컨대 '姑爺(고야)', '令坦(영탄)', '東床(동상)' 같은 것들이다. 또한 황실에서 사용하는 '駙馬(부마)'라는 호칭도 있다.

　'姑爺'는 자기 집 딸의 부군이라는 뜻으로 이해가 아주 쉽지만 '駙馬'라는 호칭에는 곡절이 많다. '駙'자는 원래 끌채에 매어 수레를 몰지 않는 말, 즉 수레를 끄는 데 있어서 보조 역할을 하는 말을 의미했다. 나중에 서한 시기에 이러한 말들을 관리하고 이러한 말들로 어마御馬 관련 업무를 담당하는 '부마도위駙馬都尉'라는 관직이 신설되었다. 위진남북조시대에는 공주의 부군이 이런 관직을 맡게 되었고 이를 바탕으로 나중에는 '부마'가 제왕의 사위를 일컫게 되었다.

　'令坦'과 '東床'은 대단히 재미있는 전설에서 유래한 호칭이다. 게다가 동진 시기 위대한 서예가였던 왕희지王羲之와도 연관이 있다.

전해지는 바에 따르면 동진 시기에 혁혁한 전공을 세운 데다 서예 솜씨도 뛰어나 삼공三公이라는 높은 지위에 오른 사공치감司空郗鑒이 딸을 위해 사윗감을 고르게 되었다. 일찍이 승상 왕도王導 집안의 공자들 몇몇이 전부 뛰어나다는 소문을 들었던 그는 친필로 편지를 한 통 써서 문객을 시켜 승상 댁을 방문하게 했다. 목적은 적절한 사윗감을 고르는 것이었다. 문객이 돌아와서 사공치감에게 왕승상의 공자들은 과연 명불허전이었다고 보고했다. 그 가운데 가장 눈에 띄는 인물로 다른 공자들은 하나같이 의관이 단정한 데 비해 유독 가슴을 풀어헤치고 동상에 누워 있는 공자가 있었다고 했다. 문객의 설명을 듣고 난 사공치감은 이처럼 제멋대로인 공자에게 남다른 부분이 있는 것 같다면서 그를 딸의 배필로 정하겠다고 말했다. 이렇게 치감의 사위로 선택된 인물이 바로 중국의 '서성書聖'이라 불리는 왕희지다.

그때 이후로 사위를 지칭하는 '東床'이라는 우아한 호칭이 생기게

동상에 누워 있는 공자

되었다. 그리고 이와 함께 '令坦'이라는 호칭도 생겨났다. 옛날에는 '坦'자가 '袒(단)'자와 부분적으로 통용되었기 때문에 '令袒(영단)'이라 칭하기도 했다.

媳
며느리 식

장인이 사위를 고른다면 며느리는 시어머니가 고르는 경향이 있었다. '媳'자의 왼쪽은 '女'이고 오른쪽은 '息(식)'으로, 자식을 낳을 여자, 즉 아들의 배우자를 의미한다. 이로 미루어 '息'자가 단순히 독음만 나타내는 부분이 아님을 알 수 있다.

현실적인 상황에서 볼 때, '媳'과 '婿'는 가족의 후대와 관련이 있지만 그 본인들도 일반적으로 배우자 가족과의 혈연관계를 갖고 있다. 하지만 고대에는 사촌 형제자매 사이의 통혼 상황도 존재했다. 또한 한 세대가 각자 가족의 맨 마지막 후대이자 가족의 희망이 달려 있는 존재였다.

조카와 질녀, 외조카, 외질녀 등도 아들딸과 같은 세대에 속한다. 이들은 삼촌, 큰아버지, 고모, 외삼촌, 이모와의 관계에 따라 이런 호칭을 갖게 된다.

侄
어리석을 질

'侄'자가 출현한 시기는 비교적 늦은 편으로 이보다 앞서 '姪(질)'자가 먼저 출현하여 여성 본인 형제의 자녀를 의미했다. 이 글자에 '女' 변이 들어 있는 것은 맨 처음에 고모와 조카의 관계를 나타냈기 때문이다. 고모의 시각에서 본 친연관계를 의미했던 것이다. 이런 사실은 '姪'자의 오른쪽 '至(지)'에서 그 명백한 증거를 찾을 수 있다. '至'는 '姪'자 안에서 한편으로는 독음을 나타내는 동시에 다른 한편으로는 여자가 출가를 하긴 했지만 친정에게는 시댁과의 시이에 어떤 사회관계도 다시 '되돌아오는 것'을 암시하기 때문이다. 이는 출가의 '適(적)' 방향과 상반된다. '適'은 가는 것이지만 '至'는 되돌아오는 것을 의미한다.

나중에 '姪'자의 의미는 더 확대되어 형제들 사이의 후대, 즉 숙질 관계를 나타내게 되었고, 이에 따라 왼쪽의 '女' 변이 '人' 변으로 대체되었다.

고모와 조카의 관계만큼 밀접한 것이 조카와 외삼촌의 관계라고 할 수 있다. 형제와 자매 사이에는 어느 한쪽도 상대방 자녀와의 관계가 이 두 가지에서 벗어나지 않는다. 형제에게는 자녀들이 누나나 여동생의 조카가 된다. 그렇다면 누나나 여동생의 자녀들은 필연적으로 자신의 외조카나 외질녀가 된다.

'甥'자의 오른쪽은 '男'으로서 '姪'자 왼쪽의 '女'와 같은 기능을 한다. 이 글자 왼쪽의 '生'도 마찬가지로 독음과 의미를 동시에 나타내는 기능을 한다. '외조카'는 일반적으로 '외삼촌'보다 나이가 어리기 때문에 '연하', '아랫사람'이라는 의미도 내포하고 있다.

甥
외조카 생

이런 아랫사람들이 점차 성장하면 그들 뒤에서 아랫사람들이 생기기 마련이다. '우공이산愚公移山'이라는 우화에서 우공이 말한 것처럼 '자자손손이 무한히 이어지는' 것이다.

이렇게 친연관계가 이어지는 긴 시간을 말하자면 중국인들이 흔히 말하는 '조상 18대'로 표현할 수 있을 것이다. 그렇다면 자자손손 사이에 어떤 호칭들이 있는 것일까?

혈맥의 연속은 이론적으로는 '시작은 있지만 끝은 없는' 상황일 것이다. 서한의 시인인 양웅揚雄은 「반이소反離騷」라는 작품에서 자기 가족과 성씨의 원류에 관해 "혈맥은 황제黃帝에게서 시작되었으나…… 진정한 가족의 시작은 진晉나라 무공武公 희칭姬稱의 아들 백교伯僑부터다"라고 명확하게 밝힌 바 있다. 백교는 춘추전국시대의 풍운아로 진 문공 중이重耳의 숙부이기도 하다.

기록으로 남아 있는 족보의 내용을 보면 우리가 직접 만날 수 있는 사람들은 얼마 되지 않는다. 만날 수 없는 사람들이 대부분이다. 마찬가지 상황이 우리와 자손들 사이에도 존재한다. 몇 대 이후의 자손들은 우리의 기대와 상상 속에서만 만날 수 있다.

족보

절대다수의 경우 손자손녀와 증손자손녀는 조부모와 증조부모의 사랑을 누릴 수 있을 것이다.

孫
손자 손

'孫'자의 왼쪽은 '子(자)'이고 오른쪽은 '系(사)'로서 연결과 접속을 의미한다. 두 부분을 합치면 혈맥을 잇는 자손, 즉 손자를 의미하게 된다. 예컨대 두보는 「석호 마을의 관리石壕吏」라는 시에서 "젖먹이 있으니 어미는 가지 못하고, 앞을 가릴 온전한 치마조차 없다네

有孫母未去, 出入無完裙"라고 노래한 바 있다. 시인은 아주 짧은 열 자의 구절로 아이를 낳고 아비는 전장에 나가 죽고 홀로 남은 어미는 입을 옷조차 제대로 없는 극도로 가난하고 비참한 상황을 정교하게 표현해냄으로써 전쟁이 백성들에게 가져다주는 재앙의 잔인함을 잘 웅변하고 있다.

손자를 포함한 '조상 18대'를 장유의 순서로 구분하자면 위로는 부친과 조부, 증조曾祖, 고조高祖, 천조天祖, 열조烈祖, 태조太祖, 원조遠祖, 비조鼻祖 등 9대와 밑으로 아들과 손자, 증손, 현손玄孫, 내손來孫, 곤손昆孫, 잉손仍孫, 운손雲孫, 이손耳孫 등 9대가 된다.

'曾'자의 금문 자형은 𦥯으로서 맨 윗부분은 증기를 나타내고 중간 부분은 대나무 찜통(蒸籠) 비슷한 도구를 가리킨다. 맨 아랫부분은 부뚜막이다. 세 부분을 합치면 음식물을 가열할 때 사용하는 취사도구인 '甑(증: 시루)'을 나타낸다. 다시 말해 '曾'자는 맨 처음에 '甑'자의 상형자였으나 나중에 도기를 나타내는 '瓦(와)'가 더해져 새로운 글자인 '甑'자가 만들어진 것이다. 그때부터 '曾'자는 취사도구를 의미하지 않게 되었다.

부엌일이 익숙한 사람이라면 대나무 찜통 같은 취사도구가 물을 담을 수 있는 솥 같은 용기 위에 얹어야 사용할 수 있다는 사실을 잘 알 것이다. 그리고 그 자체가 위로 계속 쌓아 올릴 수 있는 구조로 되어 있다. 이처럼 '曾'자의 최초 의미에는 '중첩'의 함의가 담겨 있다. 이런 의미는 '增(증)'이나 '贈(증)' 같은 다른 한자에도 상당히 분명하게 체현되어 있다.

曾
일찍 증

'曾祖'라는 호칭이 나타내는 친연관계는 중간에 두 세대가 결여되어 있는 상태다. 그렇다면 항렬의 결여는 그 사이에 다른 친속이 첨가되어 있다는 것을 의미하게 된다. 그리고 이런 드러나지 않는 함의가 바로 '曾'자의 근본적인 함의의 소재인 것이다. '曾孫'의 상황도 이와 완전히 똑같다.

'高', '天', '太', '遠' 네 글자는 구체적인 의미는 서로 다르지만 이들 사이에 공통적인 요소가 존재한다. 거리가 멀고 정도가 심하다는 것이다. '高'자는 상하 양끝 사이의 거리가 먼 것을 의미하고 '天'은 맨 끝을 의미한다. '太'자를 거리 영역에 적용하면 '遠'과 의미가 같아진다는 것은 두말할 필요도 없을 것이다. 따라서 이 몇몇 글자가 친연관계 분야에 적용되면 친속관계가 자신으로부터 비교적 멀어진 것을 나타내게 된다.

烈
세찰 열

'烈'자는 원래 화염의 기세가 맹렬한 것을 나타냈으나 나중에 점차 발전하여 '빛남' 혹은 '불꽃처럼 적극적인 모습', '선명한 공적' 등을 나타내게 되었다. 따라서 후대 사람들은 자만심 혹은 타인에 대한 존중 등 감정적 요소에 기초하여 일부 조상들을 '烈祖'라 칭하기도 했다. 예건대 남북조시대 유신庾信은 「애강남부哀江南賦」라는 시에서 "나의 조상들은 서진에서 나와 동천으로 흐르며 씨를 뿌리기 시작했네余烈祖於西晉, 始流播於東川"라고 노래했다.

鼻
코 비

중국인들의 전통관념에 따르면 모체 속의 태아에게 가장 먼저 형성되는 기관이 코라고 한다. 이에 따라 '鼻'자는 시작의 의미를 갖게 되었다. 따라서 '鼻祖'는 '始祖'를 의미한다. 다시 말해 호칭을 갖는

조상 중에 맨 위에 있는 분이라는 뜻이다. 예컨대 금나라 시인 원호
문元好問은 「제남묘중고회동숙능부濟南廟中古檜同叔能賦」에서 "노자
의 고향은 이손을 남기고 공자의 집은 비조를 전하네瀨鄕留耳孫, 闕
裏傳鼻祖"라고 노래하여 노자와 공자 두 위인에 대한 존중과 경앙의
뜻을 표하고 있다.

'耳孫'이라는 호칭은 아들과 손자 다음의 후대를 생각하게 한다.

'玄'자는 맨 처음에 진한 붉은색을 의미했으며 '어둡고 흐림'의 함
의를 내포하고 있었다. '玄孫'은 자신과 3대 떨어진 후손을 지칭한
다. 이 정도의 친연관계는 이미 상당히 먼 편이다. 거리가 멀다는 것
은 사물이 선명하게 보이지 않는다는 것을 의미하는 만큼, 이러한
상황은 '玄孫'이라는 친연관계가 본인과 상당한 거리가 있음을 말해
준다. 예컨대 남조 배송지裵松之의 『삼국지주三國志注』에서는 "어버
이가 돌아가시고 윗사람들이 사라지는 것은 당연한 일이라 예를 지
킴은 위로 고조를 넘어서지 못하고 아래로는 현손에게 미치지 못
한다……. 위아래로 6대가 친속의 전부라 할 수 있다"라고 설명하고
있다. 배송지의 생각대로라면 친연관계는 세대의 거리에 따라 약해
진다는 것을 알 수 있다.

'來'자는 아주 재미있다. 사실 이 글자는 잘못 정착된 글자다. 이
글자의 갑골문 자형은 🌾로서 어떤 농작물의 형상을 나타내고 있
고, 실제로 맨 처음에는 밀(麥)을 의미했다. 반대로 '麥(맥)'자의 갑골
문 자형은 🌾으로 아랫부분은 다리를 나타내는 '攵(쇠)'다. 따라서
이 두 글자는 한자의 발전과정에서 장씨의 관을 이씨가 쓴 격이 되

玄
검을 현

來
올 래

고 말았다.

'來'자는 나중에 '장래', '미래'의 의미를 갖게 되었다. '來孫'은 현재의 후손과 상당한 거리가 있는 미래의 후손을 지칭한다. 예컨대 송나라 임경희林景熙가 쓴 「제육방옹시권후題陸放翁詩卷後」라는 시에서 "먼 후손들은 천하가 오랑캐에 의해 통일된 것을 볼 터인데, 집에서 제사를 지낼 때 선조께 어떻게 고할까!來孫却見九州同, 家際如何告乃翁!"라고 한탄한 바 있다.

'晜'자의 뜻은 '昆(곤)'자와 같다. '昆'자의 아랫부분은 '比(비)'로서 그 갑골문 자형은 𝌳 이다. 나란히 서 있는 두 사람의 옆모습을 형상화한 것으로서 '접근' 혹은 '병립'의 뜻을 갖는다. 그렇기 때문에 간접적으로 '무리'를 나타내기도 했다. 또한 여러 사람이 무리를 이루어 함께 있으면 필연적으로 선후, 장유의 구별이 생기게 된다. 따라서 '晜'자에는 선후의 의미가 담겨 있다. 그렇다면 '晜孫'의 '晜'자는 세대의 서열에 있어서의 뒤를 가리키게 된다. 그것도 손자 세대보다 더 뒤인 것이다.

'仍'자의 최초 의미는 원인을 나타내는 '因'자와 같다. 또한 근원, 근거가 있음을 나타내기도 한다. 그래서 '因襲(인습: 그대로 좇다, 모방하다)'의 의미도 갖게 되었다. 예컨대 '一仍舊貫(일잉구관)'이라는 단어는 기존의 낡은 습속과 관례를 그대로 따르는 것을 의미한다. 따라서 '仍孫'의 주요 의미는 중간에 여러 세대가 단절되어 있기는 하지만 여전히 같은 혈맥을 지니고 있는 원류가 같은 후손들을 지칭하는 것이다. 예컨대 송나라 조언위趙彦衛는 『운록만초雲麓漫鈔』에서

晜
형곤

仍
인할 잉

"남북조시대에서 수나라 초기까지 진본 『천자문』이 세상에 전해지도록 한 공을 세운 지영智永 스님은 서성 왕희지의 7대손이다(右軍仍孫也)"라고 설명하고 있다.

'雲'자는 기본적으로 하늘에 뭉쳐 있는 수증기를 의미한다. 우리가 살고 있는 이 대지를 기준으로 볼 때, 하늘의 구름은 땅에서 너무나 멀리 떨어져 있다. 이 글자로 8대손을 지칭하는 것은 이 세대의 자손이 구름처럼 요원함을 의미한다. 예컨대 송나라 시인 육유는 「경호서남유산작단가鏡湖西南有山作短歌」라는 시에서 "운손이나 서로 만나서 알아보지 못하니, 웃으면서 속세의 올해가 어느 해인지 묻네雲孫相遇不相識, 笑問塵世今何年"라고 노래한 바 있다.

雲
구름 운

'耳'자는 기본적으로 귀를 의미한다. 이 글자로 9대손을 지칭하는 데 대해서는 두 가지 견해가 존재한다. 첫째는 고대에 '耳'자와 '仍'자가 서로 상통하여 '仍'자처럼 비교적 먼 친연관계를 나타낼 수 있었다는 견해이고, 둘째는 친연관계가 비교적 요원하다 보니 눈으로는 볼 수 없고 귀로만 소문으로 들을 수 있기 때문에 '耳'자로 9대손을 지칭하게 되었다는 주장이다.

耳
귀 이

그럼 우리 마음속에 살아 있는 조상이나 후손, 세대의 차이는 있지만 서로 바라보거나 한데 어울려 놀 수 있는 친속들, 나이가 비슷한 형제자매들에 대한 호칭은 또 어떤 것들이 있을까?

제 17장

형제자매와 관련된 호칭

이번 장에서는 다음의 한자들에 대해 이야기를 나누려고 한다.

兄	哥	弟	姐	姊	妹	嫂
맏 형	노래 가	아우 제	누이 저	손윗누이 자	누이 매	형수 수

婦	棠	棣	萼	華	鶺	鴒
며느리 부	팥배나무 당	산앵두나무 체	꽃받침 악	꽃 화	할미새 척	할미새 령

昆	孟	仲	季	妯	娌	姒
맏 곤	맏 맹	버금 중	끝 계	동서 축	동서 리	동서 사

娣	連	襟	挑	担		
아랫동서 제	잇닿을 연	옷깃 금	휠 도	멜 단		

一. 나의 형제자매들

어린 시절의 기억은 언제나 아름답다. 환갑이 지나 하루하루 늙어갈 때면 자신도 모르게 항상 뇌리를 맴도는 장면이 있다. 얼굴 가득 진흙 도장을 찍은 작은 형들 몇 명과 함께 엄마, 아빠 몰래 진흙놀이를 하거나 담장을 넘는 장면이다. 등에 인형을 업은 언니와 여동생은 바느질을 하고 있는 엄마를 둘러싸고 '소꿉놀이'를 하고 있다……. 노란 조명 아래 모든 것이 평화롭고 요원하면서도 다정하기만 하다.

우리의 머릿속에 자주 등장하는 '골목대장'은 작은 몸집으로 가슴을 쭉 펴고 그다지 건장하지 않은 어깨로 여러 남동생과 여동생들을 위해 용감하게 '형'의 역할을 담당했다.

'兄'의 갑골문 자형은 으로 상단부는 '口'이고 하단부는 '人'이다. 이 글자에 대한 해석은 예로부터 주로 두 가지로 압축되어왔다.

첫 번째 견해는 이 글자의 의미가 제사 중에 기도를 하는 것, 다시 말해 '기원(祝)'을 지칭한다는 것이다. 고대 중국에서는 어느 가정이든지 제사가 대단히 중대한 일이었다. 그래서 제사를 주재하는 사람은 일반적으로 대부분 부모 혹은 맏아들이었다. 그 때문에 이 글자도 '형'이라는 함의를 갖게 되었다.

두 번째 의견은 비교적 복잡하고 곡절이 많다. 이 견해에 따르면 '兄'의 최초 의미는 '자라다' 혹은 '갈수록 증가하다'였다. 사람의 입에서 쏟아져 나오는 말은 끊임이 없기 때문이다. 나중에는 이러한

兄
맏 형

'증가'의 의미가 점차 정도가 높아짐을 나타내면서 '더욱더'라는 확대의 상태를 지칭하는 데 쓰였다. 예컨대 『시경』에서는 "좋은 친구가 있어도 (형제를 생각하면) 여전히 더욱더 탄식하게 된다每有良朋, 况也永嘆"라는 구절을 찾아볼 수 있다. 여기서 '况(황)'을 '兄'으로 표기한 판본도 있는데 의미는 '더욱더'라는 것이다. '증가'나 '더욱더' 같은 단어의 의미에는 '나이가 많다' 혹은 '경험이 많다'는 의미가 감춰져 있다. 형은 동생보다 나이가 더 많고 세상을 살아온 시간도 더 길다. 자연히 '兄'자는 나중에 집안에서 가장 먼저 태어난 사내아이를 가리키게 되었다.

哥
'노래 가'

현대 중국어에서 동생이 형을 부를 때 일반적으로 가장 많이 쓰는 단어는 '哥' 혹은 '哥哥'다. 고증에 따르면 '哥'자의 최초 의미는 '노래(歌)'였다. 예컨대 당나라 요사렴姚思廉은 『진서陳書』에서 남북조시대 진의 개국황제인 진패선陳覇先의 검소하고 소박한 생활모습을 예찬하여 "그 방 안을 둘러보니 옷은 그다지 화려하지 않았고 장식물에는 금이나 비취가 들어가 있지 않았으며 노래와 음악을 담당하는 여자 가희들(哥鍾女樂)이 앞에 나와 있지 않았다"라고 기술한 바 있다. 나중에는 이 '哥'자에 '兄'의 의미가 더해지긴 했지만 그 연유는 아직 확실하게 고증되지 않았다.

弟
'아우 제'

'兄'이나 '哥'와 상대적으로 동생을 나타내는 '弟'자가 있다. '弟'의 금문 자형은 （그림） 로서 가죽으로 묶거나 포박한다는 뜻을 나타낸다. 물체를 싸고 묶으면 들쭉날쭉하여 나선형을 이루면서 계단과 비슷한 모양새가 된다. 그래서 이 글자는 나중에 '순서' 혹은 '차례'라는 뜻을 갖게 되었다. 그리고 이러한 의미가 형제관계에 연결되어 장유의 순서를 나타내게 된 것이다. 이리하여 '弟'는 나중에 '형제관계에서 나이가 어린 쪽'을 의미하게 되었다. 예컨대 『시경』에는 "경사스러운 신혼의 부부는 형제처럼 가깝다宴爾新婚, 如兄如弟"라는 구절이 있다.

사내아이들 사이에서 형제를 논한다면 여자아이들 사이에서는 자매를 논할 수 있을 것이다. 하지만 '姐'자의 최초 의미는 '어머니'로서 고대 중국의 파촉(巴蜀: 지금의 사천성 지역) 일대에 거주하던 사람들이 주로 쓰던 호칭이다. 청나라 학자 단옥재의 추론에 따르면 이 글자는 그 지역 사람들이 창조해낸 것이 분명하며, 맨 처음에는 '她(타)', '㚷(자)' 등으로 쓰였다. 나중에 이 글자는 집안의 여자아이들 중에서 나이가 더 많은 쪽을 지칭하게 되었다.

姐
누이 저

또한 고대 중국에는 마찬가지로 언니(누나)를 지칭하는 글자로 '姊'자가 있었다. '姊'자는 맨 처음에 남동생이 누나를 부를 때 쓰는 호칭이었다. 예컨대 「목란시」에서는 "이 동생이 누님이 오신다는 얘기를 듣고(小弟聞姊來), 칼을 갈아 돼지와 양을 잡았습니다"라는 구절을 찾아볼 수 있다.

姊
손윗누이 자

'姊'자는 고대에는 또 다른 자형인 '姉'로 쓰이기도 했다. 동한 시기 훈고학자인 유희가 『석명』이라는 책에서 이 글자에 대해 내린 해석은 대단히 재미있다. 그는 '姊'는 곧 '积(적)'으로 해가 떠오른 다음에 시간이 쌓임에 따라 점차 밝아지는 것과 같다고 설명했다. 그리고 '姊'자는 출생 이후 어린 동생들(弟妹)에 비해 시간적으로 나이가 더 많이 쌓이는 것을 의미한다.

妹
'누이 매'

'妹'자의 최초 의미는 오빠나 언니보다 나이가 어린 아이를 지칭하는 것이었다. 이 글자의 유래에 대해서도 두 가지 견해가 있다.

한 가지 견해는 '妹'자가 원래 '어둡고 분명하지 않다(昏暗不明)'는 뜻을 나타내는 '昧(매)'자에 가깝다는 것이다. 어둡고 분명하지 않은 것은 보통 황혼을 의미한다. 황혼은 하루 가운데 비교적 '늦은(晩)' 시간 혹은 '시간적으로 뒤쪽에 해당하는' 것을 의미한다. 공교롭게도 이는 '妹'자의 오른쪽 편방인 '未(미)'가 갖고 있는 '시간적으로 뒤에 처지다'라는 의미와 같다.

또 다른 견해는 '妹'자 오른쪽 편방이 어쩌면 '末(말)'일 수도 있다는 것이다. '末'자의 성모와 '妹'자의 성모가 동일한 데다 '末'자가 '작다', '시간적으로 뒤에 처지다', '서열에 있어서 뒤쪽에 속하다' 등의 뜻을 내포하고 있기 때문이다. 따라서 '末'자는 '妹'자의 독음을 지니고 있을 뿐만 아니라 동시에 '妹'자와 의미에 있어서도 연관이 있다고 할 수 있다.

'姉(자)'자와 '妹'자는 의미에 있어서 각자 그 자체의 연원이 있고 각자가 포함하고 있는 편방 역시 시간의 선후, 장유의 차이 등의 의미를 내포하고 있다. 이와 유사한 상황의 호칭으로 '嫂(수)'자와 '婦(부)'자를 들 수 있다.

嫂
형수 수

'嫂'자의 의미는 아주 분명하다. 다름 아니라 형의 배우자를 지칭하는 것이다. 이 글자 오른쪽의 '叟(수)'는 원래 노년 남성에 대한 호칭이었다. 그 때문에 연장자라는 의미를 갖는 동시에 존중을 나타낸다. 마찬가지로 형의 배우자를 지칭하는 '嫂'자도 '연장자', '존중'

등의 의미를 갖게 되었다.

'婦'자의 오른쪽 '帚(추)'는 빗자루를 들고 청소하는 형상을 나타낸다. 그래서 '婦'자는 원래 기혼 여성을 가리켰고, 나중에는 동생의 배우자를 지칭하게 되었다. 이른바 '형수兄嫂'와 '제부弟婦'의 호칭이 된 것이다. 이를 통해 고대 중국에서는 장유의 서열과 존비의 구별을 매우 중시했음을 알 수 있다. 형과 동생의 배우자를 부르는 호칭도 이런 측면에서의 구별을 반영한 것이라 할 수 있다.

婦
머느리 부

二. 아름다운 나무와 착한 짐승들로 비유할 수 있는 형제

예로부터 형제의 정은 중국 전통문화의 중요한 초점 가운데 하나였다. 맹자는 '형은 동생에게 우애를 보이고 동생은 형을 공경할 것'을 제창했고 당나라 시인 왕유는 "알겠네, 먼 곳 형제들이 높은 곳에 올라, 모두들 수유꽃을 꽂고 놀 때면 한 사람이 빌 것을遙知兄弟登高處, 遍挿茱萸少一人"이라고 노래했다. 여기에 더해 춘추전국시대의「정백이 공숙단을 언지방에서 죽이다鄭伯克段於鄢」와 위진남북조시대 조식曹植의「칠보시七步詩」 같은 문헌의 반면교사 작용으로 '형제'는 골육 간의 사랑을 나타내는 상징이 되었다.

사실 멀리 서주 시기의『시경·소아小雅』「상체常棣」 편에서는 "무릇 오늘날 사람들 중에 형제만한 것이 없지凡今之人, 莫如兄弟"라고 직설적인 표현으로 '형제'를 언급한 데 이어 "아가위꽃이 무성하니 꽃받침을 비롯하여 모든 부분이 아름답기만 하네常棣之華, 鄂不韡韡"라고 비유적으로도 묘사한 바 있다. 시 한 수 전체가 형제의 깊은 정을 표현하면서 '아가위꽃'으로 형제를 비유하고 있는 것이다.

'常(상)'자의 맨 처음 의미는 몸 아랫부분에 입는 옷을 지칭하는 것이었다. 또한 깃발을 지칭한다는 견해도 있다.

棠
판배나무 당

棣
산앵두나무 체

'棣'자는 관목을 지칭하며 '아가위(常棣)'를 의미하기도 한다. 나중에는 '常棣'를 '棠棣'로 표기하면서 '형제'를 비유하는 말로 사용했다. 예컨대 송나라 시인 소식은 「생일날 왕랑이 시로서 축하해주고 그다음 운을 따며 아울러 차 21조각을 보내오다生日王郎以詩見慶, 次其韻幷寄茶二十一片」라는 시에서 "아가위꽃이 전부 천하의 선비가 되니, 부용꽃은 일찍이 해변으로 밀려났네棠棣幷爲天下士, 芙蓉曾到海邊邪"라고 노래한 바 있다.

'棠'자의 최초 의미는 씨를 맺지 않는 식물을 지칭하는 것이었다. 다시 말해 '초목의 수컷(牡)'을 의미했다. 씨를 맺는 식물은 '杜(사)'라고 불렀다. '초목의 암컷(牝)'인 셈이다. 식물의 '牡(모)'와 '牝(빈)'은 동물의 '雌(자)'와 '雄(웅)'에 해당한다.

또한 고대 중국에는 '常棣(상체)'를 '唐棣(당체)'로 표기한 정황도 나타났다. 아울러 '唐棣'라는 단어에 '형제'라는 우언적 의미를 부여하기도 했다. 하지만 여러 학자의 고증에 따르면 '상체'와 '당체'는 완전히 다른 식물이고, 특히 '당체'의 꽃은 열리고 닫히는 순서가 일반 식물들이 열리고 닫히는 순서와 정확히 상반된다고 한다. 다

른 식물들은 꽃이 먼저 닫혀 있는 상태에서 열리는 데 반해 '당체'
는 먼저 열린 상태에서 시간이 갈수록 닫힌다고 한다. 이는 동류의
식물들과 완전히 상반된 특징으로서 '친화적이지 못하다'는 함의
를 담고 있다. 그 때문에 고대 중국에서는 '당체'가 '형제'를 상징한
다는 우언적 용법에 대해 많은 사람이 비판적이고 부정적인 태도를
보였다.

이와 대조적으로 '棣萼(체악: 죽도화, 산앵두꽃)'과 '棣華(체화)'도 형
제를 암시하는 말이지만 절대다수로부터 인징과 지지를 받았다. 예
컨대 당나라 시인 두보는 「지후至後」라는 시에서 "매화는 피려 하나
스스로 깨닫지 못하지만, 죽도화(형제)는 한 번 이별에 영원히 서로
만 바라보네梅花一開不自覺, 棣萼一別永相望"라고 노래했다. 또한 청나
라 군기처의 사료에 따르면 공친왕恭親王도 황실의 형제들이 서로를
보살피고 지켜주는 것에 감탄하여 시를 지어 "순전히 무성한 오동
잎에 의지하여, 그늘에서 죽도화가 만발하네光依桐葉茂, 蔭庇棣華榮"
라고 노래한 바 있다고 한다.

'萼'자는 일반적으로 꽃잎 아래서 잎을 받치는 녹색 꽃받침을 지
칭한다. 발아에서부터 꽃봉오리를 거쳐 활짝 개화하기까지 꽃받침
은 꽃을 철저히 보호하는 갑옷 역할을 한다. 꽃이 떨어지면 일부 꽃
받침들은 또 작고 여린 과실을 보호하는 역할도 담당한다. 줄곧 과
실과 서로 의지하는 동반자가 되는 것이다. 딸기나 가지 등이 바로
이런 경우다. 남조 시인 사령운은 「산거부」라는 시에서 "늦가을에
떨어지는 나뭇잎과 헤어진 뒤, 이른 봄의 꽃봉오리를 기다리네送墜

萼
꽃받침 악

葉於秋宴, 遲含萼於春初"라고 노래하여 늦가을에 떨어지는 낙엽과 초봄의 꽃봉오리의 이미지를 감성적으로 묘사한 바 있다.

'華(화)'는 식물이 활짝 꽃을 피우는 것을 의미한다. 고문의 자형에는 꽃잎이 아름답게 늘어진 모습이 담겨 있다. 옛사람들의 견해에 따르면 이 글자의 최초 의미에 근거하여 목본식물의 꽃을 '華'라 하고 초본식물의 꽃을 '榮(영)'이라 하여 좀더 세분화할 수 있다고 한다. 하지만 현대 식물학의 과학적 관념에 따르면 이른바 목본, 초본이라고 하는 것도 사실은 엄격한 의미에서의 식물학 분류라고 할 수 없다고 한다.

華
꽃 화

'華'자와 '萼'자가 형제를 비유할 수 있는 것은 꽃과 나무의 일부 특성이 공교롭게도 형제관계와 일치하기 때문이다. 꽃잎과 꽃술, 화탁(花托: 꽃턱), 꽃받침(花萼) 등의 관계에서 볼 때, 이들 각 부위는 확실히 서로를 받쳐주고 긴밀하게 연결해준다. 그리고 이런 관계가 옛사람들의 마음속에서 형제간의 긴밀한 관계를 상징하게 된 것이다. 이에 따라 '棣華'와 '棣萼', 더 나아가 '常棣'와 '棠棣' 등의 단어에 '형제'의 함의가 주어지게 되었다. 또한 같은 이유로 '跗萼(부악)'과 '萼跗(악부)' 같은 단어도 '형제'의 별칭으로 쓰이게 된 것이다. 예컨대 당나라 시인 이교李嶠는 「낙주소각사석가모니불금동서상비洛州昭覺寺釋迦牟尼佛金銅瑞像碑」라는 시에서 "형제의 순서가 있는 것을 기뻐하고 종사가 융성한 것을 경축하네欣跗萼之有序, 慶宗社之彌隆"라고 노래했고 송나라 증공曾鞏은 「곧 도착할 둘째 동생을 반가워하다喜二弟侍親將至」라는 시에서 "기러기 훨훨 날개를 나란히 하여 날고, 아가위꽃은 꽃잎과 꽃받침이 서로를 이어주네鴻雁峨峨幷羽儀, 棠棣韓韓聯跗鄂[萼]"라고 노래한 바 있다. 하지만 오늘날에는 '花萼(화악: 꽃받침)'의 뜻을 표시할 때 일반적으로 '柎(부)'자를 쓴다. '跗'자는 주로 발등을 지칭할 때 사용한다.

증공의 시구는 꽃과 새를 이용하여 형제와 부자가 서로 만나는 반가움의 감정과 장면을 더욱 돋보이게 하고, 사람들로 하여금 마치 자신이 직접 그 자리에 있는 것처럼 따스한 혈육의 정을 느끼게 해준다.

꽃과 나무뿐 아니라 고대 중국에서는 조류를 이용하여 형제를 비유하는 현상도 존재했다. 예컨대 당나라 시인 한유는 「장철에게 답함答張彻」이라는 시에서 "호련은 서로를 안은 채로 빛나고 할미새는 서로 나란히 붙어서 날아가네冏冏抱瑚璉, 飛飛聯鶺鴒"라고 노래했다. 이 장편의 시에는 조카사위 장철에 대한 시인의 지지와 칭찬이 고스란히 담겨 있다. 여기서 '鶺鴒(척령: 할미새)'은 장철과 장적張籍 두 형제를 가리킨다.

사실 '할미새'라는 단어를 이용하여 '형제'를 나타낸 사례는 『시경』에서부터 그 연원을 찾아볼 수 있다. 예컨대 "할미새 언덕에 있으니, 형제가 위급함에서 구원하네脊令在原, 兄弟急難"라는 구절에서 '脊令(척령)'은 다름 아닌 '鶺鴒'이다.

할미새는 중국어로 속칭 '장비조張飛鳥'라고도 하는데, 주로 시냇가나 늪지에서 서식한다. '雝渠(옹거)' 혹은 '雝(옹)'이라고도 부르는 이 새들의 한 가지 남다른 특성은 울음소리를 이용하여 무리를 부

鶺
할미새 척

鴒
할미새 령

른다는 것이다. '雝雝(옹옹)'은 이 새들이 서로 울면서 화답하는 소리다. 우는 소리가 너무나 조화롭다 보니 '雝雝'이라는 단어는 나중에 '조화', '화목' 등의 뜻을 갖게 되었다. 예컨대 『시경』에 나오는 "끼룩 끼룩 우는 기러기, 끼룩끼룩 지지배배, 아름답게 우네雝雝鳴雁, 雝雝喈喈, 有來雝雝" 같은 구절은 새 울음소리를 아름다운 화음으로 표현하기도 하고 새들이 서로 평화롭게 잘 지내는 화목과 조화를 표현하기도 한다. 동료를 부르는 소리든, 조화와 화목의 화답이든 간에 새 울음소리의 이러한 특성은 형제에 대한 사람들의 공통된 인식에 잘 부합한다. 그래서 '脊令', '鶺鴒', '雝渠' 등의 단어가 종종 '형제'의 대명사로 쓰이는 것이다.

三. 형제자매의 서열

형제가 화목하다는 것은 종종 장유유서長幼有序의 질서를 의미하기도 한다. 큰형은 맨 앞에서 나는 기러기처럼 방향을 파악하고 용감하게 무리를 이끈다. 동생은 기러기 떼와 같아서 형의 뒤를 따라 완전한 대열을 이루어 이동한다. 이처럼 형제들이 각자 맡은 역할을 다하고 자신의 능력에 맞게 일하는 모습은 형제간의 서열을 통해 나타난다.

중국의 전통관념에 따르면 형제의 서열은 상고시대에 이미 비교적 독특한 양상을 형성했다. 예컨대 중국인들의 이름에서 흔히 볼 수 있는 '伯(백)', '叔(숙)' 등의 글자가 형제들 사이의 장유의 서열을 나타낸다.

앞에서 이미 언급한 것처럼 '伯'은 부친의 형에 대한 호칭이지만 원래는 나이가 많은 것을 의미했다. 그래서 어떤 사람의 이름에 이 글자가 포함되어 있으면, 대부분 그 사람이 형제들 가운데 나이가 가장 많다는 것을 의미했다. 하지만 고대에는 '伯'자가 남성 연장자를 지칭하는 데 그치지 않고 같은 연배 중에서 나이가 가장 많은 여성을 나타내기도 했다. 예컨대 『시경』에는 "고모들에게 문안드리고, 큰언니도 만나고 싶네問我諸姑, 遂及伯姊"라는 구절이 나온다.

'叔'자는 아버지 세대 친척들 가운데 아버지의 동생을 지칭한다. 형제의 서열로 따지자면 보통 셋째에 해당한다. 예컨대 삼국시대 동오의 손씨 형제들 가운데 첫째인 손권孫權과 둘째 손중모孫仲謀의 이름은 『삼국연의』나 남송 시인 신기질의 문학작품 덕분에 대부분의 중국인이 다 알고 있지만 그들의 동생, 즉 형제 서열에서 셋째에 해당하는 손숙필孫叔弼을 아는 사람들은 상당히 제한적이다.

또한 상주商周 시기에 사람들을 피해 수양산首陽山에 들어가 은거하면서 '주나라 음식은 먹지 않겠다며 버티다가' 결국 굶어죽은 백이伯夷와 숙제叔齊 두 형제가 있었다. 이 숙제 역시 형제 서열에서 셋째다. 하지만 '叔'자가 시대적 함의를 표현할 때는 광범위하게 '말세末世'를 지칭한다. 예컨대 당나라 이상은의 시「유오경에게 34개 운으로 시를 지어 보내다贈送前劉五經映三十四韻」에서는 "말세에는 난리가 얼마나 많은지, 이 때문에 점차 망해갔네叔世何多難, 慈基遂已亡"라고 한탄했다. 또한 청나라 위원魏源은 「묵고黙觚」에서도 "말세(叔世)의 백성들은 성철들에게서 멀어진 지도 오래다"라는 구절을 찾아볼 수 있다. 여기서 '叔世(숙세)'는 한 시대가 쇠퇴하고 몰락하는 시기를 의미하기 때문에 '叔'자는 '쇠퇴'와 '몰락'의 의미도 내포하고 있다고 할 수 있다. 예컨대 국가의 '기초가 무너진 상태에서는 민심이 성현을 따르지 않는' 현상은 역전시키거나 만회하기 힘든 것이다.

'伯'자와 마찬가지로 장유의 순서에서 맨 앞을 나타내는 글자로 '昆(곤)'자와 '孟(맹)'자도 들 수 있다.

昆
형 곤

'昆'자의 의미는 앞에서 '晜(곤)'자에 관해 설명할 때 이미 언급한 바 있듯이 '앞서거니 뒤서거니' 하는 것을 지칭한다. '晜(昆)孫'에서 '晜'자는 시간적으로 늦은 것을 의미하지만 형제의 서열을 얘기할 때는 앞에 있는 것을 의미한다. 예컨대 『시경』에서는 "마침내 멀리 떨어진 나의 형제를 다른 사람이 형이라 부르게 되었다終遠兄弟, 謂他人昆"라는 구절을 찾아볼 수 있다. 이는 유랑자가 가족과 멀리 떨어져 있어 어쩔 수 없이 낯선 사람을 '큰형'이라고 부르게 되는 처량하고 굴욕적인 처지를 나타낸다.

孟
맏 맹

'昆'자와 약간 차이가 있는 '孟'자는 서열의 앞에 있음을 나타낼 뿐만 아니라 맨 앞에 위치한다는 것, 다시 말해 맏형이라는 것을 분명하게 나타낸다. '孟'자의 금문 자형은 🖐으로서 영아가 대야 같은 용기 안에서 목욕하는 모습을 나타낸다. 이 글자의 최초 의미는 '長子(장자)'였다. 하지만 '장자'라는 주장을 놓고 역사상 약간의 차이가 있는 몇 가지 견해가 존재한다. 그 가운데 하나는 정실正室에서 태어나지 않은 장자를 '孟'이라 칭한다는 것이고, 또 다른 견해는 정실의 자식이든 첩의 자식이든 한 가족 가운데 장자면 무조건 '孟'이라 칭한다는 것이다.

또한 '伯'자가 여자 자매의 서열에서도 가장 나이가 많은 사람을 나타낼 수 있는 것처럼 '孟'자도 같은 의미로 쓰일 수 있다. 예컨대 『모시고훈전毛詩故訓傳』이나 『시경』에 나오는 "아름다운 강씨네 맏딸이여, 그 목소리 잊지 못하겠네彼美孟女, 德音不忘"라는 구절에서 '孟女'는 제나라 군주의 장녀를 지칭한다. 제나라 군주의 성이 강姜이기 때문이다.

'孟'자는 사람들의 장유 서열을 나타내는 것 이외에 시간의 순서를 나타내는 데도 쓰인다. 장자가 맨 먼저 태어난 아들이다 보니 '孟'자는 시간상 맨 앞에 오는 것을 나타내기도 한다. 예컨대 '孟春(맹춘)'은 봄의 맨 첫 달을 지칭한다. 남북조시대 시인이었던 포조鮑照는 「대당상가행代堂上歌行」이라는 시에서 "따스한 초봄에 아침 햇빛이 놀처럼 흩어져 흐르네陽春孟春月, 朝光散流霞"라고 노래하고 있다.

'孟春'에 이어지는 시기를 전통적으로 '仲春(중춘)'이라 칭한다. 봄철의 두 번째 달을 의미한다.

'仲'자의 오른쪽은 '中'으로 그 의미는 '가운데'를 지칭하는 것이다. 형제자매의 서열에서 '仲'은 장자 혹은 장녀 바로 다음에 태어난 차남이나 차녀를 지칭한다. 예컨대 전설적인 인물 공자의 자字가 바로 '仲尼(중니)'로서 그의 위로 형님이 한 분 계셨다는 것을 암시한다. 고대 중국에서는 여자들이 '及簪(급잠)'이라는 성년식을 거행한 뒤에

仲
버금 중

자字를 취하기도 했다. '仲姬(중희)'라는 자를 가진 여자들은 전부 둘째딸이었다.

'仲'과 '昆', '伯' 등의 글자는 종종 함께 쓰이기도 한다. '昆仲(곤중)'이나 '伯仲(백중)'이 그런 사례다. 이런 호칭들은 의미가 '형제'와 유사하다. 예컨대 현대 작가 욱달부郁達夫는 「자술시自述詩」에서 "왕균王筠 현제(昆仲)들은 전부 소중한 사람들이었다"라고 예찬한 바 있다. '伯仲'은 장남과 차남을 의미하다 보니 나중에는 '막상막하'의 의미를 갖게 되었다. 예컨대 손문은 「행하는 것은 쉽지만 아는 것은 어렵다行易知難」라는 글에서 "중국에 더 거대한 공사가 있는데, 이는 장성과 막상막하(相伯仲者)다. 다름 아닌 운하다"라고 말한 바 있다.

앞에서 언급한 것처럼 '伯'과 '仲' 다음은 '叔'이다. 그리고 '叔' 다음에는 가장 나이가 어린 형제자매를 뜻하는 또 다른 표현으로 '季(계)'가 있다.

季
끝 계

'季'의 하단부 '子'는 이해하기가 아주 쉽다. 사람과 관련이 있다는 것을 암시하기 때문이다. 상단부의 '禾(화)'자는 '稚(치)'자의 축약형이다. '稚'는 늦게 파종한 농작물을 의미하며 '시간적으로 늦다'는 의미를 내포하고 있다. 그래서 간접적으로 '어리다(幼小)'는 뜻을 갖는다. 따라서 '季'자의 최초 의미는 '나이가 어린' 상태를 지칭하는 것이었다. 예컨대 『시경』에서는 "이 일을 누가 주관하는가, 공경스러운 계녀로다誰其尸之, 有齊季女"라는 구절을 찾아볼 수 있다. 여자가 출가하기 전에 친정집에서 제사를 지낼 때 오늘 제사를 누가 주관하느냐 하고 물으면 소녀들이 매우 경건해지는 상황을 표현한 것이다. 또한 『의례』에서는 "제사를 올릴 때 주인은 주재인의 손에서 제기를 받아 품에 넣고 이를 다시 왼쪽 옷소매에 넣는다. 그런 다음 오른쪽 옷소매를 들어 왼쪽 새끼손가락에 건다詩懷之 , 實於左袂 , 掛於季指"라고 기술하고 있다. 대단히 복잡한 제사의식이다.

'季'자로 형제자매 서열에 적용할 경우 일반적인 상황에서는 넷째를 지칭한다. 하지만 종종 그저 '동생' 혹은 '가장 어린 동생'을 의미하기도 한다. 예컨대 이백李白의 시 「춘야연도리원서春夜宴桃李園序」에서는 "여러 뛰어난 동생들이 모두 사혜련(남북조시대 뛰어난 시인 사령운의 제자)의 탁월한 수준에 이르렀네群季俊秀, 皆爲蕙連"라고 예찬하고 있다. 또한 당나라 시인 원진은 「양성역」이라는 시에서 "공께서는 넷째 아우에게 가라고 하고 둘째 아우와 함께 남으셨네公令季弟往, 公與仲弟留"라고 기술하고 있다. 여기서 '季弟'가 지칭하는 것이 바로 가장 어린 동생이다.

형제자매의 정은 수족과도 같다. 또한 모두가 함께 자라 결혼할 나이가 되면 더 많은 짝을 데리고 와 끊임없이 형제자매를 주축으로 하는 가족의 연대를 확장하게 된다.

四. 이성 형제자매

형제가 아내를 얻으면 그들의 배우자를 '姒娌(축리: 동서)'라고 부른다.

妯
동서 축

'妯'자는 오대십국 시기 남당의 훈고학자 서개徐鍇의 고증에 따르면, 오른쪽 편방이 '冑(주)'자가 축약된 형태라고 한다. '冑'자의 유래에 관해서는 두 가지 설이 있다. 첫 번째 견해에서는 하단부가 원래 '冃(모)'로 '帽(모)'자의 상형자여야 한다고 주장한다. 그래서 갑옷(회갑盔甲)과 투구(두무兜鍪)를 나타낸다는 것이다. 다시 말해 '甲冑(갑주)'의 '冑'가 된다는 것이다. 또 다른 견해에서는 윗부분이 '由(유)'이고 아랫부분은 '肉(육)'의 다른 자형인 '月'로 혈통의 유래를 나타낸다고 주장한다. '華冑(화주: 귀족의 후예)', '裔冑(예주: 후예)' 같은 단어가 그 예다.

고대 중국에서 사용되었던 '妯(축)'자의 또 다른 자형은 왼쪽의 '女'와 오른쪽의 '育(육)'으로 구성된 글자다.

'育'자의 갑골문 자형은 𱃞으로서 여성의 생육을 나타낸다. 따라서 서개가 고증한 자료를 종합적으로 분석하면 왼쪽은 '女', 오른쪽은 '育'인 자형이 되고 앞에서 언급했던 아들의 배우자를 지칭히는 '媳(식)'자와 '媳'자가 내포하고 있는 '자식을 번성시키다'라는 의미를 결합해보면 '妯'자의 최초 함의는 '후대를 번성시키고 종가의 대를 잇다'라는 것이었을 가능성이 크다.

娌
동서 리

'娌'자의 최초 의미는 '耦(우: 나란히 감)'이다. 다시 말해 '둘' 혹은 '짝을 이룸'을 의미하는 것이다. 그래서 '妯娌(축리)'라는 단어가 '몇몇 형제의 아내들'이라는 뜻을 가지면서 '두 명 이상의 대를 이을 수 있는 여성'을 의미했을 가능성이 매우 크다. 예컨대 중국의 현대 소설가 이패보李佩甫의 『양의 문』에서는 "봉금鳳琴에서 이 동서(妯娌)

들이 낳은 아기들이 더 많은 것이다"라는 구절을 찾아볼 수 있다.

역사상 '姒娌'와 마찬가지로 '형제의 아내들을 병칭'하는 호칭으로 '姒娣(사제)'가 있었다. 예컨대 「증국번가서曾國藩家書」(증국번의 가족 편지)에서는 "형제 동서(姒娣)들 사이에 서로 화목하지 않은 분위기가 조금도 있을 수 없었다"라고 기술하고 있다.

'姒'자의 기본 의미는 형의 아내이고, '娣'자는 동생의 아내를 지칭한다. '娣'자는 해석이 전혀 어렵지 않다. 왼쪽의 '弟(제)'는 원래 '나이가 적음', '서열이 낮음' 등의 의미를 갖고 있었다. '姒'자의 해석에는 약간의 굴절이 있는 것 같다. 지금까지 역사적으로 이 글자의 기원을 해석하는 문헌이나 주장을 찾아볼 수 없기 때문이다. 하지만 우리는 이 글자 오른쪽의 '以(이)'를 통해 그 내원을 탐색하고 추정할 수 있을 것이다.

고대에서 지금까지 이어져 내려오고 있는 비교적 보편적인 해석에 따르면 '以'자의 최초 의미는 '用(~으로)' 혹은 '以(~로써)'이다. 하지만 이 글자가 갑골문 안에서의 자형 𠂇와 『육서통六書通』이라는 책에 나오는 자형 𠂇를 참고하고, 다시 '氏(씨)'자의 갑골문 자형 𠂇를 비교해보면 이 글자의 최초 의미가 '근본이 있고 출처가 있음'을 나타내는 것이라는 합리적인 추론을 도출할 수 있다. '氏'자의 갑골문 자형이 나타내고 있는 것은 '분기分岐'로서 거대한 씨족부락 내부에서 작은 부락들이 갈라져 나오는 것을 의미하기 때문이다. 파생되어 나오는 작은 부락들은 전부 큰 부락을 모체로 하고 있고 큰 부락은 그들의 근원이자 출처가 된다. 마침 『강희자전』에서도 '以'

姒
동서 사

娣
여동생 제

자에 대해 '원인이다(因也)'라고 해석하고 있다. '因(인)'자의 갑골문 자형은 사람이 돗자리 같은 물체 위에 누워 있는 것으로, '근거로 삼을 만한 것이 있음'이라는 의미를 내포하고 있다. 『시경』에 나오는 "어찌 그 일이 길어지는가, 분명 까닭이 있으리라何其久也, 必有以也" 라는 구절에서 '以'자가 '원인'을 나타내는 상황을 결합해보면 '以'자 의 최초 의미는 '근원과 출처'를 지칭하는 것이었음을 알 수 있다. 이 러한 추론은 상당히 이치에 부합한다.

이와 같은 추론이 성립한다면 '姒'자가 어떻게 '형의 아내'라는 의 미를 나타낼 수 있는가 하는 문제가 자연스럽게 정리된다. 여자가 남자에게 시집을 가면, 이때부터 그녀 본인의 사회신분도 새로운 근 거와 기반을 갖게 되는 것이다. 게다가 고대 중국의 전통관념에 따 르면, 여성에게는 모든 것이 "이 아이 시집가면 그 집안 복되리之子 於歸, 宜其傢室"라는 『시경』의 시구처럼 남편의 집이 그녀 일생의 귀 숙이자 근거가 된다. 따라서 '姒'자는 여자가 출가한 뒤로 남편 집을 근거로 삼는다는 이러한 관념을 비교적 명확하게 표현해준다.

형제의 아내들을 '姒娣', '妯娌'라고 부르는 것과 대조적으로 자매 의 배우자들은 '連襟(연금)' 혹은 '挑担(도단)'이라고 부른다.

'連'자는 맨 처음에 사람의 손을 이용하여 끄는 수레를 의미했으 나 사람과 수레 사이의 연결에 끊임이 없다 보니 나중에는 '접속', '연결' 등의 파생적 의미를 갖게 되었다. '襟'자는 맨 처음에 '가슴 앞부분의 옷깃을 교차하는' 것을 의미했고 나중에는 상의의 앞섶을 지칭했다.

連
잇닿을 연

襟
옷깃 금

옷깃이 서로 연결되어 있는 것을 '連襟(연금)'이라고 한다. 이러한 단어는 자매 배우자들 사이의 친밀한 관계를 비교적 형상적으로 나타내준다. 물론 이 이면에는 '連'자의 최초 의미인 '무거운 짐'이라는 뜻이 감춰져 있다. 남성들도 장인, 장모 댁의 중요한 노동력의 일부라는 사실을 쉽게 짐작할 수 있는 대목이다. 하지만 '挑担(도단)'은 노동력과 일손의 함의를 더욱 분명하게 드러낸다.

'挑担'이라는 단어가 통용되는 지역에 따르면 그 지역에서 흔히 볼 수 있는 노동방식을 비교적 명확히 알 수 있다. 따라서 '挑担'이 자매들의 배우자를 의미하게 된 데는 두 명 이상의 남자들이 한 집안 자매를 아내로 맞아들이기 위해 노력한다는 우언적 의미가 내포되어 있을 가능성이 크다. 물론 다른 시각에서 보면 '扁担(편단: 멜대)' 같은 도구는 두 사람이 함께 사용해야 한다. 남성을 멜대를 들어 올려 지탱하는 두 개의 사물로 비유한다면 두 남자 사이의 관계는 확실히 한 집안의 언니, 동생과 같다고 할 수 있을 것이다.

挑
휠 도

担
떨칠 단

'姒娌'와 '奻娣', '連襟', '挑担' 등의 호칭은 전부 한 가족 네트워크가 끊임없이 확장되어가는 상황을 반영한다. 동생과 형수의 관계를 놓고 말하자면, 예로부터 "큰형수는 어머니와 같다"라는 말이 있다. 또한 과거의 현실생활에서는 확실히 형수가 연령상 완전히 어머니와 같은 연배인 상황이 존재했다. 그래서 조카가 숙부보다 나이가 많은 현상도 적지 않았다. 이런 상황은 한 가정 혹은 가족 내부에 종종 항렬의 문제를 초래했고, 항렬이 가족의 족보를 정리하는 데 있어서 매우 중요한 항목으로 자리 잡게 되었다.

제18장

족보와 종족사당
안에서의 조상

이번 장에서는 다음의 한자들에 대해 이야기를 나누려고 한다.

輩	分	世	代	譜	系	裔
무리 배	나눌 분	대 세	대신할 대	계보 보	이을 계	후손 예

胤	襲	肖	宗	祠	祊	昭
이을 윤	엄습할 습	닮을 초	마루 종	사당 사	제사이름 팽	밝을 소

穆	閥	閱	紹	昌	顯	兼
화목할 목	공훈 벌	검열할 열	이을 소	창성할 창	나타날 현	겸할 겸

異	同	卑	謙	敬
다를 이	한 가지 동	낮을 비	겸손할 겸	공경할 경

一. 족보상의 역대 조상들

'輩分(배분: 항렬)'은 전적으로 가족 내 구성원의 지위 서열을 정해야 하는 필요에 기원한다. 예컨대 현대 작가 장청핑張淸平은『임휘인전林徽因傳』에서 "그들 가문 족보의 기록에는 항렬에 따른 부호 배열 방법을 엄격히 지켜 자손의 계보에 한 치도 틀림이 없게 했다"라고 설명하고 있다. 물론 이러한 관념은 나중에 다른 단체나 영역에서의 구성원 관계에도 큰 영향을 미쳤다. 일례로 경력이 적고 나이가 어린 사람들을 소자배小字輩라고 하면서 자질과 서열을 중시하는 경향이 사회조직 곳곳에 나타나고 있다.

'輩'자 상단의 '非(비)'자는 글자 전체의 독음을 나타내고 하단의 '車(차)'자는 이 글자의 뜻이 수레와 관련이 있다는 것을 나타낸다. 청나라 단옥재의『설문해자주』에서는 춘추시대 군사가였던 사마양저司馬穰苴가 썼다는 병서인『사마법司馬法』에 근거하여 이 글자가 맨 처음에는 '100량의 군사용 수레'를 의미했다고 주장한다.

輩
무리 배

일반적인 상황에서 이만한 수량의 군용수레를 운용하려면 일정한 서열이 필수적이었을 것이다. 또한 '輩'자가 갖는 서열이나 항렬 등의 의미를 사람들의 조직이나 집단에 응용하면 어떤 기준에 따라 분류된 사람들의 선후 순서를 나타낼 수 있을 것이다. 예컨대 당나라 시인 두보의「팔애시」에서는 "고인은 만날 수 없으니 누가 선인을 계속 이어갈 것인가古人不可見, 前輩復誰繼"라는 구절을 찾아볼 수 있다.

分
나눌 분

'分'자는 칼로 물건을 나누는 것을 가리킨다. 물건을 나누는 행위에서는 '구별區別', '구분區分' 등의 의미가 발생한다. 이 글자를 중국어로 읽을 경우 성조의 차이에 따라 두 가지 의미를 갖게 된다.

하나는 사물 자체가 갖고 있는 어떤 특징을 지칭하는 것으로, 이러한 특징에는 실제로 '직분'이나 '명분' 같은 일정한 '차별성'이 내포되어 있다. 예컨대 제갈량은 「출사표」에서 "선제께 보답하고 폐하에게 충성하는 것이 신의 직분입니다"라고 밝힌 바 있다.

또 다른 의미는 평균적인 분할이나 분배 혹은 균등한 분배의 결과를 지칭하는 것이다. 예컨대『좌전』에서는 "무릇 후백侯伯들은 재난과 죄에 대해 책임을 나누어(分) 담당하는 것이 예禮다"라고 지적했고,『예기』에서는 "나누되 많이 갖기를 탐하지 말라分毋求多"라고 경계하고 있다. 전자의 '分'은 '분담'을 의미하는데, 그 안에는 '균등 분배'의 함의가 들어 있다. 후자에 나오는 '分'은 균등한 분배의 결과로 발생하는 일부분을 지칭한다. 현대 중국어에서 말하는 몫(份)이나 배당(份額) 등의 단어가 이런 의미에 해당한다.

하지만 '항렬'과 같이 사물의 어떤 특성을 나타내는 단어에서는 의미의 원류에서 볼 때, 역사적으로 '份(빈)'자를 사용한 현상은 그다지 적합하지 않다. 게다가 '份'자의 최초 의미는 '문질빈빈(文質彬彬: 겉모습의 무늬와 속모습의 바탕이 모두 빛나는 모양)'의 '彬'과 같았다. 심지어 이 글자는 '배당', '몫'이라는 의미와는 전혀 관계가 없다.

가족 안에서는 한 세대 또 한 세대 자손이 끊이지 않고 이어진다. 이것이 바로 대대손손 가문의 향기가 이어지는 방식이다.

'世'자의 금문 자형은 ∀로서 '十'자를 세 개 합쳐놓은 형상으로 30년을 지칭한다. 예컨대 『논어』에서는 "패업을 창시한 자가 나타난다 해도 30년의 정교하고 힘든 치리의 과정을 거쳐야만 비로소 인정의 상태를 실현할 수 있다如有王者, 必世而後仁"라고 말한 바 있다.

'代'자의 최초 의미는 '교체'지만 당나라 때는 태종 이세민李世民의 이름에 대한 피휘 때문에 '代'자가 '世'자와 통용되는 양상을 보이게 되었다. 예컨대 당나라 시인 왕유는 서한의 명장 이광李廣의 적손 이릉李陵을 영탄하는 「이릉영李陵咏」이라는 시에서 "한 왕실의 이장군, 삼대에 걸쳐 장수를 배출했네漢家李將軍, 三代將門子"라고 노래한 바 있다. 여기서 '代'자는 고대의 관례대로 하자면 '世'자를 써야 한다.

물론 '世'자와 상통하든 '교체'의 의미로 발전하든 간에 '代'자는 항상 한 세대 한 세대 이어지는 각 세대의 사람들을 지칭했다. 예컨대 청나라 조익趙翼의 『논시論詩』에서는 "천하에 대대로 재능이 뛰어난 사람이 나와서(江山代有才人出), 각각 수백 년 동안 문단의 독보적인 지위를 차지했다"라고 쓰여 있다.

중국 사회에서는 세대교체를 통해 계속 뛰어난 인재가 계승되면서 무수한 사람이 선조들이 이룩한 성취를 기반으로 계속 가지를 치고 잎을 내며 하늘을 찌를 듯이 큰 나무로 성장하는 장관을 이루는 것을 볼 수 있다. 그 빛나는 가지와 잎들이 모여 일정한 체계를 갖춘 족보를 형성하게 된다.

'譜'자의 최초 의미는 기록하여 책자를 만들거나 일정한 순서에 따라 사물을 배열하는 것이었다. 이것이야말로 족보를 수식하는 가

世
대 세

代
대신할 대

譜
계보 보

장 사실적인 묘사일 것이다. 예컨대 당나라 학자 유지기劉知幾는『사통史通』에서 "『사기』라는 책은 기紀로써 역사의 대체적인 내용을 개괄하고 전傳으로써 자세한 사실을 기술하며 표表로써 세대와 인물, 역사적 사실을 배열(譜列)하고 지志로써 기술에 누락된 내용을 보완했다"라고 하여 사마천의『사기』의 체제인 기, 전, 표, 지의 특성을 간단히 설명하고 있다. 여기서 표의 내용과 체례體例는 오늘날 중국의 대형 사건기록(大事記)에 해당한다고 할 수 있다.

系
이을 계

'系'자의 갑골문 자형은 🐟 로서 명주실이 손에 매달려 있는 것을 나타낸다. 나중에 소전체에 이르러서는 '厂(엄)'과 '糸(사)'가 결합된 글자로 변한다. '厂'은 옆으로 잡아당기는 것을 지칭하는데, 일부 글자에서는 종종 'ノ(별)'로 변형되기도 한다. 따라서 소전체 자형에 근거하여 '系'의 의미가 '번繁'자와 상통하거나 혼용되는 양상이 나타나면서 '연결', '결합' 등의 뜻을 갖게 된다. 하지만 실제로 '系'자는 맨 처음에 '허공에 드리우다'라는 뜻으로 쓰였다. 이런 점으로 미루어 이 글자는 '한 군데로 통합되고 취합되어 아래로 늘어지다'라는 의미에서 출발하여 점차 '직계直系', '혈통(世系)', '방계(支系)' 등의 의미로 발전한 것으로 보는 것이 합리적인 견해다.

예로부터 지금까지 '系'와 '繁', '係' 세 글자 사이에 확실히 통용되는 양상이 존재했던 것이 사실이다. 하지만 '직계', '혈통', '방계'라는 의미에서는 '系'자만 사용할 수 있다. 이 점은 글자의 사용과정에서 특별히 혼돈이 없도록 주의해야 한다.

'譜'자와 '系'자가 합쳐져 '譜系(보계)''가 되면 의미는 더욱 분명해진다. '시조에서부터 시작하여 아래로 파생된 가족 혈맥의 서열'을 의미하는 것이다. 이러한 서열을 통해 중국인들은 한 가족의 선조와 그 자녀, 후손들의 연결 상황을 분명하게 확인할 수 있다.

二. 자손, 후대의 계승

'裔'자는 절대다수의 중국인들에게 전혀 낯설지 않은 글자다. 아주 긴 세월 동안 세계 각지에 분포한 수천만 명의 '화예(華裔: 중국인의 후예)'들이 선조를 향한 뿌리 찾기를 계속해오고 있는 데다 동포에 대한 진한 감정과 물보다 진한 피를 내용으로 하는 감동적인 글을 끊임없이 써내고 있기 때문이다. 그들은 해외에 거주하지만 대부분 자신들이 사는 지역을 '차이나타운(唐人街)'으로 명명한다. 게다가 '차이나타운'이라는 이름은 중국 역대 왕조 가운데 가장 번성했던 당나라와 세계 각국 사이의 교류의 증거다. 찬란한 역사와 현재의 상황이 '차이나타운'의 상전벽해에 빛나고 화려한 색채를 더해주고 있다.

裔
후손 예

'裔'자의 윗부분은 '衣(의)', 아랫부분은 '冏(눌)'자다. 이 글자에 대한 해석에는 몇 가지 상이한 견해가 존재한다. 첫째는 최초 의미가 '여성의 치마(의군衣裙)'라는 것이고, 둘째는 '옷의 앞뒤 자락(의거衣裾)'을 의미한다는 것이다. 마지막 셋째 견해는 '옷의 가장자리'를 뜻한다는 것이다.

먼저 셋째 견해를 살펴보자. '裔'자에는 확실히 '가장자리'라는 뜻이 담겨 있다. 하지만 이런 의미는 나중에 발전되어 나온 것인 데다 '옷의 가장자리'만을 지칭하는 것이 아니라 모든 사물의 가장자리를 가리킨다. 예컨대 『좌전』과 『사기』에 나오는 '사방의 변방지역으로 유배를 보내다投諸四裔', '사방의 변방지역으로 이주하다遷於四裔' 등의 표현에서 '四裔(사예)'는 전부 '사방의 편벽한 지역'을 의미한다. 당시 이러한 정책과 조치의 핵심은 소수민족들을 제왕의 통치지역으로부터 멀리 떨어진 편벽한 지역으로 옮기는 것이었다.

이어서 둘째 견해를 말해보자. '裾(거)'자는 옷섶을 가리키며, 이와 유사한 글자로 '衽(임: 옷깃)', '衿(금: 옷고름)' 등이 있다. 따라서 고대 한자의 커다란 범주에서 볼 때, 이와 유사한 개념의 글자인 '裔'자를 추가할 필요성에 대해서는 의문의 여지가 있다. 게다가 청나라 단옥재의 『설문해자주』에서도 이미 이러한 견해에 대한 해답을 제시하고 있다. 문헌의 유통과정에서 '衣裙(치마)'이 '衣裾(옷섶)'로 잘못 표기되었다는 것이다.

현재까지는 첫째 견해만 정확한 사실에 근접한 것으로 인식되고 있다. '裔'자의 최초 의미가 '치마'였다면 치마는 '아래로 축 늘어지다'라는 함의를 지니고 있기 때문에 앞에서 말한 '系'자의 '허공에 드리우다'의 의미와 결합하면 '系'자가 나중에 '자손', '후대'를 나타내게 된 연유를 이해할 수 있을 것이다.

또한 '裔'자 아랫부분인 '冏(눌)'자는 사실 그 자체로도 '아래를 향하다'라는 의미를 지니고 있다. 이 글자는 '訥(눌)'자와 상통하고 '訥'

자는 원래 '할 말을 뱃속에 남겨둔 채 표현하지 못하다'라는 뜻을 갖고 있기 때문에 그 안에는 '말을 뱃속으로 집어삼키다'라는 뜻이 감춰져 있다. 이런 의미가 다시 아래로 삼켜지는 경향을 선명하게 나타내게 되었다. 그 때문에 '裔'자는 자연스럽게 '아래를 향하다'라는 본질을 의미하게 되었고, 이것이 바로 이 글자가 훗날 자손, 후대를 나타내게 된 근원이다. 예컨대 굴원의 『이소』에서는 '제 고양의 후예帝高陽之苗裔兮'라는 구절을 통해 자신이 상고시대 5제 가운데 하나인 전욱顓頊의 후예라는 긍지를 드러내고 있다.

혈통상의 후예는 전부 한 세대 한 세대 이어지는 계승에 근거한다. 이러한 계승을 나타내는 아주 특별한 한자로 '胤(윤)'자가 있다. 이 글자는 현대 중국인들의 이름에도 자주 출현하여 가문이 계속 이어지고 번창한다는 비유적 의미를 갖게 되었다.

'胤'자의 금문 자형은 으로 좌우 양쪽이 '八'자를 이루고 있어 끊임없이 이어지는 계승을 상징한다. 중간 상단부의 '幺(요)'자는 자형의 각도에서 볼 때 중첩을 의미하고 하단부는 '月(肉)'자다. 이 몇 개 부분이 합쳐져 동일 혈통에서 대대로 이어지는 자손의 계승을 나타낸다. 예컨대 『국어』에서는 "胤은 자손의 번창을 말한다"라고 해석하고 있다.

胤
이을 윤

자손이 번창한다는 것은 실제로 후대 사람이 선대를 계승(襲)하는 것을 말한다. '襲(습)'자는 '裔'자와 마찬가지로 '衣'자를 포함하고 있다.

'襲'자의 최초 의미에 관해서는 대체로 두 가지 견해가 존재한다.

襲
엄습할 습

첫째는 옷의 앞섶이 왼쪽으로 가려지는 일종의 긴 겉옷을 가리킨다는 것이고, 둘째는 옷 위에 또 한 벌을 껴입거나 옷을 덮는 것을 지칭한다는 것이다.

이 두 가지 견해는 각각 나름대로의 이유를 갖고 있고 그에 상응하는 문헌의 용례도 확보하고 있지만 나중에 '襲'자의 의미가 발전되어가는 양상을 고려하고 고대의 다른 자형과 결합해보면 둘째 견해가 비교적 합리적인 논리의 근거를 갖고 있다고 볼 수 있다.

먼저 문헌에 나타난 용례를 살펴보자. 『예기』에서는 "추위도 감히 옷을 껴입지 않고 가려워도 감히 긁지 않는다寒不敢襲, 痒不敢搔", "고대 의례에서 위아래로 오르고 내림과 나아가고 물러나는 동작은 예의 무늬다升降上下, 周還裼襲, 禮之文"라고 설명하고 있다. 앞의 구절은 시부모님 앞에서 며느리가 갖춰야 할 행동의 규범에 대한 구시대의 예교禮敎를 선명하게 드러내고 있다. 둘째 구절은 음악 반주가 있는 춤의 규율로서 이 가운데 섵옷을 활짝 열어젖히고(裼), 겉옷을 여미는(襲) 것이 전부 예악의 형식과 규범에 부합한다는 뜻이다.

이러한 문헌의 용례를 통해 옷을 더 입든 아니면 겉옷을 여미든 간에 그 안에는 모두 '중과' 혹은 '중첩'의 의미가 담겨 있다는 것을 알 수 있다.

이어서 '襲'자의 또 다른 고대 자형인 龘을 살펴보자. 이 글자의 상단은 '龍(용)'자가 두 개 병렬되어 있는 형태로 이 글자의 독음은 '다'이며 두 마리 용 혹은 용이 하늘로 날아오르는 것을 의미한다. '襲'자의 독음과 의미에서 비교적 멀리 떨어져 있음을 알 수 있다.

그렇다면 이러한 자형에 대한 비교적 합리적인 해석은 아마도 襲자 안에 담겨 있는 '중복'이라는 의미에 그칠 것이다. 이와 유사한 상황은 '胤(윤)'자 안에 있는 '幺(요)'자에 이미 체현되어 있다.

따라서 이상의 상황을 종합해보면 '襲'자의 최초 의미는 중첩과 중복의 함의를 지닌 '옷을 껴입다'로 해석하는 것이 비교적 타당해 보인다. '중첩' 혹은 '중복'이 바로 '인습因襲' 혹은 '답습(承襲)' 등을 의미하는 데다 '자손이 선인을 계승하다'라는 의미에도 부합하기 때문이다.

조상을 계승한다는 것은 종종 선조와 같아진다는 것을 의미하기도 한다. 오늘날에도 자주 쓰이는 표현 가운데 '不肖子孫(불초자손)'이라는 말이 있다. 전체적인 의미는 '계승'과 다르지 않지만 '肖'자는 원래 비슷하다는 뜻을 나타낸다.

'肖'자의 금문 자형은 ⸸로서 아랫부분은 '月(肉)', 윗부분은 '小'자다. '小'는 '肖'자의 독음을 나타내는 동시에 아랫사람을 의미한다. 이 글자의 최초 의미는 같은 혈통 안에서 이어진 후대가 '그 선조를 몹시 닮았다'는 것이었으나 나중에 일반적인 의미의 '닮다' 혹은 '똑같은' 것을 나타내게 되었다. 현대 중국어에서 흔히 쓰이는 '肖像(초상)', '惟妙惟肖(유묘유초: 모방이나 묘사가 너무 뛰어나 진짜와 똑같음)' 같은 표현들은 모두 이런 의미에 뿌리를 두고 있다. 예컨대 중국의 유명작가인 진조분陳祖芬은 「조국이 모든 것보다 높다祖國高於一切」라는 글에서 "이상한 얘기지만 그녀가 떠난 뒤에야 남편과 아버지로서 그는 이 모든 것이 유전적으로 진짜와 너무나 똑같다는(惟妙惟

肖
닮을 초

肖) 것을 깨닫게 되었다"라고 기술한 바 있다. 또한 청나라 극작가 이어李漁의『한정우기閑情偶寄』에서는 "봄꽃은 미인이 시집가는 것과 같고(肖), 가을꽃은 미인이 혼인 날짜를 기다리는 것과 같다(肖)"라는 구절을 찾아볼 수 있다.

三. 사당 안의 조상

유전자의 강력한 힘은 수많은 후손으로 하여금 선조들과 기나긴 세월의 부식과 연마를 거치고도 여전히 몸에 조상의 그림자를 간직할 수 있게 해

사당

주었다. 하지만 실제로 절대다수의 선조들은 일찌감치 세상을 떠나 후손들의 기억과 종가의 사당 안에만 남아 있다.

종족宗族사당에서의 조상에 대한 제사활동은 모든 가족의 중요한 집안일이고, 그 위패들이 대표하는 선조들 역시 가문의 자랑이다.

'宗'자의 갑골문 자형은 ⋒이다. 상반부는 '宀(면)'자로 집을 의미하며 하반부는 '示(시)'자로 그 갑골문 자형은 ⫙이다. 하늘의 해와 달, 별이 인간 세상을 내려다보는 것을 의미했지만 나중에는 '祭天(제천)'과 '祭祀(제사)' 등을 의미하게 되었다. 따라서 '宗'자는 집안에

宗
마루 종

서 제사를 지내고 숭배하는 것을 나타내는 동시에 조상에 대한 제사의 장소인 '祖廟(조묘)'를 나타내기도 한다. 예컨대 두보는 「옛 자취를 그리며咏懷古迹」라는 시에서 "제갈의 큰 이름은 우주에 드리웠고, 종신의 얼은 맑고도 숭고하네諸葛大名垂宇宙, 宗臣遺像肅淸高"라고 노래하여 제갈량에 대한 존경과 공경을 표현했다. 또한『시경』에서는 "종묘에서 잔치 벌이니, 복록이 내린 바로다旣燕于宗, 福祿攸降"라고 노래하고 있다.

'祠'자의 최초 의미는 '봄철의 제사'였으나 나중에는 '사당祠堂'을 나타내게 되었다. 예컨대『예기』에서는 "중춘인 달(봄이 한창인 달이라는 뜻으로 음력 2월을 가리킴)의 제사(仲春之月祠)에는 짐승을 잡을 필요 없이 제사용 옥기나 가죽, 비단을 걸면 된다"라고 했고『홍루몽』에서는 "이튿날 아침, 종사宗祠에 가서 예를 올릴 때, 장자 이외의 모든 아들과 조카들이 모두 수행했다"라는 기술을 찾아볼 수 있다.

'祠'자는 뜻은 비교적 간단하지만 이러한 의미에 대한 해석에 있어서는 아주 흥미로운 부분들이 있다. 첫째 견해는 이 글자에 '詞(사: 말씀)'의 함의가 담겨 있다는 것이다. 봄철에 올리는 제사에는 바치는 공물이 비교적 적은 편이고 심지어 '제사용 옥기와 가죽, 비단' 등으로 소, 양 등의 짐승을 대신했기 때문에 기도를 올리는 언사가 상대적으로 많았을 것이라는 추론이다. 그래서 '언사가 많다'의 뜻도 감춰져 있다는 것이다. 이러한 해석이 봄철이 보릿고개와 이어져 있어 제사마저도 현실 상황에 순응해 모든 것을 간략하게 생략했던 사실에 근거하고 있는지는 알 수 없다.

祠
사당 사

또 다른 견해에서는 '祠'자에 '食(식)'자의 함의가 담겨 있다고 주장한다. 효자가 부모를 그리워하는 마음에 조상들이 누릴 수 있는 공물을 바쳤기 때문이다. 음식물은 조상의 영혼이 누리도록 제공하는 것이기 때문에 살아 있는 사람이 식사를 하는 행위와 구별하기 위해서 '食'자를 쓰지 않고 '祠'자를 썼다는 것이다.

종사宗祠에서 조상에게 제사를 올릴 때는 반드시 제사의 장소가 있어야 한다. 이처럼 전문으로 제사를 올리는 장소를 '祊(팽)'이라 했다. 물론 '祊'이 조상에게 제사를 올릴 때 손님을 맞이하는 장소라는 견해도 있다.

祊
제사이름 팽

'祊'자의 최초 자형은 𥙿이다. 두 글자의 자형이 갖는 공통점은 제사를 나타내는 '示(시)'자가 들어 있다는 것이다. 후자의 자형은 분석이 비교적 쉽다. 윗부분의 '彭(팽)'은 글자 전체의 독음을 나타내고 아랫부분의 '示'는 글자의 의미와 관련이 있다. 상대적으로 전자의 자형은 해석이 비교적 난해한 편이다. 왼쪽의 '示'는 글자 전체의 의미에 대한 정보를 제시하고 있지만 오른쪽의 '方(방)'은 독음의 단서를 제공하지도 않을 뿐만 아니라 글자의 의미와도 아무런 연관성을 찾아볼 수 없다. 이러한 상황은 한자의 조자造字 원리와 이념을 위배한 것으로 추정된다.

하지만 실제로는 일부 학자들의 고증에 따르면 '祊'자 오른쪽의 '方'에는 두 가지 연원이 있는 것으로 추론된다.

하나는 후대 자손들이 조상에게 제사를 지낼 때, 그리움이 깊어 망연자실하게 된다는 것이다. 동한 시기 반고의 『백호통』에서 "혈육을 그리워하는 마음이 가시지도 않았는데 관은 이미 나가버려, 정신 나간 모습으로 애통해하며 방황한다"라고 묘사한 것처럼 마음 속으로 무척 방황하게 된다는 것이다. 따라서 '方'자에는 사실 '방황'의 의미가 담겨 있다는 주장이다.

또 다른 견해에 따르면, 제사를 드릴 때 효자가 신이 어디에 있는지 알지 못해 도사를 종묘 문 옆에 모셔다가 기도를 올리게 하고 그 밖에서 손님들을 접대했다고 한다. 따라서 '方'자는 '旁(방: 곁)'자와 관련이 있다는 것이다.

이러한 제사과정에서의 갖가지 세부내용들은 후대 자손들의 선조에 대한 경건한 마음을 잘 보여준다. 그리고 이런 마음가짐은 종사 안에서 조상들의 위패의 배열순서만 보고도 짐작할 수 있다.

사당 안 조상들의 위패는 기본적으로 시조를 맨 가운데 두고 좌우로 서열에 맞춰 시조의 후대를 배치한다. 왼쪽에는 시조의 아들과 증손, 내손, 잉손 등의 순서로 배치하고 오른쪽에는 시조의 손자, 현손, 곤손, 운손 등의 순으로 배치한다. 왼쪽 맨 위는 아버지 세대의 서열로 '昭(소)'라 칭하고 오른쪽 맨 위는 아들 세대의 서열로 '穆(목)'이라 칭한다.

'昭'자는 원래 '밝음'을 의미했지만 나중에는 위에서 아래로 선명하게 드러나는 것을 의미하게 되었다. 예컨대 제갈량의 「출사표」에서는 "폐하의 성명함을 아래로 두루 드러내고昭陛下聖明"라는 문구를 찾아볼 수 있다. 종묘에서의 '昭'는 전부 해를 바라보고 남향에 자리하고 있어 햇빛 속에서 목욕하는 느낌을 준다. 그리고 오른쪽

昭
밝을 소

맨 위에 자리하고 있는 '穆'은 위에서 아래로 계승되는 부자의 장유유서 관계를 나타낸다.

穆
화목할 목

'穆'자는 원래 농작물의 명칭이었지만 경전에서 사용하는 '穆'은 종종 그 글자의 오른편에 있는 '嫪(목)'을 대신한다. 또한 '嫪'자는 㝵(극)의 일부와 '彡(삼)'으로 구성된다. 㝵은 가늘고 좁은 틈 '隙(극)'을 나타내고 '彡'은 광선 혹은 무늬 장식을 나타낸다. 둘을 결합하면 미세한 빛이나 문양을 지칭하게 된다. '嫪'자가 갖는 '어두컴컴하고 미약하다'라는 함의는 종종 고요함과 정숙함을 나타내며 넓은 의미로는 '엄숙하고 공경함(肅敬)', '엄숙하고 경건함(肅穆)' 등의 함의로 확대할 수 있다. 종묘에서 '穆'의 위치는 빛을 등지는 북향으로 원래 받을 수 있는 햇빛의 양이 비교적 약한 편이다. 게다가 마주하고 있는 '昭' 바로 앞에 위치하고 있기 때문에 확실히 아버지 세대의 공경을 표현할 필요가 있다.

이상을 통해 종묘에서의 위패가 중국 전통문화의 엄격하고 복잡한 종법제도를 완벽하게 재현하고 있음을 알 수 있다.

四. 대가족의 항렬에 관련된 한자

하지만 대가족의 조상들은 가족의 사당 안에만 존재한 것이 아니다. 가족 저택의 정문 밖, 좌우 양쪽에는 대개 기둥이 두 개 세워져 있고, 기둥 위에는 이 가족 조상들의 공훈과 업적, 영예가 새겨

벌과 열

져 있었다. 이 두 개의 기둥을 각각 '閥(벌)'과 '閱(열)'이라고 부른다. 예컨대 송나라 왕흠약王欽若 등이 편찬한 각종 사물을 유형별로 분류하여 설명한 일종의 백과사전인 『책부원귀冊府元龜』에서는 "벌과 열, 두 기둥이 사람 키 정도의 간격으로 떨어져 서 있다. 기둥 끝에는 와통瓦筒이 설치되어 있으며 이를 오두烏頭라 부른다"라고 설명하고 있다. 또한 남조 고야왕顧野王이 편찬한 운서韻書인『옥편』에서도 "왼쪽에 있는 것을 벌이라 하고, 오른쪽에 있는 것을 열이라 한다"라고 설명하고 있다.

'閥'자의 최초 의미는 '자서自序'였다. 자서는 대문 밖에 세워져 있는 기둥 위에 새기기 때문에 그 자형도 '門(문)'자와 관련이 있는 것이다. 글자 자체만으로 이 기둥을 가리킬 수도 있다. 이 글자 안의 '伐(벌)'자는 사실 '閥'자의 독음만을 나타내는 것이 아니다. '伐'자는 맨 처음에 '擊(격: 때리다)', '刺(자: 찌르다)', '砍殺(감살: 베어 죽이다)' 등의 의미를 갖고 있었고 나중에는 '정전征戰'을 의미했기 때문이다. 정벌전쟁에 참여하는 사람은 공을 세울 가능성이 크다는 것을 의미하기 때문에 '伐'자 역시 '공훈과 업적'이라는 함의를 지니게 되었다. 예컨대 사마천의 『사기』에서 항우를 평가하여 "스스로 공로를 자랑하고(自矜功伐) 자신의 사사로운 지모만을 믿으며 옛것을 본받지 않

閥
공훈 벌

았다"라고 말했다. 또한 위魏나라 은사인 후영侯嬴이 위나라 공자 신릉군信陵君에게 "북쪽으로 가서 조나라를 구하고 서쪽으로 가서 진나라 군대를 물리친다면, 이는 오패에 견줄 만한 공훈입니다北救趙而西却秦, 此五覇之伐也"라고 권한 바 있다. 이 두 문헌기록에 나오는 '伐'자는 모두 '공훈과 업적'을 가리킨다. 그리고 '伐'자의 이런 함의가 바로 '閥'자가 '선조의 공훈과 업적'을 나타내게 된 근원임을 말해준다.

閱
깊이할 열

모든 공훈과 업적에는 크고 작은 구별이 있기 마련이다. 이 때문에 '閱'자에는 실제로 '등급'의 함의도 담겨 있다. 예컨대 『사기』에서는 "옛날에는 신하된 자의 공훈功勳에 다섯 등급이 있었다. 덕행으로 종묘宗廟의 기틀을 다지고 사직社稷을 편안케 하는 것을 '훈勳'이라 하고 언론으로 나라를 굳건히 하는 것을 '로勞'라고 했으며 무력을 통해 공적을 세우는 것을 '공功'이라 했다. 또 나라의 법령과 제도를 만드는 것을 '벌伐'이라 하고 오래도록 정무를 맡아보는 것을 '열閱'이라 했다"라고 설명하고 있다. 여기서 '閱'자가 확실히 공로의 등급을 평가하고 결정한다는 함의를 지니고 있음을 어렵지 않게 알 수 있다. 또한 '閱'자와 관련된 이른바 '積日(적일)'은 '자질과 경력의 길고 짧음'을 지칭한다.

앞에서 이미 언급한 것처럼 '閱'은 '閥'과 대문의 폭을 사이에 두고 서로 호응하고 있는 또 다른 기둥을 말한다. 둘 다 위에 글귀가 새겨져 있다. "그 나라의 공적을 밝히는 것을 벌이라 한다積日曰閱"라는 견해를 참고하면 이 두 기둥 위에 쓰인 글의 내용이 권문세가의 조상의 경력과 이력이라는 사실을 쉽게 알 수 있을 것이다. 그렇기 때문에 '閱'자도 자연스럽게 '경력'이라는 함의를 지니게 되었고, 이것이 바로 지금까지 쓰이는 '閱歷(열력)'이라는 단어의 근거다.

또한 문자로 선조의 역사를 기록했다면 그 내용은 역사적 자료로 보존하는 것 이외의 더 크고 넓은 목적과 기능은 후대 사람들이나 타인들에게 알게 하려는 데 있었을 것이다. 이러한 역사를 이해하기 위해서는 이러한 문자기록의 열독이 필요하다. 이것이 바로 '閱讀(열독)'이라는 단어의 '閱'자에 담긴 의미의 유래다.

물론 위에서 말한 '閱'자에는 앞에서 말한 연원 외에 고대에 또 다른 연원이 있었다.

『설문해자』의 해석에 따르면 '閱'자의 의미는 문 안에 있는 물건들을 하나하나 조사하고 수량을 기록한다는 것이다. 이런 상황에서 분명히 알고 넘어가야 할 것은 고대 대부호 집안의 대문이 하나의 문짝에 문지방만 있는 것이 아니고 일정한 공간과 면적을 포함하고 있었다는 점이다. 또 한 가지 중요한 사실은 '閱'자가 '門'자와 긴밀한 관계에 있다는 것이다. 마지막으로 하나하나 조사하고 기록하는 것은 역사의 목적과 기능에 다름 아니다. 따라서 앞에서 언급한 관련 내용을 참고하면 '閱'자의 이러한 연원이 '閱歷', '閱讀' 같은 단어의 뜻을 이루는 기초가 되었음을 알 수 있을 것이다.

조상의 영광은 후대 사람들에게 자랑스러운 자산인 동시에 후손들을 격려하고 채찍질할 수 있는 '청출어람靑出於藍'의 원동력이기도 하다. 그 때문에 적지 않은 가문들이 항렬자를 활용하는 방법으로 가풍을 계승하고 가문에 영광을 기대하는 소망을 재현했다.

유명한 명문 귀족들은 당연히 항렬자의 선택을 중시했다. 예컨대 공孔씨 가문은 40~50대 사람들부터 시작하여 황제가 하사하는 방식으로 100대 자손의 항렬자를 확정했다. 그 가운데는 현재까지도 비교적 익숙하게 쓰이는 '令(령)', '祥(상)', '德(덕)' 등의 글자들이 있다.

또한 남북조시대의 양梁 무제 소연蕭衍은 평생 군무에 바빴지만 글재주도 뛰어났다. 나중에는 자손들의 교육문제를 고려해서 수하의 주흥사周興嗣에게 지시를 내려 수천 자에 이르는 한자를 편집하여 초급교재를 만들게 했고, 그 결과 커다란 영향을 미치면서 후대 사람들로부터 "짧은 나무토막 위에서 예상무(당 현종이 천상에 가서 배워왔다는 전설의 춤)를 추고, 어지럽게 엉킨 실타래에서 긴 실마리를 뽑아낸다舞霓裳於寸木, 抽長緒於亂絲"라는 찬사를 받은『천자문』을 탄생시켰다. 나중에 소씨 자손들은『천지문』을 소씨의 항렬자로 사용할 것을 제의했지만 그가 거부하는 바람에 실현되지 못했다. 그가 거부한 이유는 아주 간단했다. 천하가 아직 통일되지 않아 어지러운데 자손들의 이름이 지나치게 뚜렷한 표지성을 갖게 되면 집을 드나들고 왕래하는 데 불편이 있다는 것이다.

이런 권문세가 외에도 실제로는 일반 백성들 사이에도 항렬자의 수요가 존재했다. 중국의 역사에서 수많은 가문이 일찍이 항렬의 순서를 나타내는 글자표를 이용한 바 있다. 이러한 글자표는 대부분 비교적 외우기 쉬운 운문 형식으로 배열되었다. 예컨대 강소江蘇

의 장張씨 집안의 항렬을 나타낸 글자표는 "好學用典, 有文斯遠, 積慶之家, 儒宗以衍, 運際昌明, 時乘光顯(학문에 힘쓰고 전고를 잘 활용하며 글의 뜻을 널리 펼친다. 경사를 쌓는 집안에는 선비의 근본이 가득하고 운과 기회가 많아 시세를 타도 밝게 빛난다)"였다.

일반적인 상황에서 항렬의 순서를 나타내는 글자의 비유적 의미는 첫째, 인품과 덕성의 수양을 드러내는 것, 둘째, 광대한 조상의 업적을 계승하는 것, 셋째, 기대와 희망 등에 집중되어 있다.

인품과 덕성의 수양 분야에서 비교적 자주 볼 수 있는 항렬자로는 '忠(충)', '孝(효)', '愼(신)' 등이 있고 선조의 계승 분야에는 '承(승)', '紹(소)', '昌(창)' 등의 글자가 많이 쓰인다. 기대와 소망을 표현하는 항렬자로는 '魁(괴)', '顯(현)', '瑞(서)' 등이 '좋은 글자'로 인식되고 있다.

'紹'자의 최초 의미는 '잇다', '연결하다', '계승하다' 등이었다. 예컨대 『상서』에서는 "선왕들의 큰 유업을 잇고 회복시킨다紹復先王之大業"라는 문구를 찾아볼 수 있다. 현대 중국어의 '介紹(개소: 소개하다)'라는 단어가 개인들 사이에 관계를 맺어 서로를 연결시킨다는 의미를 갖게 된 것도 이에 기인한다.

紹
이을 소

'昌'자는 비교적 의미가 있는 글자로서 그 뜻에 근거하여 말하자면 '日'자 두 개로 구성된다고 이해하는 것이 자연스러워 보인다. 하지만 청나라 단옥재의 『설문해자주』에 따르면, 허신許愼의 고증과 해석에도 '햇빛'이라는 의미가 거론되긴 하지만 두 개의 '日'이 아니라 '日'과 '曰(왈)'로 구성되었다고 보는 것이 더 합리적이라고 판단된다. '昌'자는 맨 처음에는 '선량하고 아름다운 언사'를 의미하다가 나

昌
창성할 창

중에는 모든 '아름다운 것'을 지칭하게 되었다. 따라서 '번영과 창성 (繁榮昌盛)'은 햇빛이 왕성하다는 의미에서 온 말이 아니라 '아름답다'는 의미에서 발전해 나온 것으로 간주하는 것이 합리적이다.

顯
나타날 현

'顯'자 역시 상당히 의미 있는 글자다. 두 가지 연원을 갖고 있기 때문이다. 첫째 기원은 '㬎(현: 고치)'으로서 윗부분이 '日'자이고 아랫부분은 '絲(사)'다. 햇빛 아래 수많은 고치실이 있는 것을 나타내며 '아주 많은 물건이 빛나다'라는 의미를 갖는다. 둘째 연원은 '顯'으로 왼쪽은 '㬎'이고 오른쪽은 머리를 뜻하는 '頁(혈)'자다. 두 가지 연원 모두 '顯'자에 '뚜렷하다', '선명하게 드러내다', '분명하다' 등의 의미가 포함되어 있음을 쉽게 알 수 있다. 그 때문에 '顯'자는 가족의 항렬자가 되었고 그 자체로 아주 분명한 목적을 드러내게 되었다. 바로 후대에 대한 선대의 간절한 희망을 분명하게 보여주면서 후대가 밝게 빛나는 업적을 이루는 뛰어난 인재가 되기를 바라는 것이다.

五. 사람과 호칭 사이의 다양한 관계

확실히 한 가문의 번성에는 먼 시조로부터 수십 대, 심지어 수백 대를 거친 조상들의 계승과 자손들의 진취적인 노력이 있어야 한다. 나태함은 어떤 형태로는 가문의 쇠락을 초래하기 때문이다.

비교적 오래된 가족의 족보를 살펴보면 그 가족의 빛나는 역사를 알 수 있고 하늘을 찌르는 이 가족이라는 거대한 나무의 튼튼한 줄기와 무성하게 뻗어나간 가지를 확인할 수 있다. 동시에 앞에서 언급한 가속의 호칭을 참고해보면 일부 친속의 호칭이 종종 한 가지로 그치지 않음을 알 수 있다. 예컨대 할아버지는 '祖'나 '祖父' 외에 '爺爺(야야)'라는 호칭이 있다. 게다가 고대에는 '大父', '王父', '大王父' 등의 호칭을 쓰기도 했다. 이에 상응하여 할머니도 '祖母' 외에 '奶奶(내내)', '婆婆(파파)', '娘娘(낭랑)', '媖媎(애자)', '大母', '王母', '大王母' 등의 호칭이 있다. 이러한 호칭들은 선명한 다양성을 특징으로 한다.

이에 호응하는 상황으로 같은 호칭이 여러 세대의 친속에 공통으로 쓰이는 용례가 있다. 예컨대 고대에는 '姐(저)'가 어머니에 대한 호칭이었는데 지금은 나이가 자신보다 많은 동년배의 여성을 지칭한다.

이 두 가지 상황은 사실 서로 다른 각도에서 친속을 대한 결과이고 그런 호칭 사이에는 본질적으로 별다른 차이가 없다. 친속의 각도에서 볼 때, 어떤 친속은 여러 가지 호칭을 겸하게 되고 또 친속의 호칭에서 볼 때, 어떤 친속의 호칭은 다양한 친속에 겸용되는 것이다. 이러한 '같음'과 '다름'이 실제로는 일종의 변증법적 통일인 것이다. 이와 같은 현상을 유발하게 되는 가장 중요한 원인은 지역 차이와 시대 차이라고 할 수 있다.

'兼'자의 금문 자형은 𬎤으로서 손으로 동시에 두 포기의 농작물을 쥐고 있는 것을 나타낸다. 의미는 '동시에 몇 가지 사물을 갖고 있거나 관련되다'라는 것이다. 예컨대 청나라 극작가 이어의 『한정우기』에서는 "연꽃(芙蕖)은 100가지 꽃의 장점을 다 겸비하고(兼百

兼
겸할 겸

花之長), 단점은 전부 떨쳐버렸네"라고 예찬하면서 다른 대목에서는 "물고기는 곰발바닥과 함께 얻을(兼得) 수 없다"라고 설명하고 있다. 마찬가지로 '祖父'는 '爺爺', '大父', '王父' 등 여러 가지 호칭을 갖고 있고 '姐'는 시기를 달리하여 '어머니'와 '누나'를 지칭했다.

사람의 호칭 사이의 다양성이 반영하고 있는 것은 '다름(異)'과 '같음(同)', '분리(分)'와 '결합(合)'이다.

異
다를 이

'異'자에는 두 가지 내원이 있다. 하나는 '昇'로 두 손으로 사물을 받치고 있는 형상을 나타내고 다른 하나는 '異'로서 금문 자형은 ⊕이다. 두 손과 '수여'를 나타내는 '畀(비)'자가 합쳐져 이루어지며 사물을 남에게 나눠주는 것을 의미한다.

후자의 연원에 따르면 물건을 남에게 나눠준다면 나눈다는 행위에 차이가 생겼음을 의미하게 되고, 필연적으로 '다름', '불일치'라는 결과가 나타나게 된다. 동일한 친속이 서로 다른 호칭을 겸유하거나 동일한 호칭이 다른 친속을 겸유하게 되는 것 자체가 사실은 일종의 분배라고 할 수 있다. 따라서 필연적으로 모종의 차이를 형성하게 된다.

문제를 다른 시각에서 보자면 사실 서로 '다른' 현상이 같은 결과를 유발하기도 한다. 예컨대 '奶奶', '婆婆', '娘娘', '娭毑', '大母', '王母', '大王母' 등의 호칭은 그 자체가 서로 다른 호칭이지만 동일한 친속을 나타내고 있는 것이다.

同
한 가지 동

'同'자는 중복해서 덮는다는 의미의 '冃(모: 여럿)'와 '口'가 합쳐져 이루어지며 최초의 의미는 '모임', '집합' 등을 지칭하는 것이었다. 그리고 한데 모인 사물은 종종 "사람은 끼리끼리 모이고 사물은 종류별로 분류된다人以類聚, 物以群分"는 상황을 지칭한다. 여기에는 '서로 같음(相同)'의 의미가 담겨 있다. 따라서 '異'와 '同'은 실제로는 '分'과 '合'을 의미한다. 또한 어떤 의미에서는 '分'이 어쩌면 '合'이 가져오는 결과일 수도 있다.

어떤 상황에서는 전통관념에서의 존비尊卑의식도 친속 호칭에 차이를 유발하는 원인이 된다. 예컨대 동생의 배우자를 '弟媳(제식)'이라 부르기도 하고 '제부(弟婦)'라 부르기도 한다. '媳'과 '婦'자에 대해서는 앞에서 이미 언급한 바 있지만 '婦'자에는 지위가 비천卑賤하다는 의미가 감춰져 있다.

'卑'자의 금문 자형은 **畢**이다. 윗부분은 '甲(갑)'자이고 아랫부분은 고문 '左(좌)'자다. '甲'은 사람의 머리를 대표하고 '左'는 고대 중국의 '오른쪽은 존귀하고 왼쪽은 비천하다(尊右卑左)'는 전통관념이 있기 때문에 합치면 '비천함'을 나타낸다.

卑
낮을 비

하지만 전통문화의 도덕품행 측면의 일부 규범에 따르면 실제로 이른바 '비천함'이 객관적 현실과 달리 그저 어떤 관념이나 태도를 의미하는 경우가 많다. 예컨대 거의 모든 중국인의 귀에 닿고 닳은 "교만함과 성급함을 경계하고 겸허하고 신중하며 타인을 존중하라" 같은 구호다.

스스로 겸손함을 갖추는 것은 분명히 훌륭한 미덕이지만 여기에도 적당한 정도가 필요하다. 대부분의 경우 겸손은 동시에 '존경'과 '공경'을 의미하게 된다. 따라서 '겸손한 호칭'과 '존경의 호칭'은 사실 동일한 상황의 다른 측면일 뿐 본질적으로는 차이가 없다. 자신의 자식들을 '犬子'라고 부르면서 상대방의 자식을 '令郞(영랑)'이라고 부르는 경우를 예로 들 수 있다.

謙
겸손할 겸

『설문해자』에 따르면 '謙'자의 최초 의미는 '敬(경: 존경, 공경)'이었다고 한다. 다른 공구서적에서 찾아볼 수 있는 '지극히 공경하고 자만하지 않음(至恭不自滿)' 등의 다양한 해석 역시 '敬'자의 의미에 부합한다고 할 수 있다.

敬
공경할 경

'敬'자는 '苟(구)'자와 '攵(복)'자의 결합으로 이루어진다. 주의할 것은 여기서 '苟'자는 구차하다는 의미가 아니라 '스스로 언행을 신중히 하다'라는 뜻이라는 점이다. 그리고 '攵'은 손에 작은 막대기를 잡고 두드린다는 뜻으로 '독촉'을 나타낸다. 따라서 '敬'자의 의미는 독촉을 통해 신중한 언행과 엄숙하고 근신하는 상태에 이르는 것이라고 할 수 있다.

이상의 내용을 종합하자면 스스로 겸손하든 아니면 남들을 공경하든, 같은 친속에 대응하는 여러 가지 호칭이든 아니면 여러 친속에 대응하는 동일한 호칭이든 간에 실제로 반영하는 것은 중국 전통문화에 나타나는 친연관계의 다양한 측면들이고, 중국인들이 접촉하는 역사와 문화의 중요한 통로이자 자신들이 잘 아는 친속, 빛나는 중화 조상들의 업적, 그리고 함께 찬란한 내일을 이끌어 나아가야 할 중국 문화의 동력이다.

費錦昌, 徐莉莉:『古今漢字趣說』, 第1版, 169頁, 廣東, 暨南大學出版社, 2011.

傅永和, 李玲璞, 向光忠主編:『漢字演變文化源流』, 第1版, 1783頁, 廣東, 廣東教育
　　出版社, 2012.

韓偉:『漢字字形文化論稿』, 第1版, 290頁, 北京, 世界圖書出版公司, 2010.

陸宗達:『訓詁簡論』, 第1版, 207頁, 北京, 北京出版社, 2002.

錢文忠:『錢文忠解讀「百家姓」』, 第2版, 273頁, 江蘇, 江蘇文藝出版社, 2014.

裘錫圭:『文字學概要』, 第1版, 287頁, 北京, 商務印書館, 1988.

施正宇:『原原本本說漢字─字淵源六百例』第1版, 320頁, 北京, 北京大學出版社,
　　2009.

王力主編:『王力告漢語字典』, 第1版, 1817頁, 北京, 中華書局, 2000.

王力主編:『中國古代文化常識』, 插圖修訂第4版, 265頁, 北京, 世界圖書出版公司,
　　2008.

王筠:『文字蒙求』, 第2版, 189頁, 北京, 中華書局, 2012.

張一淸:『二十個漢字品歷史』, 第1版, 194頁, 廣西, 接力出版社, 2015.

左民安:『細說漢字』, 第1版, 574頁, 北京, 九州出版社, 2005.